万物

历史的偏见

从觅食社会到工业时代，人类如何看待暴力与不平等

［美］伊恩·莫里斯 著
（Ian Morris）

马睿 译

FORAGERS, FARMERS, AND FOSSIL FUELS
How Human Values Evolve

中信出版集团｜北京

图书在版编目（CIP）数据

历史的偏见 /（美）伊恩·莫里斯著；马睿译 .--
北京：中信出版社，2024.5
书名原文：Foragers, farmers, and fossil fuels :
how human values evolve
ISBN 978-7-5217-6027-9

Ⅰ.①历… Ⅱ.①伊…②马… Ⅲ.①世界史 – 研究
Ⅳ.①K107

中国国家版本馆 CIP 数据核字（2023）第 180240 号

Foragers, Farmers, and Fossil Fuels: How Human Values Evolve by Ian Morris
Copyright © 2015 by Ian Morris
All rights reserved. No part of this book may be reproduced or transmitted in any form or by any means, electronic or mechanical, including photocopying, recording or by any information storage and retrieval system, without permission in writing from the Publisher.
Simplified Chinese translation copyright © 2024 by CITIC Press Corporation
本书仅限中国大陆地区发行销售

历史的偏见

著者：［美］伊恩·莫里斯
译者：马睿
出版发行：中信出版集团股份有限公司
（北京市朝阳区东三环北路 27 号嘉铭中心　邮编　100020）
承印者：河北鹏润印刷有限公司

开本：880mm×1230mm 1/32　印张：12.25　字数：318 千字
版次：2024 年 5 月第 1 版　印次：2024 年 5 月第 1 次印刷
京权图字：01-2015-5634　书号：ISBN 978-7-5217-6027-9
审图号：GS（2023）4482 号（本书地图系原书插附地图）
定价：88.00 元

版权所有·侵权必究
如有印刷、装订问题，本公司负责调换。
服务热线：400-600-8099
投稿邮箱：author@citicpub.com

The farther you can look into the past, the better you can see into the future.

— Ian Morris

献给
凯西和动物们

总序　人类历史发展的两大主线

葛剑雄

复旦大学文科特聘资深教授

由中信出版集团出版的伊恩·莫里斯教授的系列著作,包括《西方将主宰多久》《文明的度量》《战争》《历史的偏见》《地理即命运》《希腊人》六本。我受邀为该系列图书作总序。

翻阅这些书,我发现其时间跨度从一万年前直至2103年,空间跨度几乎遍及全球,涉及人文、科学、自然、社会各领域,覆盖大多数学科,各方面都远远超出了我的研究范围和认知能力。尽管如此,直觉告诉我,作者的研究和论述抓住了人类历史发展的两条主线,相当深刻又非常形象地揭示了人类文明的发展规律。

人类处于地球表层极其复杂多样的环境中,人类历史的发展是各种因素综合作用的结果。但从人类诞生至今,一直到可以预见的未来,始终贯穿着两条主线:一是人类与自然的互动和协调,即人类不自觉地或自觉地适应地理环境;二是人类不断克服自身的生物性、兽性,形成人性,并逐步确立人类共同的精神标准和价值观念。

人类诞生于非洲,在此后相当长的阶段内都不具备生产能力,只能靠采集和狩猎为生。尽管自然界的野生植物、动物丰富多样,但可供史前人类觅食并用于维生的种类和数量还是有限的。特别是在同一个空间范围内，因此史前人类会本能地扩大采集和狩猎的范围，且一旦在新的区域内生存下来，就不再返回。总有些史前人类比同伴有更强的好奇心，他们会在食物并未采尽时就迁入新的区域，这些人或许会因为采集和狩猎所得不足以维生而灭绝，或许就此完成了一次迁徙。

人类就这样走出了非洲，并最终走到地球上大多数适合人类生存的地方。但这一过程极其漫长，而且最终能走到新的定居地的人或许只是少数。那时的人类由于完全不了解外界的环境，再次向外走的时候往往没有选择的余地，只能一次次地试错，其中的无数支迁徙人群会以灭绝告终。有幸迁入一些自然条件相对优越地方的人，则获得了更好的繁衍条件，并逐渐创造出文明。

孕育了早期文明的地方，如肥沃新月地带、爱琴海周边、希腊沿海平原、地中海中的岛屿、尼罗河三角洲、黄河中下游地区等，都具有较好的自然条件。地球上可能被人类驯化为粮食作物的 20 余个品种，大多数生长在地中海式气候带。环地中海地带的人类最早驯化了小麦、豌豆、橄榄等优质作物，生产出充足的食物，为人口聚集和阶层分化提供了稳定的物质基础。又如黄河中下游地区是黄土高原和黄土冲积形成的平原，土壤疏松，原始植被易于清除，五六千年前气候温暖，降水充足，形成大面积的农田，文明曙光在这一带发展成华夏文明的核心绝非偶然。

因各种原因而迁入自然条件较差地区的人群，不得不选择游牧、狩猎、饲养、采集等生产方式，一般难以形成充足而稳定的食物供应，人口数量有限且分散，阶层分化出现得较晚，且层次简单，以至长期无法形成城市或行政中心。等到他们演化到足以改变生产方式，或有能力发展定居型农业时，近处的宜农地域早已被其他人群占有。在从事不同产业的人群交错分布的地区，由于农耕人群具有更强的生产和生存能力，采用其他生产方式的人群往往会被压缩到自然条件更差的空间，他们或者被迫外迁，或者被并入农耕人群。例如先秦时在黄河中下游地区还有不少以牧业为主的戎、狄部族，到公元前221年秦始皇统一六国，在长城以内已不存在聚居的牧业部族。

在总生产力相对较低而管理成本相对较高的条件下，统治阶层要维持自己的权力、地位和利益，必定会采用专制的办法，早期的政治实体、酋邦、国家基本采用专制政治体制，并先后转为世袭制。但由于地理环境不同，每个地区的专制集权程度不一，统一的范围也各异。如中华文明形成于黄河中下游地区，以黄土高原和黄土冲积平原为基础，这些基本属于宜农地区，面积大，中间没有明显的地理障碍，便于统治管理，行政成本低，很早就产生了大一统的观念和理论，并在公元前221年由秦始皇首先实现，建立了中央集权的专制政治体制，延续到20世纪初的清朝末年。但在希腊半岛，由于仅在沿海地区有狭窄的平原，其他都是山岭、峡谷、山地，交通不便，对异地的统治管理行政成本太高，因此形成了一个个独立的城邦，整个半岛从来没有出现如秦朝那样的中央集权专制政权，即使是在国力最强盛时，也只是主要城邦间的松散联合。上埃及与下埃及之间也只是联合，而不是中国式的中央集权。波斯帝国、亚历山大帝国、罗马帝国、拜占庭帝国、奥斯曼帝国，没有一个产生过"大一统"思想和理论，没有一个建立过真正意义上的中央集权政权。

游牧部族一般只能生产出勉强维持生存的食物，一旦出现不利的气候条件，往往只能选择迁徙。由于他们掌握的地理信息有限，迁徙大多是盲目的，因此其中一部分会以部族的灭绝或被其他部族吞并而告终。在迁徙遇到人为阻力时，他们别无选择，只能以武力对抗，结果可能获得依靠生产无法获得的食物、其他生活物资和财富。这无疑会诱发他们本来就难免的贪欲、野心和兽性，转而以掠夺、杀戮为手段获取更有利的生存条件。在耕地不足、气候不利或遭遇天灾人祸时，农业部族也不得不部分或全部迁徙。他们的最终命运取决于能否获得足够的土地和包括人文、自然两方面资源的基本生存条件。

而像古代中国这样拥有辽阔的疆域和足够的农田、能够生产出足够的食物和其他生活物资供养其人口的国家，在不利的气候条件或异常灾害面前，具有充分的回旋余地，通过内部的人口迁移和资源配置就能解决，如人口从北方迁往南方，从平原进入谷地、山区，由黄河流域转移到长江流域，开发尚未开发的区域。所以，从西汉至明朝，统治者尽管拥有足够的军事控制能力，却始终没有在蒙古高原、青藏高原和东北地区设立正式的郡县（州县）制度。开疆拓土或坚守边界，更多的是出于国家安全的考虑，或者是反击入侵的结果。对于新获得的疆土，统治者仅实施军事监护和象征性的行政管理，一旦国力衰退或鞭长莫及，就会轻易放弃。

有人将不同群体、不同民族、不同国家、不同文明之间的差异和特点归因于血统、基因，甚至认为存在优劣之分。但遗传学研究已经证明，人类出自同一个祖先、同一种基因，今天的不同人种、不同遗传基因是同一祖先的后裔散布到地球各地后长期演变的结果。而导致这些演变发生的主要原因，是各地不同的地理环境，而不是当初已经存在遗传基因的差异。

随着生产力的发展，特别是在工业化以后，一些人陶醉于科学技术的长足进步和物质财富的迅速增加，一度产生"人定胜天"的观念，提出征服自然的号召，造成某些资源的枯竭、某些物种的灭绝，并对局部区域的环境造成难以消除的污染和不可修复的破坏。殖民主义、帝国主义、垄断资本推波助澜，加剧环境恶化，引发社会危机。一方面，科学技术的发展达到空前的高度；另一方面，人类与自然的和谐共生共存也受到严峻的考验。

人类历史的另一条主线，是人类不断克服自身的生物性、兽性，并不断完善人性的过程。

在人类的祖先还在非洲以及走出非洲的过程中，绝大多数人都还只有生物性、兽性，与其他动物没有明显的区别。他们的发声、觅食、饮食、避热、御寒、集群、争斗、交配、生殖、育雏、病痛、死亡、迁徙等，与其他动物无异。与此同时，其中个别人或少数人，由于超常的生理发育，或脑功能的进化，或迄今我们还无法理解的原因，产生或强化了好奇心、羞辱感、舒适感、荣耀感、判断力、思维力、表达力、感染力、想象力、模仿力，并且不断克服自身的生物性和兽性。但多数人并不具备他们这样的能力，而且不认同他们的行为方式和表达出来的感情，视他们为异类，甚至加以驱逐或杀害。但其中有的人依靠自己的体力和智力，成为部落的首领，通过暴力强制或劝导示范，使部落成员接受他的生活方式、是非标准、行为规范，增强了部落成员的人性。这一过程是漫长的、曲折的、反复的，但最终结果是，一些部落形成了比较共同的人性，结为更大的部落联盟或部族，进而形成酋邦、政治实体和早期国家。

早期人类在面对变幻莫测又威力无穷的自然界和无法对抗的敌对群体时，无不寄希望于神灵、祖先，产生广泛的多神崇拜，形成越来越隆重丰盛的祭祀。由于所崇拜和祈求的是拟人化的神灵，所以他们就按自己的标准和理想来准备祭祀用品和殉葬品——动物、植物、鲜血、器官、心脏、头颅、奴隶、俘虏、美女、异人等和各种珍贵的物品。中国秦汉时的观念是"事死如生"，所以皇帝的陪葬品应包括他生前所需要的一切。随着人类自身的物质需求、审美标准和价值观念的变化，食物、鲜花和精心制作的祭祀器物才逐渐出现，伴随以音乐、舞蹈和隆重的仪式，殉葬品也逐渐改为俑、器物、模型、图画和象征性器物。

由于种种原因，包括迄今我们还不能了解的原因，特定区域（一种说法是在亚美尼亚一带）的人类产生了语言，随着人口的迁徙而产生不同语系的分支和更多不同的语言。有了语言，杰出的、先知先觉的人，无论是对部落的其他成员强制推行人性还是教化感化，都有了更有效的手段。一万年以来，地球上先后产生了不同的文字。文字的使用和传播，使人类的思想和精神生活得到记录和推广，也使人的生活方式、行为规范、好恶程度、是非标准、价值观念等得到准确的记录和表达，又通过家庭、家族的权威和政权的权力，形成规则、惯例、法令、制度、法律等。

统治者和统治阶层拥有丰厚的物质条件和强大的行政权力，可以有效地推行他们所认可的人性，尽管他们自己未必真正践行。一方面，他们可以通过家庭、学校、社会等各种途径对民众进行教化；另一方面，他们也会用规则、法律限制乃至严刑峻法加以强化、强制。在宗教盛行后，统治者还会借助于宗教。只要他们想推行的"人性"得到宗教信仰的肯定，被列入信仰的范围，或被解释为信仰的表现，统治者不需要付出任何行政成本，就能获得最大的效益，但统治者实际推行的"非人性"，也在这种政教合一的条件下被推向极致。

虽然宗教是创造人本身的人性的理想化、完美化和神秘化的产物，但一旦形成宗教信仰，信众就丧失了本来的人性，而必须完全接受神、上帝或主赐予的"人性"，方能弥补自己与生俱来的罪愆。宗教领袖、神职人员假神的名义，或者依照他们自己对神谕的理解，推行他们的"人性"。任何宗教信仰本质上都是排他的，在形成世俗的世界秩序和国际条约之前，宗教之间不可避免地存在难以调和的冲突，引发持久的、激烈的宗教战争。政教合一、宗教战争，曾经使欧洲相关宗教信仰地区经历了人类历史上最黑暗的时代。所以现代社会必须实行政教分离，在保证宗教信仰的同时，也要求宗教不干预政治、教育、科学和学术。

在生存资源有限、人类的生存能力不可能及时提升的条件下，群体之间为争夺生存资源引发的斗争和战争不可避免，无论胜负，都可能激发人固有的生物性、兽性，使有些个体或群体以掠夺、侵略代替生产，甚至以杀戮为乐趣。一旦兽性强的人掌握了权力，或者成了大群体的首领，更会不顾后果地持续发动战争。另外，人性的张扬也使有些个体或群体以正义的战争守卫自己的财物，维护自己的权益，以战止战。当拥有足够的实力时，他们还会用人性规范战争，并感化或强制对手遵守这些规则。如中国春秋时代的宋襄公，在敌强我弱的情况下还坚持不攻击正在渡河、未布好阵势的敌军和头发斑白的老年人，在兵败身伤时仍然坚持。在古希腊、古罗马时代，一些决斗、战争的规范初步形成；而在中世纪后，欧洲也逐渐产生规范战争行为、战场救护、善待战俘、保护平民的国际条约。

生产力和科学技术的进步，武器和战争手段的发展，人口的增加，使掌握国家权力的战争狂人具有无限的杀伤力，其兽性的膨胀会给全人类带来浩劫。但人性也凝聚着另一些人类群体、民族、国家，为了自己的利益、尊严、独立、自由、民主进行并坚持正义的战争。在二战中，大多数国家和人民结成同盟，打败了侵略者，消灭了法西斯，建立了联合国，确立了国际关系的准则，制定了相关的国际法。但时至今日，一些人的兽性依然得不到抑制，膨胀为侵略、掠夺、反人类行为、恐怖活动，并因拥有最先进的武器和战争手段给全人类带来巨大的灾难。

人类的精神活动对物质条件的依赖性很低。一位天才、一位杰出人物，只要他（或她）尚未进入脑死亡状态，就能运用思维，就能保持和提升人性，就能创造精神财富。当然，这一切只有被记录、被传播，才具有社会意义和实际意义。所以人类的精神境界、人性的高度，并不一定随着时间的推移和物质基础的改善而同步提升。某位天才、杰出人物曾经创造的精神境界、达到的人性高度和纯度，或许永远不可能被复制和超越。

任何一种人类文明，作为某一特定的群体在特定的时间和空间范围内创造的物质财富和精神财富的总和，其形成和发展、兴盛和衰落，离不开基本的物质条件。但在群体摆脱了物资匮乏状态，特别是进入富裕社会后，文明的命运在很大程度上就取决于精神财富，取决于人性。人类的未来、人类命运共同体的精神基础，就是中国共产党提出和倡导的全人类价值共识，即"和平、发展、公平、正义、民主、自由的全人类共同价值"，这是全人类人性的升华和结晶。

由于主观和客观条件的局限，作者没有涉及这两条主线的全部，在涉及的部分也未必都能做出圆满的阐述，但这套书的贡献已足以奠定作者里程碑式的地位。我谨将这套书介绍给各位读者。

推荐序　价值观缘何而来

何怀宏

郑州大学哲学学院特聘首席教授

美国斯坦福大学教授莫里斯的作品《历史的偏见》，是以他2012年年末在普林斯顿大学人类价值研究中心的坦纳讲座的演讲，以及四位评论人的评论和他的回应为基础结集而成的。此书所围绕的是莫里斯提出的一个中心观点，即在人类过去两万年的历史中，人类的价值观经历了三个大致交替出现的体系。与每一种价值观相关联的是一种特定的社会组织形式，而每一种组织形式又是由人类从周遭世界获取能量的特定方式决定的。

这三个体系就是英文原书名用押头韵——觅食者（foragers）、农夫（farmers）与化石燃料使用者（fossil fuels）所示的价值观体系，它们其实也可以说就是对应狩猎–采集社会（觅食社会）、农业社会和工业社会的三种不同的价值观体系，莫里斯有时借用捷克裔英国哲学家和社会人类学家欧内斯特·盖尔纳的说法把农业社会称为"阿格拉里亚"（Agraria），把工业社会称为"因达斯特里亚"（Industria）。

莫里斯认为，第一种"觅食价值观"的价值体系，因为与它相关的社会主要通过采集野生植物和狩猎野生动物来维生，是很小规模的群体且流动性很大，故而觅食者倾向于看重平等，也比较能够容忍暴力。不过他认为19世纪有关觅食者实行"原始共产主义"，所有物资全部归公的观念是错误的。第二种是"农业价值观"的体系，因为与它相关的社会主要靠经过驯化的动植物来维持生计，农夫倾向于看重等级制度而非平等，比较不能容忍暴力，所以往往建立大的等级社会的国家以保障定居者和平地休养生息。第三种是"化石燃料价值观"的体系，它所关联的社会主要通过钻取已经转变为煤、天然气和石油的植物化石能量来增加现存动植物的能量，故而化石燃料使用者倾向于看重大多数类型的平等而非等级制度，且非常不能容忍暴力。

价值观纷纭杂沓，莫里斯说他只能在价值观的诸多因素中选取两个他认为特别重要的因素，即对待平等与暴力的态度，主要以这两点来标示三种不同价值观的差异。他不回避自己的观点可能遇到的批评和定性，诸如还原论、本质先于存在论、唯物论、功能主义等，甚至坦承自己就是这样的观点，只要在一个适度的范围内，这样的观点并不是不正确的，或者至少说是不可避免的，比如说任何学者都不可能完全避免某种程度上的本质先于存在论和还原论。

这的确使熟悉马克思唯物史观的人们很容易想起生产力决定生产关系，经济基础决定上层建筑，包括意识形态的观点，但这里是由某种生产力，即觅取能量的方式直接决定价值观。莫里斯自然也不会引出阶级斗争的观点，更不用说无产阶级专政。相反，他是相当赞成今天发达的"化石燃料社会"的主流思想的，赞成社会合作与自由市场，或者如书中一位评论者理查德·西福德所说，是赞成一种"资本主义的意识形态"的。但更确切地说，他是赞成一种"与时俱进"、因需而变的价值观。如果他生活在过去的社会，也会接受过去社会的主流价值体系，这倒也是为现代人比较平心静气地看待、理解和心怀同情地解释过去的价值观开辟了一条道路。他的历史观和价值观背后的哲学是一种功利主义或效益主义，这也可以为"心怀同情地理解大多数人的价值观,预防少数人的浪漫政治思想逾越界限而伤及社会"提供一个恰当的基础。

莫里斯的观点简单明快,而且的确抓住了一个人类存在的基本事实:人必须获得物质能量才能生存下去,而且获得较多的能量才能繁荣,才能发展出一套精致甚至奢华的文化。而且,他对未来虽然也有展望,但没有一套乌托邦式的社会理想,未来是开放的,有几种可能,包括由碳基生物变为硅基生物的可能,也有核战争的可能。

莫里斯的"价值观三段论"既有一种简化的锋利性,又包含许多生命的常识,这些常识是拒斥书斋里产生的"意识形态"的。但是,这里有两个问题。第一,人类价值观的形成是相当复杂的,即便承认人们获取能量的方式与他们的价值观之间有某种最初的决定关系,在两者之间还是存在着许多中介的,比如经济关系和政治制度,它们可能对人们价值观的形成有更直接的作用,还有价值观和其他观念本身的相互作用,包括这些观念对获取能量方式的反作用等。比如说,有时价值观甚至能对一个社会的物质能量获取方式起一种定向的作用,有些文明社会(比如经济一度走在世界前列的中国明清时代的社会)迟迟未进入一种发达的市场和工业社会,正是上层主流价值追求的"志不在此"起了很大的作用。

从最长远的观点和最根本的因素来看,莫里斯的观点也许能够解释某些根本的共性:人只有吃饭才能生存,只有有丰富的多余产品才能发展。但不容易解释的是,一代代活着的人所面对的生存和社会环境的多样性,同时活着的人要对付的主要是自己的特殊性,那些共性由于太一般甚至基本可以忽略不计。

第二个问题则是涉及价值观的恒久性,在变化的价值观中有没有一些不变的核心价值?莫里斯的确提到了几种,比如"待人公平、行事公正、爱憎分明、未雨绸缪、敬畏神明"等。但他倾向于认为这是人类生物演化的结果,甚至是人和其他动物共有的。当然,人类和其他动物不一样的地方是，人同时也进行着文化进化，但他还是坚持我们关于何为正直的选择在很大程度上受制于我们如何从周遭世界获取能量。在每一个阶段，能量获取的模式都决定了人口规模和密度，这些又反过来在很大程度上决定了哪些社会组织形态的效果最佳，继而又使得某些价值观体系相对更成功、更受欢迎。每一个时代的观念其实都是"得其所需"。

　　莫里斯的分析数据常常是饶有趣味、引人入胜的。他谈到觅食者并未刻意改变所开发资源的基因库，而农夫由于其最重要的能量来源是已经驯化的动植物，因此刻意改变了所开发资源的基因库。在觅食社会，每平方英里（约2.59平方千米）土地通常只需支撑不到一人的生存，如果环境恶劣，这一比例可能会降低到每十平方英里养活一个人。但是，农业社会的人口密度往往会超过每平方英里10人。道德体系要满足能量获取的要求，而对于能量获取介于每人每天10 000~30 000千卡的（农业）社会，最重要的要求之一便是接受政治和经济的不平等。觅食者的暴力死亡率超过10%，而农夫的这一比例接近5%，有时还要低得多。农夫只有在等级森严、在某种程度上恢复了和平的世界里才能幸存，他们因此而重视等级与和平。在工业化程度最高的西方经济体中，人均能量获取增长了7倍，从1800年前后的约每人每天38 000千卡，大增到20世纪70年代的每人每天230 000千卡。如今，全球平均每平方千米的土地上居住着45人，也就是说世界上宜居部分的人口密度高达每平方千米100人。而农业社会的典型人口密度为每平方千米30多人。2000年，人类的身高平均比1900年他们的曾祖父母高10厘米，寿命延长了30年，扣除物价因素后的收入高出了5倍。

　　莫里斯还谈到通向现代"工业社会"的两条路径：自由路径和非自由路径。在有些年代，比如20世纪30年代和70年代，非自由路径看起来比自由路径的速度更快，而从20世纪80年代开始，中国重塑的非自由发展同样造就了比自由版本更快的经济成长——尽管这里有起点较低的原因,且同时引发了环境灾害的负面外部效应及腐败。他认为归根结底还是自由路径更为成功,因为它不仅在创造财富和自由方面,还在减少暴力乃至提升平等方面占有优势。

和《21世纪资本论》的作者皮凯蒂的观点有些不同的是,在莫里斯看来,从2002年以来,不管以哪种方式来衡量,全球基尼系数都是下降的。虽然数据略有不同,但他和《人性中的善良天使》的作者斯蒂芬·平克的观点是一致的,即人类进入工业社会以后在减少暴力方面取得了巨大进步:1900—2000年死于暴力的人数为1亿~2亿,仅占那段时期在世上生活的100亿人的1%~2%。使用化石燃料的20世纪比觅食者的世界要安全10倍,比农夫的世界也要安全2~3倍。自1989年以来,战争(国际战争和内战)的数量直线下跌,全世界95%的核弹头已被销毁,暴力犯罪率暴跌,据世界卫生组织统计,全球的暴力致死率已经下降到0.7%。(以上数据截至英文版成书时。)

也就是说,伴随着三个社会阶段的人们对暴力态度的价值观的变化:从觅食者的比较能容忍暴力,到农夫的相当不能容忍暴力,再到化石燃料使用者的非常不能容忍暴力,这三个阶段的变化是一段比较平滑的曲线;而平等的情况则有起伏,是从觅食者的相当平等,到农夫的比较能接受不平等,再到化石燃料使用者的强烈要求平等。在觅食者时代,平等只存在于小范围的群体内部。到了农业社会,在已经取得了相当发展,但还不是那么发达的生产力的条件下,要支撑起一个大规模的政治社会,很难不采取一种容有等级差别的制度;但当人类进展到工业社会,范围达到趋于全球化时,则又是相当平等的了,即便国与国之间并不一样,但还是有人权平等的普遍要求。莫里斯认为,化石燃料使用者群体生活在规模更大、密度更高的社群中,他们往往认为政治和性别等级都很邪恶,暴力简直就是罪恶,但他们对财富等级的容忍度一般高于觅食者但低于农夫。然而,莫里斯虽从能量获取者在不同阶段的社会组织规模、流动性等方面对能量获取方式如何决定这些不同的价值观做出了说明，但所提供的因果证据的确还不是很充分。他对人们的价值观体系中是否还存在着与其他动物有本质差别的人之为人的特性成分，是否还存在着一些不变的、非物质需求所能决定的成分的观点也还是可以质疑的。

所以，我以为，在四位著名学者，即英国埃克塞特大学古希腊文学教授西福德、美国哈佛大学哲学教授克里斯蒂娜·M.科斯嘉德、美国耶鲁大学历史教授史景迁和文学家玛格丽特·阿特伍德对其的评论中，科斯嘉德的评论是最富有挑战性的。她提出了一种真实道德价值观与成文价值观之间的差别，说这可以被看作永恒的价值观与事实上只有特定时空的人们支持的价值观之间的差别。莫里斯的观点之所以会引发成文价值观和真实道德价值观之间关系的问题，原因之一是，他认为成文价值观在一定程度上是由生物演化造就的，这就引发了真实道德价值观是否也是如此造就的问题。如果想要让成文价值观能够支持不同的能量获取方式所必需的各种社会组织形式，人们必须认定他们的成文价值观就是真实道德价值观，即他们必须信服，乃至信仰其价值观的正当性和真理性，乃至某种永恒不变性，他们才会有效地履行这一价值观。而价值判断能力在本质上与我们规范性或评价性地看待自我的能力相关，这种自我评价的能力是其他动物所不具备的。这种规范性地看待自我的能力可能就是我们能够进行价值判断的根源，虽然它也同样可能被"意识形态"所扭曲，引发一整套独属于人类的弊病和错误观念。因此，科斯嘉德不认为人们的价值观是由其能量获取方式塑造的，而是人类的价值判断能力天然地倾向于依附真实道德价值观，只不过这种倾向非常脆弱，极易受到扭曲。或许我们应该认为，随着农业时代的来临，人类开始可以积聚权力和财产，各种意识形态也开始产生，它们扭曲了真实道德价值观——直到现在，人类进入科学和普及教育的时代，我们才开始慢慢克服这种扭曲。

莫里斯的回应是：他不赞同科斯嘉德所说的"其他动物不具备规范性地看待自我的能力"的观点，也不相信有任何真实道德价值观存在。他认为现代人类代表了一个谱系的一端，而不是在本质上不同于其他所有动物，科斯嘉德断言平等主义与和平主义是人类的缺省设置，是有些过头的本质先于存在论。人类价值观的确只能由人类所持有，但如果人类无法从环境中获取能量，就根本不可能持有任何价值观，即如英裔美国诗人奥登所说，"先填饱肚子，再谈论道德"。就算是经过最无懈可击的推理所得出的脱离任何背景的、放之四海皆准的真实道德价值观，也必须以某种形式的能量获取为前提。人类的真实道德价值观其实就是成文价值观，从头到尾，我们讨论的都是成文价值观，而成文价值观就是由我们从世界获取能量的方式所塑造的。

因此，莫里斯说，他怀疑大多数人在面对出生在农业世界而非化石燃料世界这种可能性时，或许不会选择美国政治哲学家约翰·罗尔斯谨慎指点的平等主义方向。最佳选择或许是更有保留地承诺秉持一整套更粗糙且更易操作的价值观，那自然是经过生物演化的核心价值观，包括公平、爱、同情等。但是，要让不同时代的人们自己来决定如何对这些价值观进行最佳解读才能远离饥饿和暴力。所以，永恒价值观根本就不存在。如果要进入的世界是中世纪，那么秉持封建等级观念的人们会兴旺昌盛，而平等主义者则不会。今天的人们不会赞同封建观念，但与其说这些观念不正确，不如说这些观念过时了，或者说它们只是在"过时"了的意义上是"不正确的"。

在我看来，莫里斯的回应虽然有他一向直率和坦诚的特点，但在表达和论证上还是过于强势和绝对了。他可能还是过于低估了人与其他动物的差别性，以及价值观的复杂性和精神性，也没有看到人的价值观自有其独立于物质需求和功利效用的意义。而即便价值观要充分有效地履行，也必须要有人们对它的"信"，即信其为真，乃至信其为普遍和永恒的真。虽然这"信"并不能保证价值观的内容一定是真的，但在一些最基本的价值规范中一定还是有其客观普遍的真的，比如无论如何都应该尊重生命，不应杀害无辜。我想，对这一基本价值的普遍性，莫里斯也不会反对。他对获取物质能量方式的重视，对反对暴力的肯定，就表明实际他还是肯定了在"均富"之先的保存生命的普遍道德原则，所以，他似乎没有必要否定平等，即便在比工业社会更早的时代里平等更多地体现为平等的生存权利而非平等的财富权利。同时，他也没有必要否定存在着真实乃至永恒的基本价值，即保存生命。在这一基本点上，莫里斯和他的批评者其实是可以达成一致的。

  无论如何，莫里斯的这部作品是富有意义的。莫里斯努力在最低的和最高的、最物质的和最精神的、最基本的和最高超的之间建立一种联系。虽然将其处理为一种直接的决定性联系肯定会有不少问题，但这种努力是非常可贵的。而且，这也是在高超理论与意识形态面前捍卫基本常识，有助于防止那种过于强调精神力量的、浪漫的唯意志论在变成一种政治意识形态之后给人类造成巨大的灾难。他的观点也为现代人理解乃至宽容过去时代的价值观，至少是比较平心静气对待它们，提供了一种解释的基础。

新版自序　何谓公平社会

有哪种差异能比人类价值观的变化更大？如果你到世界的另一端去旅行，遇到了一些对世界的看法似乎与你完全不同的人，这可能会让你感到震惊；但如果你去了一个陌生的、充满异国情调的地方，发现那里的人看起来和你家乡的人一样，这也会让你感到惊讶。对一些人来说，关于人性最重要的事实似乎是，我们最终都是一样的；而如果这是真的，那么一个真正公平的社会肯定是平等对待每个人的社会。然而，对另一些人来说，关于人类最重要的事实似乎是，没有两个人是完全相同的——这意味着一个真正公平的社会必须区别对待每个人。

在这本书中，我回顾了过去两万年的世界历史，得出的结论是，这两种观点都捕捉到了一些真相。无论在哪里，所有人似乎都有一个强烈的感觉：一个好的社会是一个公平的社会，在这个社会中，每个人都得到了应有的对待，但对于什么是公平，人们意见不一。然而，这些分歧并不是随机的。事实上，人类价值观中所有复杂的模式似乎都可以被分解为三种不同的关于公平含义的观念。

第一种观点在社会成员以狩猎野生动物和采集野生植物为生的觅

食社会中尤为普遍,这个观点认为人与人之间最重要的是相似度。大多数采集者认为,试图根据财富、性别或政治来建立森严的社会等级制度在道德上是错误的,必须加以抵制。

第二种观点在农业社会中尤其普遍,其成员以种植可驯化的植物和饲养可驯养的动物为生,这种观点认为,人最重要的是他们的不同之处。大多数农夫认为,基于财富、性别或政治的森严的社会等级制度是不可避免的,而且在很大程度上是好的,他们接受甚至欢迎这类制度。

第三种观点在工业社会中尤为普遍,工业社会的成员靠燃烧化石燃料为运输和生产提供动力,这种观点认为,关于人最重要的是,他们都有可能平等地做出贡献。化石燃料社会的大多数成员认为,基于财富、性别和政治的森严的社会等级制度是错误的,尽管在如何处理这些方面的问题上存在巨大的分歧。

在每种情况下,占主导地位的价值观体系似乎都是对一个社会如何从周围环境中获取能量以及获取多少能量的适应。因为觅食者只能捕获非常少量的能量,所以他们中的大多数人都生活在微小的、频繁移动的群体中。这些社会安排不仅使所有人都难以自封为统治者,而且意味着不平等会使一个群体的生存变得更加困难。而觅食者作为理性的群体,已经得出结论,一个公平的社会必须是平等对待其成员的社会。

农业社会中的人可以获取更多的能量,但通常只能通过生活在更大的社区中,几代人住在同一个地方,在同一块土地上工作来实现。这些社会安排不仅容易产生不平等现象,而且会产生一些问题,而这些问题最容易通过自上而下的等级制领导来解决。历史上的每一个农业社会都实行过某种形式的强迫劳动,而且大多数人都觉得自己的统治者太强大了,他们比其他人类更接近神。农夫是理性的人,他们得出的结论是:一个公平的社会必须区别对待其成员。

化石燃料社会的成员获取的能量更多，因为他们生活在极其庞大的民族国家里，在这些国家里，人们经常搬家，需要接受长期教育。这些社会安排意味着不平等现象必然是显著的，但也意味着不平等很容易撕裂社会。所有化石燃料社会都致力于公民的基本平等。然而，关于如何实现这一目标，一直有两种截然不同的观点———一种是自由主义的观点，认为公民之间的差异根本无关紧要，这种观点要求普通人自下而上地创造秩序；另一种是中央集权的愿景，即国家试图消除公民之间的差异，必要时会使用武力。

在20世纪，纳粹德国的失败使许多分析人士相信，化石燃料社会的自由主义愿景比中央集权制更有效。然而，在21世纪，这种观点似乎不再那么确定了。人类在能量获取上的变化比历史上的任何时候都要快。也许世界现在正在进入后化石燃料经济时代，在这个时代中，更集中的组织模式可能比自由、民主的模式更有效；又或者，基因工程、数字化和人工智能正在迅速改变人类的意义，很快就会没有"人性"这样的东西了。不论未来如何改变，毋庸置疑的是，如果我们想要了解正在发生的事情，就必须从了解人类价值观的历史开始。

目 录

导　论　斯蒂芬·马塞多　　　　　　　　　001

正　篇

第一章　每个时代的观念都是得其所需　　013
　　乔治先生的故事　　　　　　　　　　　013
　　不同社会体系的价值观分歧　　　　　　015
　　历史的诠释与理解　　　　　　　　　　017
　　一些"歪论"　　　　　　　　　　　　021
　　历史学家的错误　　　　　　　　　　　028

第二章　觅食者时代　　　　　　　　　　036
　　觅食者是什么人　　　　　　　　　　　036
　　证据　　　　　　　　　　　　　　　　037
　　觅食者时代的能量、人口和社会组织　　040
　　昆桑人的"大首领"与肖肖尼人的"兔老大"　044

第三章　农业时代　　　　　　　　　　　055
　　农夫是什么人　　　　　　　　　　　　055
　　证据　　　　　　　　　　　　　　　　060
　　农业时代的能量、人口和社会组织　　　061

I

	阿格拉里亚	081
	重返阿西罗斯	101

第四章 化石燃料时代   **102**
    化石燃料使用者是什么人   102
    从寻找证据到过滤海量证据   104
    工业时代的能量、人口和社会组织   104
    社会发展如何塑造新的价值观   124
    阿西罗斯之后：塔利班枪击事件   139

第五章 人类价值观的演变：
生物、文化与未来观念的形成   **144**
    生物进化的准则：红皇后效应   144
    从觅食到农业社会的演变   147
    从农业到化石燃料社会的演变   155
    要往何处去   164

评论篇

第六章 论"每个时代的观念都是得其所需"的
    想象意识形态   理查德·西福德   **179**

第七章 衡量人类历史价值观的局限   史景迁   **188**

第八章 永恒的价值观、进化的价值观和自我的价值观
    克里斯蒂娜·M.科斯嘉德   **192**

第九章　灯火阑珊处：文明崩溃后的人类价值观
玛格丽特·阿特伍德　　　　　　　　　　　　**211**

回应篇

第十章　我对一切事物的正见　　　　　　**221**
  我的回应　　　　　　　　　　　　221
  两个假设　　　　　　　　　　　　223
  主张1：三个阶段，三种社会形态　　226
  主张2：能量来源与人类价值观　　　235
  乔治先生犯错了吗　　　　　　　　255
  21世纪的演变核心　　　　　　　　267

致　谢　　　　　　　　　　　　　　　　**279**

注　释　　　　　　　　　　　　　　　　**281**

参考文献　　　　　　　　　　　　　　　**321**

导　论

斯蒂芬·马塞多★

伊恩·莫里斯的第 11 部著作《西方将主宰多久》初版于 2010 年，此书甫一问世便广受赞誉，被称为"才华横溢""别出心裁""震撼人心"的杰作。该书所涉之广、所涵之深，令人惊叹；且文笔优美，读之忘倦。它上溯至 15 000 年之前，探讨了西方和东方社会的发展轨迹何以迥然相异，此兴彼衰。该书在结尾提出了人类在未来当如何面对多重生存威胁的问题，包括"气候变化、饥荒、国家崩溃、迁徙和瘟疫"等，经济和社会的巨大发展让太多人获益，而这些威胁则是发

★ 美国普林斯顿大学劳伦斯·S.洛克菲勒政治学教授和人类价值研究中心教授、法律和公共事务项目的创始主任（1999—2001 年）。曾任人类价值研究中心主任（2001—2009 年）。美国政治学学会副主席、美国艺术与科学学院院士。他从事政治理论、伦理学、美国宪政和公共政策方面的写作和教学工作。
他的著作包括《自由主义美德：自由主义宪政中的公民身份、德性与社群》（1990 年）、Diversity and Distrust: Civic Education in a Multicultural Democracy（2000 年）和 Just Married: Same-Sex Couples, Monogamy, and the Future of Marriage（2015 年）。他编辑或合作编辑了十余部著作，主题包括 20 世纪 60 年代的遗产和国际法的普遍管辖权。

展带来的令人始料未及的副产品。

继《西方将主宰多久》之后，莫里斯再次彰显他的非凡洞察力，超前论述了某些"无情的物质力量"如何限定并在一定程度上决定人类已树立并秉持了两万多年的"文化、价值观和信仰"，其中当然包括道德规范。这本书源于莫里斯于 2012 年 11 月在普林斯顿大学主讲的关于人类价值观的坦纳讲座。鉴于莫里斯的论题，我们考虑将其更名为"关于无情的物质力量的坦纳讲座"。

莫里斯的整体论证可大致概括如下。人类的某些基本价值观最初产生于大约 10 万年前："待人公平、行事公正、爱憎分明、未雨绸缪、敬畏神明。"这些"核心问题"（第一章）总是以某种形式反复出现在不同文化中，是由"大而敏锐的人脑的生物进化"（第五章）所引发的。莫里斯还提到，与我们"血缘关系最近的类人猿"在某种程度上与我们共享了其中的一些价值观，此前普林斯顿大学出版社出版的人类价值研究中心丛书中的另一本也阐述了同一观点，该书作者是著名的灵长类动物学家弗兰斯·德瓦尔。[1]

然而，即便与仅次于我们的最聪明的动物物种相比，人类也拥有明显的优势，我们超乎寻常的高明世故促成了文化的创造与再造。我们发展出价值观、规范、预期和文化形态等复杂系统，维持各种必要的合作，以便在周遭环境发生变化时，提高生存机会。就像生物进化一样，文化创造也可以被理解为"通过数百万次微型实验进行的竞争过程"的一部分，等同于生物学中的随机突变，并且随着这些实验的成功或失败，"在特定环境中表现出色的特征会取代那些表现不佳的特征"（第一章）。

莫里斯为我们展现了人类价值观的宏观历史，从人类发展的三个连续阶段中识别出广泛的相似性。在这些连续阶段中，定义人类文化形态的，是产能递增的能量获取模式：觅食、农耕、化石燃料生产。莫里斯的论点是，这些相继出现的能量获取模式"决定"或至少"限定"了社会组织可能存在的形式,继而"决定"或"限定"了可能居主导地位的社会价值观。由于人类具有创造性,而相对成功的社会形态又更易传播且更有可能战胜对手,每个时代最终都会选定其所需的价值观。这是"功能主义"的看法,他们将人类价值观看作"适应性特征,随着人们周围的社会体系发生变化,人们对这些特征加以调整,使其效用最大化"(第一章)。

从觅食到农耕,再到消耗化石燃料,在相继出现的每一个阶段,"能量获取的模式决定了人口规模和密度,这些又反过来在很大程度上决定了哪些社会组织形态的效果最佳,继而又使得某些价值观体系相对更成功、更受欢迎"(第五章)。因此,靠觅食或狩猎-采集谋生的早期社会往往会采纳平等主义的社会结构和价值观(制定强有力的共享规范并限制不平等,莫里斯解释了其中的原因),但也相当暴力。农业社会为了实现最优效能,倾向于等级森严,少用暴力。而我们身处其中的化石燃料社会出现于18世纪,这种社会形态往往会在政治和性别方面更加平等,对贫富悬殊相当容忍,且比前两种社会形态都要平和得多。

以上大大简化了莫里斯的论证过程。他还强调了技术创新和地理位置在决定哪些社会能够及如何战胜其他社会方面的重要作用。《西方将主宰多久》一书的读者大概很熟悉这些主题,例如海运的创新使得临海成为巨大优势,从而成就了伟大的欧洲海洋帝国的崛起。

莫里斯的论述旁征博引,论证清晰睿智。

在莫里斯紧凑的五章内容之后,便是三位杰出学者以及一位世界闻名的高产文学大师的评论。

理查德·西福德是英国埃克塞特大学的古希腊文学教授,他在希腊文学、宗教、哲学及《圣经·新约》等领域著述颇丰。

西福德认为莫里斯过分"拘泥于决定论式的量化范畴",以至在后者粗分的几个人类发展阶段中,并未充分重视价值观和文化形态的多样性。西福德认为，农业社会形态在世界各地所产生的价值观并不相同。他以古雅典为例，质疑莫里斯的决定论。和史景迁一样，他也提请大家注意历史记录中通常不包括边缘人群的价值判断这一事实，至少在这些边缘人群没有组织的时候是这样的。西福德质疑，为什么莫里斯所谓农民的"牢骚不满"不该作为一种缺乏政治力量的平均主义的证据受到严肃对待，这种平均主义的存在挑战了农业社会认可不平等，甚至将其视作"好事"的观点（第六章）。

莫里斯认为"每个时代的观念都是得其所需"，西福德在其评述的结尾对该主张发表了自己的意见。饶有兴味的是，他谴责莫里斯本人关于历史发展的思考更近乎当前"统治阶级"的想法，而非"我们这个时代所需的观念"。西福德特别提出，莫里斯受惠于进化理论，并强调"竞争、可量化性、共识和效率"，过于不加鉴别地接受了当前资本主义经济秩序的"核心观念"。西福德认为，如果人类想要生存下去，我们的时代需要对那些人类基本价值观，也就是莫里斯本人定义的"待人公平、行事公正、爱憎分明、未雨绸缪、敬畏神明"，进行一种更有批判性且更加开明的论述（第六章）。

伊恩·莫里斯近期的研究工作涉及中国和西方的比较发展和未来展望，而本书的第二位评论者恰好是耶鲁大学历史学斯特林讲席教授史景迁，他是一位高产作者，算得上全世界首屈一指的研究现代中国的历史学家。

和其他评论者一样，史景迁既赞赏了莫里斯"杰出的研究技巧"，又表达了一些疑虑。他特别指出，莫里斯的数据发人深思，但如果他能让读者感同身受地体会住在"侧翼丘陵区"或"幸运纬度带""是什么样的"，他们将受益良多。史景迁认为，相对于这些动听的标签所暗示的境况，实际生活通常要严酷和艰难得多。此外，与西福德的看法相同，史景迁认为，莫里斯粗分的几个人类发展阶段囊括了纷繁芜杂的人类经验，要理解这些，我们需要细致得多的描述。史景迁在评述结尾指出，近几年才发生的信息技术和"网络战争"实现了意义深远的发展。

第三位评论者是哈佛大学亚瑟·金斯利·波特讲席哲学教授科斯嘉德，她或许是全球顶尖的康德道德哲学家。她在道德哲学及其历史、实践理性、规范性、主动性和自我认同，以及人类和其他动物之间的伦理关系等领域均有影响广泛的著作。

科斯嘉德质疑了莫里斯道德价值观讨论的充分性。她区分了"成文价值观"和"真实道德价值观"，前者是具体社会中现实盛行的描述性内容，而后者才是人们实际上应该秉持的真实观念。她认为，"只有当持有成文价值观的人同时也将其当作真实道德价值观时，这些成文价值观才具有莫里斯为其标定的进化和社会功能"。此外，她还指出，从事评判活动的人往往会认为"价值判断可成可败"（第八章）。正如科斯嘉德所说，"如果价值观只是某种能量获取形式所需要的一种维持社会形态的方法，人们也知道这一点，那就很难了解价值观在其中的运作方式。在价值观起作用之前，人们必须首先相信自己在践行着真实道德价值观"（第八章）。实际上，她主张道德生活参与者的观点应位于首位，或至少得到认可。科斯嘉德继而很自然地提出了下一个问题，即"如果人们相信了莫里斯的理论，他们的价值观是否就能存续下去"。也就是说，如果农业社会的参与者能像莫里斯那样，将其所处社会的价值观看作对某种能量获取方式的功利性适应，那么他们是否会认可他们所处社会的价值观，也就是他们自己的价值观？不能，她认为：我们需要从参与者的角度来理解价值判断活动，而其前提就是要明确，我们评判他人时所使用的"真实价值观"不一定等同于我们自身的"规范性的自我观念"。

实际上，科斯嘉德进一步指出，认为人类的价值判断能力"天然地倾向于依附真实道德价值观"，这种看法自有其合理之处，因而在历史进程中，我们大概往往会看到道德以某些形式趋于改善。但她同时承认，这一倾向"容易受到社会学力量的扭曲"，其中包括意识形态，大概还包括物质匮乏和不安全感等外部压力。她承认，各种类型的社会和经济力量都"对人类价值观的塑造施加了压力"，但并不会"完全决定"后者（第八章）。

最后，科斯嘉德提问道，不知莫里斯是否认为有"真实道德价值观"存在。她尖锐地指出，莫里斯自己的历史解释方法受到一整套科学假设及方法的深刻影响，他本人认为这些是消耗化石燃料的社会才有的。但是，在与农业社会的神学世界观（其认为"世界由一位超凡脱俗的神明统治"）相比较时，莫里斯并未显示出对他的（也是我们的）科学方法的真实优越性有任何质疑（第八章）。关于历史和科学实践，我们或许会说，莫里斯并非怀疑论者，也不会采纳纯粹的"功能主义"观点，认为每个时代都拥有其所需要的历史或科学。如果这些人类理解模式，比如科学和历史可以得到改善（而不仅仅是改变），那么道德伦理为何不可？

最后的评论者是位高产的作家，她用文学想象探索了人类可能面对的未来。玛格丽特·阿特伍德是当今世界最伟大的小说家之一，也是50余部诗歌、儿童文学、小说和非虚构作品的作者，其著作包括《使女的故事》《盲刺客》《羚羊与秧鸡》等。

阿特伍德对莫里斯的观点表示钦佩，但她力图关注我们危机重重的未来，提出想象未来需要动用我们的文学想象力，而不能仅靠可量化的数据和学术观察。她同意莫里斯的观点，即人类不断进化的天性中包含着令我们更加可敬或者至少更加复杂的因素，我们并非"社会达尔文主义很久以前便断言的生性自私好斗的下流坯"。但如果我们所在的脆弱的生物圈真的发生了严重故障，情况将会如何？她说，如今我们彼此联系得如此密切，"如果我们失败了，那将是个一体化的大溃败，其后果是过去的人类完全无法想象的"。她还担心我们依赖的"科技越复杂"，社会越庞大，"就越会由极其微小的错误导致重大失灵,火车失事的速度就越快,灾难性后果就越严重"。

莫里斯列举了五种可能造成文明崩溃的冲击:"气候变化、饥荒、国家崩溃、迁徙和瘟疫"。阿特伍德又加了两个:海洋和生物工程的崩溃。她在评论末尾处恳请人们做些"大战略方面的思考",其行文之异彩纷呈、幽默诙谐,是我在转述中无法传达的。

伊恩·莫里斯雄辩高谈,一一做了回应,令人为之振奋。他与这几位批评家深入交流,愈加阐明和深化了他的论点。他丝毫没有放弃自己的主张,但承认几位批评家的辩论对他很有启发,让他得以进一步阐释能量获取方式如何塑造人类价值观。

就史景迁关于描述还应更加具体的要求,莫里斯明确表示,他的首要目的是解释人们为何拥有当前的价值观,而不是深入理解那些价值观。

针对西福德的批评,即莫里斯未能识别其觅食、农耕和消耗化石燃料这三个宽泛的社会范式中的各个变体,莫里斯指出,"农业社会"包括"生活在1800年之前那一万年期间几乎所有的人",所以,他有些轻描淡写地承认,其间包含了"很大的差异"。莫里斯认为,雅典等贸易城邦无疑相当有趣,因为它们在一定程度上预演了现代价值观和社会制度。尽管不是那么引人注目,但不列颠等"早期现代原始工业国"也一样有趣,因为它们正是从其海上贸易网获取了无与伦比的能量。然而,莫里斯坚持认为,雅典人的财富"缓和了农业的能量束缚,但未将其打破"。诸如古希腊和近世的不列颠等表面上的极端例子只是限定了但未能"证明能量获取与价值观之间的相关性是错误的"(第十章)。

在其篇幅最长的讨论中,莫里斯借其所谓"多层次选择",阐明了几个先后出现的能量获取模式通过哪些途径塑造了人类的价值观。这并不是说个体是被动地由其所在社会的能量获取模式来决定其采用哪种价值观。相反,在历史的绵延进程中,在善于创造的人类经过无数次社会实验之后,那些通过社会结构、经济和政治体制、文化和价值观等方式,在探索能量获取的可用模式上进行了最优化组织的社会,往往会战胜并取代其他组织欠佳的社会。在现有科技下,不适宜人类生存和健康的社会形态以及与之相联的价值观,必将让位于更有效率的体制和价值观。

在阐明其观点的过程中,莫里斯提到并反驳了科斯嘉德提出的人们实际秉持的"成文价值观"和应该秉持的"真实道德价值观"之间的区别。莫里斯认为,我们唯一可用的价值观,是特定人群在特定时间和地点所持的价值观,因此,科斯嘉德所谓"真实道德价值观与成文价值观之间的区别是毫无意义的……从头到尾,我们讨论的都是成文价值观"(第十章)。莫里斯认为,认识到这一点并不会阻碍人们对自己的价值观充满信心并将其付诸实践。

莫里斯还回应了有关他受制于资本主义意识形态的指责。莫里斯对此表示否认,并进而断言,西福德和科斯嘉德受到了不合时宜的"本质先于存在论"的影响,后者坚信,我们开明的启蒙运动价值观,包括平等的社会关系和偏爱非暴力的争议解决方式等,更接近真实道德价值观,甚至构成了"默认"的立场,即一旦环境有利,并且社会压力无须以武力支持社会等级,人类便会自然而然地趋近这些立场。

莫里斯承认,在解释人类如何进化出历史上相继出现的复杂的组织形式、判断和创新能力时,无法避免要用到某种本质先于存在论的观点。我们都还记得,他坚持认为"所有人类"共享一系列核心价值观:"待人公平、行事公正、爱憎分明、尊重忠诚、未雨绸缪、敬畏神明"。这些价值观在人类发展的各个时代均得到了重新诠释。科斯嘉德和西福德为平等主义和非暴力进行辩护,称其为更好、更真实的道德价值观,但莫里斯认为,平等主义和非暴力不过是对人类核心价值观的特定解读:在某些能量获取形式更为先进的社会类型中,这类价值观合乎时宜,但它们不适用于觅食和农业社会。"于我而言,"莫里斯说，"错误的行为是违反了我所强烈秉持的信条，也就是我对经过生物进化的人类价值观的化石燃料式解读。"莫里斯谴责塔利班致力于将女性置于从属地位并剥夺她们受教育的机会，在这一点上，他与科斯嘉德意见一致，但他坚称，塔利班之所以是错的，是因为"农业时代已经结束了"，他们"首先错在落后"（第十章）。

有人或许会问，"落后"何以变成了这里的主要问题？这是否在断言，我们的首要目标是科学地解释（或以历史视角来理解），而非道德评判？但是，如果我们的中心焦点是道德评价，其他的措辞也许更适合描述塔利班对待女性的方式：残酷和邪恶，而不仅仅是"落后"或不合时宜。我们是否可以做出这样的判断，即对女性而言，我们所处的时代倡导更大的正义，而不仅仅是不同的正义？

更深远的问题是：将道德评价的措辞与体制和社会成就等实用标准联系在一起是否存在危险？政治和经济组织的特定创新是否有望提高社会的物质福利和力量，以及其战胜其他社会的能力，却代表了道德堕落？还是说我的言论是由我身处的社会环境所决定的？

关键在于，相对于莫里斯的标准而言，道德评价有望在更大程度上独立于特定环境，我们有足够的理由保留这一观念。这样说并不意味着我们认为人类可以克服自身所处时代的所有偏见，而只是说我们应该尽最大可能如此行事。

前文提到的莫里斯受意识形态控制的指责又当如何？莫里斯将意识形态定义为"某些人从中获利的一派谎言"，但又立即坚称，"但谎言鲜见持久者，因为在我们身处其间的物质环境中，常识是如此有力的工具，能够揭示何为最适宜的观念"（第十章）。他还引用了据传是林肯说的话："……你不可能永远欺骗所有人。""邪恶精英"还没有强大或聪明到能够长时间地迷惑大众。

这是一个有趣的表达方式，他对此充满信心：人类的创造和常识的力量最终能够颠覆以牺牲多数人为代价而向少数人输送利益的社会安排。当能量获取的模式让新型社会组织得以向更多人输送比以前更大的富足和／或安全感时，我们就有理由相信，人类最终会发现并接受新的社会形态以及与之相伴的价值观。它进一步表明，等级制度（或中央集权）需要，也必将从整个社会的视角来加以"测试"。

对于人类完全能够看穿和打破统治精英自私自利的谎言（当它们的确是谎言时）的这种信心，是否有助于我们挽救有关人类能够在连续的历史阶段中实现真实的道德进步这一理想？我们是否能够理解（与物质进步有别的）道德进步的观念？莫里斯是否以其自身未加明言的平等主义推论出，少数人不应且最终不能，以多数人作为代价而取得成功？

这些，还有很多其他问题，都留待读者去寻找答案。

在其包罗万象的讨论的结尾，莫里斯再次展望未来，并反思了人类这个物种有无可能正在为自身走向灭绝铺路。玛格丽特·阿特伍德努力想象下一次大洪水发生之后生活将会怎样，莫里斯对此表示欣赏，并用他的知识和经验加以推测。

请相信，阅读本书将是一次既愉快生动又出人意表的刺激之旅，诸位将在一位学识渊博、涉猎广泛的学者的指导之下，跨越宏阔的人类经验。他提出了关于人类价值观之来源和意义的最基本问题，并给出了出人意料的解答。

FORAGERS, FARMERS, AND FOSSIL FUELS
How Human Values Evolve

正 篇

第一章
每个时代的观念都是得其所需

乔治先生的故事

1982 年，我去希腊进行平生第一次考古发掘。我因此激动不已：虽然我在英国有过不少发掘经验，但这一次是全新的体验。我驾驶着老旧的路虎从伯明翰一路开到塞萨洛尼基，在那里转乘一辆更加老旧的公交车前往阿西罗斯，我们的工作地点就在那个农庄（图 1.1）。[1] 在那里，项目进入正轨。我们整天对史前陶器进行计数、称量和归类，等到夕阳西下，就在发掘现场尘土飞扬的前院里喝上一两杯茴香酒，养养精神。

某个傍晚，一个老人侧身骑着驴，用手杖轻敲坐骑，从发掘现场边上的土路经过。有位老妇走在他一旁，鼓鼓囊囊的麻袋压弯了她的背。当他俩经过时，我的一个同学用蹩脚的希腊语问候他们。

老人停了下来，满脸笑容。他跟我们的代言人聊了几句，然后两位老人继续向前跋涉。

"那是乔治先生。"我们的翻译说。

"你跟他聊什么了？"有人问道。

"就是问候了一句。还问他为什么不让太太骑驴。"

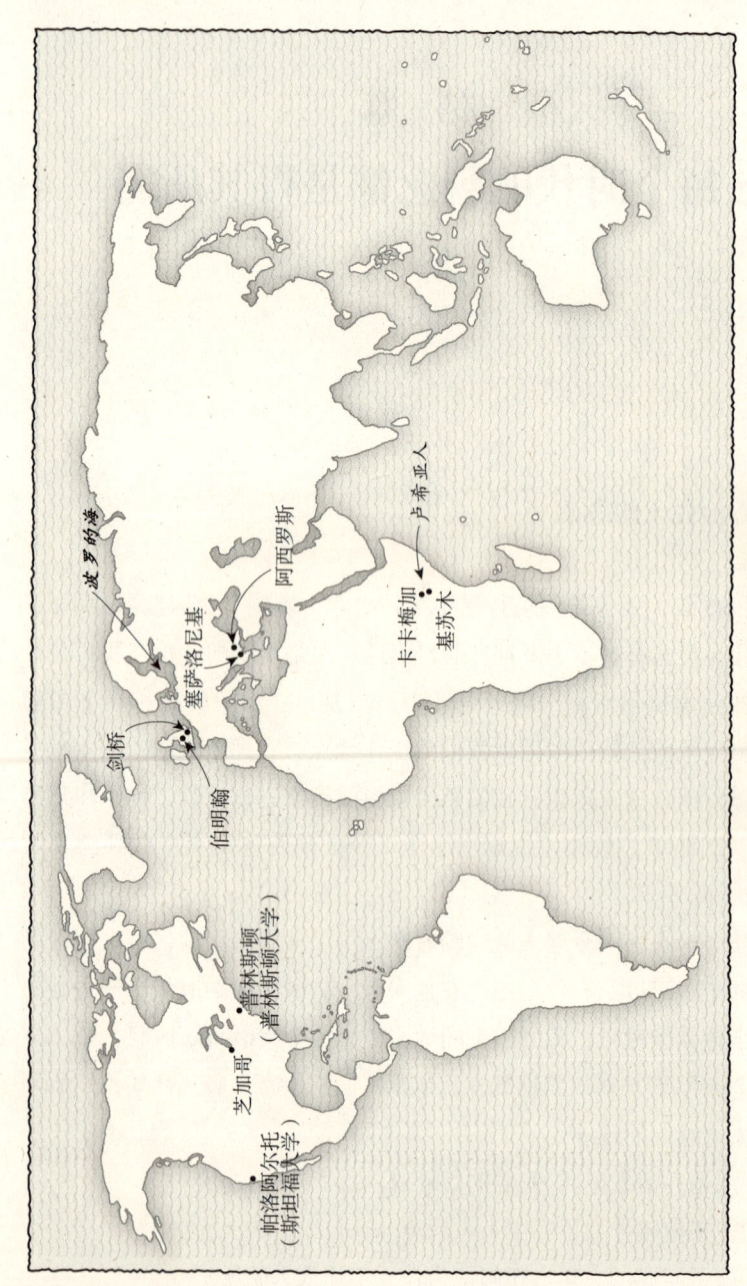

图 1.1 第一章中提到的地点和群体

停了一会儿,有人问:"然后呢?"

"他说他们只有一头驴。"

这是我第一次感受到古典人类学意义上的文化冲击。如果在伯明翰,男人骑着驴,却让太太²费力扛着大麻袋,会被看作是自私的(甚至更糟)。而在阿西罗斯,这么做却被认为是理所应当的,其原因也不言自明,以至乔治先生显然觉得我们的问题很蠢。

1/3个世纪过去了,我撰写本书,就是试图解释我在阿西罗斯的所见所闻。本书的内容基于2012年10月我在普林斯顿大学开设的有关人类价值观的两次坦纳讲座。³受邀主讲坦纳讲座是一个学者学术生涯的至高荣誉之一,但老实说,我这样的人本来不太可能受邀,所以这更令我备感荣幸。在遇到乔治先生之后的30年里,我从未写过有关道德哲学的只言片语。当然,那件事的细节让我犹豫不决,但仔细考虑之后,我确信普林斯顿大学人类价值研究中心实际上是我评论阿西罗斯事件的最佳场所,因为要想准确地解释乔治先生的话和我自己当时的反应,差不多需要一部近两万年来人类价值观文化进化的通论。我认为,完成这个任务需要历史和考古学,而非道德哲学的专业知识背景。我自忖,这样一部人类价值观文化进化通论,道德哲学家或许也会感兴趣。

至于我的观点正确与否,在看过专家点评之后,留与诸位评说。我在本书前五章陈述了自己的理论,第六章到第九章是四位应答者对原讲座的回应,他们分别是古典学者理查德·西福德、汉学家史景迁、哲学家克里斯蒂娜·M.科斯嘉德,以及作家玛格丽特·阿特伍德。第十章是我的总结陈词,即我对他们回应的作答。

不同社会体系的价值观分歧

过去这四五十年,针对我见到乔治先生、他的驴和他太太时所遭遇的那种文化冲突(以及比这更古怪的现象),学术书籍和论文早已堆积成山。然而,我即将在本书中探讨的问题与大多数此类研究全然不同。在我看来,放眼整个地球过去两万年的历史,我们会看到人类的价值观经历了三个大致交替出现的体系。每一种价值观都与一种特定的社会组织形式相关联,而每一种组织形式又都是由人类从周遭世界获取能量的特定方式决定的。归根结底,能量的获取方式不仅能够解释乔治先生说的话,也能够解释他的话为何令我大吃一惊。

不过我得抓紧时机补充一句:因为价值观体系——抑或文化,或者随你怎么称呼——是无形的存在,如果想用100多页的篇幅来论证这个问题,唯一的方法就是关注较为笼统的价值观体系中具体的子集。因此,我在本书中相对仅限于探讨(包括政治、经济和性别的)平等与等级制度的观念,以及人们对待暴力的态度。之所以选择这些主题,部分原因是我对它们感兴趣,此外,它们似乎也比较重要。不过我也怀疑价值观的大多数子集所揭示的模式相同,如若不然,对价值观的不同子集进行比较就会成为一个明显的逻辑漏洞,批评家们就会借此曲解我的观点。

我将用第二章到第四章这三章的篇幅展示这三种大致先后交替出现的人类价值观体系的现实。第一种体系,我称之为"觅食价值观",因为与它相关的社会主要通过采集野生植物和狩猎野生动物来维生。觅食者倾向于看重平等而非大多数类型的等级制度,对暴力相当宽容。第二种体系,我称之为"农业价值观",因为与它相关的社会主要靠驯化的动植物来维持生计。农夫倾向于看重等级制度而非平等,对暴力的容忍度较低。第三种体系,我称之为"化石燃料价值观",它所关联的社会主要以已经转变为煤、天然气和石油的化石的能量来增加现存动植物的能量。化石燃料使用者倾向于看重大多数类型的平等而非等级制度,且非常不能容忍暴力。[4]

这一框架不仅解释了 1982 年乔治先生的话为何让我觉得如此奇怪（他的价值观很大程度上还停留在农耕阶段，而我已经进入化石燃料阶段了），似乎也对我们研究人类的价值观产生了两个更为广泛的意义。如果我的能量获取方式决定价值观的观点是正确的，它或许能引出两个结论：（1）道德哲学家们力图找到一个整齐划一的、完美的人类价值观体系的努力是徒劳的，以及（2）我们（不管"我们"是谁）如今视若珍宝的价值观，实际上很可能会在并不十分久远的将来的某个时间点变得全然无用。在那个时间点（前提还是如果我是对的），我们会抛弃这些价值观而进入第四个阶段，也就是"后化石燃料"阶段。在本书第五章，我提出了一些设想，探讨了那种价值观可能的形态。

历史的诠释与理解

我关于文化冲突的研究与大多数近期研究的不同，就在于我试图诠释这一经验而不仅仅是理解它。关于此二者的区别，往往要追溯到将近一个世纪之前的社会学之父马克斯·韦伯。[5]然而，韦伯并非第一个将理解与诠释①作为两种思考社会行为的方式并将其对立起来的学者。这一荣耀似乎要归于哲学家和历史学家约翰·古斯塔夫·德罗伊

---

① "理解"与"诠释"的分歧由来已久，其在 20 世纪的争论可简单解释如下：实证论要求以自然科学的因果法则来诠释人的行为，因此，在分析哲学中持实证立场的语言分析派，就主张唯有分析性的或是可用经验验证的语句才有意义可言，将种种超出经验范围的命题排除在意义之外。诠释学所承继的"精神科学"传统则向来认为，一切文化现象都是历史中由精神创造出来的特殊产物，必须借由语言媒介去理解人类的行为及其意义。诠释学（乃至更广泛的精神科学）和实证论的冲突就在于，前者所使用的语句是涉及主体与对象关系的意向语句或信念语句，而信念语句对后者来说是没有意义的，故后者不承认诠释学乃至精神科学是真正的科学。——译者注（本书注释若无特殊说明，以带圈数字为标志的页下注皆为译者注。）

森,[6] 他在19世纪50年代指出，历史学家和自然科学家所从事的活动从根本上完全不同。德罗伊森说，历史学家试图理解（这里是指抓住过去的行为者的主观意义）研究对象，而自然科学家试图诠释（这里是指找到原因）研究对象。

韦伯不但极为详细地阐明了德罗伊森最初的表述，而且提出社会学有第三个目标，既不同于历史又不同于科学：将诠释与理解合而为一。"当公开的行为及其动机都已被正确理解，且与此同时其关联的意义已经完全能够被理解时，我们就能对某一具体行为过程的因果关系加以正确诠释……如果在意义方面还缺乏足够的依据，"他指出，"那么不管二者之间存在多高的一致性，也不管其概率能够多么精准地被计算出来，它仍然是一个不可完全理解的统计概率，不管我们讨论的是客观进程还是主观过程。"[7]

20世纪30年代，社会学家塔尔科特·帕森斯使韦伯的思想在美国社会学界有了广泛的受众,[8] 而人类学家克利福德·格尔茨（他最初是帕森斯的学生）又在20世纪六七十年代为它贴上了一个崭新的标签。"与马克斯·韦伯一样，我认为人是一种悬挂在自己编织的意义之网上的动物，"格尔茨写道，"我觉得文化就是那些意义之网，因此文化分析并非探索规律的实验性科学，而是寻求意义的诠释性科学。"[9] 在如此诠释韦伯的基础上，格尔茨认为，要想理解社会行为，就必须进行"长期的、主要是（但并非完全是）量化的、高度参与乃至近乎着魔的搜索式田野调查"，从而产生了他所定义的著名标签——"深描"①。[10]

---

① 格尔茨在其著名的论文《深描：迈向文化的阐释理论》中借用"深描"一词来表达他认为民族志应满足的写作要求。他认为人类学就是对人类文化的诠释，而民族志就是对文化，特别是异文化的诠释。格尔茨用四种眨眼来说明他的深描概念：1. 无意的抽动，抽动眼皮；2. 向密友投去的暗号，眨眼示意；3. 对眨眼示意的恶作剧式的模仿；4. 小丑在舞台上表演眨眼示意。格尔茨认为这四种眨眼构成了不同的文化层面，包含了不同的文化意义，深描就是要区分这四种眨眼的意义。

按照格尔茨的说法,深描通常应该采用"论文的形式,30 页还是 300 页倒无所谓,这是提出文化诠释乃至该诠释之理论基础的天然体裁"。因此,"一部民族志能否得到关注……不在于它的作者能否在某个偏远的深山老林里获得原始资料,而在于他能够在何种程度上阐释在那些地方发生了什么,把关于'他们是什么样的人'的谜题简化为'在未知背景下,会自然产生哪些我们不熟悉的行为'"。[11]

格尔茨认为社会学家应该关注理解,而非韦伯所鼓吹的将理解和诠释合而为一,由此在美国学术界引起了更大的轰动。到 20 世纪 80 年代中期,大多数人文学者和许多社会学家都步其后尘,将文化冲突从问题转化为机遇。我们应该高兴,美国历史学家罗伯特·达恩顿(他曾与格尔茨在普林斯顿大学共事)在我遇到乔治先生的短短几年后写道,"我们的祖先所公认的智慧是我们无法理解的",因为"当无法获知某个谚语、笑话、仪式或诗句的含义时,我们知道自己似乎正在接近某个秘密。如果将其中最晦涩艰深的部分发掘出来,我们或许就能揭开一个全然不同的意义体系。这条线索甚至可能引导我们发现一种陌生而奇妙的世界观"[12]。

1982 年的那一天,我脑中确实闪过一个念头:乔治先生可能是在跟我们开玩笑,讥讽我们这些第一世界的来客对其乡村生活方式的倨傲态度。然而事实确是乔治先生骑在驴背上,而他的太太却背着个大麻袋徒步前行。我丝毫不怀疑,如果把乔治先生的话放在阿西罗斯乡村生活的深描语境下,能够揭示一个陌生而奇妙的世界观。[13]然而这不是本书所要探讨的,我的目标并非理解乔治先生和其太太的行为,而是希望能够诠释它。

为了这个目的,我将利用的这条探索路径不仅要追溯到格尔茨之前,还要追溯到德罗伊森之前。[14]如果追溯得足够远,具体而言,回到 18 世纪 20—70 年代那半个世纪,就会看到在那个时代,学术界文化研究的主流是诠释而非理解。从孟德斯鸠到亚当·斯密,西欧的一众知识巨匠对有关其他大陆的信息大量涌入所做出的反应和我一样，都是假定人类经历了一系列经济发展的阶段（往往是狩猎、畜牧、农业，以及商品经济的某个变体），每一个阶段都有其独特的风格体系。

这些理论家，有的称自己所从事的研究为"哲学历史"，因为他们认为自己正在利用史实来回答道德哲学的某些中心问题；而另一些更偏爱"推测历史"这个名称，理由也同样站得住脚，即他们知道自己的体系是建立在推测而非真正的史实基础上的。从一开始，推测历史就引来了无情的嘲笑［英国社会学家沃尔特·白哲特讽刺亚当·斯密"想展示（人类）如何从野人成长为苏格兰人"］和愤怒的攻击（在1773年出版的《历史月刊》第一卷中，德国历史学家约翰·克里斯托夫·加特雷尔猛烈抨击了"装腔作势的小休谟们或号称德国小伏尔泰的罗伯逊们"，并立誓要"抓住这些害虫，穷追猛打，毫不留情"）。[15] 到18世纪90年代，许多学者断定，没有证据的推测所要付出的代价大大超出了哲学探讨的收获，推测/哲学历史的地位随之一落千丈。[16]

然而诠释文化冲突的迫切需求并未消失。19世纪50年代期间及其后，随着传教士和行政管理人员讲述的关于非欧洲人行事如何古怪的故事再度热门，学术界发展出新的诠释框架，逐渐形成了一种全新的视角，也就是后来我们所知的"古典进化论"。[17] 然而到20世纪20年代，第一批专业的人类学家证明，古典进化论与18世纪的哲学历史一样，都只是推测而已。诠释再次退却——随后便迎来了20世纪50年代的又一次伟大复兴（这次是以所谓"新进化论"的形式）。此时，人们已经积累了足够庞大的考古学和人类学证据体系，而诠释者们也能够通过对大规模数据集进行统计分析来支持自己的观点。但到20世纪80年代，深描再次击垮了这第三拨诠释者，只不过此次获胜的主要武器是理论而非经验基础。[18]

大概有人想把上述故事诠释为另一项证据，说明人文学科或社会科学根本未曾有过进步,但我不以为然。这个故事真正展现给我们的,是学术正以其应有的方式发展。[19] 自 18 世纪以来,一拨又一拨的学者推测了文化变异的原因,而一拨又一拨的批评家则反驳了他们的观点。在每一轮辩论中,诠释者和理解者都迫使对方拿出更好的理论和数据,而到了 21 世纪的第二个 10 年,理解者再居上风,我们这些未来的诠释者也需要重整旗鼓,与之抗衡。

一些"歪论"

要做到这一点,诠释者需要在较大的时空范围内进行宽泛的比对,以此来对特定文化中数以百计的意义深描加以补充。这些补充当属浅描,主要(但并非完全)是定量的,且没有很强的参与性。它们应当是粗放的,因为它们力求在单一故事中纳入数百个社会、数千年和数百万人;还应当是简化的,因为它们寻找答案的方式是把充满多样性的亲身经验归结为更简单的基本原则。

我确认的三种价值观体系,即觅食者、农夫以及化石燃料使用者的体系,是韦伯所谓理想类型的实例。韦伯解释说,这些理想类型是"通过单方面强调一个或多个观点,并综合很多发散的、分离的、约莫应当在场但偶尔缺失的个体现象所实现的,它们根据那些单方面强调的观点而组成统一的心智建构。就其概念上的纯度而言,这一心智建构绝不可能出现在经验现实中。它是一个乌托邦"[20]。理想类型将数十亿人的现实生活简化为寥寥数个简单模型,并且因为这些模型包含了如此庞大的经验变异,它们必然充满例外。但是,如果想要找到混沌无序的真实生活背后的原因,这是我们必须付出的代价。

在某些读者看来,这条道路必将把我们引向各种"歪论"。首先,它是还原论的。在人文科学的大多数分支及某些社会科学分支中,

"还原论者"都是个刻薄的词儿，然而我非但不否认自己持有还原论这一显而易见的事实，反而全身心地接受这一指控。我的辩词是，一切学术思想都是还原论。任何否认这一事实的人都是懒得动脑子。仅举一个例子：我最近有机会查阅英国历史学家马丁·吉尔伯特的温斯顿·丘吉尔 8 卷本传记（实际出版时分为 13 册，因为其中某些卷册过厚，无法装订在一副封皮之中）。[21] 这一定是有史以来最宏大的传记之一，但它仍然是还原论的。要把任何人的生活归结为纸页上的文字，即使有 5 000 页之多，也必然要把纷繁复杂的现实加以扭曲；把生活在过去两万年内的每一个人的生活归结为区区几个短小章节，必然会扭曲得更多。但没关系。我们该问的问题不是某一个历史学家、人类学家或社会学家是不是还原论者（答案永远是肯定的），而是为了解决当前的问题需要还原到何种程度。大问题往往需要很多的提炼，我就是这么做的。

我的论点同样也是非常唯物论的。我为自己分出的三个阶段所使用的标签暴露了这一点：像 18 世纪的哲学历史学家们一样，我相信，一个社会可用的能源限定了哪些价值观能够取胜。以野生动植物为食的觅食者发现，其社会组织形式的选择范围相当狭窄，这些组织形式往往会有其应得的特定价值观；以驯化的动植物为食的农夫不得不选择不同的社会组织和价值观；而能够利用化石燃料能量的人则会发现，另一种形式的组织和价值观体系最适合他们。如果我是对的，我们必然得出这样的结论，即在人类价值观方面，文化、宗教和道德哲学所起的因果作用相当有限。在我分出的三个阶段中，文化、宗教和道德哲学当然塑造了每一个阶段的区域性版本——例如，没有人会混淆柏拉图的《申辩篇》与孔子的《论语》。尽管如此，问题的关键是，虽然文化传统产生了基于核心主题的各种变体，但能量获取才是驱动大格局的发动机。

此外，我的论点几乎还是普适论的，但不完全如此。我的论点在地球上的某些地方并不适用，例如从中国东北绵延到匈牙利的欧亚草原。这一地区无法支撑我们通常认为的觅食或农耕生活方式，因为这里几乎长不出（除草之外的）任何植物。但数千年来，那里支撑了独特类型的畜牧社会，其成员食用以草为食的动物（马和牛）。[22] 然而，虽然我的框架未能通过普适性测试，但它的确囊括了在地球上生存过的占压倒性多数（大约超过95%）的人群。

我还犯了功能主义的错误。[23] 价值观是适应性特征，随着人们周围的社会体系发生变化，人们对这些特征加以调整，使其效用最大化。这并不是说事物当前的状态（不管它此前如何）就是它应有的状态，但的确意味着事物当前的状态（及此前的状态）就是它一直以来极有可能呈现的状态。价值观是构成更宏大的整体的功能部件。把它们从背景中分离出来，用想象的天平衡量其轻重并加以评判，这样做并不会引领我们设计出一套通用的完美价值观，因为价值观作为实际社会体系的要素，永远只存在于真实的世界中。

最后，但同样重要的是，我的论点显然也是进化论的。人性并非一块白板，任由觅食者、农夫和化石燃料使用者随意在上面写下他们想象中的道德体系。我将要说明的三个体系都是对不断变化的环境的演化适应。

我的意思是说，800万~700万年前，我们与其他类人猿有着最后的共同祖先，但自那时我们在基因上与之分道扬镳以来，人类的价值观经历了生物演变。[24] 因为从农业时代开始以来的1万~1.5万年，我们的生物特性并没有多少变化。人类学家、心理学家和历史学家发现，无论何时何地，我们关注的一些核心问题在整个世界范围内不断重复——待人公平、行事公正、爱憎分明、未雨绸缪、敬畏神明。在某种程度上，这些问题会在与我们血缘关系最近的类人猿中再现，或许在海豚和鲸鱼群中也是如此。人类的价值观至少在一定程度上是天生的，正因为如此，生物学家E.O.威尔逊早在40年前就指出："科学家和人类学家应该一起思考一下，也许是时候把伦理学从哲学家的手中暂时拿开，并将其生物化了。"[25]

迄今，思考这种可能性的大多是科学家，他们在解释我们如何从类人猿祖先那里继承了公平、公正等核心价值观的问题上取得了巨大的进展，但人文学者对生物化却明显缺乏热情。[26] 或许正因如此，有关人类价值观在近两万年来如何不断演变，以及为什么就公平、公正等具体价值观的意义而言，不同时空的人类之间有着如此巨大的差别，这方面的研究乏善可陈。解释人类价值观的生物学基础是一个重大成就，但这仅仅是用进化论解释价值观的第一步。

第二步之肇始在于，除极少数例外，人类是唯一一种发明了文化的动物，其所需的智能是在生物进化的过程中获得的，这里的"文化"是指人类通过教学、模仿等各种传播方式从他人那里习得的累积信息体系。[27] 我们的道德体系乃是文化适应。随着环境变化，我们像其他生物一样，也会不断进行生物进化，但只有人类同时也进行着文化进化，改变行为和习惯，使之在周遭世界不断变化的过程中始终有效（甚或愈加有效）。[28]

进化论者对于文化选择的每一个细节都展开了激烈的争论。某些学者坚持认为其主要机制很像生物进化的自然选择，在其过程中，一种文化变体之所以能够取代另一种，是因为采用前者的人获得了一定的优势，有更大的概率存活并将其基因传递下去；其他人则认为，与自然选择无甚共同之处的偏向性传递（一种文化变体取代另一种，是因为前者以更易模仿的方式影响了人们的生活）才是主力，并且认为文化进化与生物进化截然不同。[29] 选择的传递单位同样充满争议。在这个问题上，有两派学者产生了争论，一派假设文化复制基因（生物学家理查德·道金斯称之为"觅母"）与生物进化中的基因非常相似，整体从一个大脑传递到另一个大脑；而另一派则认为所涉的单位更应当被称为"吸引子"，指有吸引力的思想被加以创造性地重新诠释，而不是在两个头脑之间如实传递。³⁰ 最终，学者们就文化选择运作的范围（或级别）撰写了海量文献。这又造就了两种观点的对立，一种坚称一切选择最终都会对基因发生作用（个体、亲族和更大的群体只是表达遗传适宜性的不同载体）；另一种则认为选择是在多个层面发生作用的，他们指出那些在基因层面具有灾难性后果的特性（比如利他主义）之所以能够繁盛，是因为其在更大群体的层面具有高度适应性。³¹

这些都是重要的大问题，不过幸好我们无须等待专家们就机制、单位和选择级别达成共识，便可解释人类价值观的演变过程。"证据表明，文化变体有时是有点儿像基因，有时则断然不像，"进化论科学家彼得·里克森和人类学家罗伯特·博伊德如是说，"但是——这是个很重要的'但是'——无论哪种情况，达尔文主义的方法都还是有效的。"关于亲族和多层次选择的辩论也是如此。总之，里克森和博伊德认为，在19世纪50年代，无人知晓基因遗传如何运作，但这并没有妨碍达尔文推导出自然选择的原理。"同理，"他们说，"我们可以建成基于我们能够理解的可见特征的合理模型，并据此把文化如何储存在大脑里的问题装进黑匣子，继续前进。"³² 他们断定，一旦如此，我们就能看到"某些道德价值观（会变得）更加诱人，因而更有可能在个体之间传播。这些价值观往往会长存，而那些不太诱人的价值观则会消失"³³。

自冰期结束以来，人类环境的最大变化是通常被我们称为农业和工业革命的能量获取的爆炸式增长，这正是人类历史上三个主要的价值观体系与三个主要的能量获取体系能够大致重叠的原因。20世纪40年代，人类学家莱斯利·怀特指出，整个人类历史实际上可以浓缩成一个简单的公式：$C=E\times T$。其中 C 代表文化，E 代表能量，而 T 代表科技。³⁴ 他总结说："当人均每年利用的能量增加，或者能量转换的科技手段的效率提高，抑或两个因素同时增长时，文化就会发展。"³⁵ 怀特近年来不太流行了,但我将在本书中论证,他的观点大半是正确的。人类在近两万年来所获得的能量呈螺旋式上升,驱动了文化进化的进程,人类的价值观作为其一部分,也发生了变化。

如果以上述方式来考察价值观体系,我们大概还应得出如下结论——正如我在本书中论证的那样,每个时代的观念都是得其所需。根据心理学家乔纳森·海特的说法,"我们生而正义,但我们也必须通过学习,明白人们希望我们在哪些方面具备正义"³⁶,长期以来的历史表明,我们关于何为正义的选择在很大程度上受制于我们如何从周遭世界获取能量。能量的获取方式大致决定了哪些人口制度和组织形式运作最佳,而这些又反过来决定了哪些价值观将成为主流。

无论是文化进化还是生物进化,都是通过数百万次微型实验进行的竞争过程。它是路径依赖的,也就是说某个有机体或社会现今的状态限制了它未来的状态,并且进化通常是混乱、喧嚣,甚至暴力的。但随着各种突变之间的竞争尘埃落定,在特定环境中表现出色的特征会取代那些表现不佳的特征。我认为,这就是在我所粗分的觅食、农耕和使用化石燃料这三个阶段,人类行为、制度和价值观体系上有众多相似之处的原因——比如,高高在上的国王和奴隶制度何以在农业社会如此常见(但并非全部都有),而在化石燃料社会却如此罕有(但并非完全缺失)。农民往往会选择等级制度,不是因为他们恃强凌弱,而是因为那才是行之有效的方式;化石燃料使用者往往会选择民主,不是因为他们怀瑾握瑜,而是因为此时能量之丰富使世界大大改观,以至对当今世界来说民主才是最佳选择。

因此,长期以来的历史表明,在能量获取的特定阶段,文化进化的竞争过程把我们推向了效果最佳的价值观,我们的主观意愿看似无关痛痒。我个人就曾亲身体会过这种价值观和环境间此进彼退的关系。1986年,在阿西罗斯工作四年以后,我转而研究文化人类学。有一次我去肯尼亚探望我的妻子(当时还是我的女友),她在那里跟卢希亚人（Luhya）学习传统医学。[37] 作为来自化石燃料全盛时代的两个研究生，我们俩满脑子当代价值观，特别注意避免像不久前的殖民主义人类学家那样，支使报酬过低的当地工作人员替我们扛东西。但我们发现，在英国剑桥的小酒馆里听上去很有道理的说法，在卡卡梅加和基苏木之间的丘陵地区却很难付诸实践。该地区当时还主要是个化石燃料时代前的世界，甚至处于比阿西罗斯更加典型的农业时代。因此，我们每天要花几个小时从河里打水回来，捡树枝来烧开水，以供饮用烹煮，或是洗洗涮涮。但是凯西要教学，还要采访，而我要完成自己的第一本专著，还要准备在芝加哥大学的求职演讲，我们其实并没有太多时间到河边背水。

但是，在那个长期被高失业率所困的农业经济地区，大量本地妇女有的是时间。我们每天只要花上1美元左右，就可以买下她们的几个小时。这笔钱对我们来说只是零钱而已，但对一个当地家庭而言却是一笔不小的收入。这是双赢的局面，但也体现出典型的殖民主义关系，我们不想这么做。我们花了大约一个星期在泥地里来回跟跄，水桶动辄掉落，到家则永远点不着火。最终我们重新评估了自己的原则，不得不说，这对每个人都是解脱。金钱易手，采访顺利结束，我也完成了专著，找到了工作，还着实给好几个家庭帮补了家用（图1.2）。

或许是因为我们意志薄弱。换作康德，估计不会如我们这般轻易妥协（虽然我也无法想象他老人家会亲自到河边背水）。不过我怀疑在那种情形下，几乎所有的人都会做出跟我们一样的选择。据说，经济学家约翰·梅纳德·凯恩斯在被人指摘前后矛盾时回应说："时过境迁，我的想法自然会跟着变。阁下不是这样吗？"不管凯恩斯是否说过此话，[38] 它精准地概括了近两万年来在世界各地反复上演过数十亿次的场景。生物进化赐予我们的好处之一便是常识，常识告诉我们应该随机应变。

图 1.2　背水人：肯尼亚妇女在溪边取水

注：图片来自 1986 年购于基苏木的一张明信片；作者的收藏

历史学家的错误

自哲学历史学家的时代以来，大规模解释模型的建构者所面临的最大挑战，便是如何在现实世界中测试那些模型。由于理想类型过于混乱，每一种概括都不可避免地持续有例外发生，那么，我们何时才能知道某个理论的例外太多，因而一定是错误的？

我平生第一次参加坦纳讲座时，就遇上了这个问题，当时我受邀离开芝加哥，前去响应考古学家、古语言学家科林·伦福儒1993年在斯坦福大学主讲的有关考古学、语言与身份认同的讲座。[39] 在首日讲座之后召开的研讨会上，伦福儒教授和哲学家艾莉森·怀利就证伪展开了热烈讨论。根据他的理论，人口流动和语言变化之间不无联系，在座的考古学家们就此举出了一个又一个例外，但关于该理论是否（或是否可能）已被证伪，一直未有定论。

由生物学家转型为宏观历史学家的彼得·图尔钦认为，关于这一点以及很多其他观点，"科学史主张：某个学科通常只有在发展出数学理论之后，才会真正成熟"[40]。如果他是对的（我认为确实如此），关于证伪问题显而易见的解决方案，便是驳回格尔茨关于论文是分析文化冲突的天然体裁的说法。我倒不如在本书开头就从能量获取的不同阶段中选择一个有代表性的社会样本，把它们的价值观体系缩减为一个数字代码，并比较各种价值观体系与能量获取之间的适合度。然后通过 X^2（卡方检验）或其他显著性检验就能得出结论，了解在0.05 的概率水平，或其他任何看似恰当的阈值上，我们能否反驳这个无效假设（即能量获取与价值观之间没有相关性）。我需要用数页的篇幅来解释我的代码体系和采样策略，不过如果检验表明价值观和能量获取之间存在统计上的显著相关性，我便可立即着手解释这一相关性的原因及其可能的影响了。

对于很多种大规模跨文化的比较而言，这样做在原则上最为简单易行、一目了然（纵然在实践过程中定量检验的结果往往没那么直观）。大型数据库（尤其是"人类关系区域档案"）[41] 已然存在，还有更好的数据库正在建设之中。[42] 然而，这些数据库中有关价值观的信息就乏善可陈了。主要问题在于，道德价值观是标称数据，而非区间数据，也就是说，当我们说一个社会中的人群普遍认为贫富不均是好事，而另一个社会的人群认为那是坏事时，这样的说法只能证明两个社会有所不同，但传达不了任何其他信息。人群的态度无法分等或测量："好"与"坏"只不过是名义上的而已（是为"名义"数据①），绝非可以用来测量和量化其间距离的连续量表上的数据点（是为"区间"数据）。

由于这些（还有其他）问题的存在，跨文化指数的制作者们往往会极力避开价值观，我本人在早期尝试量化指标时，也曾奉其为圭臬。[43] 当然，也有可能是我不够坚持，就像我在卢希亚人那里不够坚持我的化石燃料价值观一样，确有其他分析家声称他们找到了把人类价值观从标称数据转化为区间数据的方法。从 1981 年以来，一个名为"世界价值观调查"[44] 的大型欧洲项目组就价值观问题在 100 个国家采访了逾 40 万人，并将采访得到的回复在两个数轴上排序。第一个数轴是从"传统"到"世俗—理性"价值观（测量人们对宗教、家庭和权威的态度），第二个数轴是从"生存"到"自我表达"价值观（涉及人们对人身和经济安全的关注，以及信任和容忍的水平）。随后，"世界价值观调查"将用数字表示的分数打包，计算出一个单一的分数，就能在一个价值观坐标图上对世界上的每一个国家进行标注了。[45]

政治学家罗纳德·英格尔哈特和克里斯蒂安·韦尔策尔说，所有这些表明，"社会经济发展往往会改变人们的基本价值观和信仰，其改变的过程大致是可预测的"[46]。他们所说的社会经济发展，即从以农村主导的社会转变为工业和后工业时代基于服务的经济，与我所说的能量获取相似，但并非完全一致，因此我试图在图 1.3 和图 1.4 中进行一个更加直接的测试，将"世界价值观调查"公布的分数与能量获取的原始测量标准关联起来。图 1.3 是最简版本，坐标的纵轴是"世界价值观调查"给出的"传统到世俗—理性"数轴上国家的分数，横轴是每个国家非农业部门所产生的财富比例。[47] 图上体现出明显的

---

① "标称数据"的英文原文为"nominal data"，"nominal"的本意是"名义上的"。

线性相关性，可理解为随着化石燃料取代了农业，价值观也从"传统"转变为"世俗—理性"，但这是一个弱相关，R^2（相关系数）的数值仅为 0.24。[48] 能量获取与价值观之间的关系是真实存在的，但图 1.3 表明，这种关系并不牢靠。只要至少有 1/4 的国家财富来自农业，价值观就会相当传统，而一旦非农业部门的比例升至 3/4 以上，价值观便会朝着世俗—理性标准迅速转变（不过变异情况很多而绝非铁板一块）。我们在本书第四章会看到，史实有力地证实了这一模式。

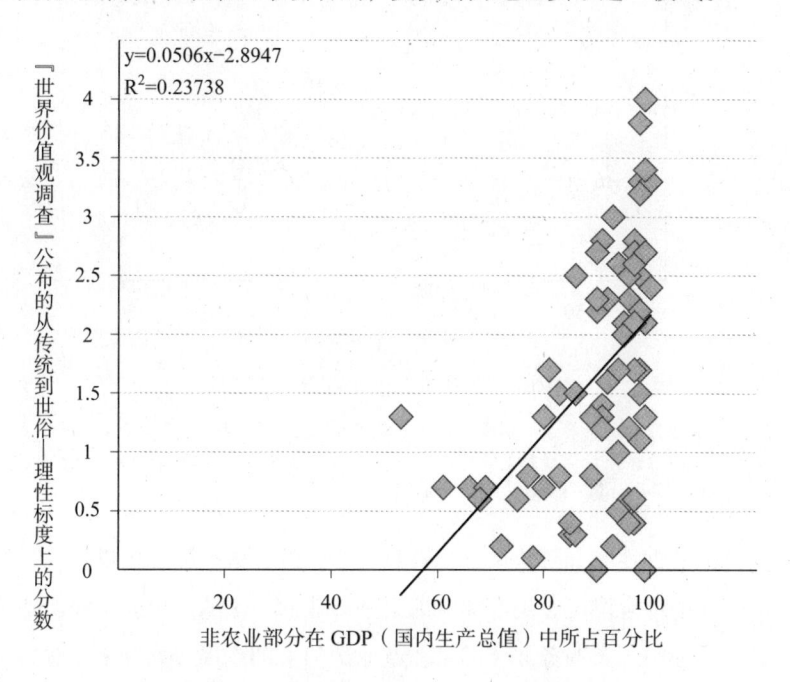

图 1.3　价值观和能量获取（第一版）

注：纵轴为"世界价值观调查"公布的从传统到世俗—理性价值观标度上的国家分数，横轴为每个国家非农业工作所产生的财富比例（$y=0.0506x-2.8947$，$R^2 = 0.23738$）

统计数据就是统计数据，处理"世界价值观调查"的数据有很多方式，但我试过的所有比较都得出了差不多相同的结果。例如，图 1.4 在纵轴上显示了"世界价值观调查"公布的每个国家的"从传统

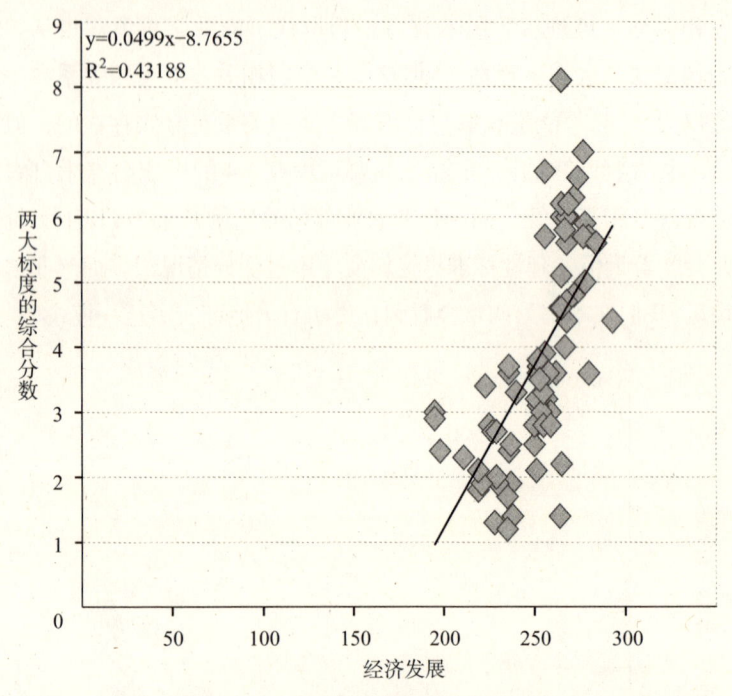

图 1.4 价值观和能量获取（第二版）

注：纵轴是将"世界价值观调查"得出的从传统到世俗—理性和从生存到自我表达标度相结合的综合分数，横轴是反映了第一、第二和第三产业在国家经济中的重要性的综合分数（$y=0.0499x-8.7655$，$R^2=0.43188$）

到世俗—理性"和"从生存到自我表达"的分数。横轴提供了一个经济发展的综合测度，把农业（即第一产业部门）的产出和工业（即第二产业部门）及服务业（即第三产业部门）的产出分离开来，然后为每个国家第一产业劳动人口的每个百分比赋值 1 点，为第二产业的每个百分比赋值 2 点，为第三产业的每个百分比赋值 3 点。如此一来便产生了更加明显的相关性（$R^2=0.43$），但整体情况与图 1.3 无甚差别。经济越不发达，人们就越可能拥有传统价值观，但随着工业和服务业变得越来越重要，人们的价值观也逐渐（虽然变异情况很多而绝非铁板一块）更倾向于理性、世俗和自我表达。

"世界价值观调查"项目组总结道,这一模式如此混乱的原因在于,发展并不是影响价值观的唯一要素。"尽管社会经济发展往往会使人们的世界观发生可预测的变化,"英格尔哈特和韦尔策尔说,"文化传统——例如一个社会在历史上是否受到过新教、儒家或共产主义的影响——始终会在该社会的世界观上留下持久的印记。历史很重要,一个社会的主流价值导向反映了现代化驱动力与传统影响之间的互动。"[49]

英格尔哈特和韦尔策尔基于2010年的数据所绘制的,展示他们研究过的74个国家/地区的"文化地图"[50](图1.5)阐明了这一互动。

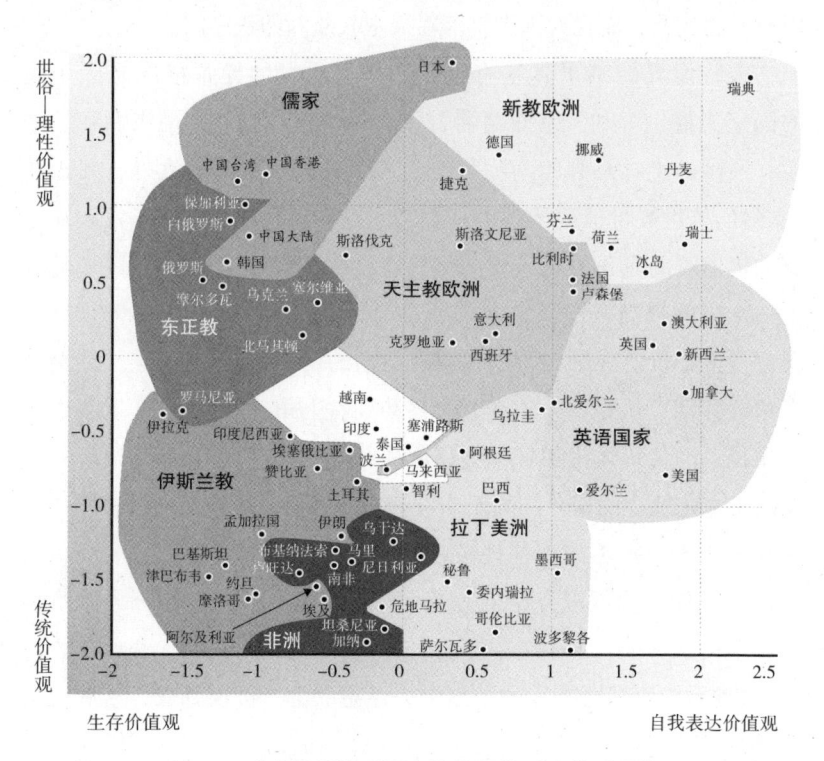

图1.5 "世界价值观调查"数据的"文化地图"

注:由政治学家英格尔哈特和韦尔策尔绘制,显示了文化传统和价值观之间的相关性

文化和／或语言集群非常醒目，这不会只是巧合，但仍有很多异常情况需要解释。例如，英格尔哈特和韦尔策尔提出的"天主教欧洲"这一类别，以一条狭窄走廊把波兰和集群中的其他国家／地区联结在一起，看起来与格里为一党之利擅自改划的选区①惊人地相似。根据各国／地区在该地图上的位置，大多数罗马尼亚人想当穆斯林，而危地马拉人希望成为非洲人，爱尔兰人（包括新教徒和天主教徒在内）感觉自己当拉美人最合适。希腊和以色列均未出现在这一版文化地图上（这两个国家曾在地图的早期版本中出现），"世界价值观调查"给出的分数表明，东正教的家乡还真是在斯洛文尼亚和比利时之间，远离同教派的教友，而犹太国则坐落在天主教欧洲的正中间。

这些诡异的结果真是有趣，但最有启发的异常情况是图中央的国家集群。智利、塞浦路斯、埃塞俄比亚、印度、马来西亚、波兰、泰国、土耳其和越南除都在经历快速的经济转型之外，几无共同之处。"世界价值观调查"项目组断定，这种情况表明，发展才是驱动价值观的真正力量，而文化只能影响价值观选择的路径。"随着生活水平的提高，发展中国家经过工业化成长为后工业的知识型社会，""世界价值观调查"项目组在自己的网站指出，"国家往往会沿对角线移动，从左下角（贫穷）移动到右上角（富裕）。"[51] 发展决定了路径，而传统无论如何都会屈服。"世界价值观调查"给拉美和东欧的工业化社会的得分均高于非洲和中东的工业欠发达国家，但由于文化的影响，拉美国家往往会在自我表达价值观方面得分较高，而在世俗—理性价值观方面得分较低，而信仰东正教的欧洲人则恰恰相反。

"世界价值观调查"的数据令人浮想联翩。但说到底，这些数据

---

① 擅自改划的选区（gerrymander）一词，源自1812年美国马萨诸塞州州长埃尔布里奇·格里为了党派利益而擅自改划选区，结果选区划分图形似一只蝾螈（salamander），因而产生了混合州长姓氏（Gerry）和蝾螈一词的"gerrymander"（格里蝾螈）。

只从一个非常片面的角度验证了本书的主题。基本问题在于，要得到关于价值观的系统性数据，唯一的方式便是通过民意调查，而这不过是近代以来才有的。到1981年，也就是"世界价值观调查"开始其研究之时，在较大的民族国家中，觅食者仅占极少数。即使在觅食者占人口比例高于任何其他国家的博茨瓦纳，也只有一万多名觅食者生活在卡拉哈里沙漠，远少于该国从事农业以及在工厂或服务业工作的人口，比值还不到1∶200。此外，到1981年，几乎每个农业社会（包括乔治先生所在的马其顿地区）[52]，都在朝着仰仗化石燃料的社会迅速转变。2012年，全世界只有7个国家，其农业产生的国家财富占比超过一半。[53] 与之相反的是，在从农业革命上溯至大约1500年的整个世界历史上，农业产生的国家财富占比不到一半的例子大概不到7个。

关于人类价值观和能量获取之间的关系，要进行严格的大样本统计研究，唯一的方法就是（将调查数据）限定在近30年，这意味着忽略几乎所有的传说。因此，我在第二章到第四章中会求助于更多的传统方法。实际上，本书正是沿着格尔茨推荐的方向所作的一篇论文，提出了概略性的建议而非演示各种相关性。我利用了人类学、考古学和历史社会学完善的定性概括方法，试图证明在过去的两万年里，人类价值观的三个笼统体系已经陆续存在，并且它们与能量获取的几个体系大致相关——简言之，每个时代的观念都是得其所需。我的方案是直截了当的。本书第二、三、四章分别讨论了觅食者、农夫和化石燃料使用者所处的时代。在第五章，我提出了能量获取体系为什么会改变，这些改变是否不可避免，以及下一步会发生什么等问题。在第六章到第九章，几位专家会解释我的论证有哪些问题。而在第十章，我会试图挽救我的论文，使它不至于在几位专家的批评之后一败涂地、一文不值。

第二章
觅食者时代

觅食者是什么人

我就从觅食社会谈起吧。对于"觅食"一词,有一篇标准的参考文献帮我们做出了这样的定义,是指"猎取野生动物、采集野生植物以及捕鱼,但未能驯化植物,且未能驯化除狗之外的动物"[1](因此,习惯上使用"狩猎-采集者"一词作为"觅食者"的同义词)。另一篇标准文献则指出,这一能量获取方式的后果是,觅食者"并未刻意改变所开发资源的基因库"[2]。

我们在本章中将会看到,觅食有多种形式(因此,某些人类学家喜欢用"觅食幅度"一词)[3],除了范围非常广泛,"觅食者"的类别也是开放性的。很多社会把觅食和农耕结合起来(人类学家往往称其为"园耕"群体)[4],近几个世代以来,在某些社会,觅食与化石燃料生活的元素也时有结合。但是,尽管存在这些变体和过渡形态,绝大多数人类学家依然认为"觅食者"是个界定相当清晰的分析类别。

我们甚至可以把觅食称为自然的生活方式,因为几乎所有的动物都是觅食者,每一个物种都有其独特的觅食方式。我们人类的觅食方式是在巨大的中非热带雨林边缘进化而成的，人类本身也是在大约5万~20万年前从智人的某些早期种类中进化而来的。[5]我们从那里出发，逐渐占领了这个星球的大部分地方。[6]走出非洲的大迁徙始于7万~10万年前，而在1万年前，人类就已经在世界上大多数宜居的地方定居下来了。可以说在人类历史的前90%的时间里，每个人都是觅食者，而当然，小部分人类至今还是觅食者。

证据

研究觅食社会的学者[7]有三个主要的信息来源：史前的考古证据，过去几千年中一些文字社会根据其遭遇的觅食者所撰写的一系列记录（可追溯到公元前5世纪希腊的希罗多德），以及近100年来的民族志分析。每一类数据均有其自身的问题，但综合在一起来看，揭示了鲜明的模式。

对大多数确乎存在过的觅食社会而言，考古学是唯一的直接证据来源，但它有一个重大缺陷——关于人类价值观这个主题，那些石头和骨头保持着亘古的沉默。无论我们的田野工作和立论如何复杂，对考古学发现的解读总要不可避免地依赖于在发现物与历史或人类学报告之间寻找相似性。[8]

相反，有关觅食者的近代文字报告却总是围绕价值观问题来讨论，这些报告最大的优势是没有受到现代假说的毒害，但其同样有一个大缺陷——在农业社会中受过教育的精英们为觅食者作传的主要原因，是利用后者来佐证和渲染自己关于价值观的论调。因此，近世的记录倾向于强调觅食者（在农业社会成员看来）的异己特质。例如，希罗多德记录了一些关于西伯利亚觅食者的可靠信息，但他还是过于轻信他们不完全是人类。他说，阿里马斯皮人（Arimaspian，活动区域见图 2.1）① 只有一只眼。在他们的北方住着秃头的阿尔吉帕人（Argippaioi）和食人族，再往北去，那里的人每年会冬眠 6 个月。[9] 希罗多德有时会将非农夫描述成景仰希腊智慧的落后蛮族，有时又会将他们描述成凸显希腊之衰微的高贵蛮族。[10] 农业时代的人在接下来的 2 000 多年里对觅食者的描绘，多是在重复类似的主题。[11]

过去 100 年来，著述颇丰的现代人类学者发展出一套艰深复杂的方法，建立起一整套令人印象深刻的关于觅食社会的庞大知识体系。可是我们很难利用这些数据作为研究史前觅食者的间接证据，主要原因是，当代觅食社会至少在某些方面与古代或史前的同型社会大不相同。2 万年前，地球上的每一个人都是觅食者。到 500 年前，践行这种生活方式的人只剩下不到 1/10，他们被迫退守于仅占地球 1/3 的区域。而如今，觅食者在世界人口中所占的比例远低于 1%。这少数遗族大多被"禁锢"在农夫们不待见的蛮荒之地，如卡拉哈里沙漠和北极圈，或是人类仍未征服的神秘疆土，如亚马孙雨林和刚果雨林的部分地区。然而，就算是这些偏远的领地也会引发化石燃料使用者的经济或政治野心，也就是说，现代政府、市场和品位的影响力已近乎无处不在，除当代最与世隔绝的觅食者之外，无一幸免。[1986 年在坦桑尼亚，令我最惊奇的一幅景象是一个手持长矛的马萨伊人（Masai）猎手喝着可口可乐等待返回营地的公交车，肩上还扛着他的猎获。实际上这绝非罕见，到 20 世纪 80 年代，大多数觅食者都过着借助化石燃料社会元素的觅食生活。]

既然 20 世纪的觅食者多生活在恶劣环境中，而史前觅食者的生存环境更为温和宜居，那么将二者进行比较显然是有问题的。20 世纪中叶，几位人类学家和考古学家提出了非常有用的觅食者类型学，

---

① 希罗多德在其著作《历史》中多次提到了名为阿里马斯皮人的独眼人族群，他们骁勇善战，喜欢扩张侵略，还会从北欧偷运黄金，因此经常和看守黄金宝藏的狮鹫战斗。——编者注

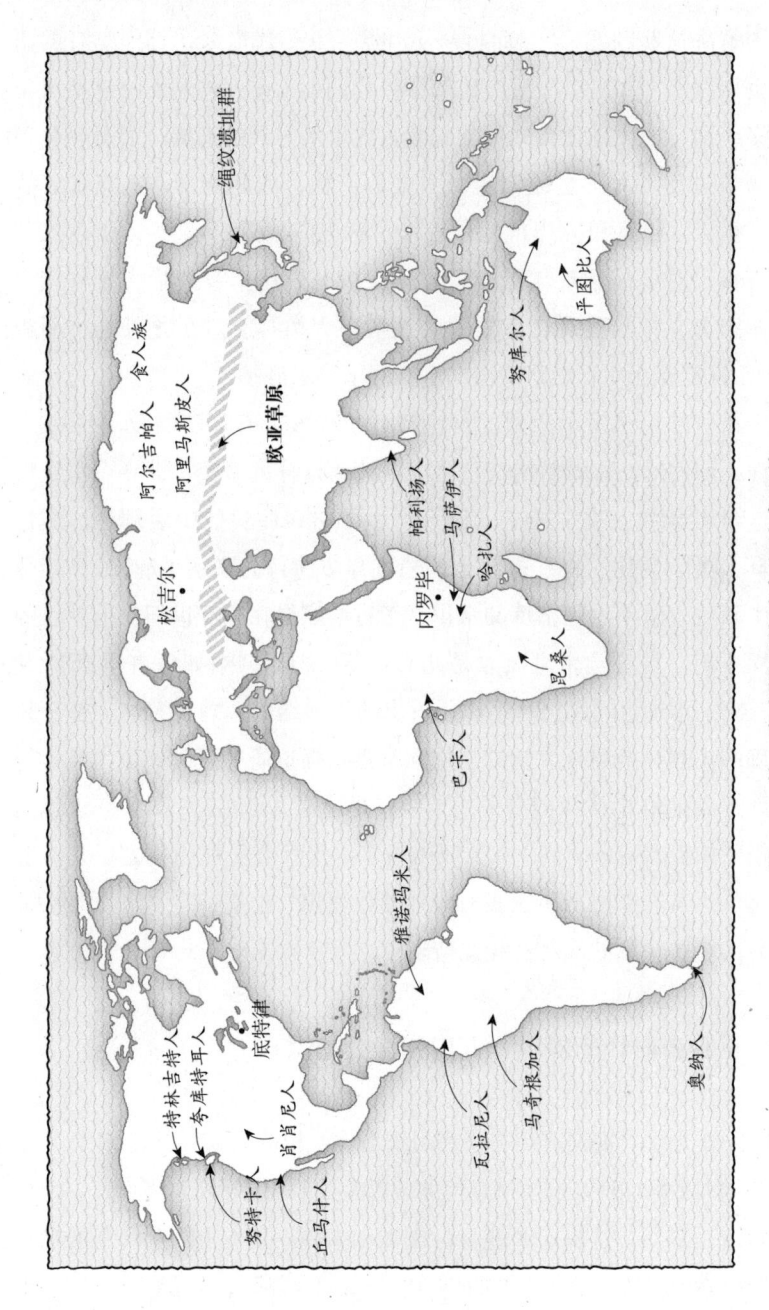

图 2.1 第二章中提到的地点和社会群体

试图解决这些问题,[12] 然而自从 20 世纪 80 年代以来,其他学者的研究更加深入,并提出任何类比都会将我们引入歧途的观点。这些人类学家声称,现代觅食者绝不是延续古代生活方式的遗族,而分明是现代历史进程,尤其是欧洲殖民主义的产物,他们断言,这意味着我们几乎无法借助研究当代觅食者来了解史前生活。[13] 某些人类学家开始声称,对史前和现代觅食者进行比较的做法本身就暗含着种族主义,因为它把当代觅食者矮化为遗落在人类社会进步之外的"活祖先",且需要在化石燃料社会的羽翼之下寻求庇护。[14]

这些结论引发了激烈的辩论,其中很多带有强烈的政治色彩。[15] 然而,即使最晦涩难解的交流也无法掩盖这样的事实,即一个世纪以来,考古学和人类学的学术研究产生了引人注目的中层理论,通过民族人类学类比,将发掘出土的遗迹与史前行为联系了起来。[16] 当然,其中某些方法不过是精炼的常识,考古学家早在一个世纪之前就已经了然于胸。虽说学术潮流总是此起彼落,但是,诸如考古学家 V. 戈登·柴尔德在 20 世纪 30 年代所得出的很多结论,现在看来大体还是正确的(我在斯坦福大学的一位同事喜欢强迫研究生们参加人类学统考,逼着他们承认我们有关史前生活的主要思想在 1877 年,也就是人类学家路易斯·亨利·摩尔根出版《古代社会》那一年之后几无变化)。[17] 这位轻率的分析家极有可能错误百出,但史前觅食者所生活的世界的整体轮廓的确已经相当清晰了。

觅食者时代的能量、人口和社会组织

对于觅食者如何养活自己和组织群体,相关的细节极其丰富,[18] 但其变化大多只体现在群体栖息地的位置差异上。对于觅食者而言,地理位置便是一切,这决定了能量的需求和来源。基本上,觅食者的栖息地距离赤道越近,其所需要的热量便越低。在热带,每天区区 4 000 千卡的热量便可满足一个人的基本需要，包括食物、工具、煮食的燃料、少量衣物和简易的容身之所。然而，栖息地接近两极地区的觅食者每天可能不得不将两倍的能量消耗在取暖、居住和更厚重的衣物上。[19] 赤道觅食者往往会从植物中获取所需的大部分能量，那里的植物（哪怕是沙漠地区）比极地丰富得多；南北两极的觅食者则需从动物（特别是鱼类）那里获得大部分能量。我们没有理由臆测史前的地理限制因素没有这么严苛，事实上在冰期，这些限制因素还会严峻得多。

当代觅食者通常很擅长评估不同能源的热量成本和效益。传统和信仰的确塑造了他们的觅食策略，但20世纪70年代以来的一系列民族志研究，证实了觅食者在分配其时间与精力时所依据的基本理性。[20] 考古学家罗伯特·贝廷格指出，人类那些五花八门的狩猎和采集方式可以被浓缩成区区五种基本的觅食策略，[21] 有关经济理性的假设（往往被称为"最佳觅食理论"）确实很好地解释了史前遗迹。[22]

早在1968年，当人类学家理查德·李和欧文·德沃尔发表其研讨会论文集《狩猎的男性》时，能量限制对觅食者（包括史前的和当代的）的影响便显而易见了，这部论文集大概是有史以来关于觅食者的最具影响力的专著。李和德沃尔断言，无论觅食者身在何方，以何为食，又如何觅到食物，对野生食物的依赖迫使他们不得不遵循2个基本原则："（1）生活在小群体里，（2）常常四海为家"[23]。

关于如何最贴切地描述觅食者的社会组织，人类学家争论不休。埃尔曼·瑟维斯在其经典著作《原始社会组织》中指出，觅食者的基本群体是以亲属关系为纽带的数十人组成的游群。与之相反，艾伦·约翰逊和蒂莫西·厄尔主张，更小的家庭群体意义更大，而蒂莫西·英戈尔德则认为，觅食者群体实际上是由"生产和消耗这两个相对独立的领域组成的，分别是男性和女性的事务"。他猜想，"因此，被我们视作'家庭'的群体是靠这两个领域之间的多点接触建立的，接触则是通过食物和性的交换关系实现的"[24]。

尽管存在这些分歧，核心的人口因素却从无争议。野生食物资源的低密度意味着大多数当代觅食者的大部分时间是在很小的群体中度过的，通常仅由 2~8 个关系密切的人组成。不过，他们全都要依附于比这大得多的群体（至少 500 人），因为只有这样的规模才能构成足以支撑下去的繁殖种群。[25] 如此众多的觅食者聚集一处倒不常见，但就算最小规模的群体也会定期聚成逾 50 人的较大游群或集合扎营，这些游群／营地网络便可产生所需人口规模的基因库。在丰饶的环境中，人们每年会花更多时间加入这些更大的群体，在严峻的环境中则相反。然而，只有在真正富饶的环境中，特别是富有海洋资源的环境中，觅食者才会在几十甚或数百人规模的群体中长久居住下去。在北美太平洋沿岸的觅食村落，从加州南部的丘马什人（Chumash）到阿拉斯加走廊地带的特林吉特人（Tlingit），都是最负盛名的例子。[26]

考古学认为，史前的觅食者生活在大小相若的群体中。在冰期寒冷干燥的条件下，群体规模很小大概是常态，居住在热带之外的人尤其如此。大约公元前 14000 年之后，随着世界气候逐渐变暖，群体的规模似乎不断扩大，若干个冰期后的温带地区能够支撑数百人规模的半永久性村落。有时，这些地区是海洋资源丰富的地带，比如波罗的海南岸附近（约公元前 5000 年）和日本南部（约公元前 3500 年）。但在少数例子中，特别是公元前 13000—前 10000 年的西南亚，野生动植物十分充裕，足以支撑永久性村落。但是，随着农业社会的到来，觅食者又被迫退回到物资匮乏的环境之中。[27]

因为一年之中不同的野生植物次第成熟，不同物种的动物和鱼类迁徙的时间也有先后，当代觅食者必须具备很强的机动性。就算小规模的群体也需要巨大的支撑空间，这意味着他们在广袤的地形上分布得非常稀疏。人口密度各不相同，主要取决于当地的野生资源基础（而这本身又取决于地理条件），不过一般的密度是每平方英里不到 1 人，且每 10 平方英里不到 1 人的情况也屡见不鲜。[28]

觅食群体规模一般都极小，这就意味着劳动分工必然相当简单，主要是在家庭这一层面，以年龄和性别来进行分工。整体而言，妇女负责采集植物和大部分的食物烹制工作，做一些手工劳动，并承担全部的育儿责任；男人负责狩猎，承担大部分手工劳动和一些食品烹制工作。男孩和女孩协助完成一些适合各自性别的工作。[29] 近5 000年来，与农业或工业社会保持联系的觅食者往往急于从前者那里购买和使用复杂精密的科技，而觅食者自己的工具和武器一般都非常简单（尽管通常十分精巧、有效）。纵观历史，即便在农业社会早已学会使用青铜器和铁器之后，绝大多数的觅食者仍然生活在石器时代。[30]

不过，尽管科技落后，经济组织相对简单，觅食者的劳动生产率却不见得很低。如果与野生资源相对的人口密度较低而机动性较高，觅食者往往无须辛苦劳作便可生产出1 500~2 000千卡的食物能量，一个活跃的成年人每天也就需要那么多能量。即使在美国西南部那种严苛的环境中，人们每天也只需花2~5个小时来觅食，这就是为什么人类学家马歇尔·萨林斯曾经给觅食者群体下了一个著名的定义，称其为"原始富裕社会"[31]。

但"原始富裕社会"这一标签功过各半，既揭示了实情，又掩饰了真相。萨林斯自己也认识到，觅食的确只需付出相对较少的劳动就能获得食物，但它在提供其他物质产品方面却乏善可陈。萨林斯认为，这一特点倒不影响他的原始富裕社会理论，因为觅食者不是唯物论者。因此，他总结说，尽管"世界上最原始的人类几乎没有个人财产……他们却并不贫困"[32]。然而某些人类学家的观点与此截然不同，他们认为当代觅食者实际上非常贫困，但认为这应归罪于农夫和化石燃料使用者对其的剥削，而不是觅食作为一种能量获取手段的低效。[33]

在物质文化的复杂性和丰富性方面，觅食群体之间也各不相同，诸如日本史前的绳纹时代文化或太平洋西北地区的夸库特耳人

（Kwakiutl）等习惯定居的大型群体往往最为富裕,[34] 而处于极端环境中,机动性极强的微小群体则最为穷困。但是,我们所有的证据来源,即发掘物、近世文献以及人类学均指向了相同的结论。纵观历史,即使最富裕的觅食者,以农业社会的标准来看也是并日而食,而在化石燃料使用者看来简直就是食不果腹。[35]

更重要的是,富裕社会的标签淡化了一个重要事实:即便是最悠闲的觅食者也会经历野生食物短缺时期的困顿。某些群体（特别是定居性更强的大型群体）有能力储存食物来抵御逆境,[36] 但其他群体却无力为之,而觅食者由于经常无处觅食,导致身体健康状况很差（以现代标准来看）。他们的平均预期寿命一般在 25~35 岁。尽管少数人可以活到 70 岁,然而有半数的儿童通常在 15 岁前便夭折了,即使能够存活到成年,多半也在 50 岁前就死了。[37] 总而言之,觅食者控制其群体规模,以便依靠野生资源存活下去,并非通过自觉、明智地稳定人口,使之低于其领地的承载能力,而是始终经历着人口迅速增长和饥饿这种盛衰荣枯的交替循环。[38]

昆桑人的"大首领"与肖肖尼人的"兔老大"

有关觅食者价值观的信息几乎全部来自过去 100 年间写就的民族志。古希腊和古罗马的作家偶尔会对非农耕群体的平等主义和好战性进行一番评价,但我们真的无从得知,当代觅食者呈现在我们眼前的这种态度在人类历史初期的 5 万多年里是否同样正常。不过,鉴于前文提到的古代和现代觅食者在生计、人口和组织等方面的大量相似之处,那些认为史前和 20 世纪的觅食者在价值观上有云泥之别的人,理应负有举证责任。

人类学者一度议论,说从北极到澳大利亚,世界各地的觅食者都厌恶政治等级制度。[39]（例如,在《剑桥狩猎-采集者百科全书》[40] 这部杰出著作中,几乎所有的撰稿人都指出,他们所提及的人群都没有制度化的领导者。)不过世事总有例外,特别是那些有足够的食物供应,可以支撑上百人规模的群体居住在一起的社会,[41] 尽管某些考古学者声称,就算是这些群体,实际上也不似表面上看来那般等级森严。[42] 世界各地的觅食者大概都能理解人类学家理查德·李从卡拉哈里沙漠的昆桑人(!Kung San)觅食者那里得到的答案,当他问到昆桑人为何没有部落首领时,他们说:"我们当然有首领!事实上我们每个人都是首领……每个人都是他自己的首领!"[43] 诚然,在相隔半个世界的火地岛,也曾有觅食者对另一位人类学家说过类似的话:"是的,先生,我们奥纳人(Ona)有很多首领。男人都是船长,女人都是水手。"[44]

觅食群体有时会做出重要的集体决策,特别是在无休止地寻找食物的过程中关于下一步移居何处的问题,但大多数群体制定了相关策略,让一个人甚或一个小群体很难将整个决策过程控于掌心。最常见的解决方案是在小群体里反复讨论每一个决定,直到逐渐形成共识,到那一刻,就连最强硬的反对者也会屈服,接受大多数人的意见。[45]

在几乎所有的群体中,人们都会时而参与那种需要领袖的活动,例如著名的肖肖尼人(Shoshone)的"兔老大",他们在多个家庭聚集组成游群的时候组织狩猎。[46] 不过一旦活动结束,或者游群再次分解为家庭,这些领袖职位通常会随即烟消云散。太跋扈的人,或在不合时宜的场合发号施令的人,或企图把暂时的影响力变成约束他人的永久权力的人,鲜有能抵挡住同伴的反对的。

对于企图建立政治等级制度的人,嘲弄是其他觅食者最常见的回应之一。这方面的最佳案例仍然来自理查德·李关于昆桑人一丝不苟的研究。在卡拉哈里沙漠,"逞能"(人类学家克里斯托弗·贝姆用来形容自我推销的词汇)的主要施展空间是狩猎,一个在族群内颇有势力的昆桑人告诉李:

045

如果某个年轻人猎杀了很多野生动物，他就会渐渐认为自己是个首领或者什么了不起的大人物，而我们其他人都是他的仆人或手下。我们接受不了这个。我们排斥自吹自擂的人，因为早晚有一天他会因为傲慢而杀人。所以我们总是说他猎获的肉食一点儿用都没有。这样，我们就能让他的心冷静下来，让他整个人平和一些。[47]

昆桑人被认为通过挖苦自命不凡的"逞能者"，叫他们"大首领"，并故意忽视他们以示贬损，类似的行为在世界各地都很常见。例如印度南部的帕利扬人（Paliyan）觅食者，坦桑尼亚的哈扎人（Hadza），以及澳大利亚的努库尔人（Ngukurr），人们常常会对野心勃勃者的傲慢冷嘲热讽、无情打击。[48]

如果嘲笑不起作用，觅食者会逐步升级他们的不满。排斥是个常用的技巧，往往直接以嘲弄的方式表达。常见的第一步是人们假装听不见或听不懂逞能者说的话，在他越来越生气时狂笑不已，好几个社会都有这样的记录。如果这样还不起作用，该逞能者可能会被短暂地驱除出群体，或是群体的其他成员自行离群，让过错方来追赶他们。

另一个策略是从嘲弄和排斥转为直言不讳的批评，即毫不含糊地告诉无礼之人，他或她做错了什么。人类学家弗雷德·迈尔斯在研究西澳大利亚沙漠中的平图比人（Pintupi）时记录过一个插曲：有个人开始觉得自己在游群中出类拔萃，于是决定在不事先征询意见的情况下干预他人，人们嘲弄他、忽略他，当面抱怨他的所为，但一切似乎都没有用，直至有一天他在一个祭典中当场倒地身亡。平图比人认为，此人一定是因为想当酋长而激怒了某人，导致后者用巫术杀了他，因为（根据迈尔斯对于舆论的解释）"人只能运用不会对他人的平等和自治造成威胁的方法来维护其个人的威信"[49]。

不过如果嘲弄和批评都不能戳破这位逞能者的面具，感觉不满的觅食者还可选择一走了之。亚马孙盆地的马奇根加人（Machiguenga）群体同时践行觅食和少量园耕这两种生活方式，如果某人对另一个人的粗鲁相待感到愤怒，他就会一走了之，进入森林。一段时间后他也许会回来，或者如果他觉得情况无可挽回，就会带全家一起离开。马奇根加人称这种做法为"依什噶那卡"（ishiganaka），他们认为相对于不得不使用暴力解决问题，这种做法更加体面。[50]

不分等级的价值观在经济层面如同政治层面一样旗帜鲜明，不过19世纪有关觅食者实行"原始共产主义"，所有物资全部归公的观念显然是错误的。[51] 相反，正如约翰逊和厄尔在其有关社会进化的调查中强调的，觅食者"密切关注财产和所有权问题。通常，生产出来的每一件物品均有一个单独的所有者来决定其用途和去向"[52]。

然而尽管其财产权利相当稳固，却鲜有觅食社会拥有实质性的等级制度。经济学家衡量收入或贫富不均的标准方式是使用一个名为基尼系数的量度，该系数以从0（指完全平等，也就是说群体中的每个人都拥有完全等量的财富或收入）到1（指完全不平等，也就是说群体中的某一个人拥有一切，而其他人全无财富或收入）的分数来表示财富或收入的集中度。[53] 很少有人类学家计算过觅食者的基尼系数，但在这方面最成功的尝试是调查了非洲、南美洲、印度尼西亚和澳大利亚的5个觅食者群体，并发现得到的分数非常低，基本上都集聚在0.25的平均值周围。[54]（我会在接下来的两章里讨论农业社会和化石燃料社会的基尼系数。）

至于觅食者的贫富不均程度为何这么低，原因显而易见：觅食通常意味着需要人们不断迁移。如此一来，积累物质财富不仅困难，而且相当无意义。一方面，拖着物质财产在野外迁徙会令狩猎和采集愈发艰难；另一方面，如果不得不每隔数周便抛弃财产，那些财产自然也就没有什么吸引力了。觅食作为一种能量获取体系，事实上对财富的积累施加了严格的限制。

这一概括有两个例外，不过两个例外似乎又都反证了该规则的存在。第一个来自少量史前遗址——如俄罗斯东部的松吉尔，这些遗址确实保存了贫富不均的证据。在松吉尔，发掘者找到了一个墓葬群，年代测定大约是公元前26000年。大多数墓葬只有少量陪葬品或完全无陪葬，但有两个墓与众不同——一个葬着一位50岁的成年男子，另一个葬着一位10岁出头的男孩和一位年纪稍小一些的女孩。他们的衣服上缝缀了13 000多颗雕刻的猛犸象牙珠子。遗体周围有数十件象牙饰品，包括一个猛犸象的小型雕刻和几支矛，还有逾250颗狐狸牙装饰着成年男子的帽子和男孩的腰带。这些象牙珠子需要一位匠人连续工作两年多才能完成，而用于装饰死者的那些狐狸牙则需要杀死60只狐狸才能得到。[55] 在这里，财富空前集中，而地位尊崇的死者中包括儿童则或许意味着财富甚至权力还可以继承。为什么在松吉尔能够出土这些独特的发现物，原因仍不清楚，我们倒可以有把握地说这是个猎杀猛犸象的特别地点；但有一点很明确，那就是这些财富体积微小、便于携带，可以轻易地从一个狩猎点转移到下一个。在松吉尔的这一发现或许表明，如果合乎时宜，比如丰富的资源可以转变为便携的形式，觅食者也完全可能建立起经济甚或政治等级制度。

第二个例外同样来自北美太平洋沿岸繁荣的觅食者群落。有若干个世纪，由于野生食物（特别是鱼类）供应充裕，这些觅食者得以居住在半永久性的村落里，这些村落有时会有数百名居民。鉴于他们大部分时间定居在同一个地方，值得费时费力建造房屋和积累财产，同时总有些人在这方面会远胜一筹。[56] 这里的猎物和采集物资非常丰富，以至丘马什人、努特卡人（Nootka）、夸库特耳人，以及其他群体甚至可以打破松吉尔规则，不再满足于轻巧便携的物品，开始积累体积庞大的不动产。

马克思和恩格斯对原始共产主义的观点，有一个视角，那就是在觅食社会中，从来没有一个小群体把自身看作拥有生产资料的食利者阶层。⁵⁷ 野生植物散布在广袤的区域,野生动物和鱼类不停地迁徙,要阻止他人获取这些资源往往是不可能的,就连北美太平洋沿岸那些富裕的觅食者也无法完全拥有大群的金枪鱼、旗鱼和鲑鱼。对于觅食者而言,最接近于拥有生产资料的是拥有相关的人造工具以便提高自身获取野生食物资源的能力,比如盛放植物的篮子,狩猎时用的诱饵、弓和箭,还有畜栏等,有关制造和使用这些工具的知识通常在觅食者群体内广为流传。大多数觅食者同样知道如何照料树木或灌木丛以提高果实产量,此举常被看作赋予所有权(例如,肖肖尼人会以家庭为单位认领特定的松子果树)。⁵⁸ 只有在特殊案例中,某些个体才会因为拥有手工制品而获得超出他人的巨大优势,关于这一点,太平洋沿岸的觅食社会再次鹤立鸡群。公元 800 年前后出现了大型出海独木舟的第一个考古学证据,而首个明显的财富等级制度的证据也出现在那个时期,这大概不是巧合。⁵⁹

在几乎所有的觅食社会中,约束财富积累的现实条件,还包括坚定地认为物质等级制度是不道德的这一观念。⁶⁰ 在大多数社会中,儿童在早期教育中便被反复灌输分享的价值观。举一个稍有些令人反胃的例子,一位人类学家曾经看到喀麦隆的一个巴卡人(Baka)男孩用箭射杀了一只大蜘蛛,然后小心地把可食用部分与他的两个玩伴分享。一个男孩分到了三条腿,另外两人每人得到两条半腿,外加蜘蛛的半个头胸部来补差。⁶¹

拒绝分享自己得到的好东西,在觅食者中是一桩大罪,和自命不凡的心理一样糟糕。实际上,贪婪和自负在觅食者看来似乎是一回事,前文引述的那位昆桑人所说的话就揭示了这一点,他提到成功的年轻猎手会"渐渐认为自己是个首领或者什么了不起的大人物"。自私的觅食者承受着巨大的压力把物品给予他人,这被某些人类学家称为"强制分享"或者"容忍攫取/盗窃"。⁶²

对那些不适应的人来说,强制分享会造成极大的文化冲击。1986

年,我妻子的一个朋友正待在肯尼亚的另一个地区,她当时犯了一个错误,宣布自己要租一辆车把行李拉回到内罗毕机场去。没想到的是,似乎但凡跟她有过一面之缘的人,一时间全都出现在她的小屋前,要求她开车送他们去见八竿子打不着的表兄弟、牛群和朋友。人们认为那辆车实际上并不是她的,她付了租金,但并没有拥有它,所以他们名正言顺地期待分享这辆车。她意识到,如果拒绝他们,她在肯尼亚的最后几天必定寸步难行,而如果听从他们的要求,那就别想赶上飞机了,于是她取消了预订的车,把行李拽到红土路边,改而等待 matatu①。63

我妻子的这位朋友遭遇的是一个极具现代性的问题,而史上的大多数觅食者则有充足的现实理由同意强制分享的要求。毕竟,如果一个收获颇丰的猎手没办法为自己或直系亲属储存未来所需的肉食,为什么不把今天的富余分享出去,以待接受慷慨馈赠的人在来日投桃报李呢?

然而,在性别阶序上,觅食者的平等主义就并非通行无碍了。在世界各地,无论是男性还是女性,都往往会想当然地认为男人应该是觅食社会的领导者。我在前文引述了一个奥纳人知情者的话,他说"男人都是船长,女人都是水手",昆桑女性觅食者尼萨显然同意这一说法,尼萨因为人类学家玛乔丽·肖斯塔克②的同名专著而闻名。有一次,一位涉世未深的青涩少女因为婚礼在即而需要鼓励,尼萨告诉她:"男人不是要杀你的人,而是要娶你的人,他会变得像你爸爸或哥哥一样。"64

社会学家一直就男人为何通常在觅食社会占据上风而争论不

---

① matatu,肯尼亚及周边国家的私家小巴。1999 年之前,matatu 是肯尼亚内罗毕市唯一的公共交通工具。
② 肖斯塔克在卡拉哈里沙漠的昆桑人中做了大量的田野工作,并以其对这一狩猎-采集社会中的女性生活的描述而广为人知。她的著作有《尼萨:一个昆桑妇女的生活和言语》以及身后出版的《回到尼萨身边》。

休。[65] 毕竟，进化论者指出，女性似乎具备不少生物学意义上的天然优势。精子和卵子两者对于繁殖均至关重要，但精子数量巨大（一般青年男子每秒钟可以产生大约1 000个精子），因而价值低，而卵子数量稀少（一般青年女子每个月产生1个），因而显得珍贵。女人应该可以要求男人提供各种服务以换取其获得卵子的权利。在某种程度上，事实的确如此，男性觅食者对育儿所做的贡献远比雄性黑猩猩、倭黑猩猩、大猩猩或红毛猩猩（人类在基因上的近亲）要大得多。然而，某些人类学家推测，女人的要价几乎从不包括政治或经济权力，原因在于精液并非男性觅食者推销的唯一产品。因为男人同时还是暴力的主要提供者，女人需要以合理的价位得到保护；因为男人是主要的狩猎者，女人需要以划算的价格得到肉食；还因为共同狩猎训练男人学会了彼此合作和信任，单个女性的议价对象往往是男性同盟而非单个的男性。

但无论细节如何，结果历历可见：男性在觅食者游群中具有支配地位，但鲜有过分的性别等级。受到虐待的妻子常常只需离开她们的丈夫，无须为此承受他人的大惊小怪或指责攻击，人们对婚姻忠诚度和婚前女性贞操的态度往往相当宽容。尼萨就是这么看的："如果你是女人，可不要静坐着什么也不干——你还有情人呢。"[66] 乱交当然会引来麻烦，也会导致家庭暴力和男性竞争者为讨女人欢心而大打出手，但对不忠行为反应过度的人会遭到嘲笑，而性越轨者却很少有人永久地被钉到耻辱柱上。[67]

性别等级的浅薄和婚姻纽带的脆弱，就像是经济和政治等级的浅薄和脆弱一样，似乎是觅食作为一种能量获取方式的天然性质所带来的直接后果。女人采集的食物至关重要，特别是在赤道附近，那里的植物在多数觅食者的饮食中占很大比例，但分享的风气通常意味着一个群体内的所有成员都可以获得这些食物。比起男性农夫，男性觅食者一般不那么在乎控制女人，特别是控制女人的生育，主要原因是与农夫相比，觅食者能继承的东西要少得多。对大多数觅食社会而言，每个人获得野生食物的机会是均等的，无论他们的父母是谁。因此，实质性的成功更多取决于狩猎、采集和建立联盟的技巧，而非实物资产的代际传承，这反过来意味着孩童的合法性问题远没有那么重要，毕竟不是只有合法后裔才能继承土地和资产。

尽管如此，但比起农夫（与化石燃料使用者相比更有可能如此），男性觅食者之间对女性的争夺似乎更容易以暴力收场。某些人类学家对这一点相当质疑，他们认为当男性觅食者为争夺女性而搏斗时，"实际上"是在争夺食物或地盘，女性只不过是个引爆点，是为更深层次的竞争提供方便的借口。[68] 毫无疑问，在某些情况下的确如此，但总体而言，觅食者们如此一致地谴责男人为争夺女人而诉诸暴力，让人很难不怀疑他们是否知道自己在谈论什么。在雅诺玛米人（Yanomami）和瓦拉尼人（Waorani，二者都是居住在亚马孙河上游、将耕种与觅食相结合的部落）中，甚至有证据表明，与不那么暴力的男人相比，暴力倾向较强的男人拥有更多的性伴侣和子嗣。[69]

对女性的争夺似乎经常促使男性觅食者使用暴力，远胜过农夫或化石燃料使用者为同一目的而使用暴力的频率，原因在于所有的争夺都会促使觅食者使用暴力，其频率高得惊人。有关这方面的数据还存在激烈争论，但近20年来，越来越多的人类学家认识到，20世纪的普通觅食者至少有10%的概率会死于暴力。[70] 在某些群体中（对从事耕种的雅诺玛米人和瓦拉尼人研究最多），有超过1/4的男人死于非命。[71] 要想确切了解如此级别的致命暴力在史前是否同样正常，唯一能借助的是考古学证据，尽管它们极难诠释，但致命伤口的发生频率（至少已有27具确定是尼安德特人的骸骨样本，以及19具早期现代人类的骸骨样本）无疑印证了暴力致死率高的情况。[72]

觅食者游群在几乎所有事情上都有差异，其暴力使用频率也不能一概而论，但人类学家用了很长时间才意识到狩猎-采集者有多粗暴。这并不是因为人类学家运气好，拜访的都是特别温顺平和的觅食人群，而是因为觅食所要求的社会规模过小，以至就算谋杀率很高，局外人也很难察觉。如果某个只有数十位成员的游群内暴力死亡率为 10%，其间的杀人案件大致是每 25 年发生一次，但由于人类学家的田野调查很少能坚持 25 个月，他们几乎没有机会目睹暴力致死事件。正是这个人口统计的现实，使得美国作家伊丽莎白·马歇尔·托马斯为其有关昆桑人的内容敏感的人类学著作命名为《温雅的人们》[73]，尽管觅食者之间的谋杀率堪比可卡因流行高峰期的底特律。人类学家们当然听说过不少谋杀的故事，但他们同样也听过很多觅食者表达了对暴力的恐惧，直到 20 世纪 90 年代，他们才把线索整合起来，揭露了可怕的真相。

人类和大多数动物一样，其生物进化的结果是将暴力作为解决纷争的可支配工具之一。[74] 尽管如此，只有精神病患者才会试图用暴力解决他面临的所有问题，[75] 并且这样的人很快就会被孤立，对方还可能会联合起来，以更大的暴力回敬他。[76] 人们害怕暴力（这一点很明智），并且会采取措施让暴力丧失其吸引力。在复杂社会里，正如英国政治学家托马斯·霍布斯在《利维坦》中指出的，这些措施中最重要的是建立中央集权的政府，垄断武力的合法使用权，以此来惩罚犯罪者。然而觅食者的政治等级过弱，无法建立这样的政府。而且虽说嘲弄、排斥、谴责和远走在大多数情况下的确有用（霍布斯关于利维坦之前的生活的观点，即"一切人反对一切人的战争"，是个纯粹的思想实验），但这种方式其实经常失效，致使超过 1/10 的觅食者死于暴力。通常，当族群内的人们情绪激昂时，特别是在对付死不悔改的逞能者时，暴力看上去是最不坏的做法。

觅食者虽然难得公开宽恕暴力，但他们往往会承认，在若干种情况下，人可以使用暴力来解决问题。暴力行为可能是突然之间怒火万丈，扬言杀人，也可能变形为针锋相对的复仇杀人循环，世代传承。有时，暴力甚至会变成一种石器时代的"东方快车谋杀案"[77]，即整个群体都认为，制止逞能者的唯一方式便是齐心合力杀了他。[78] 在典型的觅食社会，上述这些情况并不会经常发生，但觅食者一致认为，有些时候杀人是正当的，并且不该指责在这种情形下使用暴力的人（差不多都是男人）。

因此总体而言，大多数觅食者共有一套明确的平等价值观。他们对政治和经济等级制度有着极端负面的看法，但接受尚算温和的性别阶序，并承认在适当的时间和地点可以使用暴力。

这些价值观之所以为广大觅食者共享，原因在于它们是经济和社会局限的相当直接的结果，而恰恰是将觅食作为一种能量获取方法，才产生了这些局限。在狩猎-采集者所组成的高机动性的微小群体里，很难建立并维持深层的政治、经济或性别等级，同样，也很难处理各种关系而绝不诉诸暴力。觅食者像其他任何人一样拥有自由意志，我们必须假设，在数万年的时间里，所有的人类都曾是觅食者，人们几乎试遍了穷其想象的所有排列组合。但随着时间的流逝，大多数群体向前文所述的道德平衡进化，在这一过程中，价值观适应了物质现实。各个社会之间的精确平衡点彼此各异，地理条件能够解释大部分变体（特别是解释了我们在太平洋西北地区所见到的那些相对富裕的大型定居群体的异常表现），但我们可以明白无误地看到被韦伯称为理想类型的觅食者价值观。只有到了近一万年，在农业诞生之后，这些价值观才开始走下坡路。

第三章
农业时代

农夫是什么人

农夫最重要的能量来源就是已被驯化的动植物。在第二章开头，我引用了人类学家凯瑟琳·潘特-布里克对觅食者的定义，即"并未刻意改变所开发资源的基因库"的人，并因此"生活在小群体里……四海为家";[1] 与之相反，农夫刻意改变了所开发资源的基因库，生活在大型（往往非常大）的群体中，很少迁徙。觅食者的游群机动性高，规模很小，流离颠沛，却有同伴形影相随；而在农夫定居的大型村落中，世代更迭，山河依旧。

农耕的关键在于改变所开发资源的基因库，植物学家和动物学家通常将这一过程称为"驯化"。这里是指人类充分干预其他物种的繁殖以制造选择压力，导致这些物种进化成全新的物种，并且它们只有在持续的人工干预下才会继续繁殖。

被驯化的小麦如今已是人类获取植物蛋白的首要来源，[2] 算是一个经典的例子，不过世界各地的其他动植物也经历了类似的遗传过程。野生小麦是一年生植物，成熟时它的穗轴（把每一个种子附在植物上的小梗）变软，种子会一颗接一颗落到地上，落地后种子的保护壳破碎，开始萌芽。每年，大概每一两百万株野生小麦中会有一株在一个单基因上发生加强穗轴的随机突变，也就是说它的种子成熟后不会落到地上，无法继续传递其基因。如此一来，这些变异的植物就从基因库里消失了（由下一世代里新的随机变异所替代）。但在人类觅食者开始通过收割植物和再种植部分种子来干预野生小麦的基因库后，至少某些变异植物会把它们的基因传递下去，而基因库中变异的比例会以非常缓慢的速度增加。计算机模拟表明，突变体在理论上只需区区数百年便可完全取代原始的野生植物物种，不过从考古学证据来看，这实际需要几千年的时间。随后，只有在人类继续收割和重新种植的情况下，被驯化的全新小麦物种才有可能繁殖下去，人类也的确是这样做的，因为他们通过劳动（农耕）所生产的热量远胜觅食者通过采集野生小麦所获取的热量。被驯化的动植物是最早的转基因生物。[3]

"农耕"这一类别所包含的变体比"觅食"还要多，因而本章的篇幅远长于第二章。"农夫"这一类别同样包含很多过渡型，导致其边界模糊不清。我在第二章里花了不少篇幅讨论所谓的"觅食幅度"，既有非洲昆桑人那样机动性高、无社会组织的小群体，也有太平洋西北地区的夸库特耳人那样定居的、高度组织化的大型群体，以及中间很多过渡型。但为能恰如其分地讨论农业社会，与其把它想成一个系列，不如想成一个三芒星（图 3.1）。

三芒星中的一个点是诸如南非的马奇根加人（我在第二章简单提到过）等微小规模的群体，尽管他们有机会接触到被驯化的动植物，但生活方式更接近觅食者。人类学家通常将这样的社会称为"园耕者"社会或干脆称其为"食物培植者"社会。[4] 三芒星的第二个点主要包括 18 世纪的农业国，形态千差万别，如中国的清朝、印度的莫卧儿帝国、土耳其的奥斯曼土耳其帝国，以及启蒙运动时期的西欧及其海外殖民地，其中一些国家已处在工业革命的边缘。三芒星的第三个点则是包括古雅典、中世纪威尼斯，及中亚的某些绿洲在内的高度贸易化的小城邦，它们在某些方面与化石燃料社会和农业社会各有不少共同之处。三芒星的中央则是理想类型的农业社会。

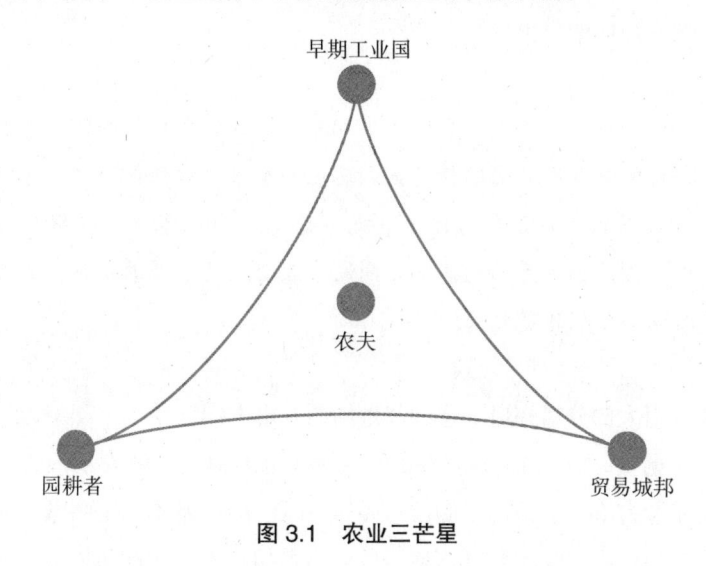

```
         早期工业国
            ●



            ●
           农夫


    ●                    ●
  园耕者                贸易城邦
```

图 3.1　农业三芒星

注：每一个点均代表了一种极端类型，从园耕者到贸易城邦或早期工业国，中心则代表理想类型的农业社会

人类学家非常重视园耕者与农夫之间的区别，他们通常会将某个与众不同的统治精英的崛起视作二者的分野。"只有当培植者融入一个国家社会之后，"人类学家埃里克·沃尔夫在其影响力广泛的著作《农民》中指出，"也就是说，当培植者必须遵从其社会阶层之外的有权之人的要求和约束时……我们才可以恰当地使用'农民'这个概念。"[5] 历史社会学家和政治学家至少同样重视农民和早期工业国属民之间的差别，[6] 但城邦居民与农民有何不同却乏人问津。[7]

然而，和觅食者的情况一样，即使有各种例外和亚类别存在，也不该掩盖这样的事实，即一个理想类型抽象地表述了农业社会的核心特征。跨文化的相似性是如此有力,以至早在 1954 年,在力图比较三个农业社会(公元前 7 世纪的希腊、19 世纪的英格兰南部和 20 世纪 30 年代的墨西哥)的一次讲座上,人类学家罗伯特·雷德菲尔德甚至颇有把握地提出:

> 假设一个农民来自这三个相距很远的社群中的任何一个,如果他能被某个带翼的精灵送到其他两个社会的任何一个,并掌握了所至村落的语言,他很快就会像到了自己家里一样舒服自在。这可能是因为生活的基本方向没有改变,他职业的罗盘还会继续指向同样的道德之北。[8]

本章将用大部分篇幅讨论这些"生活的基本方向"。

和觅食一样,农耕也出现在一个特定的地区。就农耕而言,它出现在考古学家所谓的"侧翼丘陵区"(图 3.2,基本上是一条向北弯曲穿过约旦河谷至土耳其边境,然后沿着伊拉克—伊朗边境折返向南的弧线),随后遍布世界的每个角落。但觅食者和农夫的扩张在速度、规模和彻底性方面大相径庭。现代觅食者用了 5 万多年(从大约公元前 70000—前 15000 年)才从非洲蔓延到地球上人力可达的每一个适合生存的角落。在这个过程中,世界人口增长了大约 60 倍(从公元前 70000 年的大约 5 万人增长到公元前 15000 年的 300 万人),而类人猿彻底灭绝。反观农夫,他们只用了区区 11 000 年(从大约公元前 9500—公元 1500 年)便占据了地球上人力可达的所有适合生存的角落,在此期间,世界人口增长了 90 倍,从大约 500 万增长到 4.5 亿。觅食者并没有灭绝,但他们占世界人口的比例从公元前 9500 年的约 99% 大幅下降到公元 1800 年的约 1%。[9] 那时,农夫占世界人口大多数的情况已经持续至少 5 000 年了。

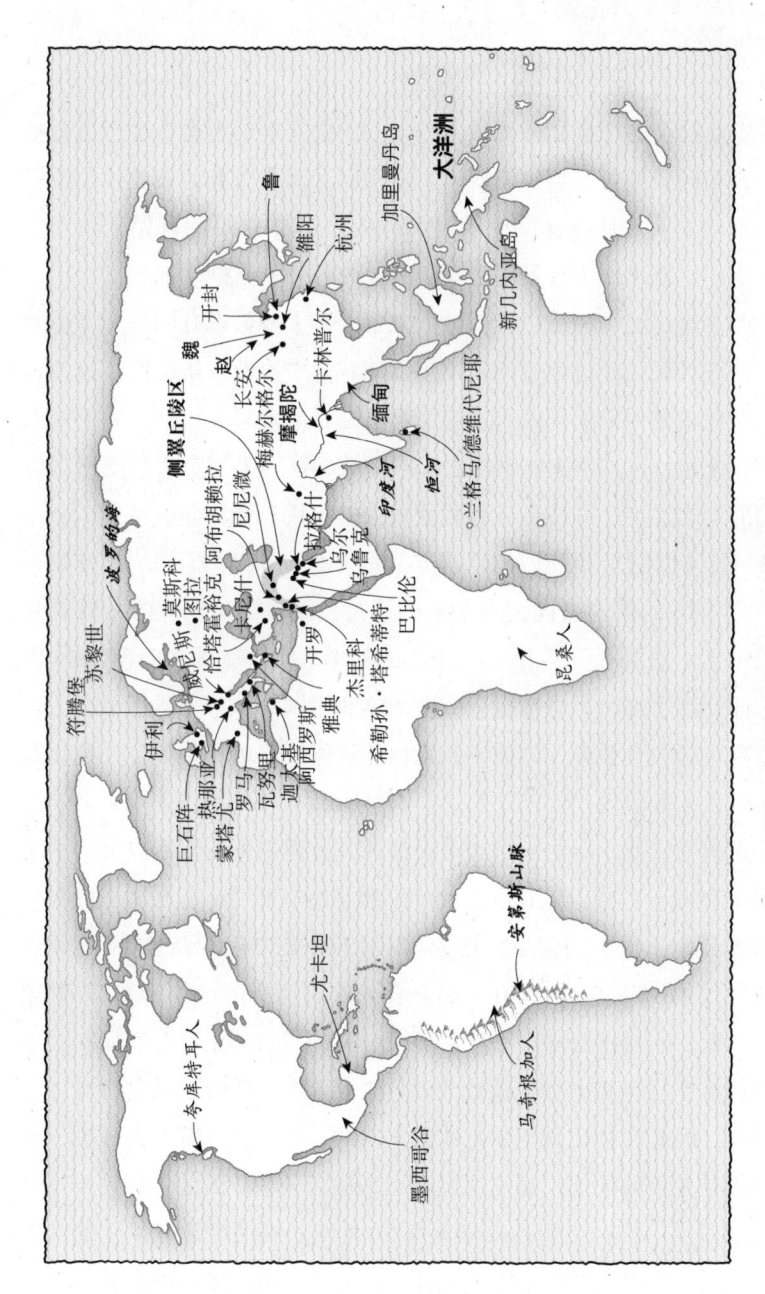

图 3.2 第三章中提到的地点和社会群体

证据

农业社会的证据[10]来源（考古学、历史文本、人类学）与觅食社会大致相同，但各个类别的权重大相径庭。因为所有的农业社会或迟或早都会发明或接受文字，所以大约从公元前3300年开始，在今伊拉克南部，就出现了大量关于农业社会的第一手资料。[11]

但在流传至今的数以百万计的文本中，大多数都有同一个严重的问题：作者属于受过教育的精英小群体，其中男性占压倒性多数，这些文字通常是他们为同辈人，或为自己的目的所写。因此，关于占人口3/4或更多的实际从事农耕之人的生活，第一手历史资料能够告诉我们的少之又少。即使在教育程度最高的古代社会，如古雅典（公元前5—前4世纪）和其后的罗马共和国（公元前1世纪），或许也不过只有1/10的男性公民拥有基本的读写技能，受过教育的女性更是凤毛麟角。直到公元后第二个千年的初期，识字率才攀升至10%以上，即便到了那时，恐怕也只有在西欧和中国的城市才达到了这个比例。真正的大众教育，即逾半数人口能够阅读简单的句子，要到化石燃料时代才能实现。[12]

正因为如此，历史学家想方设法探究普通农夫的生活。第一手文本偶尔会留下一些吉光片羽，比如宗教审判官雅克·富尼耶（后来的教宗本笃十二世）的记录，他记录了1294—1324年与法国南部蒙塔尤村农民的面谈内容。[13]但大部分有关农耕经历的证据来自20世纪人类学家、农村社会学家和发展经济学家的考古和论述。农业社会生产的物质产品（其中有些还被饰以具象派艺术）的确让觅食者难以望其项背，因此实物记录至少是非常丰富的，但是像所有考古证据一样，那些都是无声的证据，必须通过类比来加以诠释。因此，和关于觅食社会的研究一样，尽管社会学家就20世纪农夫的生活提供了非常详细的资料，但以此对早期的农业社会进行的推断仍然问题重重。

农业时代的能量、人口和社会组织

与觅食者的情况相同,农夫养活自己和组织群体的很多方式也都取决于地理环境。起初,在最后一个冰期的末期,唯一有可能成为农夫的人群是住在侧翼丘陵区及此类区域的人,那里的地理条件有利于有驯化潜力的大谷粒草种和大型哺乳动物的进化。[14] 又是和觅食者一样,住在这些有利位置的人只能因地制宜地驯化原本就生长在那里的动植物,这意味着当侧翼丘陵区的第一批农夫驯化了小麦、大麦、豆子、绵羊、山羊和牛的时候,东亚的农夫驯化了粟、水稻、猪和水牛,中美洲的农夫驯化了南瓜和玉米,安第斯山脉的农夫驯化了南瓜、花生、土豆、美洲驼和羊驼,而新几内亚的农夫驯化了香蕉和芋头。每一个被驯化的物种都能产出不同的营养元素,其所需的劳动模式也不尽相同。[15]

随着这些农业核心地区人口数量的增长,人们带着这些在核心地区驯化的动植物向外迁徙,寻找新的农田。一波又一波缓慢流动的移民潮把侧翼丘陵区的初始农作物一路带到今法国,以及今巴基斯坦境内的梅赫尔格尔,另有移民把中国的农作物带到了日本和加里曼丹岛,最终横越了大洋洲。[16] 但把农业带到全新的环境开辟了新的可能性,农夫们渐渐认识到,大江大河,特别是幼发拉底河、底格里斯河、尼罗河、印度河以及黄河,可用来灌溉、运输和交通往来,这把作物产量和经济整合推向新高。正是在这些江河流域,农夫们建造了第一批真正的城市,人口呈数十倍地增长,有时甚至达到成百上千倍。然而,如果说靠近大江大河对农耕有利,面朝大海则更是占足了地利。在公元前第一个千年(公元前1000—前1年)后期,罗马帝国控制了整个地中海盆地,罗马城的居民人数接近100万。东亚没有酷似地中海的地理特征,[17] 但公元609年启用的京杭大运河的功能颇像人工地中海,把中国南方这个"粮仓"和北方的城市与军队联结起来。到公元700年,长安也有了100万居民。[18]

随着每一个农业核心地区的增长,能量获取方式也经历了一个缓慢的爆炸式增长的过程。通过我在《文明的度量》一书中所述的计算方法,一般的富裕觅食者在初步实现驯化的前夕(在侧翼丘陵区大约是公元前10000年,在东亚和南亚地区是公元前8000年,在墨西哥和秘鲁是公元前7000年),每人每天大约能够获取5 000千卡的热量,其中有大约一半是食物,其余的则是燃料、衣物、房舍、制造业、运输和其他活动。大约2 000年后,在从事园耕的村落建成之时(侧翼丘陵区大约在公元前8000年,东亚和南亚地区在公元前6000年,墨西哥和秘鲁在公元前5000年),每人每天的能量获取上升到大约6 000千卡。接下来的3 000年间,每人每天的能量获取更是提高到大约8 000千卡,因为早期的农夫学会了如何越发有效地利用驯化的资源(侧翼丘陵区大约在公元前5000年,东亚和南亚地区在公元前3500—前3000年,墨西哥和秘鲁在公元前2000年)。这些农夫发现,头年在园中种植谷类,来年改种蛋白质丰富的豆类,不但土壤会恢复肥力,而且能让自己的膳食更多样化。如果用粗糙的磨盘碾碎谷物,食物里会残留沙砾,磨损牙齿,因此,他们学会了筛出杂质,以新的方式处理谷物。与此同时,牧人们也认识到,与其在幼仔时就把驯化的动物统统杀掉吃肉,还不如养一些留着剪羊毛、挤奶,用它们的粪便给土地施肥。西南亚的被驯化的大型哺乳动物比其他地方都多,那里的人们甚至学会了给野兽套上挽具来拉车。此前搬运任何东西都要抬起来扛走,但耕牛的挽力可达人力的3倍。到公元前4000年,牛拉耕犁的发明实现了驯化动植物的聚合。[19]

而那仅仅是开始。在公元前4000年前后的美索不达米亚和埃及,公元前3000年的印度河谷,以及公元前2500年的黄河河谷,使用河水灌溉的农夫获取的能量大约是每人每天10 000千卡,又过了约4 000年(在1世纪罗马帝国的某些地区,1100年的中国宋朝,1700年的印度莫卧儿帝国或许也是如此),能量获取又翻了两番。食物在消耗能量中的占比的确增加了,从农业肇始之时的每人每天 2 000~2 500 千卡增至约每人每天 6 000~8 000 千卡,但大部分增量是因以便宜的卡路里来替换昂贵的热量(肉、酒精、栽培的水果等)所产生的。[20] 在这一万年的历史长河中,大多数农夫仍然身材矮小,营养不良。[21] 人均能量获取增加了 6 倍,达到大约每人每天 30 000 千卡,似乎已经达到了纯粹的有机经济(图 3.3)所能达到的上限。[22]

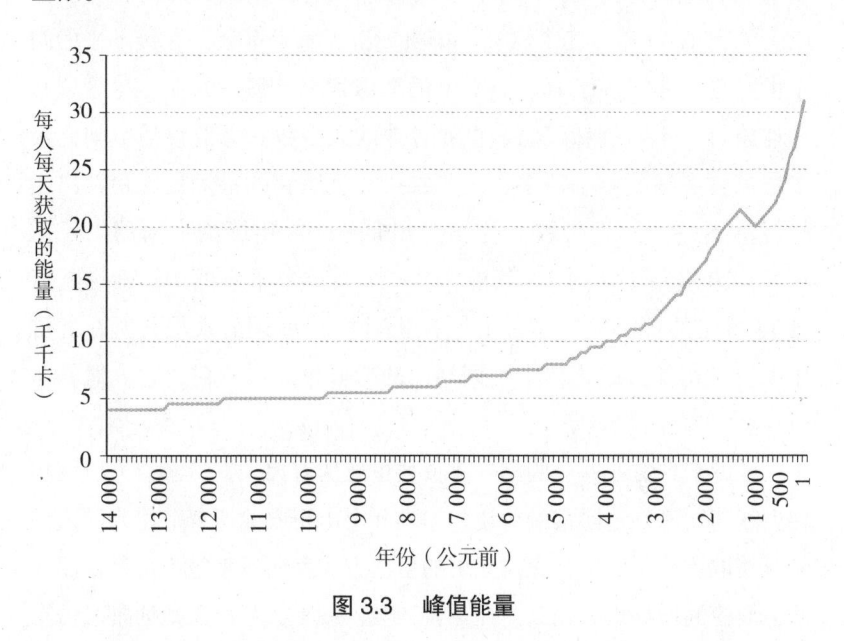

图 3.3 峰值能量

注:本图显示的是公元前 14000—前 1 年,世界人均能量获取的最高水平(数据引自莫里斯,2013)。

因为野生动植物所能提供的能量如此之少,觅食者必须颠沛流离,四处寻找其生计所需的资源,但单位面积土地的能量获取稳定增长,意味着大多数农夫不必如此。诚然,农业社会也有些成员要不断迁徙:牧人赶着羊群往来于冬季和夏季牧场之间;而在贸易城邦,则有少数人(其数目无法量化,比例较大,但跟农夫相比仍然是少数人）有时要在海上航行逾100英里①之远。²³ 一少部分人漫游的范围显然大胜从前：虽说觅食者会不断迁徙，但他们大多只会逗留在方圆数十英里的区域，而到公元前5世纪，腓尼基水手大概已经环航了整个非洲。在公元后的头两个世纪，至少已有一些埃及和印度的水手会定期拜访彼此的故乡。2世纪葬在意大利瓦努里的一个成年男子的DNA（脱氧核糖核酸）表明，他来自东亚。中国的史书似有记载，公元166年，罗马使节抵达汉朝的都城雒阳（今洛阳）。²⁴ 到1600年，几个欧洲人扬帆环游了整个世界，在接下来的两个世纪里，才实现了真正意义上的全球贸易。另一方面，尽管这些环球旅行者不断刷新纪录，世界各地的大多数农夫的生活空间比大多数觅食者还是要小得多，这些农夫一生所到的最远处，距其出生的村落不过一两天脚程。对于在1368—1398年统治中国的朱元璋来说，20里路（大约7.5英里）是一个人离家所应抵达的最远距离，而13世纪的英格兰法律对于"邻里"（一个明理的人从其所在的村庄出行拜访他村的距离）一词划定的畛域也如出一辙，这大概并非巧合。²⁵

虽说来自农业社会的第一手资料里充斥着浪子、吟游诗人以及年轻人闯荡四海创造财富的传说，但实际上由于农业所释放出来的人均能量获取增长了6倍，无拘无束的生活方式反而越来越不可行，因为社会规模的增长更为强劲。在觅食社会，每平方英里土地通常只需支撑不到一人的生存，如果环境恶劣，这一比例可能会降低到每10平方英里养活一个人。²⁶ 但是，农业社会的人口密度往往会超过每平方英里10人。公元前5世纪的雅典有5 000平方英里的领土，人口约35万，²⁷ 比典型的觅食社会高出两到三个量级，而在尼罗河谷、长江与恒河三角洲的灌溉农田，人口密度大概更高。

---

① 1英里≈1.61千米。——编者注

单个村落的规模增长得更快。冰期的觅食者穷其一生,见过的最庞大的人群估计也不过数百人,而那一般是在游群聚集的时候,一年也只有那么寥寥几天而已。然而时至公元前 7000 年,在今土耳其境内的恰塔霍裕克,常年定居的就有大约 1 000 人;公元前 3500 年之后不久,逾万人定居在伊拉克南部的乌鲁克;到了公元前 700 年,伊拉克北部的尼尼微容纳了 10 万名居民;前文也曾提到,在公元 100 年,有 100 万人住在罗马,这一数字大概比公元前 20000 年的世界人口总数还多;到公元 700 年,中国长安的居民数量也达到了这一规模。[28] 罗马帝国和同时代的汉朝各自有至少 6 000 万人;到 1600 年,明朝有 1.6 亿人口。

每平方千米农田的能量获取稳定增长,使养活这数百万人口成为可能,但代价是承星履草、胝肩茧足的劳作。[29] 萨林斯提出的原始富裕社会中的相对悠闲的觅食者与其他历史学家、人类学家和发展经济学家所记述的操劳过度的农夫形成了鲜明对比。"我事稼穑,兀兀穷年",古希腊诗人赫西奥德曾在诗中这样写道,他的《工作与时日》(作于公元前 700 年前后)是以农民的角度描述生活这一主题的现存最古老的文献资料。[30] 26 个世纪后,意大利南部的一位神父断言:"农民每天就是为了吃饭而工作,为了有力气工作而吃饭,他们天黑了就睡觉。"[31] 发掘出土的骸骨表明,古代农夫受到的重复性应力损伤往往比觅食者更多;他们的牙齿状况常常很糟糕,这是其饮食范围受限,摄入碳水化合物过多所致;他们的身高从农业时代开始便稍有下降,直到 20 世纪前都没有明显增高,这是揭示整体营养水平的一个相当准确的指标。[32]

农夫需要多么艰辛的劳作才能果腹,不只取决于他所在的地域和拥有的财富,还取决于他的时代处于人口周期的哪一个阶段,人口爆炸与萎缩时期交替出现是农业社会的典型特征。像觅食者一样,农夫很少能与环境和谐相处。在学者们研究得最为深入的欧洲,考古学数据表明，公元前 8000—前 2000 年，人口呈指数级增长，每 16 个世纪左右便翻一番，绘成图表更是跌宕起伏，每一个突兀的人口波峰过后，总会产生可怕的崩溃（图 3.4）。[33]

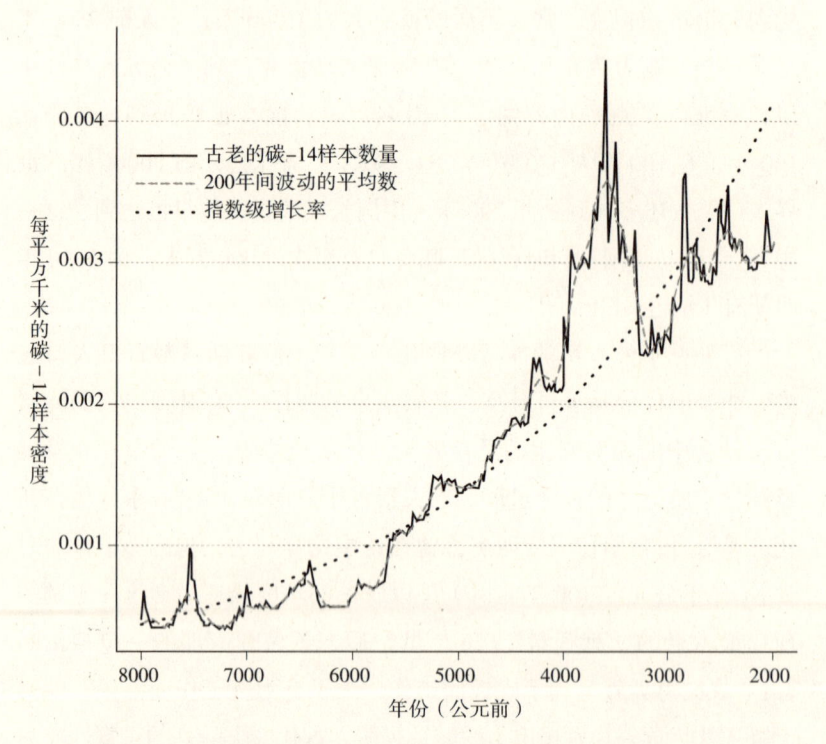

图 3.4　指数级增长的欧洲人口（公元前 8000—前 2000 年）

注：根据 13 658 个公开发表的放射性碳日期（数据来自申南等，2013 年）测定。在一系列崩溃与繁荣之间，长期趋势是人口每 1 600 年左右翻一番（所有日期均在整个研究区域内，样本 N=13 658；二项分布 N=6 497）。

到了公元后的第二个千年，更加丰富的证据让我们得以更精确地追踪这些模型。从大约公元 900 年开始，气候温暖潮湿，人口稳定增长，气候学家称这段时间为"中世纪暖期"。这迫使农夫更加艰辛地劳作，因为每块土地需要解决更多人的果腹问题，抑或耕种的土地不似先前那般肥沃；但在 1346—1400 年，黑死病（导致这块大陆上的近半数人口死亡）大大降低了土地—劳动力的比例，使之转而有利于幸存者。非技术工人的真实收入在15世纪激升至前所未闻的水平，但随着人口数量的恢复，农夫又必须以更加努力的劳作换取低廉的报酬（见之后的图5.8）。[34] 在18世纪的欧洲，启蒙知识分子发现，农民们认为15世纪是黄金时代，悠闲度日，以蛋糕和麦芽酒为伴，与他们自己的悲惨时代形成了鲜明对比。美国第6任总统，同时也是英格兰后裔的约翰·昆西·亚当斯在记述1800年的故乡时说，当时的农民村落是"用泥浆和茅草盖成的破屋……里面住着衣衫褴褛、面色苍白的乞丐……房舍都住满了儿童，身上除了一件粗糙的衬衫外别无他物；更有的一丝不挂，身上落满了虫子，看上去就像瘟疫横扫之后的埃及大地一样狼藉"[35]。

在每一个来自化石燃料世界的访客看来，就算在人口周期中最幸福的时段，农民的生活也是污秽、粗野和贫穷的。从契诃夫于1897年发表的一篇反映严峻现实的短篇小说《农民》就可见一斑。小说里的反英雄主角尼古拉·奇基利杰耶夫是一位生活在莫斯科的贫穷仆役，后来因病被迫回到了祖先的村庄，但契诃夫说，就连这样一个简朴的人也"早已被这经常不断的叫骂、饥饿、煤烟和臭气弄得筋疲力尽，他已经痛恨、鄙视这种贫穷的生活，而且在妻子、女儿面前常常为自己的爹娘感到羞愧"[36]。我们当然没有理由怀疑契诃夫对农民悲惨生活的精准理解，但应该记住，那至少不像觅食者的生活那样恶劣。经济学家安格斯·麦迪逊估计，古代和中世纪农民靠每天相当于1.50~2.20美元的收入养活自己，这当然不算多，但比觅食者的每天1.10美元好多了。[37] 根据我本人关于能量获取的估计，差距很可能更大，像罗马帝国或中国宋朝这样真正繁荣的农业社会，农民的收入水平比最繁荣的觅食者要高5~6倍。[38] 就算是契诃夫笔下不幸的奇基利杰耶夫，也有个小农舍，房子里有俄式茶壶，壶里有茶，还有烧开茶水的炉子。[39]

农业社会比觅食社会更加繁荣，但等级也森严得多。我们在第二章看到，在某些条件下（像是 18 世纪的太平洋西北地区、史前的日本或波罗的海地区普遍存在的情况），觅食社会的财富分配可能很不均衡，但其程度远不及农业社会。目前有实际统计数字的最古老的例子是罗马帝国，那里颇有些人腰缠万贯、富甲一方。有位名叫 C. 凯基利乌斯·伊西多鲁斯的居民在公元前 8 年去世时留下的遗产包括 3 600 对牛、25.7 万只其他动物、4 116 个奴隶，还有 6 000 万塞斯特斯钱币（足以供 50 万人吃上一年）。与此同时，一位名叫 L. 塔留斯·鲁弗斯的高级军官单单因一次地产交易失败就损失了 1 亿塞斯特斯的巨资。[40] 历史学家克里斯·威克姆认为，到 4 世纪，阿尼奇家族、彼得罗尼家族和凯奥尼家族这些当时的顶级豪门"可能是有史以来最富有的私人土地主"[41]。

以最好的情况估计，在 2 世纪时，罗马帝国的基尼财富系数为 0.42~0.44，以当时罗马的科技和生产力水平来看，这意味着罗马的精英阶层（大约占人口总数的 10%）从其他罗马人那里榨取了大约 80% 的理论最大剥削率。[42] 这一基尼系数比觅食者的平均系数（第二章提到过），即 0.25，要高得多（图 3.5），但罗马的不平等情况似乎在农业社会相当典型。另外一项研究比较了 13 个农业国，计算得出的平均基尼系数为 0.45，[43] 而计算出觅食群体的低系数的那一组人类学家发现，在他们的样本中，8 个小规模农夫社群的平均基尼系数是 0.48。[44]（这个研究小组还研究了 4 个园耕者群体，发现其平均系数为 0.27，仅比觅食者的系数略高，这倒是在意料之中。[45]）

这类社会比觅食社会更加拥挤和繁荣，但也更不平等，形成这种状况的唯一可能的原因是，农业使劳动分工的复杂性有了一次大飞跃。这类社会最明显的特征便是规模远胜家庭的经济组织的出现，我随后会再来讨论这个问题。但在研究如此大规模的组织之前，首先需要强调的是，和觅食社会一样，家庭仍然是农业社会经济体的基本单

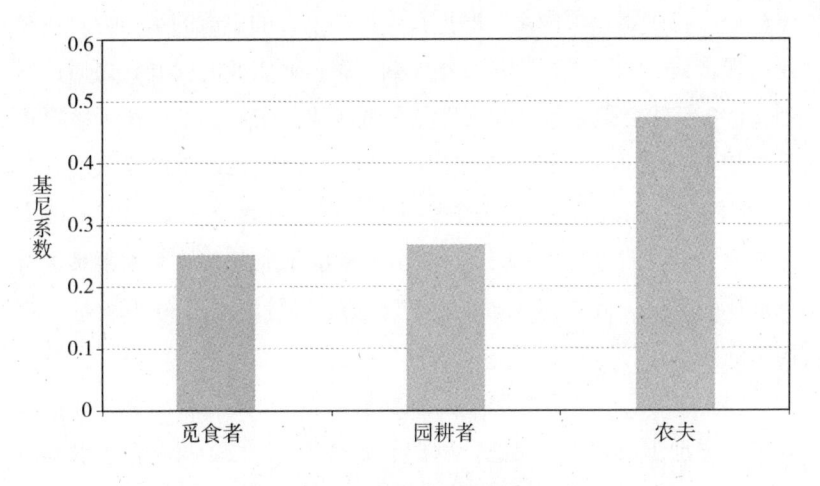

图 3.5　贫富不均的衡量

注：史密斯等人（2010年）计算得出的觅食者（0.25）、园耕者（0.27）和农夫（0.48）的平均基尼财富系数。罗马帝国的系数大约为 0.42~0.44；1800 年前后，英格兰和法国的系数为 0.59

位，只是家庭内部结构已经面目全非了。

这种变化主要由两股力量促成。第一股是劳动本身的性质。在觅食社会，女人通常承担大部分的植物采集工作，而男人承担大部分狩猎工作。这种劳动性别分工在园耕社会中通常没有多大改变，狩猎和采集仍很重要，田间劳动相当轻微。在很多地方都有大片可以用作庭园的土地，而劳动力相对稀缺，园耕者在大片土地上从事着清闲的工作，男人和女人共同锄地除草。但随着人口的增长，相对于劳动力而言，土地越来越稀缺，人们在土地上更加精耕细作，通过犁地、施肥甚至灌溉等重体力劳动，期望从每一寸土地上榨出更高的产量。一个社会在这个方向上走得越远，男人的上肢力量在田间劳动中发挥的作用越大，也就会有越来越多的人将户外活动看成男人的工作。[46]

这种长期转变一定是把女人驱离田间的重要助推力，而第二股力量——人口因素,可能是一股把女人拉回家舍的更大的牵引力。在农业出现之前,人口平均每一万年才翻一番,而农业时代开始之后,不到 2 000 年就会翻一番。和女性觅食者相比,农妇们生的孩子多得多,某些史前史学家将这一现象称为"新石器时代的人口结构转型"。[47]一般而言,农业社会中的每个妇女会分娩 7 个婴儿,其成年后的大部分时间都在怀孕或照顾小孩,[48] 由于从事犁地劳动的女人很难再肩负这样的重任,人口和劳动模式协力造成了男性(户外)和女性(户内)的分工。

因为(1)与觅食者带回家的食物相比,农夫生产的食物往往需要进一步加工(脱粒、筛选、磨碎、烘焙等);(2)与觅食者的临时窝棚相比,农夫建造的越来越耐用的房舍需要更多维护和清扫工作;(3)这些活动可以由在家里看孩子的女性完成,于是农业的逻辑指向劳动力和空间的一种全新性别分工。显而易见,世界各地的农夫得出的结论是,男性应该在田间劳动,而女性应该待在家里操持家务。事实上其道理如此浅显易懂,以至从园耕发展而来的农业社会无一例外地做出了同一决策。[49]

对在叙利亚的阿布胡赖拉新石器时代遗址出土的 162 具骸骨的研究表明,早在公元前 7000 年的侧翼丘陵区,劳动的性别重组已经如火如荼。男女上背部的脊椎都有所增大,这大概是搬运重物时用头部支撑所致,但只有女人有明显的关节炎症,这大概是在磨碎谷物时,长时间跪以及用脚趾作为发力点而导致的。[50]

阿布胡赖拉是个非常简单的农业社会,但即使在罗马帝国,情况也没什么不同——考虑到它可能是最复杂的前工业化经济体,[51] 这着实出人意料。地理学者老普林尼说,时至公元前 1 世纪 60 年代,罗马城里也没有商业化的面包房,因为面包都是女性在家里烤制的。[52] 1—2 世纪的文字记录表明,在家庭之外的受薪工人中,只有 1/7 是女性,[53] 招募女性的职业只有 35 个,而招募男性的有 225 个。古典学者苏珊·特雷贾里断言:"女人看来都集中在'服务型'工作上(餐饮、妓院),或经营小生意,特别是贩售食品,或在店里侍候客人,或在某些手工业,尤其是布料和服装生产业工作,或做诸如制作金箔、美发等'费工'的工作,以及在某些奢侈品行当,如香料店等工作。"[54]

在20世纪工业化之前的农业社会,人类学家和社会学家通常发现,农业劳作的强度、继承的重要性,以及男性对女性贞操的迷恋之间存在着强相关性。[55]这似乎也是农业逻辑顺理成章的归结。觅食者与年轻一辈分享知识,教他们如何寻找成熟的植物、野味和安全的营地,但农夫则有实在得多的东西传给下一代,即财产。为了在农业世界繁荣兴旺,人们需要房舍、田地和成群的牛羊,更不用提水井、院墙和工具,以及除草、灌溉、修筑梯田和搬移石块等改良工作。毫不夸张地说,从上一代那里继承遗产乃是生死攸关之事,利害得失重大,农民当然希望确保继承他遗产的孩子都是他的亲生骨肉。从觅食者时代开始的对于性事较为随意的态度消失了,代之以严厉监管女儿们的婚前贞操(20世纪50年代,意大利南部的一位人类学家称之为"象征中的象征")[56]以及对妻子的婚外情严防死守。男性往往会在30岁上下获得遗产之后结婚,而女性通常在15岁左右就嫁了人,此前她们根本没多少时间在情场上厮混。

我们无法确定这些模式是否在农业社会初期就已存在,但确有证据暗示如此。很多早期农业社会似乎很痴迷祖先,甚至把祖先当作神灵来祭祀。侧翼丘陵区的若干个地点显然有祖先崇拜(诡异的半地下房间里供着无颌的人类头骨)的传统,这个传统可以回溯到公元前10000年,正是驯化开始的时间。到公元前7000年,杰里科、恰塔霍裕克以及无数其他地方的居民会把祖先除头颅以外的遗体埋葬在房子下面,祖先的头颅会被割下来并妥善保存,人们往往会在头骨上涂上染了色的石膏,并世代相传。[57]当时,侧翼丘陵区女孩的生活大概已经不再像昆桑觅食者尼萨那样。相反,她们在父权之下长大成人,还在少女时代就被转交给几乎与父亲同龄的丈夫来行使夫权。[58]

有关纺织、金属加工、陶器生产和其他活动的20世纪人类学、史学资料和考古遗迹表明,在大多数农业社会,大部分物质产品都是在家庭内部生产的。[59]古希腊的农民诗人赫西奥德认为,农民基本上可以实现一切物质产品的自产自用,而无须在外购买、易货或借用。[60]他在《工作与时日》中描述了一个带有强烈性别色彩的手工业体系,女人最重要的责任是纺织布料,而男人在农闲时制造工具(他还就如何制造手推车和耕犁给出了相当具体的建议)。[61]

虽然赫西奥德致力于自给自足,但他也认识到农民家庭不可能包办一切,并且随着带有性别色彩的家庭劳动分工日益显著,家庭之间的专业化分工也渐成趋势。赫西奥德理所当然地认为村里应该有个铁匠铺(那是传播流言蜚语的中心,应当远远避开才好),每个家庭都有其擅长的手艺,大家在集市上交换商品,彼此竞争。[62]"陶匠互憎,工匠相轻",他的名句如此,甚至"乞丐相妒,诗人亦然"[63]。考古学认为,农业社会甫一开始,专业人士(特别是高质量石质工具和武器的制造者)就变得很重要了。[64]

某些家庭的特长是提供服务。宗教人士的起源大概可以追溯到农业时代早期。考古发掘者言之凿凿地认为,公元前10000年前后葬于以色列希勒孙·塔希蒂特的一位跛足老妇是个萨满女巫,据信可以穿越于现实世界与超自然疆界之间,其陪葬品包括50个龟壳,猎杀分块后的一头野猪、一只鹰、一头牛、一只豹子、两只貂(的局部),有点儿恶心的是,还有一只人脚。[65]在农业社会,祭司家庭在群落中很常见,但关于提供各种其他服务的家庭也都有详尽记录。公元前19世纪产自卡尼什(今土耳其境内)的泥板上展示了经营长途贸易网络的亚述人家族企业,在公元前6—前5世纪的巴比伦,穆拉疏斯和埃吉比斯等家族也有庞大的商业运作,留下了浩瀚的相关档案。[66]1 500年后,在埃及开罗、意大利热那亚和中国杭州,也有非常相似的家族企业进行着更加复杂的金融和贸易运作。[67]

不过,既然复杂程度更高的劳动分工是农业社会生产规模的充分必要条件,以家庭为单位的分工只是为日后的规模经济开了个头而已。在大型农业社会,许多必要的工作远远超出了家庭级别组织的处理能力。显然,如果只靠建筑师的兄弟和堂兄弟们,埃及人不可能建起金字塔,也不可能有通往罗马的条条大路。这种级别的工作需要超家庭级别的大型组织,在组织构成和永久性上早已远非肖肖尼人猎兔手们可比。[68]

农业社会找到了很多方式来组织超家庭级别的工作。[69]某些农业社会组织起规模比家庭更大的亲属群体,提供大规模的工作人口来满足宗教仪式的义务,[70]某些最为雄伟的史前纪念物,包括巨石阵在内,可能就是以这种方式建造的。[71]然而,要想给大规模的永久性组织配备人员,亲属关系似乎太过受限,那些留下书面记录的农业社会似乎更加依赖另外两个机制。

第一个是市场,工人通过在市场出售劳力,换取钱币或类似形式的工资。赫西奥德似乎提到过他的农场雇用的帮手,[72]但受薪劳工的历史要长得多。在公元前 2200—前 2000 年,统治了美索不达米亚大部分地区的乌尔第三帝国向在国有作坊和面包房工作的劳工支付了工钱(通常称为"配给")。在这些作坊中,一个位于拉格什城的纺织作坊有 6 000 名雇员。[73]在 2 000 年后的罗马,建造了华美绚丽的大理石建筑,为供应罗马城百万居民(更不用提 35 万罗马士兵了)的生活之需而装卸粮船的,多是成千上万的雇佣劳工,[74]在中世纪和近代,从英格兰到日本再到世界各地,要想调动超出家庭级别的劳动力,市场可能一直是最普遍、最常见的机制。[75]

尽管如此,农业社会的企业家(无论乡下的还是城里的)总是在抱怨只靠工资很难把可靠的劳动力吸引到市场中去。他们发现,总的来说,只要自己拥有的土地足以支撑家庭需要,任何人都会更偏爱以耕种土地为生，而不是出卖劳力。经济史学家加文·赖特对最发达的农业经济地区之一——19世纪初期的美国南部的描述，大概与早期的农业社会更加贴合：

> 家庭农场是一个实质性的保障措施，可以对抗饥饿、失业或养老。在金融体系不完善、充满风险的时代，家庭农场是一种以相当安全的方式积累财富的手段——这笔财富大半来自家庭内部的劳动力清理场地、修建篱笆和排水系统等，自行耕作有助于确保这笔财富的所得源源不断且不致旁落。[76]

基本问题在于，近代农场工人的低产出意味着劳动的边际产量，即雇主聘用一个额外的工人所获得的收益往往过低，无法支付有吸引力的工资，只要还有其他的谋生之路，人们就不会选择当工人。[77]这促使人们转而选择亲属关系之外的第二个方案，即强迫劳动，来调动家庭所无法提供的更多劳动力。使用暴力压低劳动成本，直到雇主获得的边际产量大于零，奴隶制和农奴制遂成为解决劳动力市场失效问题的显而易见的答案。[78]

在觅食社会，强迫劳动几乎闻所未闻。园耕者常常会在袭击和战争中劫掠奴隶，但这些俘虏（特别是女人）一般很快就会被并入掳掠者的亲属结构，而在很多更为发达的农业社会，奴隶是终身制的，永远是征服者世界的局外人。[79]农业社会之所以转向强迫劳动力，似乎纯属是因为不得已而为之：亲属关系和市场均无法产生足够的劳动力来建造船只、港口、道路、神殿和石碑，没有这些设施，他们（相对）庞大的人口就无法养活自己或维持社会的运营。古代史学家摩西·芬利在其发表于1959年的一篇经典论文中问道："希腊文明是建立在奴隶劳动之上的吗？"[80]他总结的答案是肯定的，并且如果我们把问题扩展，把所有类型的强迫劳动考虑在内，芬利的答案就会（在不同程度上）适用于所有的农业社会。在极端情况下——古雅典就是其中一例，多达1/3的人是动产奴隶①，没有奴隶制和农奴制的农业社会凤毛麟角。[81] 对能量获取高于每人每天1万千卡的农业社会而言，强迫劳动像父权制一样，是一项必要的功能。

然而劳动分工日益细化的光明面是精神生活的专业化，这大大拓展了知识的存量。20世纪考古学的最大成就之一，便是展示了文字出现之前觅食者的精神生活有多复杂，但农业社会的文化精英们所取得的成就则达到了一个全新的高度。他们成功的关键在于文化素养，而文化素养本身在很大程度上是管理日趋专业化的副产品。欧亚大陆的东西两端都有最完整的考古记录，在驯化的最早期阶段（大约在公元前9000年的美索不达米亚和公元前6250年的中国），[82] 少数人似乎已经开始使用符号来记录家庭账目，但还要在五六千年后，才会出现更专业的官僚机制，把这些符号变成真正意义上的书写体系。

在中美洲，还没有发现与驯化有关的原始文字，但第一个专属的文字系统可以追溯到公元前1000年，大致是美索不达米亚和中国建立最古老的完整农耕系统的时间前后。[83] 然而，新世界②的知识精英文化的发展落后于旧世界③，埃及、黎凡特和美索不达米亚在公元前3000年，印度和中国在公元前1000年都完成了相似的发展。关于文字的使用是否彻底改变了人们的思考方式，人类学家长年争论不休，[84] 但旧世界在农业时代取得了非凡的学术进步，其所倚恃的是专业化的教育体系以及巨额的人力资源投资，没有文字则全然不可能达成。

农业社会越来越精密的劳动分工最终取决于另一类专业人士：暴

---

① 动产奴隶，指被剥夺了自由的人，他们屈服于奴隶主，并可像其他动产一样被买卖或出租。
② 新世界，主要指西半球陆地，即美洲。——编者注
③ 旧世界，主要指东半球的欧、亚、非三洲。——编者注

力大师,他们把杀戮的相对优势转变为对政治权力的掌控。在农业被发明出来的每一个地区,在长达三四千年的时间里似乎都没有垄断合法暴力的政府,但当能量获取上升到每人每天 1 万千卡以上,并且城镇人口数超过 1 万人时,少数人就冒出来管事了,所有地区都不谋而合地经历了这一过程,只是发生的具体时间不同,在美索不达米亚是公元前 3500 年前后,印度河谷在公元前 2500 年,中国北方在公元前 1900 年,中美洲和安第斯山脉则晚至公元前 100 年。[85]

基本定式是,这一新精英阶层的某一位成员自封为王,但为了保住王座,他一定会组织更广泛的联盟,把潜在的对手变成支持者。为拉拢势均力敌的同侪,统治者一般会任命后者为贵族,使其可以合法拥有巨额财产。而为了让统治者离不开他们,这些贵族一般会将自己重新包装为有用的专业人士,精通宗教、法律、文化或战争等。这些不同领域的精英彼此协作,通过提高税赋、执行法律、举行祭祀、征战邻国、镇压起义,以及其他填满古代和中世纪编年史的政府活动,来协调大型社会的种种活动。[86]

图 3.6 是人类学家兼哲学家欧内斯特·盖尔纳绘制的一张有关总产出的概略图,高度抽象但非常有用。盖尔纳把这种理想型的农业社会称为"阿格拉里亚",[87]并指出,在这一虚构的典型社会中,"统治阶级仅占全部人口的一小部分,与直接从事农业的生产者,或称农民,界限分明地隔离开来"。图中的复线标注了这一明显的大众—精英分界线,而单线标注了统治阶级内部军事、行政、神职等工作的分工,以及他们自身的等级排序和法律定义的边界。

"在顶部水平分层的少数人之下,"盖尔纳解释道,"是另外一个世界,是由社会的世俗成员所组成的侧向隔离的小规模社群。"也就是农民村落。盖尔纳将这些小社群描述为"侧向隔离的",因为农民很少外出;在大部分历史时期,多数农民活动的范围仅限于距其诞生之地步行可及的方圆数十里。在阿格拉里亚,每个小辖区的农民往往

军事、行政、神职，有时也包括商业统治阶级在内的水平隔离分层

侧向隔离的农业生产者社群

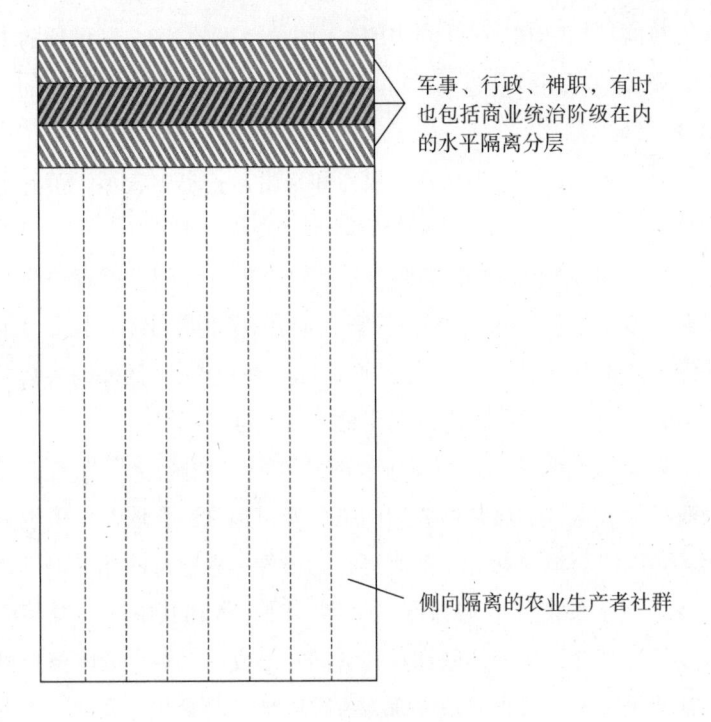

图3.6 阿格拉里亚

注：本图描绘的是人类学家兼哲学家欧内斯特·盖尔纳的理想型农业社会模式（引自盖尔纳，1983年）

都有自己的方言、宗教仪式和传统——盖尔纳说，他们过着一种"向内的生活"。图中纵向的虚线象征着农民世界的碎片化，这与其统治者生活的大世界形成了鲜明的对比。例如在罗马版的阿格拉里亚，一位皇帝、元老院议员或待遇优厚的教授可以从不列颠远行到叙利亚，一路吃着雀舌，喝着享誉古罗马的法勒那斯酒，用希腊语和拉丁语闲谈，在路过的每一个村庄显摆同一套关于荷马和维吉尔的诙谐典故。而住在东家土地上的农民只要走出二三十英里便有身处异乡之感了。盖尔纳说："国家关心的是榨取税赋、维持和平，此外无他，国家并不关心如何改善其属民社群的侧向交流。"[88]一个又一个农业贵族承认

了如下事实。"我们对于（本国市镇）图拉乡下的了解，"俄国的李沃夫大公说（他在图拉度过了19世纪90年代），"并不比对中非的了解多多少。"[89]

社会学家约翰·霍尔在其《权力和自由》一书中表示，帝制中国、印度莫卧儿帝国，以及中世纪的伊斯兰社会和天主教社会都可以很容易地被套入盖尔纳的模式，[90]但盖尔纳自己也认识到，仍有一些实例很难与图3.6完美匹配。"阿格拉里亚时代，"他指出，"本质上是一个停滞、压抑和迷信的时期。"然而，他又补充说："例外确实会发生，古希腊就是一例，但我们都倾向于称之为'奇迹'。"[91]

正如盖尔纳所说，这些奇迹般的例外大多是城邦。[92]在史前后期的农业社会，这样的城邦组成的网络可能很常见：在埃及、美索不达米亚、印度河与恒河河谷、黄河河谷、秘鲁、墨西哥的尤卡坦以及墨西哥谷，似乎都能见到城邦网络繁盛一时，直到其中一个城邦成长的速度超过其他，进而征服和吞并它们，形成一个更大的阿格拉里亚。而在某些例子中，特别是地中海（古腓尼基、希腊和意大利，中世纪的意大利、佛兰德以及波罗的海地区），以及中亚和撒哈拉的各个绿洲，城邦体得以幸存，甚至有时还会在大帝国/帝制国家的周围欣欣向荣，历史文献对这些时期颇有记述。[93]

几乎所有这些文本记录的城邦都有一个共同的重要特点：其倾向于商业，通常是海上贸易。这个特点缓和了其他社会由于农业能量获取的局限而受到的约束。例如在公元前4世纪，雅典利用其地处庞大的贸易网络中心的地理优势，进口大部分所需食物，大大提高了人均获得的能量。这不仅使得本章前文提及的高人口密度成为可能，而且维持了经济增长（公元前800—前300年，人均消费可能翻了一番），以致实际收入大幅增加，在化石燃料时期到来之前，无人能望其项背。识字率同样非常高，雅典经历了一次文化大爆炸，"古典"的标签便是由此得来。[94]

古雅典、中世纪的威尼斯以及若干其他城邦在很多方面似乎要比农业社会更具现代性。[95] 图 3.7（是我本人将古雅典套入盖尔纳模式的尝试，或曰失败的尝试）[96] 和图 3.6 之间的反差很强烈。和大多数其他繁荣的海上贸易城邦一样，雅典也缺乏阿格拉里亚那个高度分层的、与农民大众严格隔离的精英小团体。相反，它只有一个弱分层的上层阶级，其与同样是弱侧向隔离的各个同胞群体之间的区隔是以财富来界定的，而不是靠法律强制的。[97] 在雅典和其他数十个希腊的实例中，阶级分层非常弱，以至国家的管理者不是国王，甚至不是商业寡头，而是希腊人所谓的"民众权力"，一种由全体男性公民所组成的

弱分层及弱侧向隔离的男性公民及其家庭

外国侨民，其中的一些很富有，但与公民群体强隔离

高度侧向隔离的动产奴隶群体，严格分层于公民群体之下

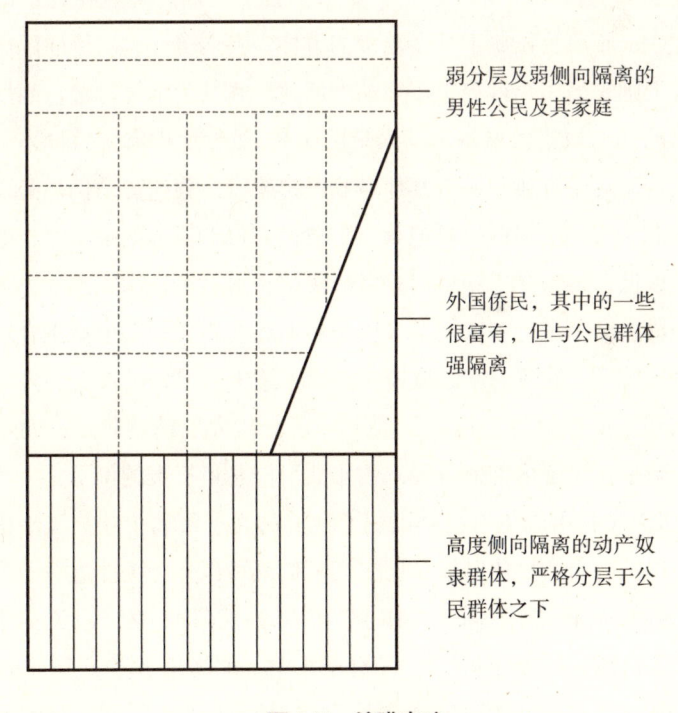

图 3.7 希腊奇迹

注：本图是作者尝试呈现的，关于贸易城邦如何重建阿格拉里亚的一种情形（引自莫里斯，1997 年）

民主制度。⁹⁸ 不出意料的是，此时雅典的财富等级不甚分明。我的计算表明，公元前 4 世纪雅典占有土地的基尼系数仅为 0.38~0.39，而古代历史学家乔赛亚·奥伯估计，公元前 4 世纪末，雅典人（包括奴隶在内的全体居民人口）的总体收入不均系数为 0.40~0.45⁹⁹——明显低于史密斯等人计算的农业社会收入不均系数的平均值 0.48。与觅食社会不同，在这里，拥有财富一般都被看作好事。以希腊的标准来看，某些雅典人确实非常富有，其平均的真实收入也确实很高，发掘出土的房舍遗迹表明，古希腊人的生活条件远胜于农业社会的大多数人。¹⁰⁰

即使如此，雅典与阿格拉里亚仍有很多共同之处。在森严的等级制度中，雅典公民属于社会顶级的群体，在弱分层且弱侧向隔离的公民之下则是另一个世界，正如前文所述，在公元前 4 世纪，高度侧向隔离的动产奴隶大概占全部人口的 1/3。虽然地中海贸易带来了能量繁荣，但对于雅典和所有其他希腊城邦来说，强迫劳动仍是必要的社会功能。实际上根据史料记载，雅典拥有最严格的奴隶制度，奴隶获释率极低，每次赋予获释奴隶以公民权，都必须在国家顶级决策组织（公民大会）进行一次投票表决。雅典还有古代社会中最不合理的性别差异体系。在古希腊的城市中，女人绝无获得公民权的机会。¹⁰¹

城邦之所以堪称奇迹，原因之一是它扩大了精英阶层，而不是取消了阿格拉里亚内部的分界。古雅典可能是最极端的例子，大约有 1/3 的居民（自由成年男性公民加上他们的儿子）属于这一统治精英集团。根据各自的具体问题，历史学家们既可以选择关注这一非凡的成就（被乔赛亚·奥伯称为"杯子半满"的视角），又可以关注非精英雅典人所面临的掠夺和压迫（"杯子半空"的视角）。¹⁰²

就本书提出的问题而言，或许我们应该将雅典和其他城邦看作大型农业社会模式的一个例外，具有重大的历史意义，证实而非证伪了图 3.6 的模型，正如太平洋西北地区、史前波罗的海和日本海那些定居、富裕和复杂的狩猎-采集者社会证实而非证伪了本书第二章提出的觅食社会模型。一方面，夸库特耳人和雅典人都找到了把能量获取提高到远超标准水平的方法，并创立了不同寻常的社会体系来充分利用这一优势。而另一方面，定居的觅食者和贸易城邦只有在非常特殊的生态区才能繁荣昌盛——对前者而言，是海产资源丰富的海岸带，诸如史前波罗的海和日本海，或是史上著名的北美西海岸；对后者而言，则是为大型帝国运送补给的贸易路线两侧的地理位置（通常指海上，有时也包括沿河地区，偶尔也包括陆路地区）。

归根结底，定居的觅食者无法摆脱狩猎和采集的制约，而贸易城邦也同样受到耕种土地的限制。尽管定居的觅食者的人口规模和密度远超机动性强的觅食群体的正常水平，但没有一个能够突破到农业社会的正常水平。同样，尽管贸易城邦支撑着以农业社会的标准来看规模更大、密度更高的人口数量，也没有一个可以突破到化石燃料社会的正常水平。在雅典的例子中，我们甚至可以看到，人口的增加使得这个城市越来越像阿格拉里亚。在公元前5世纪，随着雅典将其他希腊城镇纳入其管辖，雅典公民大会开始像图3.6中的分层精英群体那样行使职责，而此前类似图3.7情形的那些属城，在接受雅典统治后，变得更像是图3.6中的那些侧向隔离的社群了。[103] 我们在第四章就会看到，摆脱阿格拉里亚的唯一方法便是进行一场工业革命。

阿格拉里亚

在18世纪60年代中的几年里，一个名叫雅各布·古杰尔的瑞士农民（人们通常称呼他的绰号"克莱因乔戈"，相当于英语里的"小杰克"）一时间成为举世闻名的农民。医生兼社会改革家J.K.希尔茨尔发现了这位口齿伶俐、雄心勃勃的农民，并宣称他是"乡村苏格拉底"。卢梭曾为他高唱赞歌，歌德也曾前往苏黎世乡下拜访过他。克莱因乔戈动用他淳朴的乡人智慧，足以温暖任何开明贵族的心灵。"如果咱们俩都做了自己分内的事，结果对咱们都好，"1765年，克莱因乔戈对符腾堡的路德维希·欧根公爵如是说，"你们王公贵族必须命令我们农民做事，因为你们有时间决定怎样做对国家最有利，至于我们农民，就应该服从你们，兢兢业业、忠心耿耿。"[104]

我们可以把克莱因乔戈拥护的关系称为"旧政"，一种在工业时代的"新政"实施之前，农业世界普遍遵行的社会契约。它的道理很简单：大自然和众神要求某些人发号施令，另一些人服从他们，只要每一个人都尽忠职守，便皆大欢喜。

早在克莱因乔戈与路德维希·欧根公爵对话的2 000年前，在5 000英里之外的东方中国，就有人为"旧政"书写了最响亮有力的宣言。写于公元前4世纪的《礼记》宣称：

> 大道之行也，天下为公。选贤与能，讲信修睦。故人不独亲其亲，不独子其子，使老有所终，壮有所用，幼有所长，矜、寡、孤、独、废疾者皆有所养，男有分，女有归。[105]

赫西奥德对此也一清二楚。"当（贵族）做出直截了当的评判，"他解释道，"而且没有偏离公正，城市就会繁荣，人民就会富强。和平，这孩童的保姆，会留在他们这片大地上，全知全能的宙斯永远不会带给他们战争……土地上会结出丰足的食粮。山上橡树林立，顶上结满橡子，蜜蜂翩翩飞舞。毛茸茸的绵羊肥美成群。代代如此。"赫西奥德在另一首诗中告诉我们，这样的贵族是宙斯送给人类的礼物。"每一个受神眷顾的贵族在出生时，都得到了伟大宙斯的女儿们赐予的无上光荣，她们把甘霖倾倒在他的舌尖，感恩之言从他的双唇流淌出来。他用睿智明断解决纷争，万民都仰仗着他的威望"，而当普通人看到这样的贵族时，"他们像对待神灵一样，向他致以崇高的敬意，令他在人群中超凡脱俗。这就是缪斯女神们送给人类的神圣礼物"[106]。

"旧政"可以一路回溯到世界上最古老的政治文档,苏美尔城邦拉格什的乌鲁伊尼木基那王制定的法典,这些法典在公元前 24 世纪 60 年代撰写于今伊拉克南部。乌鲁伊尼木基那宣称他"让拉格什的居民摆脱了高利贷、苛捐杂税、饥饿、盗窃、谋杀和强取豪夺。他创造了自由。寡妇和孤儿不再仰仗当权者的怜悯:正是为了他们,乌鲁伊尼木基那和(神灵)宁吉尔苏①订下盟约"[107]。国王作为全体臣民的大总管,代表他们直接与神界交易,保护他们免受掠夺,这一意象是大多数农业社会政治哲学的主题。在世界各地,政治等级往往都建立在这样一个理念之上,即位于上层的男性(只有在极少数情况下才是女性)在某种程度上如神一般庄严,并且在诸如法老时期的埃及等极端例子中,统治者实际上就是神。[108]

"旧政"本质上是一种循环论证,将政治和经济不平等捆绑在一起并替二者辩护。道德与权力首尾相随:因为神灵偏爱统治者,所以统治者很富有,而统治者很富有本身就表明神灵偏爱他们。赫西奥德沿用他一贯的直白:"道德和声望听从财富的差遣……耻辱伴随着贫穷,信心伴随着富有。"[109]5 世纪时,即在赫西奥德时代的 1 000 多年后,罗马神学家圣奥古斯丁理所当然地认为,如今突尼斯的穷人并不希望废除不平等制度,而只是想要加入富裕阶层。"当穷人看到"上层阶级,他说,"他们低语、呻吟、赞扬、妒忌,希望与之匹敌,因无法达成心愿而郁郁寡欢。在赞美富人时,他们说:'这些是唯一重要的人物,只有这些人才知道该怎么生活'"[110]。

在克莱因乔戈的时代,经济上的不平等在大多数人看来仍是顺乎天意的。1789 年,当法国农民终于有机会向国王递交概述其不满的陈情书时,却鲜少抱怨贫富不均;当改革家走进农庄,他们也没听到

---

① 宁吉尔苏,在苏美尔和美索不达米亚的神话里为拉格什主神、军神、战神,以及掌管暴风、洪水的神。

多少重新分配财产的诉求。相反，改革家们深感意外地发现，大多数农民认为大众就应该贫穷，富有的本就该是少数人。[111]

盖尔纳认为，阿格拉里亚"夸大而非掩饰了阶级的不平等和统治阶层的隔离程度"[112]。农业社会似乎常常痴迷于等级的象征，把自身细分为法定的阶序，每一个阶序都有明确的标志。"在贵族中，纯粹的绅士用头盔环绕其盾形纹章，（而）骑士则使用马刺和镀金盔甲，"一位17世纪的法国律师如是说，"在平民中，医生、持执照经营者和低等爵士各自穿不同样式的斗篷。"早期的现代法国或许是个极端的例子，但绝不是独一无二的。在欧亚大陆的另一端，一个19世纪的英国人注意到，在缅甸，"几乎每一件用品和饰物，特别是用在服装上的东西，都彰显着物主的等级。"[113]。

这类例子不胜枚举，在大部分时间，人们所用的语言本身也巩固了"旧政"。富人和当权者是政治精英、贵族和绅士，穷人和被统治者是下人、庶民和农奴。20世纪，当人类学家有机会与农业社会成员对谈时，他们经常发现，对于权威有合理的尊重，即清楚自己所处的位置，是受访者自认为是好人的一个关键。例如，人类学家唐纳德·布朗谈道，20世纪70年代的某一天，他在文莱和一群年轻的马来人坐在一条长凳上聊天。因为坐久了而身体僵直，他决定坐到地上，想着那样更舒坦些，没想到他的同伴们立即跳下长凳，为的是不要比这位受人尊敬的外国人坐得更高。布朗请他们坐回长凳上：毕竟当时周围没有其他人，而他本人作为一个工业国家的好公民，不在乎什么等级阶序。而他们的回答却不容辩驳："他们说那样看起来不好。"[114]

人类学家发现，虽然现代农民时常抱怨运气不佳，但他们的抱怨颇带着些矛盾心理。村民们往往一面憎恨城里的精英，一面尊敬他们，恐惧与仰慕等量交加。为了正常运作，在盖尔纳的图中位于复线之下的侧向隔离的农民不得不忙于应付全国的精英成员。农民需要钱购买自己无法生产的商品，还要缴税，这意味着他们必须在市场上出售自己的农产品,虽然他们往往很清楚人脉广泛的商人在剥削他们。"我们知道他们在笑话我们,"20 世纪 20 年代,印度北部卡林普尔某村的一个农民告诉人类学家,"但我们需要布料,而且下一个店主也会跟前一个一样坏。"说此话者怒形于色,但他对教育和精英知识不情不愿的尊敬也显而易见:"你要不是个庄稼人,就不会知道别人是怎么吓唬我们,占我们便宜的。你们(人类学家)或者城里的老油条不管去哪里都会要人伺候,还真有人伺候你们。我们傻头傻脑的,一看就怕事,所以他们就欺负我们。"[115]

大众与精英的互相依赖是如此强烈,以至研究农民的人类学先驱之一艾尔弗雷德·克罗伯总结说:"农民……构成了具有部分文化的部分社会。"[116] 罗伯特·雷德菲尔德更加犀利,他说农民是"旧文明里的乡下人……他们敬仰生活方式与己相似但更加文明的绅士阶级或城里人,并受到这些文明人的影响……农村的精神生活,往往还包括道德生活,永远是不完整的"。他这样总结,因为"鲁莽的多数人的渺小传统"要仰仗"反省的少数人的伟大传统"的领导,"……远在他乡的教师、神父或哲学家,他们的思想影响了农民阶级,或许也反过来受到了他们的影响"[117]。

"旧政"恰恰处在这伟大和渺小的传统之互动关系的核心,它是双向运作的,为所有相关方设定了责任和权利,因而不出所料,对立双方中任一方的人对另一方的看法往往都十分复杂。例如在中世纪欧洲,贵族创造了历史学家保罗·弗里德曼所谓的"一种杂糅的话语,一种文法,农民可以借此被认为既是堕落之人又是道德模范,既理应处于附属地位,又无限接近上帝"[118]。同样,人类学家詹姆斯·斯科特指出,农民价值观的"隐性脚本"(斯科特称其为"隐性",是因为它们隐藏在精英阶层的"官方"脚本背后,很难译解)是建构在十足的精英世界观之上的,而不是对后者的否决。"无论其是否相信这些规则,"斯科特断言,"利用这些唾手可得的意识形态资源好处多多,只有傻瓜才不坐享其成。"[119]

觅食者嘲弄、排斥，并最终使用暴力来惩罚那些拒绝分享和轮流承担义务的逞能者，和他们一样，如果农民们认定的卓越阶层看似无视"旧政"，变成了暴君，他们也保留其反抗甚至推翻精英阶层的权利。平权的愤怒浪潮周期性地爆发，贯穿农业社会的始终，但最值得注意的是，抗议的目标鲜有针对不平等的：大多数时候，怒火只是局限在当前掌权群体中的具体个人，因为他的邪恶行径违反了"旧政"。

如果抗议和威胁无法改变精英的行为，农民们有时会采取直接行动，但在这类行动中，他们一般会坚称自己只攻击地方当局，而非拥有最高权威的国王、皇帝或教皇。他们断定，遥不可及的统治者仍然道德高尚，只是他的手下背叛了他（有一句俄国谚语说得好："沙皇是好人，贵族是坏人"）。[120]农民用抵抗运动打击这些邪恶的宠臣，其背后的逻辑是，反叛实际上是在帮助国王维持"旧政"。[121]

例如，1380年，一个名叫理查德·德莱斯特的英格兰人"穿过整个伊利镇，命令各个阶层的所有男人参加暴动，随他一起去消灭若干个叛国者，他以国王理查二世和忠诚的平民的名义宣判他们为叛国者"。德莱斯特和他的追随者们随后袭击、抢劫、审判和斩首了一个地方法官，把他的头夹在示众枷上。德莱斯特在被捕时拒绝承认对他的指控，坚称自己有"国王授予的庇护令，保护他的人身和财产不受侵犯"。治安法官不为所动。"对于上述审判，事实清楚明白，理查德（·德莱斯特）犯下了上述所有重罪和煽动暴乱罪，"他们记录道，"经上述法官慎重考虑，于上述日期对其处以绞刑。"[122]

人们普遍接受昭然若揭的贫富不均，这成了一个基本模式，与之相伴的，则是对权贵的牢骚不满和偶然爆发的平权怒火。如果情况继续恶化，以致反抗者认为统治者本人违反了"旧政"，政权就变得无路可退，唯有武力镇压，这样一来国家就前途渺茫了。1907年，一个俄国农民在被问到两年前的和平抗议者遭到屠杀如何改变了他对国家的看法时,他回答说:"5年前,大家(对于沙皇)既信任又恐惧。现在信任全没了,只剩下了恐惧。"[123] 10年之后,沙皇也没了。

早在沙皇尼古拉二世的糟糕统治之前3 000年,中国黄河河谷的周部落的首领们就已经有了这一观念,并开始称之为"天命"。他们认为,很久以前,至高的神灵把君权授给商朝的王,但当世君王们的昏庸暴虐表明他们丧失了天命。因此,周王有正当理由反抗商朝,并于公元前1046年推翻了商朝,证明天命如今传给了他们。[124]

其他农业社会也都形成了有几分相似的观念。就在天命从商朝传到周朝的短短几个世代后,一些犹太人惊骇于扫罗王的乖戾行为,以此推断上帝的慈爱已转向他人。对此,《希伯来圣经》是这样记录的:"耶和华对(先知)撒母耳说,我既厌弃扫罗作以色列的王,你为他悲伤要到几时呢?你将膏油盛满了角,我差遣你往伯利恒人耶西那里去。因为我在他众子之内,预定一个作王的。"[①] 撒母耳立即给大卫施涂油礼,在一场艰苦的内战之后,大卫推翻了扫罗。[125]

统治者失其天命的主张还可以加以拓展,涵盖整个精英阶层,一个例子就是公元前8世纪先知弥迦推断以色列的法庭"首领为贿赂行审判,祭司为雇价施训诲,先知为银钱行占卜"。但弥迦警告他们说,上帝看得见一切,如果他们执意腐败,"因你们的缘故,锡安必被耕种像一块田,耶路撒冷必变为乱堆,这殿的山必像丛林的高处"[126][②]。赫西奥德也有类似的诗句,他被"吃光了赐予的贵族们"骗走了遗产,怒而警告后者,除非他们改过自新,否则"整个城市就会为一个坏人的罪行付出代价……(宙斯)会给人民降下巨大的灾难,饥荒和瘟疫并行,男人死去。他们的女人无法怀孕,房屋稀少……(宙斯)会消灭他们的大军,摧毁他们的城墙,或者让他们的海船沉入万顷

---

①② 译文引自和合本《圣经旧约·弥迦书》16:1。

骇浪"¹²⁷。

农业社会的叛乱往往采纳一种"美好旧时光"的形式，坚称其目的只是将"旧政"恢复到先人的标准。关于名声不佳的王，标准的圣经式批评是"不像他祖大卫行耶和华他神眼中看为正的事"①,¹²⁸ 并且在很多情况下，有教养的精英能够精准地指出他们认定的道德沦丧是在哪一个时间节点发生的。对于罗马贵族政治家萨卢斯特（他本人因行为不检而在公元前 50 年被驱逐出元老院）而言，美好的旧时光在公元前 146 年罗马消灭迦太基时就终止了。"命运却开始变得残酷起来，把我们的全部事务搅得天翻地覆。"他写道，"在他们身上，首先是对金钱，然后是对权力的渴望加强了。应当说，这些正是一切罪恶的根源。因为贪欲消灭了诚实、正直和所有其他的高贵品质，却使横傲、残忍取代了它们，它要人们蔑视诸神，使得一切事物都可以用金钱买到。"¹²⁹

人类学报告表明，较为贫穷的农民至少在某些时候有同样的感受。例如，20 世纪 70 年代曾在斯里兰卡工作过的一位人类学家发现，"斯里兰卡村庄兰格马/德维代尼耶的当代老住户声称，虽然过去不平等和歧视非常普遍（现在也是一样），但富人和穷人、当权者和无权者、高种姓和低种姓之间的关系并不像现在这样充满敌意、仇恨和对抗。"¹³⁰ 甚至在契诃夫《农民》的悲惨世界里，老头子奥西普也声称："当年在东家手下，日子要好过些……干活，吃饭，睡觉，都按部就班的……可是规矩也大些。"¹³¹

所有这些挑战权威的事件贯穿着一个共同的主题：真实的问题并不是政治或经济上的不平等，而是邪恶之人不遵循"旧政"的为所欲为。正如奥古斯丁所说："摒除骄傲，富人就不会为害。"¹³²

在有书面证据记录的最早期的农业社会，包括公元前 3000 年的

---

① 译文引自和合本《圣经旧约·列王记下》16：2。

美索不达米亚和埃及、公元前2000年末期的中国,以及公元第一个千年早期的中美洲,"旧政"似乎主要依恃着王的神性,就算在我们没有文字记载的早期复杂社会里,如公元前3000年的印度河谷或公元前1000年的安第斯山脉,艺术和建筑的证据似乎能够证明同样的原则。[133] 通过神职人员、贵族和天神一样的国王从中调停,有一条伟大的存在之链把最渺小卑微的农民与至高无上的神灵联系在一起,保证了政治和经济等级的基本公正。国王和神职人员之间就如何定义和控制这种观念可能一直冲突不断,在某些例子中——具体而言,是在美索不达米亚的阿卡得帝国,以及在公元前2200年前后埃及古王国崩溃之后,这种观念似乎全盘瓦解了。[134] 然而,直到公元前1000年,新思想才开始严肃质疑神圣王权是否应该作为道德秩序的基础,不过即使到了那时,这种情况也只发生于欧亚大陆。

我会在第五章再次谈及公元前1000年的这些质疑为何会发生在斯时斯地,但现在我希望用一两页纸的篇幅来讨论对于"旧政"而言,这些新思想意味着什么。从20世纪50年代开始,思想史学家常常将其描述为"轴心时代",得名自德国哲学家卡尔·雅斯贝尔斯发出的预言:"历史的轴心当存在于公元前500年前后……(当时)我们现在知道的大人物应运而生。"[135] 雅斯贝尔斯认为,那一时期,中国的儒家和道家、印度的佛教徒和耆那教①教徒、伊朗的琐罗亚斯德教②教徒、以色列的犹太教徒,以及希腊苏格拉底时代以前的哲学家都开始提出有关人类境况的新问题,在其后的1 000年里,这些问题不断以各种形式被反复提出,成为基督教和伊斯兰教的基础。[136]

我们很难准确界定这些新思潮是靠什么联合起来的,但古典学

---

① 耆那教,是起源于古印度的古老宗教之一,有其独立的信仰和哲学。耆那教对现代印度的影响大于同样起源于印度的佛教,甘地曾受到耆那教的许多影响。
② 琐罗亚斯德教,是伊斯兰教诞生之前中东和西亚最具影响力的宗教,是古代波斯帝国的国教。

者阿纳尔多·莫米利亚诺的陈述无疑很有影响力:"处处都能发现有人在尝试引入更纯粹、更公正、更完美的观念,他们试图以更普适的原则来解释万事万物。"[137] 从中国到地中海,"轴心时代"的著述成为"经典",作为永恒的道德名篇,在接下来的 2 000 年里为无数人确定生活的意义提供指导。

很多重要的轴心时代思想家(包括苏格拉底、佛陀、琐罗亚斯德和耶稣)基本没有什么著作,这让我们难以知晓他们如何看待自己的所为,不过就实践的一般原则而言,他们似乎是一致的:面对这个被玷污的世界,人需要超越贫穷、堕落和无常,达到一种超脱现世的至纯至善。这一声言背后的一个重要因素,似乎是普遍丧失了信心,都不再相信那个古老的传说:什么伟大的存在之链以神性的王权至臻大美,足以支撑整个世界的道德秩序。[138]

从中国到希腊,轴心时代的理论家们一般认为,现世之外的超然境界,比如佛教所云之"涅槃"(字面意义为"吹熄",系指此界的情感像蜡烛一样被吹灭的思想状态)、儒家的"仁"、柏拉图学派的"美"、基督教的"天国",以及道家的"道",从根本上说是无法定义的,不过这些思想虽然在终极目标上含糊其词,但在关于如何到达那个他方世界这一点上,却显现出惊人的一致性。这些新批评家们认为,天神一般的王和为其服务的神职人员都无法让人超越现世,因而无以稳固道德秩序。超越必须仰仗自我塑造,也就是个人发自内心的向善追求。每一个轴心时代的传统均推荐了实现这一目标的特定方法(佛教徒的冥想、苏格拉底学派的谈话、犹太教的学习、儒家的治学崇礼),所有这些方法(其他方法也一样)均引导信徒走向相同的终点:遵行礼义、清心寡欲、逆来顺受、推己及人。

轴心思想中有很多激进和反主流文化的内容,威胁到了阿格拉里亚的现状。轴心思想家们(以及公元第一个千年中出现的后继者们)往往来自精英阶层的中下层(苏格拉底、孔子、穆罕默德以及大多数希伯来先知均符合这一条件），甚或来自精英阶层之外（如耶稣）。他们还来自大帝国／帝制国家的地理边缘，比如孔子的家乡鲁国，佛陀的释迦族，或是以色列、希腊、阿拉伯等周边地区，而不是出自强有力的大国，如古代中国的魏国和赵国，印度的摩揭陀，或是亚述、波斯和埃及。他们中至少有一些人怀疑穷人对富人，卑微者对出身高贵者，甚至女人对男人是否一定要服从。道家和佛教徒往往无视政治等级，儒家、苏格拉底学派和耶稣则谴责统治者的道德缺陷，《希伯来圣经》中的《先知书》也明确批评了国王们。农业社会的精英阶层时常还以颜色，迫害、放逐甚至杀害轴心思想家。但总体而言，所有古代大帝国／帝制国家最终都与批评者合作，给轴心思想修枝剔叶，让信徒中聪明的年轻人归顺体制。

在印度，好战的国王阿育王就表现出这方面的超群技能。公元前3世纪50年代，在消灭了敌国羯陵伽后，他宣布从此遵循"法"（显然是他自己对于佛教的特殊理解）。一方面，这需要他声明放弃战争；另一方面，这给了他一个稳固的新支柱来支撑"旧政"。他在整个孔雀帝国设置了"'法'官"，赋权让他们执行一系列新法。阿育王断言，结果是"现世人间的邪恶减少了。人们已经不再饱受其折磨，世上如今只剩下欢乐与和平"[139]。

公元前206年一统中国的汉朝更高一筹，成功地把轴心批判转变为一种国家意识形态，用财富和名声奖励儒家信徒，鼓励他们宣扬那些强调责任和服从权威，而非直指独立和批评的典籍。王座与儒家官僚的甜蜜关系间或被政变和清洗打断，但总的来说，这种关系一直延续到1912年清朝灭亡。[140]

而最辉煌的成功案例当属罗马帝国。公元前2世纪，希腊哲学引起了罗马统治阶级内部的持续冲突，但在接下来的100年左右，国家把斯多葛主义①转变为像儒家一样的公共意识形态。但这一转变完成之后不久,基督教这种更加有力的批评就出现了,对此罗马还是以镇压应对。[141]"骆驼穿过针的眼,比财主进神的国还容易呢"[142],这是耶稣对其弟子所说的名言,但到了公元前400年,罗马帝国的巨富阶层已经完全占据了教堂等级的上层,以致历史学家彼得·布朗承认:"我想把这个时期叫作'骆驼时代'。"[143]

事实证明,"旧政"的适应力极强。尽管佛教、儒家和基督教文本始终不遗余力地批判不平等,轴心时代后的政治和经济等级与轴心时代之前一样牢不可破(14世纪时,一位教皇甚至企图禁止基督徒说耶稣本是穷人)。在公元后第二个千年的初期,农业时代的一些最伟大的思想家,如中东的安萨里(1058—1111年)、中国的朱熹(1130—1200年)、欧洲的托马斯·阿奎那(1225—1274年),集前人思想之大成,将神灵面前人人平等的观念与现世生活的等级要求论证成为复杂的矛盾统一体。只有少数知识分子真正读过他们的著述,但启迪他们的原则却一代代地传承下来。

我在前文提到,当18世纪的欧洲改革家们到城市之外的乡下去寻求支持时,他们往往会大吃一惊,农民并没有抱怨不平等或要求重新分配财产,相反,他们大半认为大多数人贫弱而少数人富强是理所当然的。

某些改革家据此总结说,他们遇到的农民饱受贫困的折磨,根本无法想象还有其他的生活方式。他们的"境况极为悲惨",1763年,一位丹麦改革家写道:"以至他们很容易相信,只需一定程度的愚蠢和迟钝便可让生活变得不那么难以忍受,而一旦开始思考,一旦丧失

---

① 斯多葛主义,是古希腊和罗马帝国思想流派,由哲学家芝诺于公元前3世纪早期创立。斯多葛派学说以伦理学为重心,秉持泛神物质一元论,强调神、自然与人为一体,"神"是宇宙灵魂和智慧,其理性渗透整个宇宙;个体小"我"必须依照自然而生活,爱人如己,融合于整个大自然。

了无知和酒精这两大慰藉,农民的快乐(如果他还能享受到任何快乐的话)将立即烟消云散。"半个世纪之后,一位前往摩尔多瓦考察的英国观察家得出了同样居高临下的结论:"(农民们)习惯了他人可能无法忍受的奴役状态,已经无法希冀更好的境遇,他们的习惯性消沉变成了一种天然的麻木和冷漠。"[144] 20 世纪 50 年代,社会史学家斯坦利·埃尔金斯响亮地秉承这一论调,声称 19 世纪的美国南部奴隶已经习惯了被奴役,于是接受了奴隶主关于他们是软弱、懒惰、幼稚的"黑鬼"之类的陈词滥调,从而引发了一场学术风暴。[145]

然而,这场关于麻木的辩论,其问题在于它并不符合前文图 3.3 所示的情形。觅食者中很少有人能获取超过每人每天 5 000 千卡的能量,自冰期的最后阶段在公元前 9600 年结束,在其后数千年中,没有一个园耕者的日均能量获取超过 1 万千卡。说起来这些觅食者和农夫一定比任何 18 世纪的丹麦人或摩尔多瓦人都穷,但他们一般都会拒绝不平等和奴役。另外,在公元前 4000—前 1 年,能量获取翻了两番,政治和经济上的不平等却日益根深蒂固。

究其原因,仍然是每一个时代的观念都是得其所需。在没有化石燃料的情况下,要想让能量获取远超每人每天 1 万千卡,唯一的方式便是发展到阿格拉里亚阶段,其经济和政治不平等是结构上所必需的,而在必要性面前,人会调整自己的价值观。道德体系要满足能量获取的要求,而对于能量获取介于每人每天 1 万~3 万千卡的社会,最重要的要求之一便是接受政治和经济的不平等。

只有当这些要求发生改变,且大规模海上贸易体系把某些农业社会推离阿格拉里亚的中心,走向图 3.1 中的城邦或早期现代社会,人们的态度才会发生转变。例如,在公元前 6—前 5 世纪的希腊,对腐败无能的统治者的怒火使人们已经不满足于改朝换代,而日益转向对政治不平等的广泛批评。男性平等已逐渐成为极强的观念,越来越多的城市启动了关键决策过程,探索所有自由男性公民一人一票的做法。

既有才干又有积极性的小群体到处演讲并设计了大部分政策，但即使像伯里克利①和德摩斯梯尼②这样出色的领袖，也必须表现出接受自己与其他任何公民别无二致的观念。在5世纪的大部分时间里，富裕的希腊人避免修建奢华的房屋或坟墓，以免有人指控他们炫富，最富有的人坚称自己实际上也就是普通人。雅典人开始将金融和贸易说成是不道德的"看不见的经济"，富人纷纷藏起自己的不义之财，避免公众的监督。[146]

关于在早期现代西欧兴起的大规模海上贸易，在本书第四章还会有详细的介绍。这里只讨论到17世纪，当能量获取攀升到超过每人每天3万千卡，旧世界的东西两端都开始看到全面废除政治和经济不平等的强大需求，仅仅在体制内重新分配人们的位置已难以为继。最著名的平等主义者都出现在英格兰，例如一个名叫理查德·朗博尔德的士兵在1685年坚称："没有谁一出世背上就配着鞍子，也没有谁天生就穿着靴子、上着靴刺来驾驭别人。"1649年（他的同胞正是在这一年砍掉了国王的头颅，并决定不再需要新国王），阿比泽·库珀③把上帝本人称为"万能的平等主义者"[147]。但是，这些英格兰的激进分子并非17世纪40年代绝无仅有的平等主义者。在中国，根据1644年提交的一份官方报告，愤怒的农民：

---

① 伯里克利（约公元前495—前429年），雅典黄金时期具有重要影响力的领导人。他培育了当时被看作非常激进的民主力量。他的时代也被称为伯里克利时代，是雅典最辉煌的时代，产生了苏格拉底、柏拉图等一批知名思想家。

② 德摩斯梯尼（公元前384—前322年），古希腊著名演说家，民主派政治家。他有大量作品传世，今存演说61篇，系古代雄辩术的典范，但部分疑为伪作。

③ 阿比泽·库珀（Abiezer Cooper），原文如此，疑指的是阿比泽·科普（Abiezer Coppe，1619—1672年），英格兰喧嚣派教徒之一，同时也是一系列宗教预言小册子的作者。所谓"喧嚣派"是1640年后出现的非国教主义团体中的一个。科普的主要作品之一是1649年发表的一篇反对伪善和不平等的长篇檄文《激愤鼎沸之声》。

销锄为刃,皆僭号铲平王,谓铲主仆、贵贱、贫富而平之也。诸佃各袭主人衣冠……命主跪而酌酒,批其颊数之曰:"均人也,奈何以奴呼我?"¹⁴⁸

这种平权的怒火超越了阿格拉里亚主流社会的一切现实,但仍有明显的局限。到目前为止,我们可以从幸存至今的资料中看到,几乎没有人认真考虑过性别平权的可能性。¹⁴⁹ 诚然,在20世纪社会学家开始与农妇对话之前,几乎没有人发表过有关妇女如何看待父权制的只言片语,而男性作者关于女性应该如何思考当然有的是话要说。"夫者天也,"相传唐代散郎侯莫陈邈之妻郑氏在其9世纪的《女孝经》中如是说,"可不务乎?"¹⁵⁰

对大多数男性作者而言,这个问题根本无须回答。如果"妻子和丈夫拥有同样的自由",公元前51年,罗马演说家和政治家西塞罗开玩笑说,"犬、马、驴都会因为拥有了这样的自由而东奔西跑,那时男人就必须为它们让路了"¹⁵¹。古雅典人虽极为反对男性公民社会内部的等级制度,但他们觉得阿里斯托芬有关女性拥有政治权力的喜剧简直滑稽透顶。¹⁵²

女性挑战父权价值观的证据乏善可陈,这并不能证明就没有这种观念,而我们也的确偶尔会在资料中瞥见不同的思考方式。例如,公元前550年前后,一位名叫岑诺尔的埃及妇女不仅本人经商,还执意要求儿女继承等份的遗产。¹⁵³ 尽管如此,在横跨四大陆、纵横五千年的史料中,对父权制的质疑近乎完全缺席,这一事实也是显而易见的。在欧洲,从柏拉图在《理想国》中关于性别平等的讨论,到薄伽丘的《名媛》,足足过了1 500多年。甚至文艺复兴时期的威尼斯诗人克里斯蒂娜·德·皮桑的《淑女之城》虽说直言批判了中世纪憎恶女性的风气,也不过是提议精英女性应该和男性受到一样的教育。针对父权制,最接近于近代的批评看来就是所谓的"女人问题论战"了。1524—1632

年，这场著书立说的论战在意大利各城市产生了至少50本书籍，此外还有法国的畅销书和来自英格兰的投稿，然而整理主要论战文献的一位现代编辑指出，整套文献资料所揭示的最惊人的事实，是"为女性辩护的文艺复兴时期，和早期现代传统与19世纪和20世纪的政治女权主义传统之间，相距何止十万八千里"[154]。某些学者甚至怀疑，"女人问题论战"更像是一场文字游戏，而不是对父权制的严肃挑战。[155]

据我所知，还没有人费事来统计它们的数量，但我怀疑，与反对（无论有多温和）父权的农业社会文本相比，强调女人本来就比男人卑微的文本在数量上要多出几十倍。[156] 几乎所有的此类文献都是男人写的，而当人类学家在20世纪初期开始就此向女人征询意见时，他们发现很多人接受了性别不平等的基本正当性。20世纪第二个10年里，社会学家威廉·托马斯和弗洛里安·兹纳涅茨基在波兰村庄看到的人们的态度，即"妻子尊重丈夫的规范包括服从、忠贞、照料丈夫的起居和健康；丈夫对妻子的规范则是善待、忠贞，以及非万不得已，不让妻子去做雇工"，完全可以推广到大多数阿格拉里亚。[157]

在通过农耕获取能量的社会，父权价值观是合理的。压制女性的男权在农业革命之后抬头，不是因为男性农民比男性猎手更加粗野，而是因为这是农民社会中组织劳动的最高效方式。在一个持续争夺有限资源的世界中，在最高效的社会取代了效率较低的社会的数千年进程中，因为父权制的运作如此成功，男人和女人都接受了父权制的价值观，视之为公正合理的。如果这些条件中的任何一个不适用，历史和人类学记录中至少会有一些例子，说明农业社会可以沿着不同的路线而组织，并表达一些不同价值观。

如同对政治和经济等级制度的批判一样，对性别等级制度的批判往往更多的是在清算那些违反了父权制契约条款的男女，而很少反对不平等。"总体而言，"托马斯和兹纳涅茨基在波兰指出，"丈夫和妻子都不应该有任何行为导致对方的社会地位降低，因为这将导致对方家庭的社会地位降低。"[158] 于是乎，保护农业价值观就成了一个群体行动。"女孩的大多数知识都是由其母亲教给她的，"历史学家迈克尔·米特劳尔和赖因哈德·西德尔在谈论典型的欧洲农民女孩时如是说，"在幼年时期，从她的（母亲）那里，她还学会了服从和依靠的态度，这有利于她未来在父权家庭中扮演妻子和母亲等角色。"[159] 如同觅食者游群集体嘲弄逞能者，整个村落也彼此协作，嘲弄那些给妻子太多自由的丈夫，或者惩罚那些过于自主的妻子。[160]

和一切最佳价值观体系一样，父权制非常灵活，在每一个时代，性格刚毅的女人总能想办法在约束之下辗转腾挪。其中一些很有名，比如安茹的玛格丽特，在15世纪的英格兰，她奋力保护精神状态不稳定的丈夫国王亨利六世和他们幼小的儿子。"你这人面兽心的怪物呵！"莎士比亚让她的大敌约克公爵对她怒不可遏，"女人是温存、和顺、慈悲、柔和的／而你却是倔强、固执、心如铁石、毒辣无情的。"一个同时代人称她为"有男子气概的女人，善用权力而不是受制于人"。而她也始终利用自己的坚毅冷酷来推进身边的男人们的事业。[161]

在欧亚大陆的另一端，距离玛格丽特的时代近400年前，富有的寡妇李清照通过全然不同的方式，实现了某种相似的成就，她不仅用怀念亡夫的诗词扬名男人独霸的中国文坛，还打赢了一场艰苦的战斗，与贪财且虐待她的第二任丈夫离了婚。在不违背农业社会根本价值观的前提下，李清照成功地保护了自己的家庭。[162]

而最感人的例子或许是在公元前5年前后离世的一位名叫图里亚的罗马女富豪。图里亚身后没有留下任何著作，但她悲伤的丈夫昆图斯把自己在葬礼上的长篇致辞铭刻在墓碑上，这块墓碑有大约3/4残存至今。[163] 即使以罗马碑文的严苛标准，这段文字也因其情感炽烈、感人肺腑而备受赞誉。昆图斯深爱图里亚。"我希望以我的而不是你的不幸来结束我们这场长久的婚姻，那会是更好的结局，"他说，"我生活的宁静与你一并去了……天降的悲痛让我丧失了所有的自制力，悲伤已经彻底压垮了我。"

图里亚是个坚强的女人,不是《女孝经》抑或希腊和罗马哲学家所撰写的社会规范中呼吁的那种任人践踏的可怜虫。[164] 昆图斯问道:"我为何要提起你的妇德:为何要说起你忠贞顺从,和蔼可亲,通情达理,辛劳纺线,虔诚信仰,衣着得体,仪容端庄?"答案是:因为"很少有女人有此遭遇,受尽折磨"。无论代价如何,图里亚坚持了她的价值观。作为一个少女,在自家亲属反对其父的意愿时,她赢得了他们的认可;作为一个成年人,她曾直面全罗马最有权势的人,要求让她被流放的丈夫回家;因未能为昆图斯诞下子嗣,她主动提出离婚,以便他另行婚配拥有后代。他拒绝了,他们没有子女,但快乐地共同生活了40年。

阿格拉里亚没有女权主义者,也几乎没有共产主义者或无政府主义者。相反,大多数人认为等级制度及其无止境的等级阶序是美好生活的道德基础。关于这一点,没有人比莎士比亚的《脱爱勒斯与克莱西达》中的人物优利塞斯说得更加精辟,这部作品写于昆图斯悼念图里亚的大约16个世纪之后。"啊!秩序若是动摇,"他指出,

  这事业的前途也就黯淡了。若是没有秩序,一切社会团体……
 将如何立于合法地位呢?
 秩序一旦废除,琴弦一经松懈,
 听吧!跟着就是嘈杂的声音;……
 强权即是公理;也可以说,是非原是由公理裁决的,
 此后将无是非可言,亦无公理可言。
 那时节一切都包括在强权里,
 强权包括在意志里,意志包括在欲望里;
 而欲望这东西乃是一只吞噬一切的饿狼,

由意志与强权双双支持,

一定要到处寻觅食物,

最后吃掉自己。[165]

莎士比亚写下这些诗句之后不到 50 年,托马斯·霍布斯把优利塞斯的观点变成了政治哲学领域有史以来最重要的论点之一:阻止所有的人相互对抗的唯一方式是将等级奉为圭臬,从而产生利维坦——一个足以胁迫其难以驾驭的属民和平生活的强力政府。[166] 霍布斯对证据没什么兴趣,而我们现在知道他大体上是正确的。正如第二章所提到的,根据我的计算结果,大半缺乏等级观念的觅食者的暴力死亡率超过 10%,而农夫的这一概率接近 5%,有时还要低得多。[167]

只有在暴力致死率下降的情况下,农业社会才能有效。以野生食物和四处迁徙为生的觅食者,其劳动分工非常简单,在田野中也没什么资产投入。他们当然不会对超过 10% 的杀戮率甘之如饴,但在这样的血雨腥风中确实仍可生活。可农夫做不到这一点。因为他们依靠的是驯化的能量来源,需要复杂的劳动分工和大规模的田间资产投入,这一切无法在觅食者那样暴力的环境之中幸存。"在这样(暴力)的条件下,"霍布斯说,"工业没有发展空间;因为由此产生的结果是不确定的,从而土地无人耕种;既无航海,海上进口的商品也无用处;没有宽敞的建筑物;没有交通或移徙设施,这类东西需要很大的力量;关于地貌一无所知;没有时间概念;没有艺术;没有文字;没有社会;而最糟的是对暴力致死始终怀有恐惧和危险;短暂的人生充满了孤独、贫穷、险恶和残忍。"[168]

但是,如果说农耕把很高的暴力率变成了一个问题,那么它同时也提供了解决之道。生活在相对空旷环境之中的觅食者在面对攻击时可以选择逃跑,去新的地方狩猎和采集,但农夫身陷日益拥挤的环境而无法脱身。因此,农夫在打赢了和邻国的战争之后,有时会与战败者协作建立一个更大的社会。这是一个残酷的过程，通常会有强奸、抢劫和奴役肆虐，但随着时间的推移，会产生更大的社会，其统治者，就像盖尔纳所说的阿格拉里亚一样，"关心的是榨取税赋，维持和平，此外无他"[169]。统治者有强烈的动机绥靖其属民，劝导他们努力工作，"恺撒的归恺撒"，彼此之间不要杀戮，也不要破坏彼此的生产资料。成功实施绥靖政策的统治者往往会为了自己的繁荣兴盛而牺牲失败者的利益，在一万年的历史进程中，取得的净效应是统治者逐渐降低了暴力死亡率。[170]

为实现这些目标，统治者需要让属民相信只有政府有权使用暴力，正如韦伯所说，"只有某些政治社群，即'国家'，才被认为有能力依靠指令或许可，将任何被其他社群进行人身胁迫的行为'合法化'"。要试图说服属民自己是唯一获准使用暴力的群体，政府趁手的主要工具是法律，但法律本身的正统性最终取决于政府在武力上的相对优势：

> 为胁迫和进行此种威压之目的，完全成熟的政治社群发展了一个诡辩的规则体系，所谓"正统性"即可归罪于它。这一规则体系组成了"法律秩序"，而这一政治社群被认为是其唯一的规范缔造者，因为在现代，该社群往往已经篡夺了以人身胁迫强行要求他人遵守其规则的权力。[171]

近代国家在垄断合法使用武力方面不如现代国家，但它们沿此道路走得越远，其属民就越不认为他们有权使用暴力解决其自身的问题。大多数轴心时代所共享的信仰体系中有关逆来顺受的训令在这一过程中的确发挥了作用，在罗马帝国以及早期现代的欧洲，我们可以找到一些具体证据，看到男性精英如何逐渐放弃了仇杀权。在这个过程中，"君子"一词起初用于形容随时准备使用暴力的人，后来转而用于形容能够自我克制之人。[172]

或许是因为强迫劳动（这是阿格拉里亚社会的基础）取决于主人强迫其从属的能力，因而比起运转顺畅的化石燃料社会，农业社会合法暴力的范围更大。2 世纪时的罗马文法学者奥卢斯·格利乌斯记录过一个令人不快的故事，例证了对暴力日益负面的评价与阿格拉里亚的需求之间的紧张状态。格利乌斯说，一天，普鲁塔克这位博学多才的希腊绅士（他曾在百忙之中写过一篇名为《论摆脱愤怒》的文章），决定鞭打自己的一个奴隶。这个奴隶抱怨说普鲁塔克犯了他在自己书里批评的毛病，于是，普鲁塔克邀请这个奴隶参加哲学辩论，与此同时，仍下令鞭打这个奴隶。[173] 这就是农业生活中的道德复杂性。

重返阿西罗斯

农业社会是个海纳百川的庞大类别，尽管如此，我们还是可以从中找到一系列普遍共享的道德价值观。这些价值观的核心便是等级为善的观念。等级制度反映了自然/神圣的秩序，某些人来到人间就是发号施令的，而其他大多数人则必须服从。对暴力的评价也基于同样的原则：当正统的统治者需要暴力，它就是符合道义的力量；反之则非。

农夫的价值观与觅食者大不相同，因为两者生活在不同的世界。与野生资源相比，从驯化的来源获取能量的方式产生了不同的限制，也造就了不同的机遇。农夫只有在等级森严、在某种程度上恢复了和平的世界里才能幸存，他们因此而重视等级与和平。这正是 1982 年乔治先生和他的太太认为男人骑驴而女人走路是古今常理的原因，虽说当时希腊乡下已然实现了局部电气化，阿西罗斯和塞萨洛尼基之间也有了不大稳定的公交服务，但人们大体上还是生活在农业世界。据我所知，乔治先生并不是野蛮人，他太太也不是个可怜虫，相反，和觅食者一样，农夫的价值观是不断进化的，以满足物质世界的要求。

第四章
化石燃料时代

化石燃料使用者是什么人

人类自古以来一直依靠太阳能。阳光普照大地,植物通过光合作用,把太阳能转换为化学能;动物以植物为食,将化学能转化为动能;人类再以植物和其他动物为食。但近 200 年来,人类利用化石固化的太阳能大大增加了能量获取。从大约 3.6 亿 ~3 亿年前的石炭纪以来,埋藏在地表之下的煤炭、天然气和石油等形成了大量沉淀物,成为化石能源存在的主要形式。化石燃料的开发引起了一场能量繁荣,彻底改变了人类社会和人类的价值观。[1]

化石燃料社会是两次创新的产物。第一次是发现煤炭可以燃烧,释放热量,某些西北欧的人早在 2 000 年前就已经发现了这一点。但只有到了大约 1000 年(在中国)和 1600 年(在英格兰),人们才开始将煤炭作为一种能源与木材相提并论。第二次突破是通过燃烧木材把水烧开,随后用蒸汽为活塞提供动力,热量便可转换成动能,最初是在公元前 3 世纪由埃及工程师发现的,但埃及人空有想法,无甚作为,只是为他们的神灵奉上了利用蒸汽动力自行开阖的庙门。[2]

直到 17 世纪,化石燃料和蒸汽动力才以一种高效的方式结合在一起。西北欧的煤矿工人发现,他们可以通过烧自己挖的煤来给发动机提供动力,把水从地下抽出矿井,这样他们就能挖得更深,去寻找更多的煤炭。最早的蒸汽发动机需要的煤过多,因而只有在不断供煤的矿井边上使用才划算,但在 1776 年,詹姆斯·瓦特和马修·博尔顿设法建造了一台加热室与冷凝室分离的发动机,大大降低了煤炭消耗量。实业家们很快就发现了如何在各行各业利用蒸汽动力来弥补人力和畜力的不足。生产力突飞猛进,商品价格一泻千里,但因为销量大涨,利润比以往任何时候都高得多。[3] 在工业化程度最高的西方经济体,人均能量获取增长了 7 倍,从 1800 年前后的约每人每天 3.8 万千卡,大增到 20 世纪 70 年代的每人每天 23 万千卡(图 4.1)。[4] 能量丰富的时代开始了。

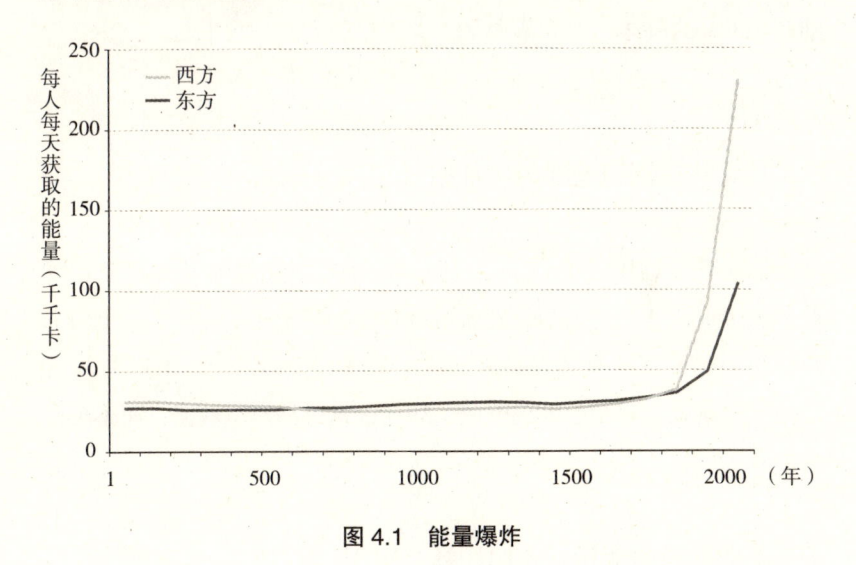

图 4.1 能量爆炸

注:图中所示为 1—2000 年东西方核心区域的人均能耗(引自莫里斯,2013 年)

人类当然还需要进食,这意味着被驯化的动植物仍是不可或缺的能量来源,但化石燃料也迅速改变了农耕。19 世纪末,火车和蒸汽轮船使得人类运输食物更加方便低廉。20 世纪,化肥、拖拉机用汽油,以及抽水灌溉农田所用的电能直接提高了产量。2000年,美国每平方米农田平均吸收的能量是1900年的80倍,产出是那时的4倍。

像觅食和农耕一样,对化石燃料的正式使用也在特定的时间(大约200年前)兴起于特定的地点(西北欧)。但工业革命与前两次能量获取方式转变的巨大差别在于,工业化使世界发生了翻天覆地的变化。它在短期内大幅增加了可用能量,以至最早实现突破的英国(我会在第五章讨论原因)在19世纪能够把其势力部署到全球的各个角落。因此,英国工业革命甫一开始,其他人就没有时间再独立发明化石燃料工业。1914年,地球上的大多数人都是西方主导的化石燃料经济的一部分,依赖于全球市场,[5] 而欧洲人及其海外殖民者利用其作为化石燃料早期采用者的优势,控制了全球84%的大陆和100%的海洋。工业革命是人类历史最大的一次中断,至少到目前为止如此。

从寻找证据到过滤海量证据

能量获取的爆发推动了信息技术更加突飞猛进的发展,[6] 正因如此,关于近200年的证据比先前所有时代加起来还要多得多。资料分布很不均匀,富国及其人民留下的记录远非穷国可比,不过随着20世纪徐徐落幕,问题越来越变成了如何筛选过滤海量数据,而不再是竭力寻找信息了。

工业时代的能量、人口和社会组织

化石燃料使用者一直在变革能量的获取方式。在利用煤炭实现首次突破后,他们很快就发现了新的碳氢化合物(石油和天然气)来源,发明了新的开采方式(如深海钻井和水力压裂法等),学会了新形式的能量输送方法（尤其是电力）。他们还成立了新的商业、法律和金融机构来组织这场能量热潮。这一切发生的速度让当代人目不暇接。"一切固定的僵化的关系以及与之相适应的素被尊崇的观念和见解都消失了，一切新形成的关系等不到固定下来就陈旧了，"1848年，马克思和恩格斯在变化刚刚开始时如是说，"一切等级的和固定的东西都烟消云散了。"①7

和早期的几次能量革命一样，最明显的结果是规模上的一次跃升，而化石燃料革命远比觅食或农业能量变革要大得多，也快得多。起初，规模快速扩大的情况集中于西北欧（图4.2）。欧洲人口在19世纪翻了一番，历史学家尼尔·弗格森形象地称其为"白色瘟疫"，不断有婴儿诞生在蒸汽轮船和火车上，随着这些交通工具驶向其他大陆，像传染病一般蔓延至全球。8 1800—1900年，欧洲和北美洲（欧洲移民的主要目的地）的居民占世界人口的比例从15.8%激增到23.6%。然而，特别是1945年后，随着全世界越来越多的区域掀起了化石燃料革命，生产规模的增长蔓延到了全球。2000年，欧洲和北美洲占世界人口的比例缩减为区区13.7%。9

1800年，世界人口还不到10亿，1900年即增长到16亿，2000年为60亿。如今，全球平均每平方千米的土地上居住着45人，也就是说世界上宜居部分的人口密度高达每平方千米100人。农业社会的典型人口密度超出每平方千米30人，少数城邦（如古雅典）达到了每平方千米100人，而在化石燃料世界，一般整个国家的人口密度就超过了每平方千米200人。孟加拉国的国土面积约为15万平方千米，平均人口密度超过了每平方千米1 000人，某些地区／国家（特别是中国香港和新加坡）的人口密度超过了每平方千米6 000人。农业社会最大的城市有

---

① 引自马克思·恩格斯：《共产党宣言》，第二章，中共中央马克思、恩格斯、列宁、斯大林著作编译局译，北京：人民出版社，1997年。——编者注

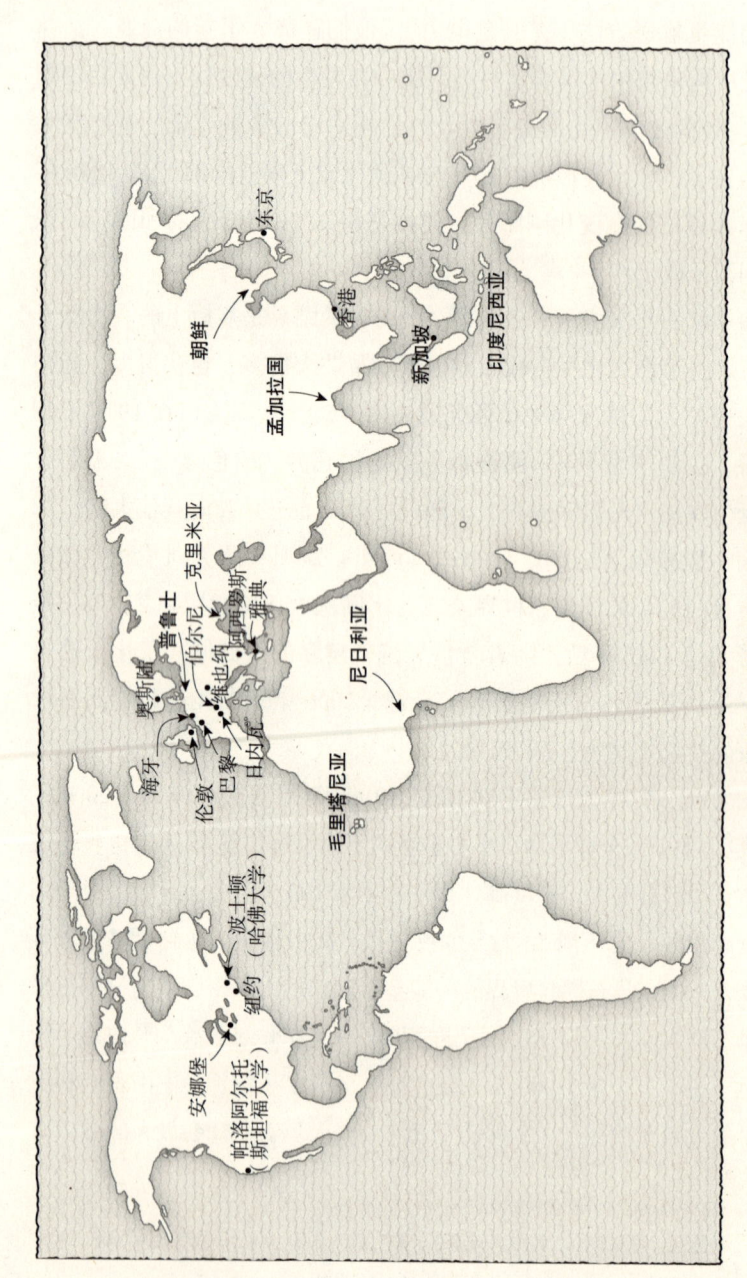

图 4.2 第四章中提到的地点和社会群体

大约 100 万人口，但截至 1900 年，伦敦人口激增到 660 万，在我撰写本书时（2014 年底），东京拥有 3 820 万居民（比公元前 5000 年的世界人口总数还多）。[10]

18 世纪末，化石燃料已经在试图冲破农业社会的能量限制，西北欧的思想家们才最终阐释了农业生活的根本原则，这是思想史上最大的讽刺之一。1798 年，人口学家托马斯·马尔萨斯认识到尽管人口可以呈指数级增长，大约每 20 年便可两三倍地增加，但食物供应一般只能线性增长。这意味着尽管好运气（农业创新、好天气等）可以暂时提高生产能力，但从长期来看，需要填饱的肚子永远比可吃的食物数量增长得快，这迫使大众退回到贫困状态。[11] 然而在 1850 年，人们清楚地看到，化石燃料可以改变这种状况。蒸汽动力的交通工具方便了从产地运输食物到人们的居住地，供应量大幅增加，以至尽管需求随着人口爆炸而上升，价格仍然下降了。到 1900 年，西方人口不仅在数量上比 1800 年翻了一番，（平均来看）他们个头更高，获得的营养更好，身体更健康，寿命也更长。1900 年以来，将化石燃料（以前文提到的化肥、汽油动力的拖拉机和电动马达等形式）直接施用于农田大大提高了产量，而且从 1950 年以来，化石燃料社会的全球化和绿色革命也将这些收益推广到了全世界。2000 年，人类的身高平均比 1900 年他们的曾祖父母高 10 厘米，寿命延长了 30 年，扣除物价因素后的收入高出了 5 倍。[12]

就在马尔萨斯解释其人口数量与生产力关系的逻辑仅仅几十年前，苏格兰哲学家亚当·斯密也以同样的理性解释了分配的逻辑。他认为，国家的财富并非来自劫掠或垄断，而是来自市场的规模及其所推动的劳动分工。亚当·斯密推断，劳动分工本身是"人性中某种倾向的必然结果……即互通有无、以物易物和互相交易的倾向"。为了追求利润，人们专门从事自己特别擅长或代价低廉的工作，并用劳动成果换取他人尤其擅长或代价低廉的商品和服务。通过创造这类商品和服务的市场,他们既降低了成本,又提高了质量,皆大欢喜。"我们的一日三餐并非仰仗屠夫、酿酒师或面包烘焙师的恩惠,"亚当·斯密评论说,"而是出于他们对自身利益的考虑。"[13]

"通过全力引导产业,使其产量达到最大价值",亚当·斯密解释道,一个人"只是为自己赚取利润,在种种情形下,他都是由一只看不见的手引导着,不由自主地去达到并非出于本意希望达到的目的……在为自己谋福利的过程中,他往往能够比出于本意更有效地促进整个社会的福利"。[14] 其含义很明显:参与互通有无、以物易物和互相交易的人越多,大家就越幸福。

斯密时代的大问题是,农夫虽然比觅食者富裕,但劳动生产率水平仍然很低(根据我在第三章中提到的经济学家安格斯·麦迪逊的计算,典型的农民每天的收入相当于 1.50~2.20 美元,而典型的觅食者只有 1.10 美元)。因为农民的购买力很弱,他们只支撑得起小型、无组织的低效市场,而因为市场无法聚集足够的规模来满足农业社会所需要的一切,国家干预和强迫劳动经常是调动工人和商品的最有效方式。

化石燃料改变了市场的结构,形成了反馈回路,扫清了阻碍规模和整合的旧障碍。如果没有市场来吸收商品,使用蒸汽动力来生产大量制成品就没有什么意义了。幸运的是,蒸汽动力在产生利润的同时也解决了这个问题:产生的利润可以支付更高的工资,工人们有更多的可支配收入来购买工厂生产的商品。这是一个良性循环:蒸汽动力的交通工具推动着交易商品的成本一路向下,让更多的人买得起它们,而高工资也诱惑着越来越多的人去工厂工作而不是留在家里务农,这促成了愈发复杂的劳动分工,制造出更多的商品。

化石燃料把马尔萨斯和亚当·斯密的问题结合起来一并解决了。随着人口爆炸(1780—1830 年,英国人口大约翻了一番,增至 1 400 多万),18 世纪末的很多农民都面临着贫困和饥饿的威胁。19 世纪的资料表明，进入受薪劳动力市场会是一个痛苦的经历，工人必须服从严格的时间纪律，适应复杂的工厂环境，一切都与他们在乡下的所见所闻有着天壤之别；[15] 然而仍有数以百万计的人选择这样做，因为另一个选项——饥饿，更糟糕。[16]

贫苦的农民都渴望到肮脏危险的工厂工作，以至1780—1830年，英国工人的工资只提高了5%，而每个工人的产量提高了25%。工资的提高只在19世纪30年代有所加速，且即使在那时也只有城市工人才能享受到这一福利。巨大的原动力来自生产力，随着生产力水平的迅速攀升，雇主们发现和工人们分享部分利润要比镇压罢工划算得多。[17]（在狄更斯等人著述的时代，工资上涨的速度是有史以来最高的，这是另一个巨大的讽刺。）在接下来的50年里，工资和生产效率上涨的速度一样，甚至在1880年后超过了后者。到那时，农村的收入也开始上涨。[18]

1955年，经济学家西蒙·库兹涅茨猜想，工业化经济中的收入不均遵循倒U形的模式，在早期阶段上升，而后呈下降趋势，从19世纪的文献中计算得出的基尼系数表明，他大体上是正确的。[19] 17世纪，英国的收入不均（图4.3）状况呈现出先进的农业社会的典型特征，但整个18世纪，收入不均程度陡然放大，工人的工资停滞不前，而资本家的利润却持续增高。城市工人的工资在1830年前后开始提高，但资本回报率上升得更快，1867年，基尼系数达到了0.55，几乎与有据可查的最不平等的农业社会一样高。但到1913年，基尼系数就已经降回到18世纪的水平，尽管以21世纪的标准来看仍然极高。[20] 在法国，工业化的步伐直到19世纪30年代才真正启动，收入不均也遵循同样的曲线，在19世纪60年代达到顶峰，1901年回落到0.48；在美国，税后基尼系数从1774年的0.44迅速升高到1860年的0.51。[21]

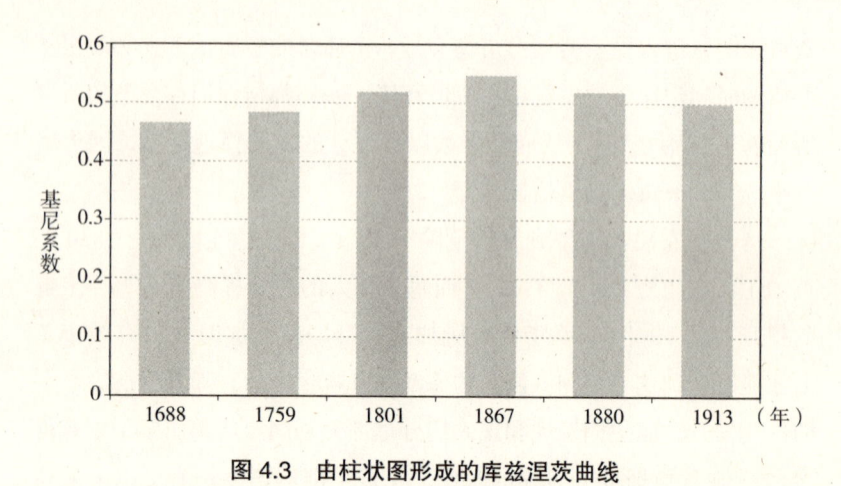

```
0.6
0.5
0.4
基
尼 0.3
系
数 0.2
0.1
0
    1688   1759   1801   1867   1880   1913  （年）
```

图 4.3　由柱状图形成的库兹涅茨曲线

注：本图显示的是 1688—1913 年英国的收入不均状况，由林德特和威廉森（1983 年）计算得出

　　虽说早期化石燃料社会的收入不均现象持续恶化，化石燃料能量却水涨船高，工资的提高改变了一切。受薪工作足以吸引数以百万计的自由工人，工资的提高大大降低了强迫劳动的必要性——与日益富裕的受薪工人不同，贫困的农奴和奴隶买不起工厂大量生产的制成品，因而就商业利益而言，强迫劳动就成了经济增长的阻力（特别当使用强迫劳动的是竞争对手时）。社会走向化石燃料经济的程度越深，对于废除奴隶制和解放奴隶的政治支持也就越多。从 18 世纪 80 年代开始到 1848 年，大多数欧陆国家废除了农奴制度，就连俄国也在 1861 年跟风废除了农奴制。1807 年，英国在其帝国境内禁止奴隶贸易，并于 1833 年彻底禁止蓄奴。

　　农奴主和奴隶主们进行了反击，他们自然更关心自己的沉没成本，而不管什么化石燃料经济的逻辑要求。有时人们可以为其人力资本提出优厚补偿，以此来收买他们，但有时推翻强迫劳动的制度则需要暴力。截至 1865 年，美国的南北战争解放了 400 万奴隶，外加英国皇家海军的西非舰队拦截并释放了 15 万非洲人，当时他们正被装船，即将被卖到大西洋彼岸。1888年，最大的奴隶制社会巴西废除了人身束缚，但非洲和中东的最不发达地区仍然延续着强迫劳动[22]（毛里塔尼亚直到1981年才禁止奴隶制），21世纪，世界各地都将奴隶制度和农奴制度视为非法，这一制度只能改头换面，或见于无法无天的穷乡僻壤。

数千年来，强迫劳动是农业社会不可或缺的，但化石燃料在不到一个世纪的时间内将其一扫而尽；自由的受薪劳动刚刚取得胜利，化石燃料就又开始着手解决农业社会劳动力市场的另一个古老而又不可或缺的障碍了，那就是性别的劳动分工。和强迫劳动的情况一样，供给和需求两者都对变革有所贡献。在需求一方，从19世纪开始，以化石燃料为动力来源的机器不断降低整个经济对体力劳动的需求，但提高了对组织的需求；因为女人在脑力上不输男人，也能提供一样的服务，女工可以为劳动力市场规模翻番提供潜在的机遇。白领变成了粉领。

在供给一方，最重要的因素是婴儿。由于婴儿死亡率过高，农业社会要想维持稳定的人口数量，就需要妇女平均每人生育六七次。但化石燃料所带来的能量使得女人更高大、更健康，营养更好，因而她们的孩子个头更大、更健康，营养更好，成长得更茁壮。19世纪50年代，所有在美国出生的婴儿中，大约有1/4在其周岁前就夭折了，但到1970年，夭折率降低到1/50；到2014年，每163个婴儿中才有1个可能夭折。自二战以来，化石燃料助力的交通遍及全球并发挥了重要作用，推动全球婴儿的死亡率下降了2/3，2014年，不少于55个国家的婴儿夭折率甚至比美国还低（在日本这个婴儿最安全的大国，每400个婴儿中只有1个在其周岁前夭折）。[23]

在化石燃料时代到来之前，普通女人成年后的大部分时间都在怀孕和生产，一旦这样做丧失了必要性，父母就日益倾向于在小家庭里尽其可能对饮食和教育加大投入，而非生得越多越好。[24]在19世纪结束之前，农业社会的低工资—高死亡率—高生育率的情况就已经开始让步于高工资—低死亡率—低生育率的情况（人口统计学家称其为"人口结构转型"）。[25] 在 20 世纪，市场对父母们无须孕育新生儿的性生活立刻做出了反应：1920 年，乳胶避孕套上市；1960 年，口服避孕药面世。[26] 到 2002 年，欧盟的妇女平均活产数为 1.46，远低于人口替换率，随着 1950 年后化石燃料遍布全球，总生育率下降了一半以上（图 4.4）。[27] 在化石燃料时代，妇女平均花在生产育儿方面的时间只有几年，有数十年的时间可以从事受薪工作，提高家庭收入。

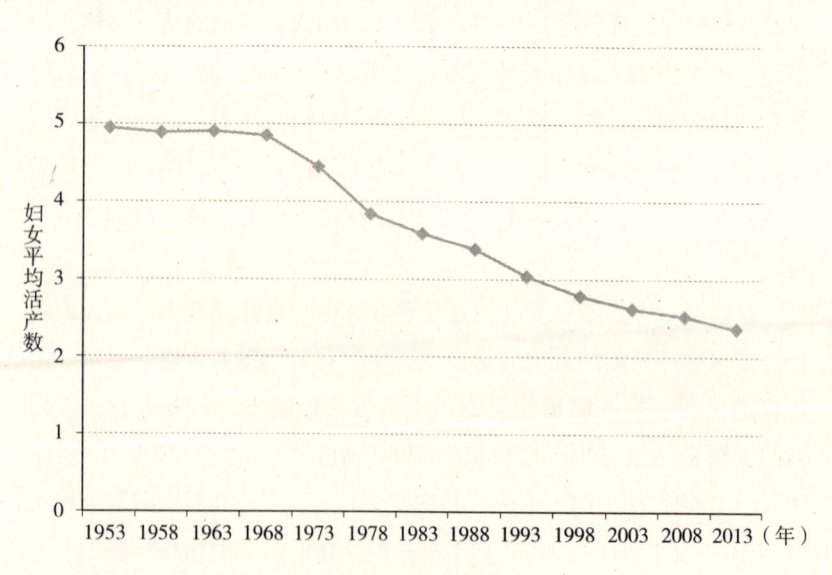

图 4.4　全球生育率

注：本图的数据显示，20 世纪 50 年代至 21 世纪第二个 10 年，全球妇女的平均活产数减半

在农业世界，妇女留在家中照料众多子女的好处之一，便是她们同时可以完成大量不得不做的家务。这意味着如果家庭决定利用生育率降低的时机让妇女外出从事受薪工作，就必须解决无偿家务由谁来代做的问题，要知道在此之前，那些家务让女人们整日忙个不停。答

案是机器，经济学家杰里米·格林伍德、阿纳斯·萨斯哈德里和穆罕默德·耶吕克奥卢称其为"自由的发动机"[28]。因为女人当下的收入潜力值得家庭花钱购买节省劳力的设备，市场很快满足了这一需求。19世纪末，商用洗衣服务大行其道，但电力才是真正消除家务苦差的关键。1928年，洗衣机的年销售量将近100万台；1937年，第一台全自动家用真空吸尘器开始打广告；1938年，定价仅10美元的蒸汽电熨斗在商业营销中大获全胜（图4.5）。

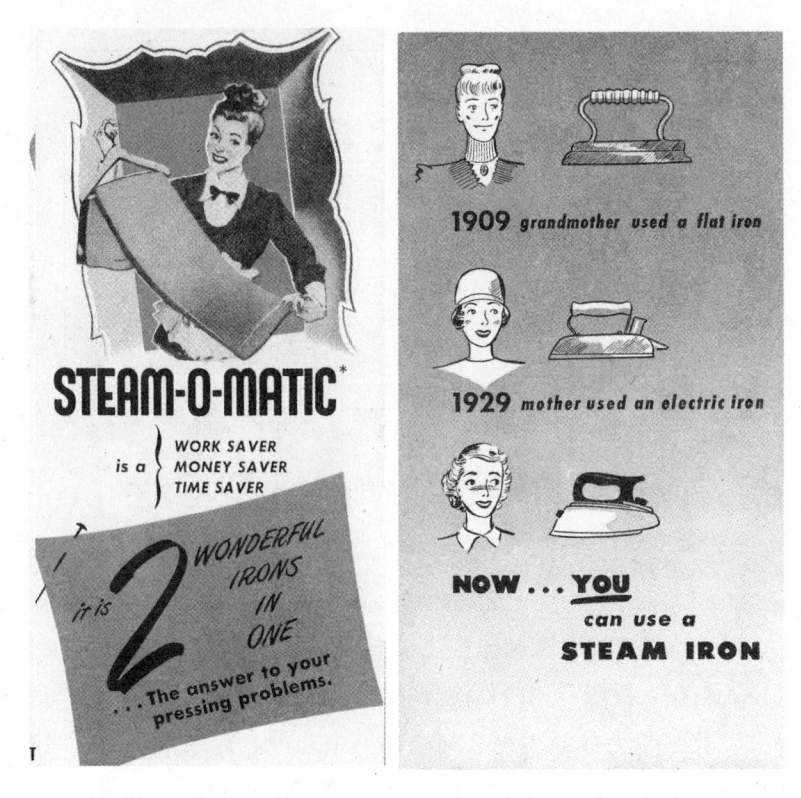

图4.5 自由的发动机

注：本图为蒸汽电熨斗的广告，约1950年（作者的收藏）

从19世纪末到20世纪初，外出工作的女人数量慢慢上升，但直到 1940 年，受薪劳动力市场上的绝大多数女人（甚至在西欧和北美也是如此）仍是年轻的单身女性，薪水较低，工作领域主要是女性独占的内勤、秘书、护理和教育工作。但这种情况在二战后迅速发生了改变，1940—1990 年，女性从事受薪工作的比例翻了一番（图 4.6）。早在 1950 年，美国的工作女性中就有一半是已婚妇女，到 20 世纪末，几乎没有什么工作拒绝雇用女性了（尽管女性在大多数职业的顶层人数不足，且平均收入仅为男性的 77%）。[29]

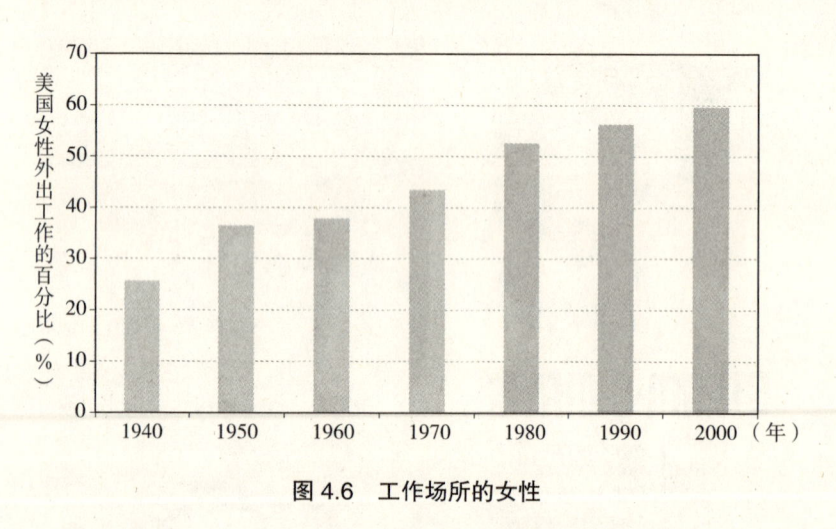

图 4.6 工作场所的女性

注：本图显示的是美国女性从事受薪工作的占比，1940—2000 年（数据来自 J. 帕特森，1996 年、2005 年）

阿格拉里亚通过实施差别化来维持社会运转，不仅精英与大众或男人与女人界限分明，信徒与非信徒、好人与坏人、自由人与奴隶，以及其他无数的类别之间全都壁垒森严。在一个彼此之间存在义务和特权的复杂等级制度中，每一个群体均有各自固定的位置，由"旧政"将其联系在一起，并由神灵和暴力威胁予以保障。然而，化石燃料社会则需取消界限才能达到最佳状态。某个群体越能够以图 4.7（一个由可互换的公民组成的完全空白的框图）的反结构来取代图 3.6 的严格结构,其市场就会越大且越高效,这个群体在化石燃料社会中也就会运行得更顺畅。我们可以把这张图称为"因达斯特里亚",它和阿格拉里亚一样,是一种理想类型,虽然现实中还没有与其非常接近的社会,[30] 但它仍然是 1800 年以来整个世界前进的方向。

图 4.7　因达斯特里亚

注:这是理想类型的化石燃料社会,全无内部分工,并由可互换的公民组成

　　从阿格拉里亚发展到因达斯特里亚,化石燃料社会找到了两条主要的路径,一条是自由的,另一条是非自由的。[31] 两种方式都需要扫清图 3.6 中的界限才能进行下去,但其去除界限的方法大不相同。自由路径包括宣称阿格拉里亚的界限毫无意义,并给每个人在法律面前平等的自由和权利,无论其在农业社会隶属于哪个类别。新型的市场需要吸收和利用化石燃料所释放的能量,如果对于礼拜的规程、嫁娶的对象乃至

工作的类型都做出了严格限制的传统规则干扰了这种市场的成长，就必须摒弃那些传统。与此相反，非自由路径的目标不是忽略差异，而是消除差异，必要时还会使用武力。因此，与自由的版本相比，非自由的方法往往是在开倒车，常常会依赖暴力、强迫劳动，甚至新版的神圣王权说。这两条路径彼此排斥，任何将其结合的企图都会带来灾难，1867年哈布斯堡王朝分裂为奥地利和匈牙利之后的情形就是一例。历史学家杰弗里·瓦夫罗指出，虽然奥地利人认为他们的国家权力"仅仅是要求斯拉夫人用德语和哈布斯堡官场交流，以此来庇护……他们的许可证，匈牙利人认为那根本就是消灭……其他民族的许可证"[32]。自由和非自由路径的不正常妥协最终带来了一场灾难。"奥地利是欧洲的失败者——倒霉蛋，"维也纳的报纸《时代周报》在1913年承认道，"谁都不喜欢我们，每一场灾难都会降临到我们身上。"[33]

　　自由路径的第一个迹象出现在17世纪末的北大西洋沿岸，当时市场的洲际扩张把体系所消耗的能量推高了（我会在第五章回到这一主题）。然而自由路径的真正确立则是在1800年前后，也就是英格兰的工业革命开始之时。近2 000年来，基督徒一直都在迫害犹太人和任何歪解耶稣的人，然而一朝之间，信仰突然变成了个人的私事，外人当然也没有任何理由阻止人们拥有自己的财产和投票权，甚或（最终）通过婚姻融入基督徒的主流社会。实际上在19世纪，对越来越多的人来说，信仰不再是个严重的问题，新的世俗意识形态，如社会主义、进化论、民族主义迅速蔓延开来。世俗化，社会学家史蒂夫·布鲁斯将其解释为"宗教被取代，不再是人类生活的中心"[34]，使得化石燃料世界与农夫的世界一刀两断。[35]

　　某些无神论者反对教会干预政治，他们的满腔热情也堪称虔诚。例如，1871年，临时统治了巴黎的极端左翼公社开始抓捕神父，公社革命法庭的政府检察官拉乌尔·里戈开始审问一名耶稣会修道士，以下便是这段声名狼藉的对话：

里戈：你的职业？

神父：上帝的仆人。

里戈：你的主子住在哪里？

神父：无所不在。

里戈（对书记员说）：把这个记下来。X，将自身描述为一个名叫上帝之人的仆人，这个上帝居无定所。[36]

如果不是里戈在接下来的几个星期里枪杀了那么多神父的话，上面的对话或许显得很可笑。然而，大多数无神论者没这么激进，不过只是想通过用脚投票的方式来反对上帝而已。在英国，进教堂做礼拜的人从 1851 年的约 60% 下降到 1979 年的 12%，1989 年为 10%，1998 年为 7.5%。甚至在宗教仍然更为大众所接受的美国，从 1939 年到 20 世纪 90 年代，进教堂的人数大概也下降了一半。[37]

毫不奇怪，随着宗教的撤退，阿格拉里亚社会的一项最显著特性也消失了，那就是神授精英与政治上无能的大众之间的严格界限。我在第三章提到过，古希腊那些能量富足的城邦曾通过允许所有自由男性在重要的集体决策中投票，部分地消弭了这一界限，而当 17 世纪和 18 世纪的西欧能量获取激增之时，这个想法重新燃起了人们的兴趣。"我在上帝的律法中没有找到任何一项条款，"1647 年，英格兰平等主义者托马斯·雷恩巴勒坚称，"说一个贵族可以选 20 个议员，绅士可以选 2 个，而穷人 1 个也选不了……对于一个完全不能为他代言的政府，英格兰最穷的人不会与之存在任何严格意义上的契约关系。"[38] 平等主义者很快就失败了，但 1688 年后，英格兰的君主们越来越屈服于商业寡头的意志。一个世纪以后，随着英国工业革命的兴起，美国和法国的革命向大众开放了参政权。[39]

以 21 世纪的标准来看，这两个体系都不够民主：二者均禁止女人投票，美国革命容忍大规模的奴隶制，而法国革命则先是堕落成为一场大屠杀，随后又沦为独裁。但随着化石燃料在 19 世纪重新建构市场，按照人们的意愿把他们从实物支付、以物换物中解放出来，老式的统治精英发现，保护自己的政治特权，抵制新贵资本家或日益壮大的工人阶级参政，变得越来越难了。

每个国家的具体情况都不一样。英国的缙绅阶层维护旧制度的斗争很有技巧，他们敷衍、妥协，零零碎碎地让步。而说英语的海外移民往往更加决绝，他们一举接受了民主。然而在欧洲大陆，民主的道路却更加暴力和崎岖。1848 年的一波革命大体上都失败了；1905 年的俄国革命取得了成功，随即又遭到了破坏。但是，尽管有种种不和谐的噪声喧哗，到 1914 年，西方政府还是全都走向了代议制民主，男性广泛拥有选举权，并定期进行选举。到 20 世纪 60 年代，基于财产、种族、宗教、教育甚至性别的政治参与障碍遭到了攻击，在整个西方几乎处处都摇摇欲坠（奇怪的是，瑞士直到 1971 年才准许女性投票）。以几乎任何标准来评价，走向民主的国家都胜过了那些不民主的国家。[40]

在欧洲及其殖民地之外，民主化的进程更加缓慢。率先工业化的非西方国家——日本在 19 世纪 80 年代也走向了民主，但保留了天皇，当时的人们至少在某种程度上认为天皇是神圣的。只有在 20 世纪末，化石燃料经济和开放市场渗透了亚洲和拉丁美洲后，民主才开始茁壮成长。而就算到了 21 世纪第二个 10 年，非洲大部分地区、中东和中亚的化石燃料经济依然孱弱并带有试验的性质，那里的民主也是如此。[41]

虽说具体情况始终千差万别，但 19 世纪的自由主义者（或称"古典自由主义者"，这是他们通常的称呼，以示与 20 世纪的同名者相区别）往往会将小政府看作实现因达斯特里亚的最佳途径。其基本的原则（德国社会学家斐迪南·拉萨尔嘲讽其为"守夜国家"）是政府应尽可能地不作为，除保证财产权及保护国家免受攻击之外，政府应将改善大众福利的事情留给自由市场。然而化石燃料社会本身复杂重重，很难严格坚持这些原则。早在 19 世纪 30 年代，英国政府就已经觉得有必要为工作环境立法,[42]到19世纪70年代,大多数自由政体都已将工会合法化并推广了免费的小学义务教育。到19世纪末,很多欧洲人言及"新自由主义",它与"古典"版本截然不同,并且为了实现更多数人的福利,它不仅依赖操纵市场的"看不见的手",也同样仰仗国家权力的"看不见的拳"[43]。

政府干预之所以能铺平因达斯特里亚的竞技场,原因是国家能够使用武力来压制反抗,有些时候(最著名的案例要数20世纪60年代初在美国南部废除种族隔离的运动),民主选举的领导人的确会使用武力来镇压自己的公民。[44]但总体而言,通往因达斯特里亚的自由路径是远离国家暴力的,这与非自由路径形成了鲜明的对比。在19世纪和20世纪初期,就连最自由的政体也会以不合时宜的手段对待自己国民中的某些群体,认为该把他们隔离起来,以保护可互换公民的同质社群免受传染。例如,英国把贫民聚集到习艺所,而美国先是把很多美国原住民赶出其不断推进的国境线,随后又限制他们住在保留地中,声称其原则是(按安德鲁·杰克逊总统1832年所说)"独立的农民在各处都是社会的基础,也是自由的真正朋友"[45]。俄国等自由受限的政体在其自身的工业化革命中拘禁了更多成员。但20世纪出现了更明显的分裂,英国、美国和很多其他国家变得更加自由,抛弃了此类政策,而俄罗斯和一些其他国家偏离了轨道,寻求更不自由的解决方案,以驱逐出境和斩草除根等政策进一步加深了拘禁。

自由政体与非自由政体长达半个世纪的斗争所导致的一个结果是,两种社会的国家力量都大举扩张,因为政府企图动员国家意志和资源。这一趋势直接与19世纪的守夜人传统背道而驰,却与利用激进主义的大政府解决阿格拉里亚遗留下来的差别的"新自由"倾向完全相合。结果便是自由的"新政"在20世纪中期加速前进,彻底取代了阿格拉里亚的"旧政"。

5 000年来,政府一直管理着国防、法律与秩序、财产权和宗教崇拜，但在 20 世纪中晚期，大多数"新政"政体（或多或少）也负责教育、卫生、就业和环境。某些政府还制定了工资和价格政策，用公务员取代了市场；其他一些政府则对煤矿、银行等重要产业实施了国有化。官僚作风和税单激增，过高的累进所得税制把收入不均的状况推回到觅食者时代以来从未有过的水平。到 20 世纪 70 年代，经合组织（基本上是个化石燃料富国俱乐部）成员的税前基尼系数平均为 0.40，但政府实施的从富人到穷人的净转移把这一系数降至区区 0.26 的平均值（图 4.8）。就连对财富重新分配不像很多经合组织成员那么感兴趣的美国人，其税后和转移后的基尼系数也从 20 世纪 20 年代末期的近 0.50 降到 1970 年的 0.36。几乎在世界各地，税后基尼系数最急剧的下降都始于二战期间，经济学家经常把 20 世纪 40—70 年代的这段时期称作"大压缩时期"[46]。

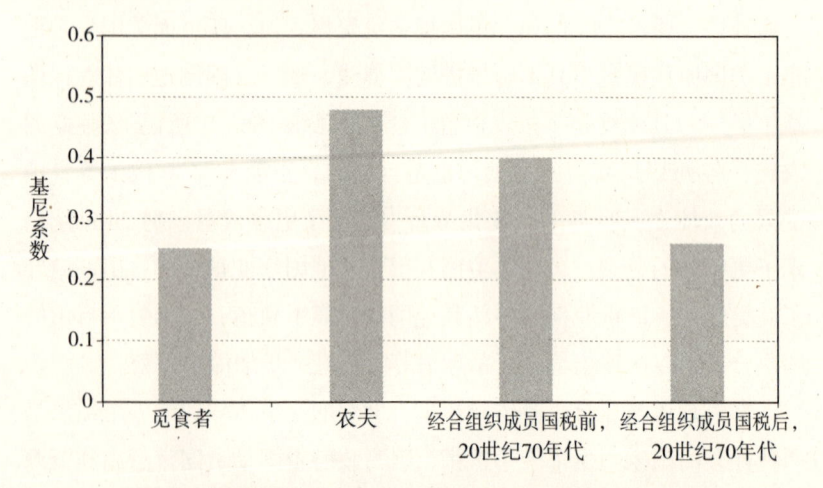

图 4.8　觅食者、农夫与化石燃料使用者的基尼系数对比

注：到 20 世纪 70 年代，政府转移已经把富裕国家的收入不均降低到从觅食者时代以来前所未有的水平（数据来自史密斯及其他人等，2010 年；舒及其他人等，2000 年）

但是，从 20 世纪 70 年代末开始（原因目前仍然争论不已[47]）很多化石燃料国民收入分配的压力降低了。经合组织成员的平均税后基尼系数在 2012 年回升到 0.31，而美国的基尼系数爬升到 0.38。化石燃料国家内部收入不均的加剧刺激了针对收入最高的 1% 人士的大规模抗议，经济学家托马斯·皮凯蒂预测了可怕的后果："当资本收益率超过了产出和收入的增长率，这种现象在 19 世纪发生过，看来很有可能会在 21 世纪再次发生，资本主义会不自觉地产生不可控且不可持续的不平等，这将彻底破坏民主社会赖以存在的精英价值观。"[48]

然而大局更加复杂。最明显的是，尽管很多国家 2012 年的转移后基尼系数比 1970 年的对等系数高，2012 年的系数依然低于农业社会贫富不均的典型基尼系数（0.48 左右）——通常要低得多，并且因为自农业时代以来人均产出大幅提高（据经济学家安格斯·麦迪逊的研究，从 1700 年的全球平均 615 美元上升到 2008 年的 7 614 美元）[49]，自 20 世纪 70 年代以来的国民收入解压甚至还没有开始削弱工业革命最重要的遗产——其产生了一个庞大的中产阶级，用以购买化石燃料经济所生产的商品和服务。最后，甚至可以说更重要的一点是，当库兹涅茨在 1955 年确定他的曲线时，大压缩还主要发生在 19 世纪就已开始工业化的西方国家。所以，尽管 20 世纪上半叶西方国家内部的基尼系数下降了，如果在全球范围内测量，该系数仍是升高的，因为化石燃料的西方国家和农业社会的其他国家之间的鸿沟在不断加宽。据经济学家布兰科·米拉诺维奇估计，1820—1950 年，全球范围的基尼系数几近翻了两番。但 1955—2002 年，化石燃料时代走向了全球，其结果是，虽然国内的基尼系数如今仍在上升，但全球不均现象的加深如果不是逆转，就是急剧放缓了，这取决于 2002 年的系数是如何计算的（图 4.9）。2002 年以来，不管以哪种方式来衡量，全球基尼系数都是下降的。[50]

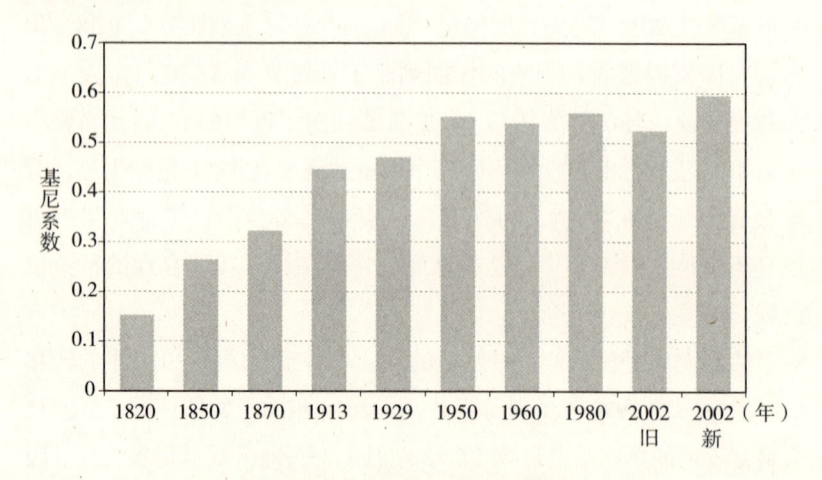

图 4.9　大分化之后的大收敛

注：1820—1950 年，西方工业革命几乎把全球的收入不平等程度翻了两番，但自 1950 年以来，东方的工业革命减缓甚至逆转了这一趋势（数据来自米拉诺维奇，2011 年、2012 年）

　　自由化伴随着化石燃料经济蔓延到全球的大部分地区，以至从 20 世纪 50 年代以来，很多激进主义分子言必称全球范围的人权革命。[51] 阿格拉里亚内部界限的消除始于 19 世纪的欧洲及其海外殖民地，现在已经走向了全球，权利被推到了上一代人也无法想象的疆域。20 世纪 90 年代，美国军队里的同性恋问题仍然引起争议，就连自由派政客都同意采取臭名昭著的"别问别说"政策来回避这个问题。然而到了 2011 年，一切禁令都解除了，2013 年的一份报告结论是，这些变化对军队的战备状态毫无影响。[52] 从那时起，逾半数美国人赞成同性婚姻，目前已有 30 多个国家及地区实现了同性婚姻合法化。[53]

　　如今的权利革命也不仅限于人类。1789 年，杰里米·边沁认为有必要提醒英国人如何善待动物："问题不是'它们能否思考'，也不是'它们能否说话'，而是'它们能否忍受'。" 200 年后，革命如此深化，以至瑞士法律要求其公民在养狗之前必须参加一个为时 4 小时的研讨班，讨论有关动物陪伴的原则。[54] 1982 年，在我遇到乔治先生的时候，对动物无法形容的残忍行为在希腊并不罕见，但 2009 年在我睽违将近 10 年之后重返希腊，我惊讶地发现，雅典人把水碗放在人行道旁，供流浪的动物饮水。然而，像化石燃料世界屡屡发生的情况一样，人类对待其他动物的方式也充满了矛盾。瑞士人在举办研讨会的时候，亿万动物正在忍受痛苦，在工业化农场里面临屠杀。"以他们对待动物的行为来看，所有的人都是纳粹，"1968 年，诺贝尔文学奖得主艾萨克·巴什维斯·辛格如此写道，"对于动物来说，这是一个永恒的（纳粹德国）特雷布林卡灭绝营。"[55]

然而，在我们自己的物种内部，模式要简单得多。"我希望我们的国家更加宽容、更加温和。"[56] 这是乔治·H.W. 布什在 1988 年接受共和党总统提名时对其党派成员说的话，在他发表此说的 1/4 个世纪后，他得到了想要的结果。甚至在 1988 年以前，化石燃料社会（特别是自由派的社会）就已经在相当程度上平静了下来。1900 年，西欧的谋杀率已经下降到低于每 1 600 人一起，就连在当时谋杀率比西欧高出 8 倍的美国，以此前任何时代的标准来看也是安全的。[57] 化石燃料社会参与的两次世界大战是史上最血腥的战争，20 世纪非自由路径的独裁者们也是最杀人不眨眼的，但当我们把战争、种族灭绝、国家人为导致的饥荒和谋杀的所有伤亡人数加起来，1900—2000 年死于暴力的人数为 1 亿~2 亿，仅占那段时期在世上生活的 100 亿人的 1%~2%。化石燃料使用者的 20 世纪比觅食者的世界要安全 10 倍，比农夫的世界也要安全 2~3 倍。[58]

但那仅仅是开始。自 1989 年以来，战争（国际战争和内战）的数量直线下跌，全世界 95% 的核弹头已被销毁，暴力犯罪率暴跌，据世界卫生组织统计，全球的暴力致死率已经下降到区区 0.7%。[59] 世界如此和平，以至在 2012 年 11 月 26 日发生了无法想象的事情：一整天（实际上将近36个小时）过去了，纽约市没有一个人死于枪击、刀刺或任何其他形式的暴力。[60] 暴力并没有远离，但世界从未如此安全过。

化石燃料社会在通往和平、民主、开放市场、性别平等和法律面前人人平等的道路上走得越远，就越繁荣昌盛。因此，在短短两个世纪（在整个历史上那不过是昙花一现），大部分世界告别阿格拉里亚，走向了因达斯特里亚。当然，要达到图4.7所示的真正开放的社会空间，我们还有很长的路要走；经济精英和有组织的商业群体对社会政策的影响仍然远大于普通公民，近期一项对社会地位高的职业中姓氏的现况研究表明，因达斯特里亚仍然存在着可清晰界定的血统决定身份的现象。[61] 即使如此，人类史上也从未出现过发生如此迅速、受众如此广泛的巨大变化。

社会发展如何塑造新的价值观

近250年来，道德体系相应发生了巨大变化。随着工业革命释放了大量的能量，那些从阿格拉里亚走向因达斯特里亚的社会从中获得了回报，数十亿人重新调整了自己的价值观。在不到10代人的时间里，政治、经济和性别等级制度在人的观念中早已不再是完全自然和公正的，而是或多或少地代表着邪恶。这一转变始于北大西洋沿岸，并在那里发展得最快、传播得最远，但随着化石燃料能量和组织在20世纪遍及全球，其影响已经波及世界上几乎每一个角落。

300年前，这样的结果根本就是海市蜃楼。从中国到地中海，反动力量看似打败了我在第三章中提到的"平等主义者"，恢复了阿格拉里亚的传统社会和宗教秩序。只有西北欧是个例外，[62] 而就算在那里，例外起初看来效果也相当有限。

欧洲知识分子的古怪非凡早在16世纪便初见端倪。在我的《西方将主宰多久》一书中，我认为新观念在很大程度上是对北大西洋沿岸新型经济兴起的反应。[63] 这种经济很像是早期让某些城邦繁荣起来的超级版本，将西北欧推离了阿格拉里亚。越来越多的知识分子从解读经典或圣经文本转向试图解释风和潮汐何以来去匆匆，茫茫夜空又为何会有斗转星移，这些问题不久就汇集成为宇宙的力学模型了。[64]

哥白尼、伽利略和笛卡儿等人到处宣讲，说树木的生长并不比钟表的转动更加神秘，或者说太阳，而不是地球，才是宇宙的中心，让各地的掌权者深觉他们可疑。但随着17世纪逐渐逝去，从大西洋经济中获益最多，并因而从解释世界如何运转中获利最大的阿格拉里亚社会的精英为新式自然科学开辟了越来越大的空间，他们被允许去寻找证据，无论最终的结果如何。当意大利的教皇法庭在1633年觉得有必要胁迫伽利略，让他闭嘴时，英格兰的统治者们却在1687年很放心地允许牛顿发表他的《数学原理》。

西北欧的知识分子很快便把自然界的力学模型扩展到社会秩序中，他们将政治看作一种机械结构，探索哪些类型的机器在其中运行最佳。但直到1700年，新思想对"旧政"的质疑仍然非常有限。甚至连英国哲学家约翰·洛克在其《政府论（下篇）》中的著名主张（即因为人类"天生都是自由、平等和独立的，如不得本人的同意，不能把任何人置于这种状态之外，使其受制于另一个人的政治权力"[65]）也没有要求废除王权、贵族政治或英国国教，而在1688年，英国精英并不是靠废除了"旧政"，而是靠妥协，才结束了长达半个世纪的冲突，把君主羁绊在宪法的大网之中。[66]

对阿格拉里亚最持久的挑战始于法国。"我们必须检查并搅乱一切，毫无例外也无须谨慎，"1751年，狄德罗在《百科全书》中如此写道，"我们必须把一切旧式愚蠢行径踩在脚下，推翻那些非理性设置的障碍。"[67] 伏尔泰在被流放瑞士期间正是这样做的，他公开谴责教堂和国王的特权，为其贴上"败类"的标签，然而勇敢激进如伏尔泰，也未一并否认阿格拉里亚的皇权和神权基础。他坚称，结束这些丑行的方法不是把法国建成一个共和国，而是向中国学习。他声称欧洲人会看到中国的乾隆皇帝才是一位真正的明君，与倾向于理性而非迷信的儒家文官共商治国之道。[68]

起初，18世纪的欧洲君主们与启蒙运动批评家的合作，就像古代皇帝驯服轴心时代思想之最令人不安的暗示一样顺利。1740年，普鲁士国王腓特烈二世向启蒙哲学家克里斯蒂安·沃尔夫勉强承认："哲学家应该是全世界的老师，也是王公们的老师。"但他补充说："他们必须用逻辑思考，我们必须按逻辑行事。"[69] 18世纪的国王们自认为是开明的君主，他们以"旧政"的眼光来看待新思想，就像第三章中提到的顿悟人生的农民克莱因乔戈一样。

直到18世纪下半叶，"旧政"本身才受到了真正的压力。1762年，当卢梭在《社会契约论》中宣称，政治合法性的唯一来源是人民的"普遍意志"时，他仍然是个离经叛道者（尽管他是个著名的文人），不仅被他的故乡日内瓦，也被法国和伯尔尼城邦流放在外。但仅仅25年后，美国的国父们，那些深深沉浸在大西洋新经济中的人们，就已经远远偏离了阿格拉里亚的价值观，认定自己可以用"我们人民"的名义，而不是以上帝或国王的名义，来书写他们的新宪法。在那之后不过两年，在法国发表了《人权和公民权宣言》的资产阶级绅士便直截了当地声称："法律是普遍意志的表达。"[70]

到18世纪80年代，法国和美国的革命变得与古希腊发明民主的人一样激进，[71]但当化石燃料的能量遍布整个北大西洋世界之时，对"旧政"的挑战就真正开始了。到19世纪中期，那些重新组织、看起来很像图4.7所示结构的社会获得了巨大的回报，适合这一无界结构的价值观亦盛行一时。到19世纪60年代，在《社会契约论》出版一个世纪之后，在最工业化的社会，政治价值观发生了转向。精英们逐渐认识到，基于普遍意志而非传统或神授的政治权力不会导致无政府状态。实际上他们发现,在一个由可互换的公民组成的社群中,普遍意志真的是合法的政治权威唯一安全的存在基础。[72]

20世纪第二个10年,在《社会契约论》出版两个半世纪之后,普遍意志已经打败了几乎所有敌对的政治权威。哲学家暨经济学家阿马蒂亚·森指出,"民主"如今已经是"一个普遍的价值观",[73] 在世界大部分地区,受访者告诉民意调查人,他们更喜欢民主,胜过其他任何政治体系。[74] 2007年开展的民意调查表明,全世界有80%的人支持民主,这一比例在地理、性别、宗教或年龄上几无差别(图4.10)。[75] 单就"民主"的含义尚有很大的辩论空间,但在世界的很多地方(可能是大部分世界),它很大程度上基于这样一种信仰,即森严的政治等级是邪恶的。

图 4.10 历史的终点?

注:对民主的支持率一贯很高,66%~86%不等,无论地理、性别、宗教或年龄的差别(2007年调查数据)

无政府主义者、自由论者和共产主义者共同持有的对政治等级制度最极端的批评认为，适宜的因达斯特里亚完全不需要统治者。早在1794年，美国的自由主义就已足够强大，认为"政府本身将会毫无用处，而社会则会继续存在，因摆脱枷锁而愈加繁荣"，以至美国宪法起草人之一亚历山大·汉密尔顿觉得他必须保护这个羽翼未丰的国家免受这种观念的危害。[76] 将近一个世纪之后，恩格斯主张，在共产主义革命以后，"国家政权对社会关系的干预将先后在各个领域中成为多余的事情……国家不是'被废除'的，它是自行消亡的"[77]。然而事实上，无论是美国政治精英还是共产主义者都没有废除政府。法西斯主义者更是一意孤行，把个人崇拜提升到了一个全新的境界，对此乔治·奥威尔发明过一个著名的标签："双重思想"（doublethink）。[78] 通过造就史上最森严的政治等级，将权力集中在一个人身上，非自由路径声称，这样做真的可以消除政治等级。

这些对于普遍意志的独创诠释没有一个是长期可行的。1956年，斯大林去世后仅仅三年，尼基塔·赫鲁晓夫便公开谴责个人崇拜。五年后，他试图玩个新花招，提议说苏联实际上已经演变成一个"全体人民的国家"，而党就是普遍意志的具体表现。

激进的无政府主义也处于劣势，这一次是输给了更加实用主义的自由论观点。例如，1974年，哲学家罗伯特·诺齐克在其影响力广泛的《无政府、国家和乌托邦》一书中建议自由意志主义者："一个权力仅限于履行契约和保护人民免受武力、盗窃和诈欺所害的最小限度国家是合乎情理的。""任何权限更大的国家，"他认为，"都违反了个人不能被迫行事的人权，因而是不正当的。"[79] 但没有国家显然也不是个办法。

然而，国家虽然不会自行消失，化石燃料对于森严的政治等级和逞能者的态度还是要更接近于觅食者而非农夫的观念。政治学家很久以前就已指出，即使民主也必然会产生隶属于固化政治特权阶级的强权精英，[80] 但由普通人组成政府，而不是天生统治阶级的观念一贯是民主主义者偏爱的视角。

这些观念之间的斗争可以回溯到现代民主的早期。[81] 18 世纪 80 年代，联邦党人亚历山大·汉密尔顿如果必须和"无以复加的无知和堕落，不可一世的顽固和狂妄"之人分享权力，他一定会大惊失色，这倒不足为奇，但就连大平等主义者托马斯·杰斐逊也承认，他相信只有一个"拥有天赋的才智和美德"的精英小集团才可以"在通才教育之下变成杰出之人，有能力保卫同胞的神圣权利和自由"。[82] 然而在第一任总统的人选上，美国的运气实在太好了。一方面，很多观察家认为乔治·华盛顿是个天生统治阶级的绝对化身，但另一方面，他也非常明确地表示过自己对任何形式的实际统治都毫无兴趣。[83] 1783 年在战场上大获全胜之时，华盛顿向国会交出了佩剑，宣誓"从此以后不参与任何公共事务"。1789 年，他勉强暂停闲适的退休生活，出来接受总统的职务，完全是出于责任感，一位仰慕者将华盛顿比喻成骄傲的罗马英雄辛辛纳图斯①。期满后，他毫不犹豫地辞掉职务，"带着满足和快乐回到乡间，继续其不受约束的平静劳作生活"[84]。

自华盛顿时代以来，很多美国政治家声明以他为榜样不再恋栈，但也有一些人采取的做法有些细微差别，他们坚称尽管自己显然属于特权精英，但实际上和普通人一样。[85] 拥有巨大财富（如 1992 年的商人罗斯·佩罗②），身处政治帝国（如 2000 年的乔治·W. 布什），甚或两者兼有（如 1960 年的约翰·肯尼迪），都无法阻止一个总统候选人

---

① 辛辛纳图斯（公元前 519—前 430 年），古罗马共和国时期的英雄，其事迹在古罗马广为传颂。公元前 458 年，时任执政官米努基乌斯所统率的罗马军队遭到意大利埃奎人的包围，退隐务农的辛辛纳图斯临危受命担任罗马独裁官，以保卫罗马。退敌 16 天后，他辞职返回农庄。

② 罗斯·佩罗（1930—2019 年），美国商人，出生于得克萨斯州特克萨卡纳，父亲是专门从事棉花合约的商品经纪人。2012 年佩罗的身家估计有 35 亿美元，被《福布斯》列为美国富豪榜第 134 名。他曾经在 1992 年和 1996 年两次参加总统竞选，虽然最终败选，但取得了历来第三党最多的普选票。

声言自己属于中产阶级。

这些由于大众不信任森严的等级制度而迫使总统候选人不得不采取的策略有一个副作用（当然并非刻意为之），便是顺从观念的崩溃。1998年，世上最有权力的人比尔·克林顿在一场婚外风流之后几乎被赶下美国总统的职位；2011年，多米尼克·斯特劳斯-卡恩在被《耶路撒冷邮报》列为"世界上最有权势的犹太人"第6位之后仅仅一年，[86]就因涉嫌性侵一名饭店女服务员而被赶下国际货币基金组织总裁的职位。这些可不会发生在罗马皇帝身上。

在森严与尚浅的等级制度间进行各种妥协的这种化石燃料政策的特征，在经济领域表现得更加明显。因达斯特里亚似乎需要一个（以阿格拉里亚的标准来看）地位较低但又不致过低的富有阶层。一方面，拥有富裕中产和劳工阶层，从而为化石燃料经济所产生的所有商品和服务创造有效需求，是因达斯特里亚繁荣的必要条件；但另一方面，它还需要一个生气勃勃的企业家阶层，这些人期望着能够将自己的领导和管理才能转化为物质回报。作为回应，化石燃料价值观近200年来发生了演变，变得有利于政府通过干预来减少贫富不均现象——但变化并不是太大。

根据1990年以来的民意调查，大多数美国人〔人数变化不定，高值出现在1990年的67%，低值在2008年的58%，而最近的数字为66%（2011年）〕希望财富的分配更加平均一些，在2013年的调查中，中国（52%）、欧盟（60%）和印度（高达82%）的大多数人说，他们认为收入不均"是个很大的问题"。然而，这些人都认为经济不平等并非他们的国家面临的最大问题。欧洲人和中国人将其排在第3位，印度人将其排在第5位，而美国人将其排在第12位。在被问及减少财富梯度的最佳方法是不是对富人征收更重的赋税时，美国人的意见分布相当平均，52%的人持肯定态度，45%的人持否定态度。至少从1999年以来，人们的态度几乎没有变化，当时有45%的人持肯定态度，51%的人持否定态度。但是，关于这一问题的分歧往往反映了更深刻的地区或党派分歧。2013年的调查发现，在欧盟内部，84%的希腊人认为贫富不均是个很大的问题，而只有50%的英国人这么认为；在美国，75%的民主党人说他们希望对富人提高税赋，而只有26%的共和党人持此观点——尽管在2014年，几位共和党的领导人都愿意支持提高最低工资。[87]

要想理解近两个世纪以来思想界和文化界就经济等级制度发生的骚动，一种方式是将其看作关于这一主题的论争：在涉及财富时，"平等"究竟意味着什么。某些人强调机会的平等，也就是每个人都享有均等的机会在市场上自由地交易和交换，而不必过于在意利益的分配；但另一些人强调结果的平等，他们赞成监管市场行为，以免有人过于超前。[88] 大体说来，古典自由主义者和自由论者拥护机会的平等，担心监管会抑制自由（及经济成长）；新自由主义者和社会主义者一般拥护结果的平等，他们更担心为非作歹的富人会破坏自由（及经济成长）。[89]

幸好，近200年的可用证据十分丰富，我们可以详细追查在通往因达斯特里亚的道路上，自由路径和非自由路径是如何作为两个伟大的试验来解读化石燃料价值观的。20世纪最重要的非自由政体——纳粹德国和苏联，都声称寻求经济结果的平等，但在实践中，没有一个能够摆脱两种不同的经济不平等观念之间的紧张。纳粹，毕竟他们对自己正式的叫法是"国家社会主义德意志劳工党"，在其执政初期，强烈拥护结果的平等。"劳工阵线"①的活跃分子强烈要求雇主提供带薪假期、工资协议以及同工同酬，威胁要把持不同意见者送到集中营。但这不能长久。甚至在1933年结束之前，党魁们就已经开始站在雇主一边，因为他们需要这些雇主支持希特勒野心勃勃的重

---

① 劳工阵线，纳粹德国取缔魏玛共和国的自由工会后创立的官方工会组织，它是一个雇主和工人的统一联盟，也是纳粹的统一工会组织。

整军备计划。"我们都是劳动的士兵",同年 11 月,劳工阵线的新领导人在柏林的西门子工厂对工人们说,但"某些人发号施令,另一些人从令如流。服从和责任都必须是有价值的"。工资在 1934 年便停滞不前了,在接下来的 10 年中,贫富差距高企难下。[90]

社会主义国家跌入了同样的陷阱。面对 1921 年的大饥荒,列宁放弃了他的战时经济政策,开始鼓励生产。关于列宁对这一政策有多认真,一直众说纷纭。列宁在苏联政治局的同事格里哥里·季诺维也夫坚称:"('新经济政策')只是临时的偏离,是一次战术撤退,是为对抗国际资本主义阵线发起一次全新和决定性的劳工阶级进攻铺平道路。"但列宁本人怀疑"用资产阶级的双手来建设共产主义"实际上是唯一可行的道路这个观点。[91] 然而,"新经济政策"的后果尽人皆知。"店铺和商厦一夜间迅速出现,里面神秘地堆满了苏联多年未见的精美货品,"1924 年,美国无政府主义者埃玛·戈德曼注意到,"面庞消瘦的男人、女人和孩子们带着渴望的目光凝视着橱窗,谈论着这一伟大的奇迹。"[92] 几年后,斯大林以真正的社会主义的名义彻底改变了列宁的"新经济政策",结果又是一场灾难。20 世纪 30 年代,随着农业产量的下降,数百万人饥饿致死,由于不合理的政策制造了黑市经济,工资和住房的差别继续扩大。苏联日益成为世上最不安定的社会,经济不振,但财富的等级差别变得更加荒唐。20 世纪 80 年代,当戈尔巴乔夫试图重新引进经济机会平等时,整个体系瞬间分崩离析。[93]

在森严和尚浅的财富等级之间寻求完美平衡,对自由政体也是一项挑战,但他们的试验却没有那么痛苦。在对 19 世纪自由主义的经典叙述中,英国经济学家约翰·斯图尔特·穆勒认为:"人类之所以有理有权可以个别地或者集体地对其中任何分子的行动自由进行干涉,唯一的目的只是自我防卫。对于本人自己,对于他自己的身和心,个人乃是最高主权者。"[94] 但是,如果将其推至逻辑的极端,这就意味着国家的财富重新分配永远是错的。实际上,自由主义哲学家罗伯特·诺齐克指出:"从劳动所得中课税与强迫劳动不相上下",是自由的因达斯特里亚的对立面。"强夺某人劳动的成果,"诺齐克解释道,"相当于夺走他的时间,并指挥他从事各种活动。如果人们强迫你在一段时间内去做某种工作,或是无报酬的工作,他们决定你该做什么,你工作的目的是什么,而不由你自己决定。这……会让他们在一定程度上成为你的主人,他们因此而拥有了对你的所有权。"[95] 卢梭更加直言不讳,他在《社会契约论》中写道:"我相信奴隶们关心自己的收入远甚于自己的自由。"[96]

然而,拒绝(以税赋的形式)从富人身上榨取强迫劳动,似乎常常意味着(以长时间工作挣取生活工资的形式)从穷人身上榨取另一种强迫劳动,而在整个19世纪,强调结果平等的社会主义道路在欧洲占据了优势。在那个世纪末,很多政府同情新自由主义,断定利用国家力量来重新分配财富会产生更大的总成长。这一趋势在一战后有所上升,大萧条时期更加快了速度,最终在1945年后被奉为准则,产生了各种自由主义的"新政"。1942年,英国政治家威廉·贝弗里奇预言,战后政府的任务将是让世界"尽人类力量之所能,摆脱贫穷、疾病、愚昧、卑劣和懒惰这五大罪恶"。为达到这一目的,"我们应该做好准备,只要有必要,就不加任何限制地使用国家的力量来消灭这五大罪恶"——同时还要记住,贝弗里奇补充道,"个人高于国家,是国家存在的目的"[97]。

这个计划需要在经济和社会层面玩些复杂的小把戏,战后的自由经验表明,对于机会平等和结果平等之间的矛盾,世上根本没有一体适用的完美解决方案。化石燃料价值观的演变也反映了这一矛盾,认可了程度较低但又不致过低的财富等级制度。这里"低"和"过低"的真实含义看来在极大程度上取决于经济增长,相对于富有但增长缓慢的经济体,在贫困但快速增长的经济体中,人们更能够容忍森严的财富等级存在。在里根—撒切尔时代,从很多经合组织成员的投票人对待财政保守主义的热情来看，0.25 左右的税后基尼系数对发达经济体而言可能过低了，但在 20 世纪第二个 10 年，从很多同样的国家对于最富有的 1% 的普遍愤怒来看，超过 0.35 的基尼系数可能又过高了。相反，在经济快速成长的印度，人们牢骚满腹，但到目前为止还能容忍持续的高分（2009 年为 0.50）。[98]

和这些对待经济等级制度的复杂态度相比，化石燃料社会对性别不平等的看法似乎就要直白得多。[99] 近至 1869 年，约翰·斯图尔特·穆勒自觉激进地写下："规范两性之间的社会关系的原则——一个性别法定地从属于另一性别，其本身是错误的，而且现在成了人类进步的主要障碍之一……没有一个奴隶像一个妻子那样是竭尽一切所能的奴隶，是体现了'奴隶'这个字眼的全部含义的奴隶。"[100] 但从那时起，阿格拉里亚的态度就完全崩溃了。2009 年，在一次对 16 个国家开展的民意调查中，86% 的受访者认为性别平等很重要，这一回应的国别差距不大，从印度的 60% 到英国和墨西哥的 98%。伊斯兰国家处于这一分布的顶端。尽管在伊斯兰世界，对妇女的法律保护通常较弱（例如埃及在 2014 年才通过了一部定义性骚扰的法律），[101] 仍有 78% 的伊朗人、91% 的印度尼西亚人和土耳其人，以及 93% 的巴勒斯坦地区居民认同性别平等的重要性。在全球范围内，81% 的受访者赞成通过政府干预促进性别平等，53% 的受访者认为他们的政府目前做得还不够。[102]

跟自由社会比起来，非自由社会在性别等级问题上培养了更加极端的态度，共产主义者一般都会积极促进女性的平等。列宁在 1920 年指出，"琐碎的家务摧毁、压制、愚化和贬低了"[103] 女性。1959 年，赫鲁晓夫确信，就女权而言，共产主义已经埋葬了资本主义。"你们想把妇女困在厨房里"，在著名的"厨房辩论"① 中，他对理查德·尼

---

① "厨房辩论"，指 1959 年 7 月在莫斯科举行的美国国家展览会开幕式上，时任美国副总统的理查德·尼克松和时任苏联部长会议主席的尼基塔·赫鲁晓夫之间的一场关于东西方意识形态和核战争的论战。该论战是在厨房的背景前进行的。

克松说，但"我们不那样看待女人。我们认为她们更出色"[104]。不用说，现实情况要混乱得多。在20世纪20年代确定妇女权利的重要立法通过之后，斯大林在30年代又退回到鼓励生育的政策上；在赫鲁晓夫与尼克松摆好架势准备互攻之时，跟美国相比，的确有更多的苏联妻子们在外工作，但苏联妻子们做家务的时间通常也比美国的妻子们长（也比苏联丈夫们长得多）。[105] 而纳粹德国则走向反面，他们挑衅性地将男女分成两个阵营，并坚称生育才是女人的本分。[106]

起初，自由社会对于性别平等比较谨慎。前文提到过，1918年前，几乎没有哪个妇女有投票权，女性从事带薪工作在1940年后才真正开始。1937年，当民意调查者问美国人是否会考虑为一名女性总统候选人投票时，只有约33%的人回答"是"，64%的人回答"否"。到1949年，两种态度不相上下。但到了2012年，95%的人回答"是"，只有5%的人回答"否"。人们对其他问题的态度花了更长时间才有所转变：1977年，在被问到是否最好由男人赚钱养家，女人照顾家庭时，人们的态度是一半一半；在2012年，仍有19%的人回答"是"，75%的人回答"否"。[107]

总的来说，战后变化的速度异乎寻常。20世纪70年代，也就是我的少年时代，常常会有喜剧演员在电视黄金时段讲关于"男女平权论者"和"女权主义者"（被贬称为bra burners，即"烧胸罩的"）的笑话。然而到2005年，人们的价值观发生了巨大变化，以至时任哈佛大学校长拉里·萨默斯在一次学术研讨会上提问说，男人在科学和工程领域的最高层占多数是否有生理原因，就算那是学术场合，大众也觉得难以接受。萨默斯指出，某些实验看上去像是在暗示男性的认知能力在平均值周围的分布范围比女性更广泛，如果这是正确的话，可能意味着男人更多地见于分布的两个极端。"我的乐观估计可能会刺激到你们。"

在科学和工程这些特别的领域，存在天赋的问题，特别是天赋的多样性，而这些因素又被社会影响和持续的歧视这两个事实上不那么重要的因素强化了。要是有人能证明这是错的，我当然是最高兴不过了，因为我最希望每个人都能理解并尽力解决这些问题。[108]

由此导致的骚动显然影响了萨默斯发表这段讲话两个月后的哈佛教授投票，大家纷纷表示对其领导能力没有信心；大概也影响了萨默斯本人的决定，不到一年后，他辞去了哈佛校长的职务；他在2013年退出了美国联邦储备银行行长的候选队伍，可能也是受此影响。[109]

主流的自由价值观并不以消除性别等级的名义否认男人和女人之间的所有差别。然而自1945年以来，想当然地因生理差别而区分男女两性的阵营显然大大缩水了，而且，我的分析类别中的最后一个——暴力，是迄今尚存的少数几个承认男女两性有巨大差异还算是政治正确的行为领域之一。全世界范围的警方统计数据表明，无论宗教、文化，或其他任何因素，男性参与暴力犯罪的概率是女性的将近10倍。[110] 其解释尚存争议，但有可能是因为使用武力的先天倾向[111]是一种进化适应，在男性中很常见，而在女性中就少见得多。[112] 因此，阿格拉里亚对男性统治普遍持正面评价的突然崩塌与其对武力有限容忍的突然崩塌相伴相随，也就不足为奇了。[113]

如果农夫像觅食者一样暴力，那么，让阿格拉里亚运转顺畅的复杂劳动分工和长途贸易就无法发挥效用了。同理，如果人们还是像农业时代那样用暴力解决纠纷，因达斯特里亚可互换公民的开放空间也是枉然。化石燃料社会有赖于极度和平，强制促成这种和平的利维坦们远比霍布斯想象的还要强大得多（第一支现代警察部队始建于1828年早期工业时代的伦敦，这可不是巧合）。一如既往，人们调整其价值观来反映他们生活其间的新现实。农业社会减少了合法使用暴力解决争端的空间，而化石燃料群体在这条道路上走得更远。

历史学家马丁·查德尔认为在18世纪之前，"宿命论"一词准确地描述了全世界对待暴力的普遍态度。反对暴力的人很多（特别是轴心时代的宗教领袖），大多数文明在正义与非正义的战争之间做了细微的区别，且这种区别往往对其自身有利，但人们一致认为，合法权威使用武力不仅是必要的，而且颇值得歌颂。[114] 直到18世纪，我们才看到这一价值观模式有了真正的突破，即使在那时，突破也仅限于欧洲及其北美殖民地。就在更多的人开始批评政治、经济和性别等级之时，"战争是邪恶的，人的自然状态是和平的"这个新观念浮出水面，[115] 而18世纪90年代，在正处工业化期间的英国，一个和平协会公然宣称在原则上反对与法国开战。[116]

随着因达斯特里亚是可互换公民的开放空间这种观念逐渐普及，和平运动，例如对政治、经济和性别等级的抗议，在19世纪如火如荼地开展起来。到1854年克里米亚战争爆发，大量受过教育的欧洲自由主义者理所当然地认为这场战争是畸形和不道德的；1899年，26个国家委派代表参加在海牙举行的国际和平会议；而1919年，人们一度燃起了希望，满心指望国际联盟能够从此根除战争。接下来的25年是和平主义的艰难岁月，然而到20世纪50年代，西欧和北美的学者们成立了智库（1952年成立于美国密歇根州安娜堡的冲突解决研究中心，以及1959年成立于奥斯陆的国际和平研究所），创立了期刊（1957年创刊的《冲突解决杂志》和1964年的《和平研究杂志》），将武力几无正义的论断奉为圭臬。[117]

和平运动的学者们往往能辨认出被他们称为"和平主义者"的人，这些人"并非排斥一切武装力量：他们允许防御性地使用军队保护自己所持有的价值观"，以及被他们称为"绝对和平主义者"的更为教条主义的倡导者，这些人"无条件地反对战争，在任何情况下都鼓吹不抵抗"[118]。在20世纪，绝对和平主义者相当罕见，但近期的民意调查数据表明，情况在21世纪发生了变化（或者至少如今有许多人希望告诉民意调查者，他们完全拒绝暴力）。

2008—2010年，咨询服务机构盖洛普就对个人和国家暴力的态度，在非洲、美洲、亚洲和欧洲进行了民意调查。69%的受访者声称自己在人际暴力方面是绝对和平主义者，认为武力永远是不正义的，而只有13%的人说使用暴力有时是正确的（其他18%的人要么不予置评，要么说"得看情况"）。然而，对待国家暴力的态度就更加复杂了。在被问到是否可以接受政府在战时屠杀平民时，60%的人回答绝不接受，而21%说有时可以接受。[119] 2011年美国民调公司皮尤研究中心在一次调查中向西方人询问了一个更加笼统的问题，即政府是否有时需要使用武力来维护世界秩序，结果发现接受国家暴力的群众基础很大：德国有50%的人同意，美国的这一比例高达75%。但即使在那种情况下，民意调查者发现西方人还是有所保留：大多数欧洲人（66%的法国人、76%的德国人）和45%的美国人认为，政府在使用武力前需要得到联合国的批准。[120]

某些战略家的结论是，西方现在进入了一个"后英雄"时代，[121]这个时代的公民不再认为有任何国家目标重要到人员伤亡（无论是施加方还是承受方）也在所不惜的地步。然而，与其说它化石燃料使用者的后英雄主义完全避免杀戮，毋宁说它也跟西方国家自1989年以来参与的冲突性质有关。一旦面对生存威胁，受访者会采取更强硬的立场。拥有核武器的西方民主国家从未选择哪一个保证单方面裁军的政党入主当政，2007年的一次调查发现，至少有些人会考虑核战争。在被问及有没有哪些情况政府（或无核国家的盟国）可以合理地使用核武器时，70%的意大利人和77%的德国人回答"没有"，而只有49%的英国人、43%的法国人、40%的美国人和22%的以色列人持同样看法。[122] 人性从未像如今这样和平，反对以武力解决问题，但我们生活在其中的还不是一个绝对和平主义者的世界。

阿西罗斯之后：塔利班枪击事件

我相信，本书第二章到第四章的讨论在很大程度上解释了我在1982年感受到的文化冲击。阿西罗斯至少还有一只脚留在了阿格拉里亚，而我生长于斯的英格兰中部地区自然不同，早在200年前，因达斯特里亚就在那里诞生了。

表4.1总结了第二章到第四章的讨论，且是一个简化版，这一点我乐于承认，它简化了复杂得多的现实情况，当然会对现实有所扭曲，但我认为这张表格的确证明了一个很重要的论点：觅食者、农夫和化石燃料使用者的道德体系截然不同。属于不同的能量获取类别的人很难在道德问题上彼此认同。

表 4.1 价值观的演变：觅食者、农夫和化石燃料使用者的理想道德价值观的差异（对不同价值观的容忍程度）

	觅食者	农夫	化石燃料使用者
政治不平等	低	高	低
贫富不均	低	高	中
性别不平等	中	高	低
暴力	中	中/低	低

图4.11更加精简，它进一步简化并无疑进一步扭曲了复杂的文化世界，[123] 但我认为，这样做可以为表4.1补充第二个重要的论点。我们在这张图中不仅可以看到所有的价值体系均存在差异，而且还能看到某些价值体系之间的差异比其他的更大。把农业价值观与觅食者和化石燃料时代区分开来的鸿沟，远大于觅食者的价值观与化石燃料

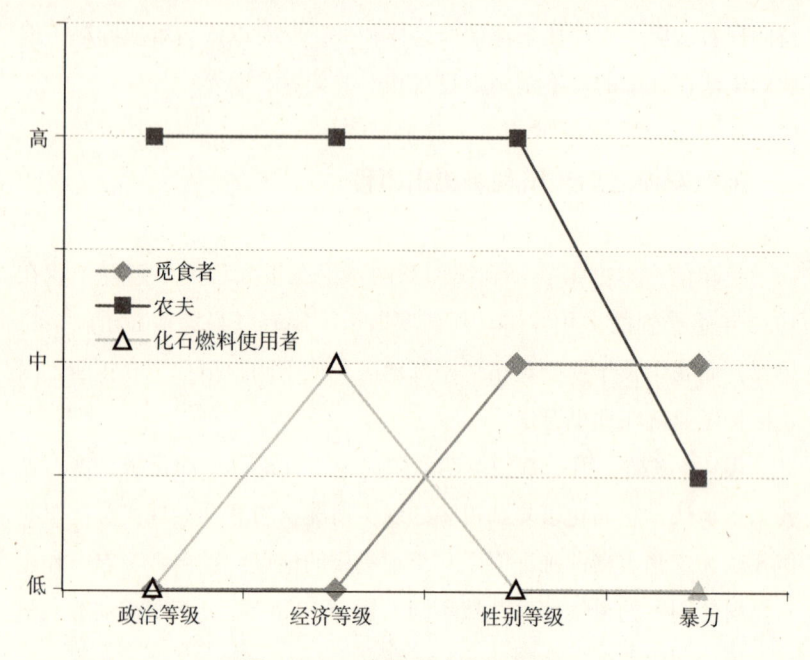

图 4.11　一张图胜过千言万语？

注：以图形表示的价值观体系间的差异

时代的价值观之间的差距。

当心理学教授想要测试其有关人脑如何工作的理论时，经常会组织自己的学生作为志愿者，向他们提问，不过心理学家自己也经常承认，他们的学生都属于 WEIRD 群体。[124] 心理学术语 WEIRD 是 Western（西方）、Educated（受过教育）、Industrialized（工业化）、Rich（富有）和 Democratic（民主派）的首字母缩写，一言以蔽之，它是指完全准备好适应因达斯特里亚的那些人[125]（讽世者甚至会说，大学的全部意义就是确保学生在毕业时体面地归属于 WEIRD 群体）。

讲授近代史近 30 年，我最有体会的事情之一便是，学生们往往会觉得阿格拉里亚及其价值观很难理解，遑论热爱。相反，在这些 WEIRD 年轻人看来，觅食者及其价值观倒是颇有魅力。当然，世事总有例外，觅食者的行为有时很像野蛮人，而像古雅典这样的贸易城邦却能引起他们的共鸣，至少在我们开始讨论奴隶制和对妇女的压迫之前，大体如此。但总体而言，我们在《尼萨》（人类学家玛乔丽·肖斯塔克所著的一位昆桑人妇女的传记，在第二章提到过）一书中读到的那些觅食者很像我们会在监狱里碰到的人，而11世纪法国史诗《罗兰之歌》中的人看起来更像是来自外星球。

关于这一点，我在1996年有过一次特别有趣的经历。那是我在斯坦福任教第一年即将结束之时，我办了一次主题为"古代和现代奴隶制"的本科生研讨会。有一天在课堂上，几位学生透露自己的祖先——高祖（四世祖）或天祖（五世祖）——在美国南北战争前曾是南方各州的奴隶主。我的学生无一例外都认为奴隶制是邪恶的。但是，当我问到他们是否认为自己的亲戚在道德方面落后于时代时，[126] 他们大都看上去不大自在，而且就这个问题闪烁其词。随着讨论的深入，班里的其他学生也提出了他们的解释。有些人认为，拥有奴隶的亲戚或许知道奴隶制是错的，因而他们都是伪君子。又或许奴隶制根本就没有错，一切都是相对的。这两种观点让学生们更不自在了。

课堂辩论本来就是学术性的，其结论不会产生什么严重的后果。但有时农夫和化石燃料使用者会因为无法理解对方的价值观而产生非常严重的后果。2012年10月9日，就在我开始最终形成本书的系列讲座之前一个星期，巴基斯坦西北地区的一个男人爬上一辆校车，问马拉拉·优素福·扎伊是否在车上，然后拔出一把柯尔特45式手枪，对着这个16岁女孩的脸扣动了扳机。塔利班的一名发言人说马拉拉的罪行是："亲西方，抨击塔利班，还说奥巴马总统是她理想的领导人。"当时马拉拉并没有死，塔利班发誓要再次刺杀她（还要杀了她父亲）。[127]

在我的普林斯顿大学讲座之后，这次枪击事件被讨论了好几次。对于因达斯特里亚的WEIRD归化居民（我怀疑世上没有比普林斯顿大学更 WEIRD 的地方了）来说，这次刺杀企图的唯一解释，似乎是塔利班对其深刻的道德缺失感到心虚。女性有接受教育的权利，世界也需要受过教育的女性。马拉拉的博客以及对塔利班禁止女性上学的抗议，在那次袭击之前就已经让她成了一个英雄。同为诺贝尔和平奖得主的德斯蒙德·图图大主教提名她为国际儿童和平奖的候选人，巴基斯坦致力于现代化的总理也授予她该国的国家青年和平奖。[128] 那次遇袭之后，马拉拉成为诺贝尔和平奖有史以来最年轻的得主。[129] 塔利班刺杀她的行为的确践踏了最高的道德。

然而塔利班的视角显然截然不同。他们关于阿格拉里亚价值观的强硬版本强调女性要服从，人要尊重神灵认可的政治权威，以及使用暴力是正义的。在这样一个世界里，马拉拉似乎才是那个践踏最高价值观的人。[130] 持这种看法的可不只塔利班：2014 年 4—6 月，正当我完成本章写作之时，宗教极端组织"博科圣地"（西非豪萨语名称，大意是"西方教育是邪恶的"）在尼日利亚绑架了逾 250 名女学生。[131] 在 2009 年的一次采访中，该组织的创始人说，其使命是拒绝民主和现代教育（尤其是进化论和"地球是圆的"这些思想），实施宗教法，回归传统的性别角色。[132] 一个发言人说，被绑架的女孩们应该结婚而非上学，他还说，针对她们犯下的罪行，理应将其卖身为奴作为惩罚。[133]

在第三章提到的阿格拉里亚世界中，人们很可能会认为塔利班和"博科圣地"很极端，乃至误入了歧途，却并非邪恶组织。一万年来，农业社会经常使用暴力来制止或惩罚对神圣秩序的公然对抗，其中很多的对抗可要比马拉拉的行为轻得多。就连开明的雅典人也在公元前 399 年处死了苏格拉底，罪行是腐蚀年轻人和信仰本城不信仰的神灵。[134] "博科圣地"和塔利班依照阿格拉里亚的规则行事，并依照相应的规则来解释公正、尊重和正派等经过生物演化的人类价值观。关于应该用暴力惩罚想上学的女孩这一点，他们丝毫没有道德败坏的心虚，但他们的确落后于时代了，就像乔治先生一样，只不过乔治先生要温和得多。

每个时代的观念都是得其所需，需要塔利班式价值观的时代如今早已逝去。近200年来，坚持阿格拉里亚价值观的社会几近灭绝，随着工业化的无情扩张，最后的抵抗者也会消亡。WEIRD将继承这个世界。

我希望本书第二章到第四章论证了这样一个观点，即能够解释我在1982年在阿西罗斯遭遇的文化冲击的，是自冰期以来人类价值观的剧烈演变，推动这种演变的并不是生物变化（人类这种动物在近1.5万年来实际发生的变化很小），而是人类的能量获取体系的演变以及这些体系所要求的社会组织类型。不过，我还没有解释为何会发生这种能量、组织和价值观的剧烈共同演变，也没有提出那个显而易见的问题，即随着能量获取体系和组织结构的持续演变，人类价值观在未来会发生怎样的变化。下一章会讨论这些问题。

第五章

人类价值观的演变：
生物、文化与未来观念的形成

生物进化的准则：红皇后效应

在第二章到第四章，我试图讲述自最后一次冰期最寒冷的时间点以来，横跨两万年的人类价值观的故事。我提出，现代人类的价值观初现于大约 10 万年（±5 万年）前，是由大而敏锐的人脑的生物进化所引发的，而一旦我们拥有了大而敏锐的人脑，文化进化也就顺理成章了。正因为文化的进化，人类的价值观在近两万年迅速变异，并且近 200 年变化的步伐越来越快。

人类的价值观可分为三个主要阶段，它们分属于觅食、农耕和化石燃料社会。我的主要观点是，在每一个阶段，能量获取的模式决定了人口规模和密度，这些又反过来在很大程度上决定了哪些社会组织形态的效果最佳，继而又使得某些价值观体系相对更成功、更受欢迎。

绝大多数觅食者都生活在低密度的小型群体中，他们一般都认为政治等级和贫富不均是邪恶的。他们更能容忍性别等级，且（以现代的标准来看）对暴力有惊人的忍耐力。农夫生活在密度更大的大型社群中，一般认为森严的政治、财富和性别等级无可指责。但相对于觅食者，他们不大能容忍与人之间的暴力，并将合法使用暴力的范围限制得更窄。使用化石燃料的人群生活在规模更大、密度更高的社群中。他们往往认为政治和性别等级都很邪恶，暴力简直就是罪恶，但他们对财富等级的容忍度一般高于觅食者但低于农夫。

本章结束之后我会把书交给回应者，在这最后一章里，我想提出价值观为何会发生这种变化的问题。我已经给出了一个接近的解释，那就是每一个价值观体系对应一种能量获取方式，但现在，我想再提出三个问题，对此做进一步的阐释。首先，能量获取体系为何改变；其次，这些转变是否不可避免；最后，前两个问题的答案对于未来的人类价值观意味着什么。

我在第一章里引述过博物学家 E.O. 威尔逊的建议："科学家和人类学家应该一起思考一下，也许是时候把伦理学从哲学家的手中暂时拿开，并将其生物化了。"[1] 现在我想指出，正是为了威尔逊所谓的生物化，我们才应该寻求上述三个问题的答案。威尔逊在其里程碑式的著作《社会生物学》的最后一章里，敦促读者把自己想象成"为撰写一部地球社会物种目录，从另一个星球前来拜访的动物学家"。他说，从这个视角来看，"人文科学和社会科学就缩减为生物学的各个专业分支，历史、传记和小说都是人类行为学的研究方案，而人类学和社会学共同组成了一个单一灵长类物种的社会生物学"[2]。历史和道德哲学都成了生物学的二级学科。[3]

达尔文对生物进化的著名定义是"后代渐变"[4]，一个半世纪之后，生物学家已经能够探究到细胞内部，来解释驱动一切的机制。巨量基因信息的遗传过程总会产生少量的随机变异。其中大多数无关痛痒；某些是绝对有害的，受体很难将其基因传递到下一代；但少数变异则是有益的，遗传到这些变异的生物更可能将其基因传递给下一代。随着时间（通常是很长时间）的流逝，生物间在能量和配偶上展开竞争将意味着高适应性的变异会在基因库中扩散。这就是达尔文所说的自然选择，最能适应环境的生物将日益繁盛，逐渐取代那些适应力较差的。不过反馈过程也同时进行着，因而通过进化更加适应其环境的物种同时也改变了环境，这种环境的改变有时会让它们的进化产生相反的效果。[5]

某些生物学家管这种现象叫作"红皇后效应"[6]，得名于刘易斯·卡罗尔的小说《爱丽丝镜中奇遇记》。小说中的红皇后把爱丽丝带到一个乡下的疯狂比赛中去，她们跑啊跑，"跑得那么快，好像脚不沾地地在空中滑翔"，卡罗尔说，但随后爱丽丝发现，她们好像一直待在同一棵树下没有移动。"在我们的国度，"爱丽丝告诉皇后，"只要快快地跑一会儿，总能跑到另外一个地方的。"皇后震惊之下向爱丽丝解释说："在这儿，你听我说，你得拼命地跑，才能保持在原地。"[7]

生物学家有时会把这种红皇后效应提升为一种进化原则。生物学家发现，如果狐狸经过进化跑得更快，就能抓到更多的兔子，那么只有跑得最快的兔子才能活到繁殖的那一刻，然后产下跑得更快的新一代兔子——当然，在这种情况下，只有速度最快的狐狸才能抓到足够的兔子，让自身茁壮成长，传递基因。它们都在跑，但两个物种的相对位置没有变化。

红皇后效应确实存在，但在真实的世界里，其效果相当不同。狐狸和兔子不仅要彼此互动，还要和它们所在的整个环境互动。虽说它们可能还待在起跑时的同一棵树下，但树可不再是原来那棵树了：狐狸和兔子之间的赛跑把树变成了另一种东西。[8]我们不妨抛弃这个现在看来很牵强的比喻，换个更有哲学意味的，我们或许可以说，参加红皇后赛跑的那些物种永远不会两次踏进同一条河流——但还有来添乱的：进化竞赛还可能受到外力的极大影响。

我贯穿本书的假设是，通过道德体系和（社会、智力及体力）环境间的往复互动，加之以外部冲击，我们价值观的变化方式近似于基因的变化。狐狸和兔子的赛跑在就性别、求偶和捕食展开的数百万小型生物竞争中上演,概率上具有统计学意义的微量变动经过数千代后,即可使动物本身发生巨大的变化,同理,由于个体能够主观决定是非善恶,价值观与环境之间的竞赛也在数十亿的小型文化竞争中上演。还是同理,概率上具有统计学意义的微量变动就能够产生文化的巨大变化,但这一次,结果有时只需区区几十年就能显现出来,而无须数千年的漫漫征程。

在本章接下来的篇幅,我会考察从觅食到农业价值观以及从农业到化石燃料价值观的各个变体,继而对所得结论进行外推,来试着回答前面提出的三个问题(即能量获取体系为何改变,这些转变是否不可避免,前两个问题的答案对于未来的人类价值观意味着什么)。

从觅食到农业社会的演变

我在第三章中指出,动植物驯化最重要的结果是,驯化增加了人类可利用的能量(虽说这需要人类付出更加辛苦的劳动),而人类随后将很多额外获得的能量转化成了更多的人口。随着人口压力的不断增加,更加阶层化的组织日益胜出,从而使得阶层化较强的社会战胜并取代了阶层化较弱的社会,在这种新式社会中,那些将公平、公正等概念解释成政治、经济和性别等级制度为善,而通过暴力来解决纷争为恶(除非一个天神般的统治者另有说法)的人,会比不做此解释的人更加兴旺繁盛。

马歇尔·萨林斯在其经典文章《原始富裕社会》中提出了一个明显的问题:人类为何选择放弃觅食的自由和闲适,换得农耕的束缚和苦役?生物学家和地理学家贾雷德·戴蒙德曾经称这种选择是"人类历史上最糟糕的错误"。历史学家尤瓦尔·赫拉利最近的看法更进了一步,他把农业革命称作"史上最大的骗局"[9]。但进化论者罗伯特·博伊德、彼得·里克森和罗伯特·贝廷格认为,我们应该以截然不同的方式来设计这个问题。他们认为，我们应该问的是："农业在更新世期间是否根本是不可能的，而在全新世期间却是必需的？"[10] 我猜这是最有意义的提问方式：从觅食到农耕的转变并非历史的必然——但凡涉及人类，没有什么不可避免，但有利于农耕的或然性累积得太多，以至这件事不发生的概率变得微乎其微。[11]

人类开始从事农耕活动的主要原因之一，便是以气候变化形式出现的一次巨大的外部冲击。[12] 地球围绕太阳运行的轨道不断偏移，公元前 14000 年后，温度开始上升（尽管有时会反复无常），因为地球轨道的微小倾斜和摆动会产生突如其来的温度骤升或骤降（图 5.1）。到公元前 12700 年，温度接近了现代的水平，通过某些计算得知，温度在短短 30 年内上升了约 2.78°C。冰川融化，大片的低洼平原（包括如今的波斯湾和黑海）沉没于水下。然而，每隔几个世纪的温暖潮湿气候之后便是数个世纪的冰天雪地，公元前 10800 年前后，一个真正的小冰期（专家称之为"新仙女木事件"）开始了，把世界带回到一个长达 12 个世纪的冰期中。[13] 但在其结束之时，世界迅速（"迅速"是以地质学标准来看的，这一过程实际延续了 2 000 年）升温，温度甚至比我们如今业已习惯的还要高。正如图 5.1 所示，自公元前 9600 年以来，气候出现了大量波动，但从未再有过新仙女木事件那样的气候。将近 1.2 万年来，我们都生活在考古学家布赖恩·费根所称的"漫长的夏天"[14] 里。

漫长的夏天是发明农业的必要条件，却不是充分条件。就充分性而言，还需要第二个条件：我们。在大约 13.5 万年前、24 万年前和 32 万年前，冰期内出现了几个温暖潮湿的中断期（地质学家称其为间冰期），但在这些阶段并没有农业出现，盖因那时真正的现代智人还远未出世。[15] 相反，每一个这样的阶段都引发了大致相同的繁荣与萧条交替循环的模式。随着世界变暖，植物对太阳能增加的反应是疯狂地繁殖；动物继而对植物的丰足做出反应，它们以植物为食，也开始大量

图 5.1 全球变暖

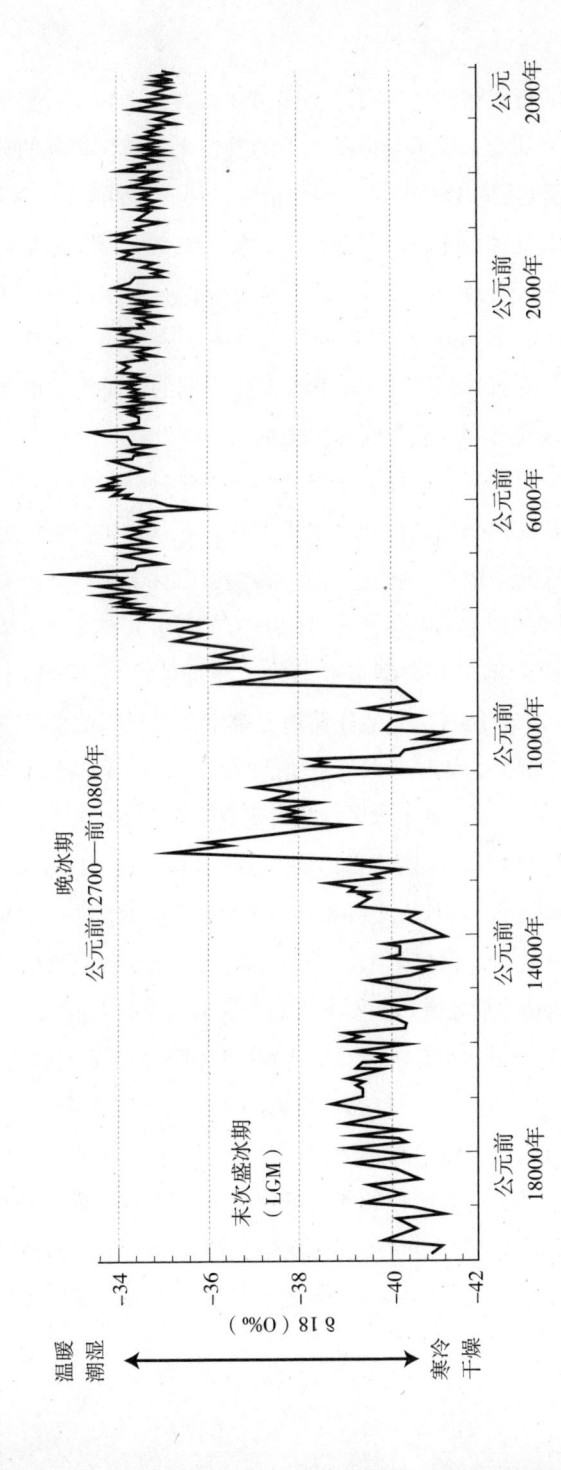

注：本图显示的是近两万年来的温度变化，以极地冰盖中取得的氧同位素重建

繁殖；人类的近代物种周围有这么多植物和其他动物，看来很容易一饱口腹之欲，其结果也不难揣测。但随着各个动植物物种的数量不断飙升，超过了它们赖以生存的资源数量时，种群就崩溃了，永远如此。

在漫长的夏天，这种情况并没有发生。在约两万年前最后一次冰期最冷的时间点，地球上只有大约 50 万人；一万年后（也就是约公元前 8000 年），有 600 万人；[16] 如今又过去了一万年，地球上的人口达到了 70 亿。打破了繁荣与萧条的人口周期的，是漫长的夏天加上现代人类，这使得农业几乎成为历史的必然。

当时的情况和现在一样，全球变暖影响了地球的每一个角落，但某些地区受到的影响比其他地方更大一些。在从中国到地中海和从秘鲁到墨西哥这两条地带（我在《西方将主宰多久》中称其为"幸运纬度带"[17]，图 5.2）气候和生态共同作用，有利于大粒草类（如野生小麦、大麦和稻米等）和大型多肉动物（如野羊、牛和猪等）的进化。在此处狩猎和采集所获比其他任何地方都多，人口因此暴增。

在幸运纬度带的某些地方（尤其是约旦河谷），采摘的收获如此丰饶，以至觅食游群可以在半永久性的村落里定居下来，几乎整年靠一个单一幸运地点周围所产的野生食物足以维生，有些年头只需待在那里就完全可以填饱肚子。现代人类并非唯一能够根据食物的丰足或短缺改变其机动模式的物种，但接下来的事情，就只有在像我们这样聪明多智的动物进化成功之后才有可能发生。随着越来越多的人定居下来，更密集地利用村落周边的动植物，有选择地耕种和照管它们，人类无意识地（且非常缓慢地）施加了选择压力，改变了食源的基因结构。[18]

驯化的过程最初发生在幸运纬度带，不是因为那里的人们比（举例来说）西伯利亚或撒哈拉的人更聪明或更有活力，而是因为当时在整个地球上，幸运纬度带是可驯化动植物分布最为集中的地区。地球上各处的人类大体都是一样的，因此我们可以推测，驯化首先发生在最容易发生的地方。

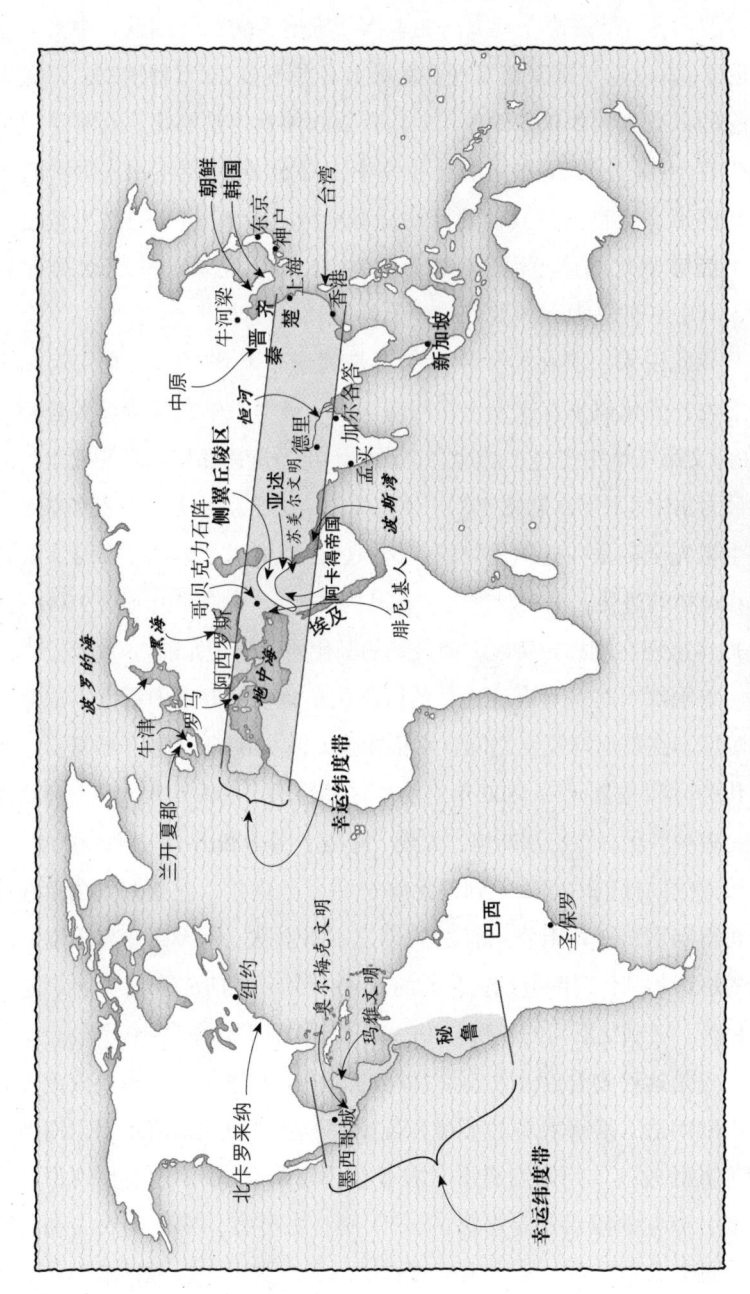

图 5.2 第五章中提到的地点和社群群体

贾雷德·戴蒙德在其杰出的著作《枪炮、病菌与钢铁》中有力地证明了这一点。[19] 戴蒙德发现，世界上有差不多 20 万种植物，但人类能吃的只有大约 2 000 种，其中约有 200 种有望被驯化。在种子重量至少有 10 毫克的 56 种可驯化植物中，有 50 种的野生祖先原产自幸运纬度带，产自世界其他地区的只有 6 种。在 20 世纪科技发达之前，人类能够驯化的体重高于 100 磅（约 45.36 千克）的哺乳动物有 14 种，其中 9 种是幸运纬度带的"土著"。

如此说来，驯化始于幸运纬度带就毫不奇怪了，而在幸运纬度带之内，驯化似乎首次发生在西南亚这一被考古学家称为侧翼丘陵区（在前文第三章中提过）的地方也同样不足为奇，那里的可驯化生物分布最为集中（图 5.3 和图 5.4）。牛、绵羊、山羊、小麦、大麦和燕麦的野生祖先全都是在这里进化的。这一过程的第一个标志（异常大的种子和动物的进化，考古学家通常称其为"栽培"）[20] 于公元前 9500—前 9000 年出现在侧翼丘陵区，而成熟的驯化始见于公元前 7500 年。[21]

中国在当时也有高度集中的可驯化动植物，但集中程度不如侧翼丘陵区。在黄河与长江之间，水稻在公元前 7500 年已经开始培育，而驯化的时间是公元前 5500 年之前。在其后的 1 000 年里，小米和猪也在这里被驯化。在巴基斯坦，大麦、小麦、绵羊和山羊的培育和驯化也大致遵循同样的时间表。到公元前 6500 年，南瓜、花生和大刍草在墨西哥得到培育，并于公元前 3250 年之前被驯化，而藜麦、美洲驼和羊驼的培育和驯化时间分别在公元前 6500 年和公元前 2750 年之前，地点在秘鲁。有驯化潜力的生物分布的密度与驯化开始的时间极其吻合。

正是这种吻合度才使得萨林斯的问题（人类为何选择放弃觅食的自由和闲适，换得农耕的束缚和苦役？）显得如此不值一提，而博伊德等人的改述（问题变成了"农业在公元前 9600 年之前是否根本不可能，而在那以后却是必需的？"）则直击要害。第一批农夫和我们一样拥有自由意志。随着家庭规模的增长，其可用资源日渐饱和。当

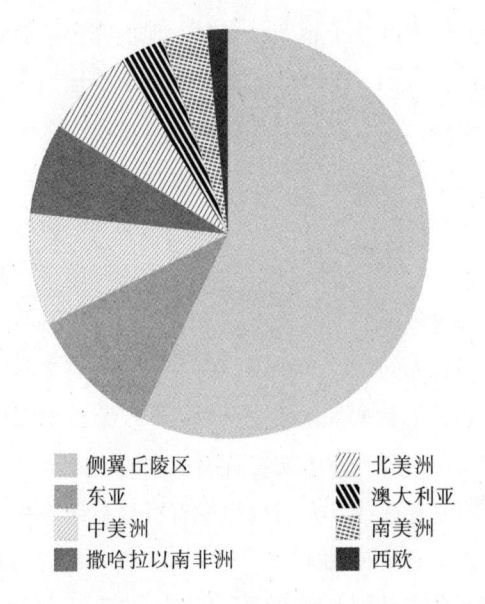

侧翼 丘陵区	北美洲
东亚	澳大利亚
中美洲	南美洲
撒哈拉以南非洲	西欧

图 5.3 种子至少重达 10 毫克的有望驯化的野生植物分布图

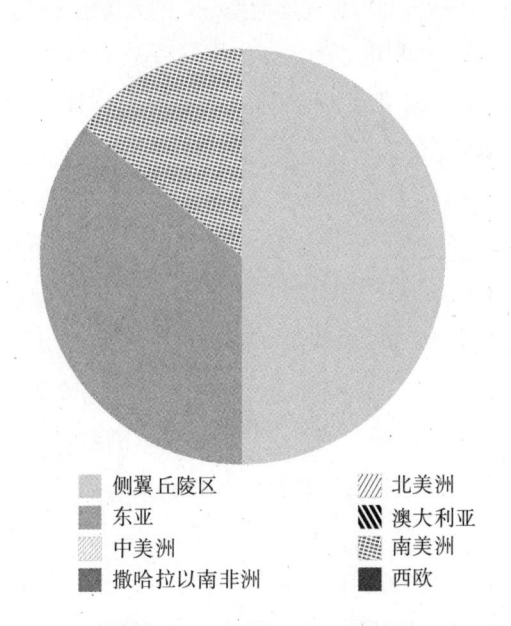

侧翼 丘陵区	北美洲
东亚	澳大利亚
中美洲	南美洲
撒哈拉以南非洲	西欧

图 5.4 体重高于 100 磅的可驯化哺乳动物分布图

原始富裕社会要填饱的肚子越来越多时，他们完全可能直视着孩子们的眼睛告诉他们，他们宁可饿着肚子也不要辛苦地培育动植物。据我们所知，一万年前，约旦河谷的某些觅食者正是这么做的。但问题在于，这不是一个一劳永逸的选择。数以万计的其他人也在问同样的问题，每个家庭每年都必须就该劳作还是挨饿的问题做好多次决定。最重要的是，每当有一个家庭选择加倍努力管理动植物，其他人坚持走老路的收益就会少一点儿。每当有培育者开始认定其花时间关注照看的动植物是他们私人的菜园和畜群，而非大家共有之时，对因循守旧者而言，狩猎和采集就愈加艰难。顽固和/或英勇地维护旧生活方式的觅食者注定灭亡，因为命运朝着背离他们的方向日益倾斜。

实际上，即使有选择，人们也很少有机会遭遇萨林斯想象的那种非此即彼的选择。公元前6000年前后，如果约旦河谷的农夫抛下耕犁说走就走，他不会跨过一条明显的分界线，进入觅食者的地盘。相反，他多半会遇上一些精耕细作程度比他差一点的人（也许只会锄地而不是犁地施肥），接着是程度更差的人（也许只是在森林烧荒，在杂草重新占领这块土地之前耕种几日，又继续找下一块地烧荒），最后才会遇到完全仰仗狩猎和采集的人。观念和人始终在广阔的灰色地带摇摆不定。

当人们发现更加勤劳的邻居正在猎杀自己的觅食者生活方式所赖以维系的野生动植物时，他们要么会与这些破坏者展开战斗，要么逃走，要么加入该群体，加强自己的培育工作。人们并没有选择农耕，放弃觅食，而实际上只是决定少花点儿时间狩猎和采集，多花点儿时间园耕和放牧。后来，他们或许会面对是否要开始除杂草，然后是犁地，再然后是施肥等抉择，但这是婴儿的一串蹒跚学步，而不是一劳永逸式的大飞跃，从原始富裕社会一步跨到累断了腰的辛苦劳作和疾病缠身的境况。

总而言之，纵贯数百年，绵延数千里，辛勤劳作的人子孙兴旺，而固守老路子的人却日渐凋零。在这个过程中，农业"阵线"缓慢向前推进。没有人会选择等级制度和终日辛劳,这些都是悄然降临的。

这一模式在史前最大的例外(本书第二章里提到过的日本绳纹时代和波罗的海沿岸的富裕觅食者)似乎恰恰证明了这个规则。农业迅速向前推进,穿过中欧和东北亚的平原,直达距离波罗的海沿岸(大约在公元前 4200 年)和日本海岸(大约在公元前 2600 年)不到 50 英里的地方;但在这两个地点,农业的推进停滞了 1 000 多年。日本和波罗的海的野生资源非常丰富,觅食者实在没有必要辛勤劳作和培育动植物,一旦园耕者试图强行闯入这些狩猎-采集者的乐园,用农田和篱笆来隔断这里的丰足,他们很快就会发现,勇猛善战的原住民在人数上远超他们。然而,即使在这些地方情况特殊,农业的浪潮最终还是战胜了阻力继续推进,直到最后,在地球上每一个农业可以获利的角落,都会有农夫的身影。[22] 因此,我的结论是:从以觅食的方式转变成以农耕的方式获取能量并非不可避免,而一旦世界变暖,现代人类进化成功,这一转变就成为历史的必然。

从农业到化石燃料社会的演变

那种促成了由觅食向农耕转变的进化竞争力量,很可能继续作用于农夫,让他们不断寻找新的方式,力求获取更多能量,最终触及农业体制内所达到的上限。农业因而继续演变,呈现的方式是在数百世代的时间里展开数百万次文化竞争。一旦某个地区开始了培育,被驯化的农作物要完全取代野生植物,或者吓人的野生动物完全变异为可爱的农场家畜,通常需要 2 000 年左右。接下来,农夫还需要至少几千年的时间来完成所有的精炼和改造,创造适宜的农业生活,诸如通过豆类与谷类轮种来补充土壤养分,加工谷类去除杂质,以及给牛或水牛上挽具来犁地拉车,等等。

图 5.5 是 8 个主要地区的模型。农业在其中一个地区完全成型

后，农夫一般需要约4 000年来创建城市、政府和文字，向阿格拉里亚过渡。在其他条件不变的情况下，再过1 000年，这些早期阶段的城市演变为成熟帝国/帝制国家（简单定义为领土远大于100万平方千米的国家），而从帝国/帝制国家发展成工业化国家还需要2 000年的时间。

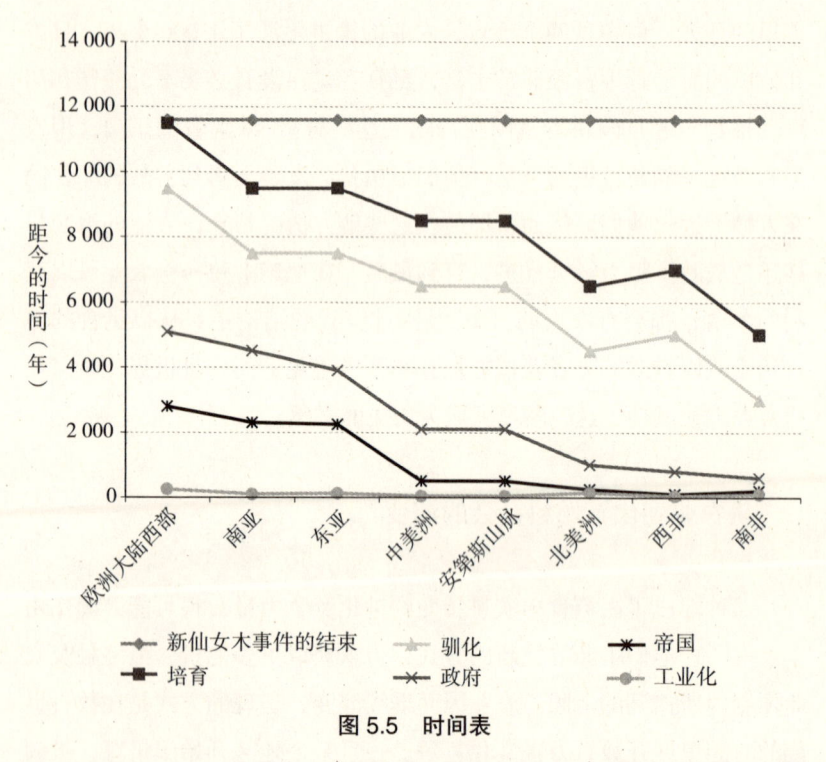

图 5.5 时间表

注：在世界上每个角落，培育开始的时间在很大程度上取决于有望驯化的野生动植物的密度，而培育一旦开始，一直到1500年，各地都按大致相同的时间表发生变化。在其他条件不变的情况下，从培育到驯化一般需要大约2 000年，从驯化到城市和国家的兴起（也就是成熟的阿格拉里亚社会）又需要3 500~4 000年的时间，再过1 000年才可以从城市和国家发展成帝国/帝制国家（简单定义是领土远大于100万平方千米的国家），然后还要2 500年才能从帝国/帝制国家发展成为工业化国家。各条发展线之所以在图的底部趋于聚合，是因为1500年后，西欧人在征服新世界的过程中输出了帝国制度；在1800年后，西欧人又输出了化石燃料。请注意，纵坐标代表了距今的年数，而不是公元前的具体年份，区域之间的连线仅作视觉辅助，并非暗示各类做法在区域间传播扩散

各个地区的发展过程在细节上有所不同，但基本的叙事总是大致相同的。大多数农夫都停留在阿格拉里亚，因为每过一年，总有更多一些的野生植物被栽培在耕田里，更多一些土地经历了除草、锄地、犁地、灌溉和施肥。食物供应量不断增加，人类在面对大量食物时的反应跟其他所有动物没有什么区别，无非是把额外的热量变成了更多的自己。不过人类确有其他动物不可能做出的举动：他们重构了社群，创立了能够维系数百、数千乃至百万规模群体的中央集权。在整个幸运纬度带，人们都走向了阿格拉里亚，这倒未必是他们的主观选择，而是因为另一条道路都被邻近的阿格拉里亚社会碾压殆尽了。

关于早期阿格拉里亚最惊人的发现之一，乃是就我们拥有证据的几乎所有地区而言，将其黏合在一起的居然是宗教。自新仙女木事件以降，最壮观的建筑物似乎总有宗教含义，世俗和宗教权威的标志经常相伴相随。如公元前9500年前后在土耳其哥贝克力石阵建造的宏伟神殿，公元前3500年前后在中国东北牛河梁建造的"女神庙"，以及公元前1000年前后墨西哥奥尔梅克文明的巨石头像等，在埃及、美索不达米亚、中美洲和东南亚的金字塔形建筑，乃至在宗教、经济、军事和政治力量看来总是相互协调的苏美尔、中国商朝和玛雅城邦的早期文字中，这样的情况屡见不鲜。我们大概可以假设，随着人们从觅食走向农耕，他们想方设法解决如何利用更加复杂的劳动分工来建设规模更大、整合度更高的社会这种集体行动的问题，但在几乎所有地方，最有效的方案看来都是神圣王者的观念。[23]

随着时间的推移，这种解决方案也发生了变化。我们似乎再一次看到了更高效的社会增加能量获取的过程，其扩大了人口规模，又反过来迫使人们重新组织社会，从而在与经历着同一历程的邻居们的竞争中始终保持优势。在公元前3000—前1000年，政治单位的规模跃升了一个量级（图5.6），到这一时期结束时，我们可以看到在整个欧亚大陆的幸运纬度带都发生了两个巨大的变化。[24]

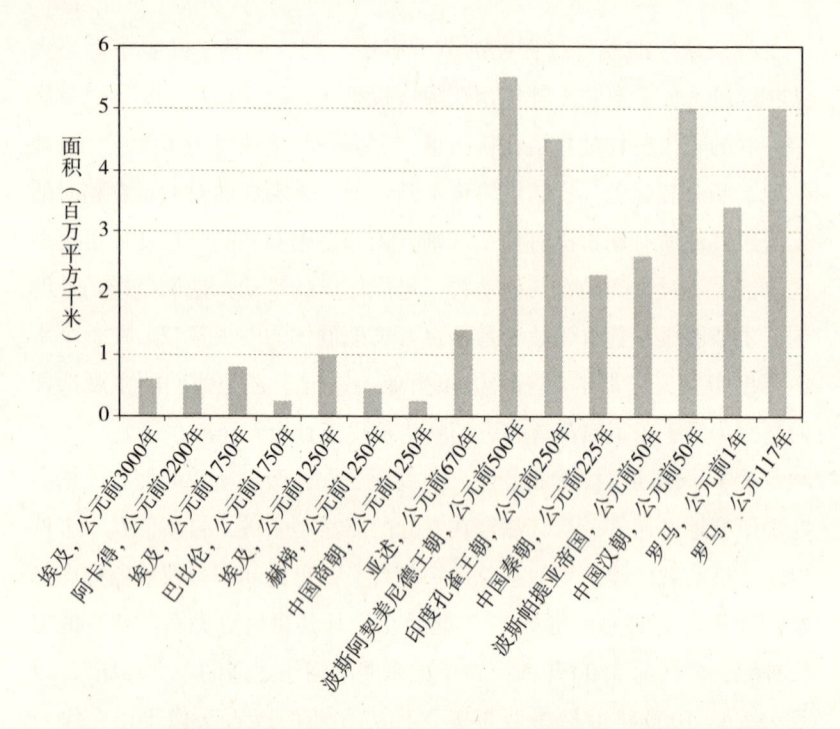

图 5.6　公元前 3000—公元 117 年，欧亚大陆各主要政治单位的规模

注：数据引自塔格佩拉，1978 年、1979 年，数据经小幅调整

　　第一个变化是组织上的。我们一次又一次地看到，不断成长的社会之间的竞争推动着权力来源从宗教权力向官僚政治和军事转变（始于西南亚的亚述人，南亚的古印度摩揭陀王国的难陀帝国和孔雀帝国，以及东亚的秦朝和汉朝）。在这些帝国/帝制国家的间隙，活跃着一些规模较小且更贸易化的城邦（东地中海地区的希腊和腓尼基，恒河河谷的印度古国弗栗恃氏族国，中国中原的春秋时期城邦），它们往往（正如我们在第三章所看到的那样）无视阿格拉里亚的某些基本规则也能繁荣发展。所有这些间隙的文化最终都被帝国/帝制国家吞并，但在存续期间，它们往往是创新和发明的温床。具体来说，公元前第一个千年的第二个大变化在很大程度上要归因于它们，也就是第三章

中简要谈及的轴心思想的崛起。

在公元前第一个千年人口日渐拥挤、竞争愈演愈烈的那片山河，人们竭力寻找通向成功的新道路。我们首先看到亚述的提格拉-帕拉萨三世①（公元前 744—前 727 年在位）尝试建立官僚政治的中央集权国家，文字记载足以让我们了解其他统治者是如何为了自己的利益而反对亚述采纳并逐渐适应那种制度的。统治者、士兵和官僚们对该模式修修补补，直到公元前 3 世纪罗马取得了巨大成功。在东亚，中国大陆上的楚国、齐国和秦国在公元前 6 世纪分别走上了相同的道路，最终秦国取得了统一中国的胜利。同样在公元前 3 世纪，印度在同一时期也经历了同一过程，直到孔雀帝国——另一个公元前 3 世纪的帝国，取得了最后的胜利。《摩诃婆罗多》称之为"鱼类法则"：在干旱季节，大鱼吃小鱼，小鱼吃虾米。[25]

我在《文明的度量》一书中论及，在公元前第一个千年，欧亚大陆上创造出来的全新的高端官僚制度国家建立了一系列制度和法律框架，使人们得以将能量的使用推到前化石燃料社会的最高水平。根据我的计算，能量获取的峰值出现在 2 000 年前的罗马，略高于每人每天 3 万千卡，随后回落。距今约 1 000 年前，中国的宋朝再度达到了同样的水平，随后又回落；大约 300 年前，中国清朝、西欧，可能也包括印度的莫卧儿帝国，也都曾达到这一水平。[26]

这一水平恰是农业社会所能达到的绝对极限（图 5.7）。罗马、宋朝、清朝、莫卧儿帝国，以及早期现代欧洲国家所处的境地与数千年前幸运纬度带的富裕觅食者有很多共同之处，后者的发展也达到了绝对极限。这些社会里的人们殚精竭虑地重组有机经济体，提高效率，

---

① 提格拉-帕拉萨三世（?—前 727 年），亚述国王（约公元前 745—前 727 年在位），巴比伦国王（公元前 729—前 727 年在位）。提格拉-帕拉萨三世是亚述新王国时期最重要的君主之一，更被认为是新亚述帝国的创建者。经过他的努力，亚述国家再次从衰弱走向强盛。

但唯一能够突破这一绝对极限的方法便是革新能量获取的方式——对于觅食者而言，是添上农业，而对于农夫来说，则是添上化石燃料。

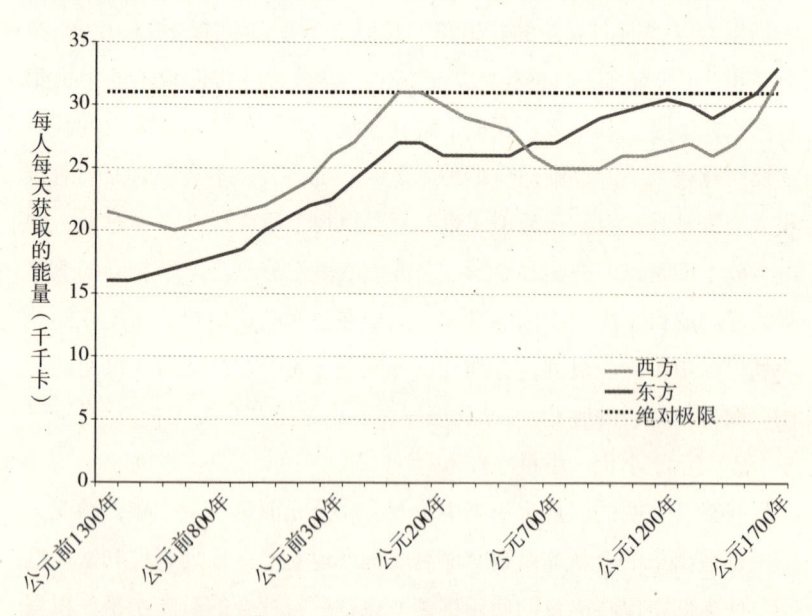

图 5.7 公元前 1300—公元 1700 年，东西方人均每天可获取的能量，以及限制农业发展的绝对极限

注：数据引自莫里斯，2013 年

有些学者完全接受了对史前社会变化的进化论解释，但他们往往回避应用相同的原则来探索较近代时期发展的终极原因，毕竟近代历史的资料详尽，我们对那些真实历史人物的名字耳熟能详。但在我看来，工业革命以及化石燃料价值观之所以能够取代农业价值观，与农业革命以及农业价值观能够取代觅食价值观的原因大致相同。在这两例中，传统的行事方式面临的压力越来越大，人们都在试图寻找新的方式。他们时常苦于找不到出路。成千上万的觅食社会未能驯化动植物，只有区区几个做到了。同样，当罗马、宋朝、莫卧儿帝国、清朝以及早期现代欧洲国家等农业社会达到其绝对

极限时,大多数将能量获取推高到每人每天 3 万千卡的社会都未能突破。

和农业社会一样,化石燃料社会是在特定的时间(1800 年前后)、特定的地点(西北欧)实现的一次突破中脱颖而出的。但为何始于彼时彼地,则一直是历史学家争论得最激烈的问题之一。1700 年前后,西北欧的技术并未明显优于亚洲,而且虽然当时欧洲的科学和数学领先,但亚洲人如果想利用那些科学进步的成果,很多都是现成的。比如中国的康熙皇帝(1661—1722 年在位)就曾经跟随耶稣会修道士数学家学习,甚至学会了如何演奏大键琴。[27] 某些学者认为欧洲的制度起到了决定性作用,另一些人关注宗教、更广义的文化、气候或资源,还有些人认为,我们与其探究是什么推动了欧洲进入化石燃料时代,不如考察一下是什么阻碍了世界其他地区的发展——尤其是中国。[28]

在《西方将主宰多久》一书中,我曾论证了化石燃料社会为何始于彼时彼地,其原因与觅食和农业社会始于各自特定的时间和地点的原因相同:地理条件。[29] 从古代直到 1400 年,西北欧一直都在严酷的地理劣势中苦苦挣扎。那里距离真正的行动中心(地中海、中东及南亚和东亚)十分遥远,又与世界其他地区隔着浩瀚的大西洋,这些都是阻碍贸易的屏障。

但在能够横越大洋的船舰发明之后,情况发生了变化。中国的船只大概在 1200 年就具备了这种能力,不过面对茫茫无际的太平洋,商业船舰要想进行贸易往来,还要数个世纪的发展。然而到 1400 年,西欧人已经开发了自己的远洋航行船只,把狭窄得多的大西洋从天堑变通途。到 1500 年,欧洲人已经利用这条道路绕过非洲的底部,进入了印度洋,并且因为西欧距离美洲的距离比东亚近得多,因而 1492 年后,是欧洲人而不是亚洲人发现、劫掠了美洲,把那里变成了他们的殖民地,把新世界纳入以欧洲而不是亚洲为中心的经济体。17世纪，北大西洋变成了一种"金发姑娘海"①，既不太大也不太小——大到足以让截然不同的社会和生态沿着它的非洲、欧洲和美洲沿岸蓬勃发展，小到足以让欧洲的船舰在其间奔忙，在每个地区赚取利润。历史学家称之为"三角贸易"网络，到1700年，大西洋经济已经成为史上最强大的创造财富的机器。

17世纪期间，西北欧利用大西洋周边的所有能源，把能量获取推高了10%，[30] 并且，就像雅典和威尼斯等海洋城邦在多个世纪之前控制了地中海沿岸一样，能量红利至少放宽了阿格拉里亚的某些限制。我在第三章讨论过1600年之后涌现的真正的"平等"运动，在第四章也提到18世纪政治革命。但1700年之后的西北欧与早期的城邦有一个巨大的差别：只有18世纪的欧洲学会了开采化石燃料。

14世纪40年代后，黑死病导致欧洲1/3~1/2的人死亡，把土地—劳动力的比例变得对工人有利，整个欧洲普通人的收入都急剧上升，但在1500年，人口的增长又促使工资回落（图5.8）。[31] 就像我们在第三章中看到的，到18世纪，南欧和西欧的农民常常赤贫如洗。但在西北欧，大西洋经济的成长速度高于人口的增长速度，这不仅让工资保持稳定，实际上在英格兰和荷兰还推高了工资。

17世纪和18世纪，全球市场的成长给所有的欧亚企业家带来了动力，刺激他们用廉价的机器动力来补充昂贵的人力劳动，从英格兰的兰开夏郡到中国的长江三角洲，后来启动了化石燃料革命的那些基本技术已为世界各地的人们所熟知。不过西北欧（那里的工资非常高）的人们利用机器进行试验的动机比任何其他地方的人都更强烈，其中动机最强的是英格兰人。1750年，英格兰的工资水平之高，使得那里

---

① "金发姑娘海"的典故出自19世纪英国童话《金发姑娘和三只小熊》的故事，故事中迷路了的金发姑娘未经允许就进入了熊的房子，她尝了三只碗里的粥，试了三把椅子，又在三张床上躺了躺，最后决定小碗里的粥最可口，小椅子坐着最舒服，在小床上躺着最惬意，因为那是最适合她的，不大不小刚刚好。

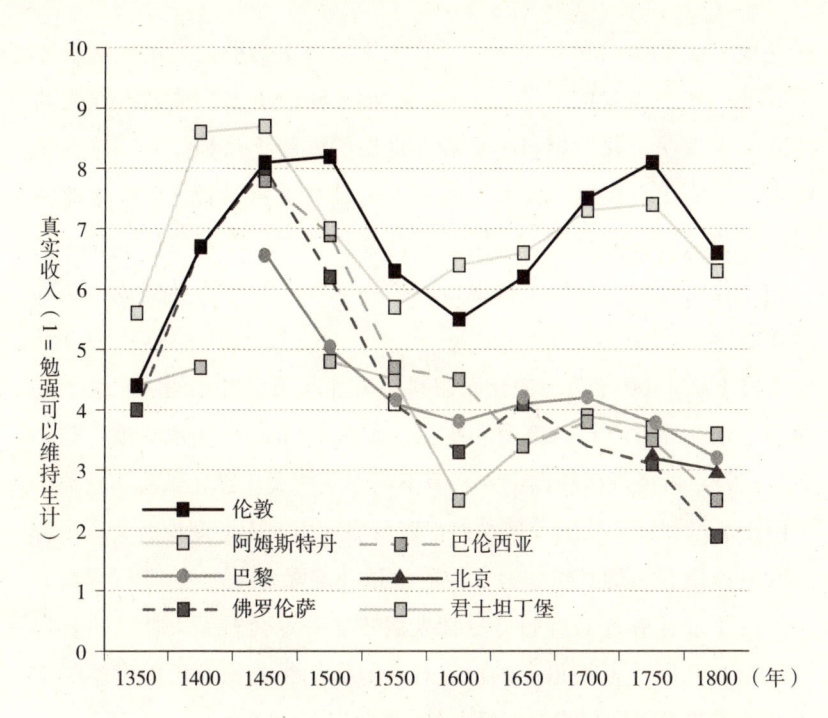

图 5.8　1350—1800 年，几个欧洲城市和北京的平均真实收入趋势图

注：数据源自帕穆克，2007 年；艾伦及其他人等，2011 年

的商品价格开始高于某些大陆市场。英格兰成为第一个突破口就毫不奇怪了。不管在英格兰中部长大的人是否愿意承认，英国工业革命的先驱企业家们，如博尔顿、瓦特、特里维西克①、乔治·斯蒂芬森②等人，并不比同时代的中国、印度，或中东人更聪明、更勇敢、更有想象力。只是因为得天独厚的地理位置，形势对英国越来越有利。[32]

将近 12 000 年前，西南亚的人发明了农业，几千年后，东亚人

---

① 理查德·特里维西克，英国发明家、矿业工程师。他在 1804 年发明了世界上首辆可以实际运作的蒸汽机车。
② 乔治·斯蒂芬森，英国工程师、发明家。他在第一次工业革命期间发明了火车机车，因此被誉为"铁路机车之父"。

独立地再次发明了农业,又过了几千年,中南美洲的人第三次发明了农业,在那以后的 1 000 年里,农业又经历了多次改造。而当西北欧的人发明了化石燃料工业后,别处的人就无法独立发明这种工业了,因为化石燃料使得西北欧的人及其北美殖民者可以在极短时间内将势力拓展到全球。当时很多社会仍然生活在阿格拉里亚时代,它们对化石燃料社会的抵抗显得不堪一击。1850 年,英国成为雄踞世界的巨人。

发生在 1800 年前后的化石燃料突破并非历史的必然,它也不是非发生在西北欧不可,就像农业在公元前 9600 年后实现突破并非必然,或是也可能发生在西南亚。但不断上演的文化进化试验的确预示了两次能量获取方式的突破最终很有可能发生,而地理位置又意味着这些突破最有可能发生的地方恰恰就是其实际发生之处。[33] 同样,一旦发现了农业和化石燃料,尽管人们并非一定会转而秉持最适合阿格拉里亚和因达斯特里亚的价值观,但那始终是最有可能发生的结果——绝非必然,但或然率极高。

要往何处去

在本章开头我谈到,我希望回答三个问题。第一个问题是,是什么原因导致了从觅食到农耕再到化石燃料的转变(能量获取体系为何改变),从而产生了我在第二章到第四章里讨论的价值观体系的大革命,我的答案是文化进化。第二个问题是,这些转变是否不可避免,尽管我的答案是否定的,但我也指出,其发生无限接近于历史的必然。我的最后一个问题是,前两个问题的答案对于未来一个世纪左右的人类价值观意味着什么。

如果我在 20 世纪 70 年代,也就是我的少年时代,思考这些问题,课本或许会指给我答案。所有的英国史课本都在 1870 年前后戛然而止。当时我（或者任何其他人）丝毫不觉得这有什么奇怪，但回想起来，1870年，也即我的高祖父那一代人[34]正忙于像巨人一样雄踞世界之时，的确很适合为英国史画上一个圆满的句号。但现代英国的大问题是历史并没有停留在1870年。在18世纪和19世纪把英国推至全球霸主的同一股力量至今仍在起作用——提高能量获取、竞争、开放市场，还有最重要的，一下子缩短了世界的距离。

17世纪和18世纪的远洋轮船使得英国成为大西洋经济体的中心，而将北美、西非和欧陆吸收为它的周边。在接下来的19世纪，蒸汽轮船、火车和电报把世界进一步变小了，英国此前在北美的殖民地发生了他们自己的工业革命。1903年，美国的GDP（国内生产总值）超过了英国；1913年，其人均工业产值也超过了英国。到20世纪中叶，旧时的大西洋经济已经成长为真正的全球经济，美国则以其丰富的资源、巨大的国内市场与直通大西洋和太平洋的地理位置而成为这个全球经济的核心。

我虽没有在20世纪70年代的美国中学里学习过历史，但有过这种经历的朋友跟我保证说，他们的课本的确停留在1970年前后。在那个时间点收尾也很不错，因为美国当时也正在称霸世界，但美国当时的大问题是（现在也是如此），历史并没有显示出任何停止的迹象，就像它没有在1870年前后停止一样。比起此前的蒸汽轮船、火车和电报之于大西洋，集装箱运货船、喷气式飞机，乃至互联网更是把太平洋缩小成一个"内海"，东亚各国从美国核心的周边国家成长为核心国家，同时也发生了自己的工业革命。很多分析师曾预测，中国的GDP将在21世纪第二个10年末或20年代早期超过美国（尽管它的人均GDP要赶超还需要数十年时间）。[35]

这对于人类价值观意味着什么？一个流行的（至少在西方知识界很流行）理论是，经济发展必然会导致人们采纳曾在19世纪和20世纪横扫欧美的自由和民主的观念。[36]美国新闻记者詹姆斯·曼称之为

"平稳情境"[37]：东方越富有，其价值观就越接近西方的价值观。[38] 自1945年以来，这显然是发生在日本、韩国、中国台湾、中国香港和新加坡等地的真实现象。[39]

然而，很多观察者（包括曼在内）对此持怀疑态度。一些批评家认为，"亚洲四小龙"的西方化与其说是工业化本身的逻辑结果，毋宁说与这些经济体都是美国主导的联盟成员有关。[40] 历史似乎表明，如果世界上有某个区域获得了军事和经济的硬实力，通常它也会拥有文化上的软实力，这或许意味着我们现在所说的"西方化"实际上会随着美国军事和金融运势而起伏。毕竟，整个20世纪美国的实力与日俱增，鲜有美国人担心美国会被欧洲化，倒是有很多欧洲人抱怨他们的祖国变得美国化了。随着21世纪徐徐展开，或许我们会听到越来越多的美国人抱怨他们被中国化。[41]

另外，还有一些人指出，我们在21世纪看到的或许不是从西方称霸全球转变为东方主导世界，而是一个没有单一核心的网络。"在这个越来越多元化的世界，不断成长的经济互通性正在建立优化治理的新规范，"美国政治经济学家希尔顿·鲁特说，"而不是像人们预期的那样，汇聚于一套共同的价值观。"[42] 这样的世界会发展出一千种价值观体系，或者会出现一套混合价值观。中国哲学家蒋庆认为，结合三院制议会的儒家思想新解读或许是一种普适的完美体制，而韩国思想家金容沃和金桢圭则认为，无论在中国还是西方，对儒家思想的重新阐释可以复兴早已空洞的道德体系。[43]

不过我在本书第二章到第四章的论证隐含的一个观点就是，这一辩论的参与者们通常称其为"西方式"的自由的、个人主义的价值观，似乎更应被称为"化石燃料式"价值观。这些价值观最初兴起于北大西洋沿岸，因为那里是工业革命肇始之地，但撮要删繁地将其精简为特定的"欧美式"价值观可没什么道理，就像我们不能将农业价值观精简为"西南亚式"价值观，或将觅食价值观精简为"非洲式"价值观。因为工业革命的广泛传播，自由主义和民主才遍及全球；并且由于自由的、个人主义的价值观最适于因达斯特里亚，世界各地的人们才会在不同程度上接纳了它们。日本之所以未能充分实现政治制度的自由化，与其20世纪90年代发生的经济停滞有很大关系；广大东亚社会之所以未能实现金融制度的自由化，也与其在1997—1998年的大危机有很大关系；印度社会相对自由，在接下来的几十年里，这很可能会成为它的一个巨大优势。

日本和中国崛起为经济大国是过去50年来最重要的发展之一，印度、巴西和撒哈拉以南非洲的部分地区的兴起可能将是未来50年的一个重头戏。但在18世纪末始于西北欧的化石燃料革命这个宏大故事中，上述这些变化只不过是最近的几个章节而已。现代人类觅食者用了大约6万年才从非洲扩散到全世界的每一个角落，产生了狩猎-采集者社会及其价值观。农夫用了不到1万年的时间，从最初位于西南亚的农业核心（以及后来独立发明农业的各个中心）传播到每一个角落，产生了阿格拉里亚及其价值观。工业社会很可能只需不到300年便可做到这一点，并在整个世界产生化石燃料社会及其价值观。1982年，当我遇见乔治先生的时候，希腊乡下的农业价值观已然江河日下；到2082年，农业价值观很可能会在地球上绝迹。

然而到那时候，地球上可能会兴起一场全新的能量获取革命。图5.9是我首先发表在《西方将主宰多久》中的一幅图。在那本书中，我为东方和西方计算了自冰期结束以来一般社会发展的分数，这张图显示了如果我们非常保守地假设在21世纪，每一个地区社会发展提升的速度与20世纪持平的话，情况将会如何。图中显示，东方逐渐跟上了西方的发展，并将在2103年超过西方。

就算是我自吹自擂吧，但这的确是一张很好的图解。其他优点暂且不提，这张图起码满足了优秀的预测必须具备的两个基本要求：首先，它非常精确，所以很容易判断我是否正确；其次，真等到有人能够判

图 5.9　未来的情况

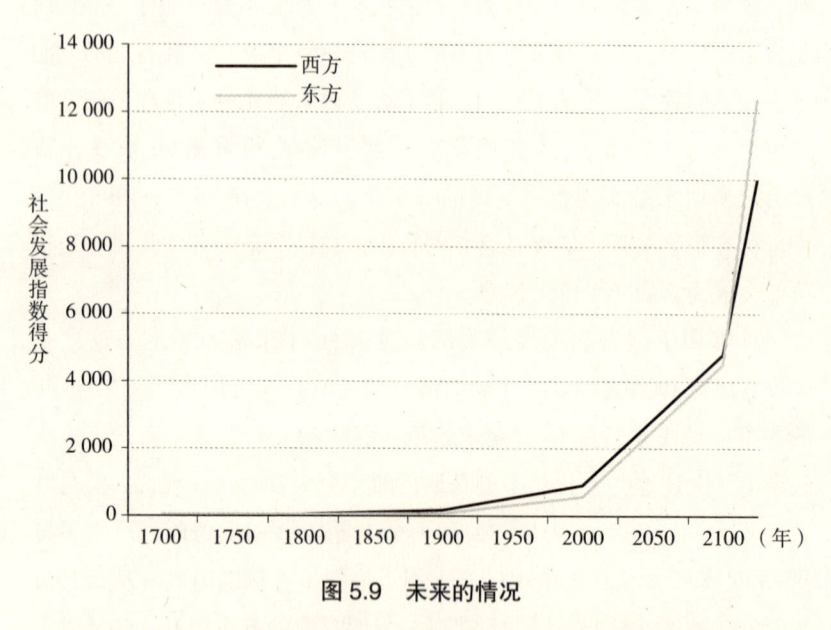

注：本图是对 21 世纪不断攀升的社会发展的保守预测（引自莫里斯，2010 年）

断时，我早就死了。当然，我的预测绝对有可能大错特错，任何人做出的任何预测都有可能是错误的，没有道理认为我是个例外。但还有可能既不错又不对，因为这张图最有意思的地方不是这两条线在横轴的什么位置交叉，而是它们在纵轴的哪一个点上遭遇彼此。就算在我极其保守的假设条件下，即 20 世纪的增长率会在整个 21 世纪一直延续下去，到 2103 年，东方和西方的发展分数也会双双超过 5 000 点。

从拉斯科洞窟壁画[①]到阁下阅读此书，社会发展在我的刻度尺上需要从 4 点左右上升到大约 900 点，但在 2015—2103 年，分数会再提高 4 000 点——相当于从冰期以来上升点数的 4 倍以上，简直令人

---

① 拉斯科洞窟壁画，位于法国多尔多涅省蒙特涅克村的韦泽尔峡谷，是著名的石器时代洞穴壁画。1979 年，拉斯科洞窟同韦泽尔峡谷内的许多洞穴壁画一起被选为世界遗产。

难以置信。

这意味着能量获取从每人每天 23 万千卡跃升到超过每人每天 100 万千卡,[44] 出现人口达到 1.4 亿的城市（想象一下，把东京、墨西哥城、孟买、纽约、圣保罗、德里、上海和半个加尔各答合为一体），武器的发展使得现在的氢弹看起来像火绳枪，还有，很可能会有一场革命，改变了作为人类的意义所在。这张图表暗示着在接下来的 100 年，人性会发生更多的改变，人类价值观的变化将会超过此前 10 万年来的变化。

如果这听来夸张，那么请记住，近 100 年来我们身体发生的变化可算是已经超过了之前 10 万年的变化。从全球范围来看，当前的人类身高比此前任何时期普遍高 10 厘米，寿命要长 30 年，体重高出 50%。在罗马人或宋朝人看来，我们现在的世界多半像个魔法王国。各式各样的人通常都会利用科技来强身健体。地球上几乎每一个人都可以搞得到眼镜，更不可思议的是，在发达国家，激光外科手术让我们的视力变得完美，遗传外科手术则会让我们按照自己的意愿繁殖后代。300 万人带着心脏起搏器四处走动。在 2012 年奥运会上，一位无腿男子参加了赛跑。在接下来的几十年里，我们可以预期科技能够治好某些类型的失明，发达国家人民预期寿命将达到 100 岁，有实用价值的心灵感应将成为现实。[45] 科技发展源源不断地向生物学回馈其成果。

这个过程会把人类带向何方，速度有多快，谁也说不准。某些科技未来主义者预期，未来的这个世纪经历的进化跃进，在意义上和 6 亿年前从单细胞转变为多细胞生物不相上下，其中最有名的是谷歌公司的工程总监雷·库兹韦尔。他预计 21 世纪中叶不仅会出现能生成神经元级别人脑扫描图的强大扫描技术，还会出现性能强悍的超级计算机，足以让生物工程师把全球 80 亿~90 亿人的扫描图全部上传并实时运行。库兹韦尔认为这事实上相当于把全体人类合并为一个单一的超级生物体。[46]

库兹韦尔预计，最快到 2045 年，此类科技就会成为现实，但有人比他还乐观。主持人类大脑计划①的神经科学家亨利·马克拉姆预测，在欧盟 12 亿欧元拨款的协助下，2020 年前后，他就可以将人类与他们发明的机器合为一体。[47]但很多批评家对此仍持怀疑态度。在 2012 年瑞士科学院的一次会议上，一位不愿透露自己姓名的神经科学家在被问及马克拉姆的豪言时，直言不讳地告诉《自然》杂志："胡扯。"[48]

最保险的做法可能就是两面下注了。巴西神经科学家米格尔·尼科莱利斯曾在 2012 年使用互联网把巴西的一只大鼠的脑子和美国北卡罗来纳州一只大鼠的脑子连接起来，让南美这只啮齿类动物移动北美大鼠的爪子，他认为库兹韦尔的预言"不过是嘴上说说而已"。尼科莱利斯认为，扫描大脑并把它们在计算机平台上合并是不可能的。然而，他补充道，在大脑中嵌入微型计算机和互联网连接倒属可行，如此殊途同归，我们至少会取得库兹韦尔所预期的某些成果（分享思想、记忆和个性）。[49]"我们还需要很长时间的努力才能掌握正确的读心术"，2012 年，牛津大学神经科学讲座教授扬·施努普对一家英国报纸如是说，不过"这只是时间问题，而非有无可能的问题……可以想象它在接下来的 10 年内就会变成现实了"。[50]

仿佛是为了证实此言，2014 年 1 月，科学家们宣布日本神户的富士通"京"超级计算机成功模拟了人类大脑的活动，尽管试验仅限于大脑整个神经网络的 1% 的建模，并需要 40 分钟来计算人脑在 1 秒钟处理的问题。正如施努普所说，还需要很长时间的努力，然而，该项目的一位研究人员指出："如果像'京'超级计算机这样千万亿

---

① 人类大脑计划，主要由欧盟拨款的 10 年期大型科研项目，于 2013 年启动，旨在通过为期 10 年的研究，提供协作的信息学基础设施，以及啮齿类动物和人类全脑模型的初稿。

次级别的计算机如今能够描绘人脑网络的 1% 的话,那么我们就知道,应用百亿亿次级别的计算机就能做到在单个神经细胞及其神经键水平上的全脑模拟,而百亿亿次级别的计算机很有希望在下一个 10 年出现。"[51]

有鉴于预言家们以往的糟糕记录,所有这些预测结果可能都滑稽得不着边际,但如果要说 2112 年的人类和 2012 年坐在房间里听我主讲坦纳讲座的这些人明显属于同一种动物,这种预测可能就更不着边际了。如果能量获取继续飙升到每人每天 100 万千卡,那么,2112 年后的人类及其价值观,与我们的差别将不会比我们与尼安德特人(及其价值观)的差别小。[52]

所有这一切都会应验的……当然,也可能不会。

我在本章提出了自冰期以来的大转变,即从觅食到农业再到化石燃料社会的演变,其发生的时间,是成功的社会达到其能量获取阶段所能实现的绝对极限,并实际参与了一场大自然的试验之时。在从觅食者转变为农夫时,这种情况发生了成千上万次,而在农夫发现化石燃料时,则至少发生了 5 次(罗马、宋朝、莫卧儿帝国、清朝、早期现代欧洲)。人们未能革新其能量获取方式而陷入马尔萨斯式崩溃的实例自是屡见不鲜。

显而易见的问题是,化石燃料是否和觅食及农耕一样,存在一个固有的绝对极限。近年来,这个问题引发了很大的政治争议,但答案似乎是肯定的。自 1750 年以来,人类燃烧化石燃料,将 1 000 亿吨的碳排放到大气中,其中足有 1/4 是在 2000—2010 年排放的。2013 年 5 月 10 日,大气中的碳含量一度达到百万分之四百的峰值,这是 80 万年来的最高水平。1910—1980 年的平均气温上升了约 16.94℃;史上最热的 10 年全都是在 1998 年之后;2014 年更是截至当年气温最高的一年。如今人们仍在争论如果全球 70 亿人继续燃烧化石燃料并排放废物,会有什么后果(一条有关气候的罕见好消息声称,

2002—2012年，全球平均气温实际上停止升高了），但压倒性多数的气候科学家认为，其结果不啻一场灾难。[53]

过去的每一次大崩溃（我们的史料可以回溯到4 000年之前，即公元前2200年前后阿卡得王朝和埃及古王国时期的崩溃）都有同样的五种力量牵扯其间：迁徙、国家崩溃、饥荒、瘟疫，以及尽管总是糅杂在其他因素之中，其作用大小无法预测的气候变化。就算是匆匆浏览一下新闻报道都能看到，将我们送往世界末日的这五位骑士似乎个个蠢蠢欲动，准备在21世纪再次出场。对身处其间的人来说，过去的崩溃一般都恐怖至极，造成了数以百万计的人的非正常死亡，以及生活标准的下降，人类进入漫长的黑暗时代。[54] 罗马在公元后头几个世纪达到其能量获取的巅峰，此后过了1 000年，宋朝才再次与之平齐，又过了6个世纪，清朝、莫卧儿帝国和欧洲才又分别达到相同的水平。

这是一个令人毛骨悚然的故事，但21世纪的任何崩溃都会比这可怕得多。一方面，过去两万年来社会规模的扩大在很大程度上削减了自然界所进行试验的数目，这意味着我们如今基本上只有一个全球范围的试验，也只有一次成功的机会；再者，我们现在的失败方式是前所未有的。最显而易见的是我们拥有核武器，而罗马人可没有。好消息是，如今全世界的核弹头数目只相当于1986年的1/20，[55] 但坏消息是，扩散的威胁已然失控，扩散以最快的速度沿着情报分析专家所称的"不稳定弧形地带"从中非直穿东亚。这一弧形地带聚集着世界上最贫困、治理最糟糕的国家，并可能比其他地区更容易受到气候变化的严重影响。我们如今尚不能乐观地预测，这个地区没有一个国家的政府认为核战争是其最不坏的选择，何况只要强权国家还严重依赖这一地区的能量，我们就不能盲目乐观，说它们可以在比如以色列和伊朗、印度和巴基斯坦，或者朝鲜及其打击范围内的任何国家之间的核冲突中置身事外。[56]

当然，没有人知道这些可能性将会如何发展。但目前来看，我只需强调一点，即无论我们是让社会发展指数得分飞腾至5 000点，还是崩溃于核冬天，21世纪的种种迹象都表明，能量获取和社会组织即将发生的改变，足以令现代人类进化成功以来的一切往事相形见绌。如果这的确是21世纪的现实，那么近两万年来的经验表明，人类价值观将发生同样天翻地覆的进化。一切自由化进程或许会进一步加速，或许还会走向反面。但无论发生什么，在2103年远未来临之前，我们不妨在表4.1中再加一列，即后化石燃料使用者的价值观。

爱因斯坦曾经开玩笑说："我不知道第三次世界大战会怎么打，但我可以告诉你他们在第四次大战中会用什么——石头。"[57]科幻小说圈子里的人非常热衷的一个可能性是，战争让人类退回到觅食阶段，重拾那个时代的价值观。或者，如果技术未来主义者的说法更接近事实的话，所有的可能性都会出现。在极端情况下，思想观念的统一与能量获取方式的转变或许能让因达斯特里亚更加完美，产生一个真正没有内部障碍的世界，等级和暴力全都失去了意义。而在另一种极端情况下，人类不均衡的技术进步会产生这样一个世界，某些后人类胜过未能进步的智人，其程度甚至比我们的祖先胜过尼安德特人还要彻底。然后，现有版本的人类就会步早期原始人的后尘而在地球上灭绝，在那种情况下，我们对于未来人类价值观的讨论也就无关紧要了。

我在本书第一章里提到，我会把这个问题留给专家，让他们在第六章到第九章畅所欲言，讨论我为了解释自己1982年在阿西罗斯所经历的文化冲击并从中得到的启示，进行这种包罗万象、大笔挥洒的论证，是否有助于思考人类的价值观问题，不过在这里，我还需要再作一些简要的总结。因为我们和其他动物一样，所有人类共享一套演化而成的核心价值观：公正、公平、爱、忠诚、自尊、体面，以及每个人都很珍视的一整套其他原则。但由于我们又和其他动物不同，近两万年来，我们还经历了文化上的演化，并在这个过程中以完全不同的方式解读了这些生物进化的适应版本。我在本书中论证了能量获取的提高（其本身就是对于不断变化的环境和不断累积的知识的几乎必然的文化适应）施加了有利于不同种类的社会组织的选择压力。因此，随着人们从觅食转向农耕，他们发现阿格拉里亚是个比小型游群更好的生存机器①[58]，而随着人们从农耕转向使用化石燃料，他们又发现因达斯特里亚是个比阿格拉里亚更好的生存机器。正像能量获取的上升对社会组织的演化施加了选择压力一样，社会组织的演化也对发生生物演化的人类核心价值观施加了选择压力。对于卡拉哈里沙漠的昆桑人觅食者尼萨和希腊乡下的乔治先生，以及身处化石燃料社会加州的我来说，是非善恶的标准实有天壤之别。[59]

这种经验层面的观察结果不一定意味着天下就没有一套放之四海而皆准的人类价值观，无论是从各种价值观必然会走向的终极目标，从实用性，或是定言令式②，或是差别原则③，似乎都可以整理出这样

---

① 生存机器，是理查德·道金斯在《自私的基因》中使用的术语。道金斯在书中提出了"复制者"的概念，在"原始汤"（primordial soup）中，能够复制自身的分子将获得生存优势，从而开始进化，而生物体内的复制者就是基因。基因制造出"生存机器"以达到传播自己的目的。"生存机器"就是生物体。
② 定言令式，是德意志哲学家康德在其《道德形而上学的基础》一书中所提出的哲学概念。尽管自然界中的一切事物都遵循某种规律，但只有理性生物（人）才具有按照规律的理念而行动的能力（自由意志）。就客观原则对意志的约束规范而言，其命令尽管是强制的，但同时也是理性的。这种理性命令的程式，就叫作"令式"。令式有两种。如果某种行为无关于任何目的，而出自纯粹客观的必然性，那么这种令式才是定言令式。如果行为是实现目的的手段，则被康德称为"假言令式"。
③ 差别原则，美国哲学家约翰·罗尔斯在其《正义论》中提出的概念。差别原则限制着不平等现象：它只允许不平等以有利于穷人的方式运作。这一点经常被误读为"下渗经济学"；罗尔斯观点的更准确表达是财富"弥漫"的体系。罗尔斯通过保证社会中穷人的公平交易来补偿自然发生的不平等（如与生俱来的天赋，以及运动能力等）。

一套普适价值观。⁶⁰ 但在我看来，我通过论证尝试为"这些"道德准则找到某种经院哲学意义上的、"针尖上的天使"① 的特质。认为人类价值观纯粹是生物进化的结果，无异于一种唯自然论；如果我们真的想要纯粹的自然，大概现在还都是文盲，大多数人还会在 30 岁就死去，在 21 世纪的今天，这可不是什么好的生活基础。现实情况是，价值观无法从持有它们的人类所在的物质世界中分离出来。纵观历史，从觅食游群里的老家伙们到柏拉图和孟子，再到康德和罗尔斯②，道德哲学家的真正贡献，就是讨论哪种价值观（或是他们希望发挥作用的哪种价值观）最适宜其自身所处的能量获取阶段，而对于适合其他阶段的价值观则没什么兴趣，或者根本就没有意识。

当然，那也是个粗枝大叶的批评，拒绝赋予一个完整学科其应具备的普适性。但请允许我在论证的结尾加一个注脚，希望能有所平衡。就算我是对的，就算在近四分之一个世纪，道德的哲学化只不过罗列出何为因达斯特里亚模范公民的相互冲突的观点，并试图以此来阐释我们这个时代所需的思想观念，除此之外没有什么成就可言，那也比大多数经院学科的成就要大得多。

---

① "针尖上的天使"，源于中世纪对天使的性质的争论，包括它们的形状为何以及是否存在物质形态等。大学的学生和教授会使用这些作为辩论的训练。其中最有名的一个论题便是一个针尖上能有多少个天使在上面跳舞？答案是一个（如果天使是物质实体）或者无数个（天使没有物质实体）。这句话常被用作例子来证明中世纪神学的无用和迂腐。
② 约翰·罗尔斯（1921—2002 年），美国政治哲学家、伦理学家。曾在哈佛大学担任哲学教授，著有《正义论》《政治自由主义》《万民法》《作为公平的正义：正义新论》等名著，是 20 世纪英语世界最著名的政治哲学家之一。

FORAGERS, FARMERS, AND FOSSIL FUELS
How Human Values Evolve

评论篇

第六章
论"每个时代的观念都是得其所需"的想象意识形态

理查德·西福德[*]

像伊恩一样，如果我在肯尼亚，也会付钱给当地家庭帮我打水、烧水。他得出的经验是，生物进化给了我们常识，让我们学会适应环境。但"常识"这个东西说来有些矛盾，通常都带有意识形态的色彩。毕竟，伊恩在肯尼亚只是个临时的个体观察者。对村民们而言，最好还是不要适应那样恶劣的环境，而是借由改善供水来改变环境。伊恩的讲座包罗万象、鼓舞人心、令人信服，同时也有一点儿颇使人迷惑，我觉得不啻一场政治灾难。

---

[*] 英国埃克塞特大学古希腊文学荣誉教授。他认为研究古代文化是一种重要的解放形式（从我们自己的媒体文化的琐碎和日益狭隘中）。他的著作主题包括荷马、希腊抒情诗、希腊宗教（特别是对酒神的崇拜）、最早的哲学、希腊悲剧、希腊抒情戏剧和新约。他的著作包括 Reciprocity and Ritual: Homer and Tragedy in the Developing City-State（1994 年）、Money and the Early Greek Mind: Homer, Philosophy, Tragedy（2004 年）、Dionysos（2006 年）、Cosmology and the Polis: The Social Construction of Space and Time in the Tragedies of Aeschylus（2012 年）、Tragedy, Ritual, Money. Selected Essays（2018 年） 和 The Origins of Philosophy in Ancient Greece and Ancient India. A Historical Comparison（2020 年）。

根据伊恩所言（第一章）——我也同意他的说法：

800万~700万年前，我们与其他类人猿有着最后的共同祖先，但自那时我们在基因上与之分道扬镳以来，人类的价值观经历了生物演变。因为从农业时代开始以来的1万~1.5万年，我们的生物特性并没有多少变化。人类学家、心理学家和历史学家发现，无论何时何地，我们关注的一些核心问题在整个世界范围内不断重复——待人公平、行事公正、爱憎分明、未雨绸缪、敬畏神明。在某种程度上，这些问题会在与我们血缘关系最近的类人猿中再现，或许在海豚和鲸鱼群中也是如此。人类的价值观至少在一定程度上是天生的。

觅食群体都是平等主义者。为什么？因为正像伊恩强调的，可供分配的物质财富少得可怜。但我要强调的是，这也是因为他们的规模太小。就算是在我们的社会里，活跃的小型自治群体也可能会比大型群体更倾向于平等，且一定比社会整体水平更加平等。想想露营探险吧：在野外，这个群体就全靠自己了，每个人都有的是事情要做，发布指令和实施控制的等级制度或许可行，但如果在食物或帆布椅子的分配上存在不平等，势必会造成紧张。也就是说，在露营探险中，我们天生的公正感一般是可以占上风的，在觅食游群中也是一样。

再想想某个古代的农业社会，一个伊恩所谓的阿格拉里亚中的小村子，差不多有50个人，规模等同于大型觅食游群。在村子内部，村民们多半能很好地保持平等主义的价值观，以主顾的形式与最近的城镇保持着垂直联系。但这些无一可以威胁到横向联系的精英阶层，因为他们可以通过国家提供的军事、管理和意识形态控制权，将在旁人看来实属不公的行为强加于人，通过说服旁人此即为公正来转变旁人的价值观，或是打消旁人平等主义的念头。但至关重要的是，任何平等主义者的愤怒本身（如果没有大规模组织）或许都没有什么政治影响，也可能在考古记录和史料上了无痕迹。

到目前为止，伊恩可能都会同意我的意见。他在讲座上谈到了这样的事实："人们普遍接受昭然若揭的贫富不均，这成了一个基本模式，与之相伴的，则是对权贵的牢骚不满和偶然爆发的平权怒火。"（第三章）考虑到据伊恩所说，我们天生就倾向于公平公正，这倒是毫不奇怪。

但伊恩在其表 4.1 中，把这样一个社会中的对贫富不均的容忍程度标记为"高"。既然伊恩认为牢骚不满和偶然爆发的平权怒火已经成了农业社会的一个"模式"，这两个观点岂非矛盾？他的解决方案看来是优先看待对贫富不均的"普遍接受"。但为何要对"普遍接受"给予特别重视，而不是"牢骚不满"呢？或者说，为什么不优先看待如今早已广泛扩散的此两者之间的内部冲突呢？接受（因为看来别无选择）并不等于赞同。

没有政治权力的平等主义或许能在宗教信仰中予以表达。使徒保罗在《加拉太书》①（3.28）中写道："并不分犹太人、希利尼人，自主的、为奴的，或男或女，因为你们在基督耶稣里都成为一了。"② 这不是一个政治纲领，恰恰因此，他又在其他地方写道："你们作仆人的，要……听从你们肉身的主人。"③ [《以弗所书》④（6.5）;《歌罗西

---

① 《加拉太书》，《圣经》全书的第 48 本书，是使徒保罗写给加拉太基督徒的一封信。保罗在这封信里阐述了很多问题，也指明了 1 世纪早期基督教会的问题。加拉太是古代安纳托利亚（今土耳其部分地区）中部高地的一个地区。

② 希利尼人即希腊人。译文引自《圣经》和合本。

③ 译文引自《圣经》和合本。

④ 《以弗所书》，《圣经》全书的第 10 本书，是使徒保罗在约公元 62 年在罗马帝国首都罗马的监狱中写给以弗所的基督徒的一封书信。以弗所是古希腊人在小亚细亚建立的一个大城市，据说圣母玛利亚终老于此。

书》①（3.22）]在《加拉太书》中，保罗只是把平等投射到先验的范畴，就像早期佛教接纳众生并不是要推翻种姓制度一样。但这当然并不意味着宗教的、先验的平等主义最终不会引发政治行动，哪怕其无心政治。举例来说，基督教和佛教的平等主义显然都曾激起过政治波澜。

另一方面，关于性别不平等的问题，我同意伊恩的看法，认为男性（甚至女性）对这个问题的容忍态度或许因为物质财富的继承而从"中"变为"高"。至于暴力，为什么觅食社会的暴力比农业社会多，主要原因大半还是规模问题。大规模社会不得不发展出各种非暴力的震慑和惩罚形式，比如监禁。它们或许还更需要控制暴力，因为较小的群体内部比较不易发生失控的以暴制暴，人们彼此更加熟悉，何况大群体中一旦暴力失控，扩散的范围也更广。在古希腊，大型群体所面临的以暴制暴的危险是建立城邦的重要动机：为了阻止把政治化的社群卷入相互施暴的混战，需要一个以法庭的形式存在的中立第三方。

这就引出了伊恩所谓"大型农业社会模式的一个例外，具有重大的历史意义"的希腊城邦。

他竭力想让雅典看上去不那么刺眼地例外，指出"在森严的等级制度中，雅典公民属于社会顶级的群体"。如此一来，他就降低了两种关系的重要性，一是经济与政治平等之间的脱节（很多在政治上受排斥的人可能很富有：女人、外籍定居者、被释放的奴隶等），二是由所有男性公民组成的民主大会领导下的国家与本人即为至高神祇（或与其有特殊关系）的国王统治下的国家之间的深刻差别。

此外，并不只是说民主的雅典人在经济上远比如今的美国和英国平等得多。包括雅典城邦第一执政官梭伦和亚里士多德在内的很多古希腊哲学家也比我们如今更加反对个人无节制地累积财富，[1]而且雅

---

① 《歌罗西书》，《圣经》全书的第 51 本书，是使徒保罗在约公元 62 年在罗马帝国首都罗马的监狱中写给位于罗马帝国亚细亚行省歌罗西的基督徒的一封书信。歌罗西是安纳托利亚的弗里吉亚地区（位于今土耳其中西部）一古代城市。

典人的国家还强迫富人掏钱建设公共项目。[2] 诚然，关于政治平等的重要性，我们听到的远比经济平等多得多，但或许其部分原因是，古代文本往往是由相对富有的人撰写的。然而我们的确听说过大众普遍要求经济平等。我们都听说过雅典的平民们张罗着"他们自己能获得更多，而让富人变得更穷"[3]。一位叙拉古①的民主领袖曾指责寡头政治独裁者贪婪到了无所不要的地步。[4]

最后，关于雅典人为何不能被边缘化为只能"限定"而无法挑战农业价值观的模式，还有另外一个原因。雅典之所以是一个特例，与其更为特别的卓越文化成就绝对密不可分，而其文化成就本身，就包括有力地表达出对雅典全然不同于等级更加森严的社会这一事实的自豪感，特别是不同于波斯帝国（例如埃斯库罗斯的《波斯人》）。这表明了农业模式所代表的价值观拥有潜在的生命力，但通常是受到抑制的。

因此，农业并没有在世界各地产生同样的价值观，相反，它成为产生不同价值观的一个重要因素。除此之外还有其他因素，地理条件就是其中之一：希腊城邦依山傍海，彼此分离，因而规模都很小。第三个因素是觅食社会传下来的顽固态度。希腊人用动物献祭，这种行为当是从狩猎时代保留下来的，[5] 在《荷马史诗》中有详细的描述。《荷马史诗》的价值观是贵族式的，但在动物献祭做法上却秉承了平等主义：每个人都能分到等量的肉。他们在这最重要的仪式上的平等主义因而发展成为一个重要因素，促成了两个独特的希腊制度——公民权和铸币（更不要说基督教圣餐了）。我在这里无法讨论其具体过程，[6] 而是要强调，首先，这是凸显宗教平等主义的政治意义的另一个实例；其次，动物献祭正是如此而成为一个渠道，让觅食价值观得以在化石燃料社会存续。无论伊恩认为希腊城邦有多边缘化和特

---

① 叙拉古，位于意大利西西里岛上的一座沿海古城，处于岛的东岸，由古希腊科林斯的殖民者于公元前 8 世纪建立。

殊，长期以来，这个例外与另一个边缘化的"例外"以色列一样，其影响力要比主流的埃及和美索不达米亚的神化国王大得多。但伊恩在其讲座中拘泥于决定论式的量化范畴，将不同的文化传统草率地归结为"基于核心主题的各种变体"。

伊恩所谓的"例外"对其整个理论的破坏力大概是他本人不愿承认的，尤其是考虑到他认为自己所提出的理论如今对我们大家或许都很有用。在第二次讲座中，他声称"改变"（能量获取的改变及其所导致的价值观的改变）是"几乎不可避免"的。但他将能量获取和价值观联系起来的做法既非普遍又非必要。农业与平等主义价值观并无冲突。没错，农业经常要容许大规模社会的存在，在这样的社会里，大众往往失去了对财富分配和暴力的控制，权力转移到核心小群体手中，这个小群体还会实施某种意识形态的控制。但农业社会也可以是小规模的，在这种情况下，那些在伊恩看来隶属于觅食游群的价值观可能就会更加明显地表现出来，而没有那么多约束了。

对此，伊恩可能会做出如下答复："是的，我同意你的大部分观点，但我讨论的是两万年的历史，所以必须限制在基本原则（主要在能量获取方面）的范围内。"对于这个答复，我会回应说，我不同意的，恰恰是关于人类价值观的基本原则到底是什么的问题。正如伊恩本人指出的，数百万年来我们通过生物进化获得了一套价值观，那些是人类当前普遍持有，甚至在某种程度上与动物共享的，与之相比，能量获取的形式并不一定是决定人类价值观的更为基本的原则。

这种批评之所以有意义，是因为伊恩认为，他关于过去的论述可能会成为人类未来的行事指南。

他并未声称人类的选择是全然无关的。但他的确认为价值观的变化"无限接近于历史的必然"。何况他不认为人类的普遍价值观纯粹是生物进化的结果，这一点至关重要（第五章）：

认为人类价值观纯粹是生物进化的结果,无异于一种唯自然论;如果我们真的想要纯粹的自然,大概现在还都是文盲,大多数人还会在 30 岁就死去。

相反,他声称(第一章):

在能量获取的特定阶段,文化进化的竞争过程把我们推向了效果最佳的价值观。

并且因此,

每个时代的观念都是得其所需。

首先,伊恩的类比有一个明显的问题。尽管(如果可以)通过识字教学和延长预期寿命来修正天性是合乎情理并为大众普遍接受的,我们也很难找到一种远比我们与生俱来的道德价值观更有价值的价值观(难道是 GDP?),我们很难再找到一种价值观,珍贵到让人们普遍认为为此让我们卸下与生俱来的价值观包袱,无论过程多么复杂艰辛,都是值得的(虽说一直以来都有人暗中尝试着操纵或抵消那些价值观,有些还很成功)。

其次,伊恩在其论证中暗示,尽管我们面临大量危险,还是会被推向行得通的价值观。然而真的是"每个时代的观念都是得其所需"吗?其他人声称,每个时代的主体意识永远是其统治阶级的思想。我们现在的思想观念是不是我们需要的?当然不是。我们的主体意识是否就是我们的统治阶级,那些不再是神王,而只是宇宙的主宰(及其拥护者)的人的观念呢?是,又不是。但我想以违反直觉的断言结束本文,即伊恩的想法本身更接近于我们的统治阶级的意识,而不是我们这个时代所需的观念。

我的论点事关在选择何为基本原则的过程中存在着无意识的偏见。伊恩选择了竞争、可量化性、共识和效率，这些都是资本主义企业和资本主义社会的核心观念。他显然优先关注了必然的竞争和可量化性（而非文化或价值观）。他没有提到"共识"一词。但这个概念隐秘地遍布于两次讲座，在那两次讲座中，他没有提到社会冲突（何况是内部的心理冲突）可能与本主题相关：在关于历史变化及其原因的宏论中，这是昭然若揭的遗漏。至于"效率"，他声称从觅食到早期现代社会，"人们……殚精竭虑地重组有机经济体，提高效率"（第五章）。但对效率的追求当是生活在资本主义经济体中的我们十分熟悉的，它根本算不得古代经济体的特征。

这4个概念全都隐含在伊恩的这句话中（第一章）：

> 在能量获取的特定阶段，文化进化的竞争过程把我们推向了效果最佳的价值观。

对谁的"效果"？我们又该如何确定某个价值观是否有"效果"？难道要参考GDP吗？

考虑到伊恩对能量的关注完全无可非议，我们就以不断扩大使用化石燃料导致气候变化为例好了。能量使用的需求发生变化，能否把我们推向行之有效的价值观？当然不能，除非我们自己利用两个内部的资源。其一可称之为理解，这在伊恩的讲座中没有提及。其二可称之为情感，伊恩排除了这一点。

伊恩声称，一切人类价值观都是在用相继出现的不同方式达到相同的目的，人类因此而不断前行。这是资本主义视角的核心理念，它将自身想象为"常识"，伊恩在不知不觉中也内化了这种理念。因此，伊恩在普林斯顿大学开讲座时，一次也没有提到过资本主义，在本书展开讨论的章节之中他也没有对此给予应有的关注。但资本主义必要的自我扩张的动力及其所产生的价值观，在类别上都不同于它之前的社会。如果我们试图阻止气候变化，就必须深刻理解这种动力，但伊恩在讲座中对此不置一词。此外，很明显，在不平等现象有目共睹的社会里，人们根本不会接受为拯救环境所必需的限制。天上满是私人飞机，为什么我要减少飞行的次数？伊恩在《西方将主宰多久》中描述的那个机器人和增强型人工智能的美好未来，根本未曾打消我的疑虑。

机器人和增强型人工智能，乃至人类认识的提高，都远不足以阻止气候变化（以及其他灾难）。我们还需要以情感维系的价值观。但伊恩摒弃了被他本人描述为人类经过生物进化获得的一套普遍价值观，即待人公平、行事公正、爱憎分明、未雨绸缪、敬畏神明，这一点具有极大的政治破坏性。这些价值观常常会被献祭给可量化竞争的所谓必然性，现在仍然如此。过去，人们对这些价值观毫无杂念地心向往之，而如果人类还想在地球上继续生存下去的话，即使到今天它们依然是必要的。

第七章
衡量人类历史价值观的局限

史景迁★

在对伊恩·莫里斯的坦纳讲座所做的回应中，我强调了我们这两种学究式历史研究方法之间的巨大差异。莫里斯的研究工作架设在复杂的全球规模上，在辽阔的时空中前后穿梭，而我关注的始终是具体的个人，他们在局部层面抒写着繁复纠结的人生故事，一切融合稍纵即逝，组成了过往的人类生活。对莫里斯而言，过去和遥远的历史时空是可以精确计算的，可以排序和量化。这不无道理，因为莫里斯的终极目标就是要创建一个人类社会发展指数，将所有的结构和空间囊括其中。其中的每一个片段与其他的成长和变化现象都有线性联系，对那些现象也会严格考察，目的是在实质上全面覆盖时空。正是在该指数的这些分镜头中，我们才能致力于可以精确测量的数字，这反过来能够帮助我们更加精确地绘制指数。

虽说各个类别必然在某种程度上发生重叠，莫里斯似乎找到了四

★ 美国耶鲁大学史特灵历史学教授。他是西方研究中国文明和历史在塑造现代中国中的作用等方面的权威专家。他曾被授予麦克阿瑟奖，著有超过 15 本书。他的著作《追寻现代中国》（1990 年）广受好评，已成为研究中国近几百年历史的标准文本之一。

组与其指数及其范围特别相关的数据。第一组是（至今仍是）"人均能量获取"，让我们得以看清在不同的社会，能量的获取和使用如何随时间发生变化，并影响了那些社会的兴衰起落。为了以论据支持这一主导理念，莫里斯看到了特别突出的一组三个概念。对这三个概念，莫里斯颇有为讨巧地给它们命名为：觅食者、农夫和化石燃料使用者。为平衡和标准化测量他的计算结果，莫里斯展示了杰出的研究技巧，从（仅举几例）天文学、地质学、海洋学、植物学、考古学、森林学中寻找相关证据。在他的不同研究领域，这种折中主义或许是广大普通和专业读者所要求的，并深化了讨论的动态趋向：例如"城市密度"作为一个主要因素出现在指数中，"发动战争的能力"和"信息技术"技能也是如此。这些不同的信息区段不断累积，加入复合指数，也表明还有补充或改进的空间。

如果我对莫里斯的研究工作有一点儿批评的话，当源自他的世界版图在我看来过于温柔了。他选择承担起最不同寻常的任务，因而读者也做好了心理准备，在他的引导下去探寻世界的历史。因此，莫里斯需要足够的明晰和胆量与其雄心相匹配，并确保他的主张足够吸引我们的关注。正是这一点，我觉得尽管莫里斯聪明过人，才学博通，但他的表格和叙述仍有脱节，讨论范围也过于简化，或许可以称之为"数据的中产阶级化"。莫里斯将他的研究所获对读者倾囊相授，却独独没有让我们更加深入地体察历史"是什么样的"，无论是在"侧翼丘陵区"，还是在被委婉地命名为"幸运纬度带"的地方。也许命运本来就如莫里斯暗示的那样仁慈，无论对农夫还是觅食者都是如此，但即使是这样，我也怀疑在纷乱芜杂的历史图景中，有同样多的人屈从于野蛮或贪婪的诱惑。我自己对莫里斯的判读将我拉回到一个更加传统的观点，即战争、财富、育儿和疾病，所有这些需求和危险一如既往地存在，从未稍离——对于散布在全球各个孤立的温暖地带的成千上万，也许是数百万人而言，这是一个冷酷的现实。

当然，那只是我的推测而非史实，然而过往的气氛总是挥之不去，以历史的真实呈现在我们眼前。因此，对数据本身的性质做一些反思，以此来对这些想法做些总结，或许更有建设性。当我们寻求将过往的模式套入现代框架时，就会遇到一套全然不同的挑战，这些挑战与术语的描述性用法有关。简言之，问题在于详细叙述，在于计算出一组描述日常生活现实的术语是否在事实上与另一组相契合。比方说，我们可以使用"农耕"或"有效"之类明显很简单的词汇，而无须考虑某一特定关系或情境中所涉经验的无数变体。反过来，在特定区域内，那些差异可能看来非常接近（多半是误导）当前的做法，而又在意图和执行上与后者大相径庭。莫里斯当然了解在较长时期内对"劳动"之定义的交叉，也知道在重叠术语的泥沼中很容易被人抓住把柄。我只想试举几个例子，拿中国农村来说好了（这碰巧是我本人在历史研究中感兴趣的主要区域，不过即使其他的例子有所不同，可能也会同样有力地证明我的观点）。如果我们只是要建立某种统计基数的话，特定时期的中国农村无须做任何注解。但为了比较生活质量，并且超越农夫／觅食者之间的基本区隔，我们就必须对问题进行更为详细的阐述并略作改变。工作是不是个跨越空间或性别的常量？女人的工作时间是否更长？她们在抚养子女时是否工作？家庭的居住空间有多大？足以养活一个家庭的土地面积有多大？在这块土地上耕种的童工劳作模式如何？商业是否与农业劳动融为一体？纺织是不是个惯常的职业，而织布机是否在大小上做了调整，以适合孩童或老人使用？有权携带武器的是什么人？从事徭役的是什么人，每年劳作多长时间？谁有权参与国事，无论级别高低？有多少个家庭需要周期性地借钱以度过惨淡的月份？有多少焦虑的农民雇用更穷的农民来照管庄稼和防盗？有多少农民用船把食物运到市场上去？谁来支付道路、桥梁和城墙的建设费用？这只是个简短而随机的因素列表，这些因素都可能影响像觅食或农耕这种更宏观的概念的含义，或有助于我们计算某一特定时间或地点的乡村生活的某些参数。

有关莫里斯的人类社会发展指数，最后一个需要思考的是：其类别有多稳定？其中就算最大的类别是否能够独立存在？或者事情变化的速度是否可能比他预见的还要快？试举三例，一是被列为其主要类别之一的发动战争的能力，二是信息技术遍及全球，三是化石燃料。还可以把网络战争作为另一个因素。的确，单是近两年来发生的事件和所披露的事实，就足以警告我们关注新联盟的成形，以及诸多因素已然在改变我们曾认定为永恒的事物。全球集中的新模式是否已在形成？伊恩·莫里斯建造了一座雄伟的理论大厦，但世界上没有什么思想可以阻止那座建筑被修正，抑或被改变得面目全非。

第八章

永恒的价值观、进化的价值观和自我的价值观

克里斯蒂娜·M.科斯嘉德★

> 觅食者:"我们当然有首领!事实上我们每个人都是首领……每个人都是他自己的首领!"
>
> ——一位昆桑人觅食者[1]

> 农夫:"没有律法的外邦人若顺着本性行律法上的事,他们虽然没有律法,自己就是自己的律法。"①
>
> ——《罗马书》2:14[2]

★ 美国哈佛大学亚瑟·金斯利·波特哲学教授,自1991年以来一直任教于哈佛大学。她的研究领域包括道德哲学及道德哲学史、实践理性、能动性的本质、人格同一性、规范性以及我们对待动物的伦理学。

她著有5部作品:《创造目的王国》(1996年)是关于康德道德哲学的论文集,《规范性的来源》(1996年)是对现代义务基础观点的探索,The Constitution of Agency (2008年)是关于实践理性和道德心理学的论文集,《自我构成:行动性、同一性与完整性》(2009年)是对基于行动性本质的实践理性和道德的描述,以及 Fellow Creatures (2018年)是对非人类动物的道德和法律地位的讨论。

① 译文引自《圣经》和合本。

> 早期化石燃料使用者:"人类……只会服从自己制定的法律……而自治是人性的尊严的基础。"
>
> ——伊曼努尔·康德[3]

伊恩·莫里斯向我们保证,他认为自己的观点并不意味着"事物当前的状态(不管它此前如何)就是它应有的状态"[4]。然而,莫里斯的臆测引发了一些问题,关于人们实际持有或曾经持有的价值观与我们应该持有的价值观(如果确实存在这样的价值观的话)之间关系的问题。

为了讨论起来没那么麻烦,我想先在术语上加以区别,但事实证明这非常困难。我可以把我们应该持有的价值观称为"真实价值观",但我担心如此一来,某些读者会以为那是"人们真正持有的价值观"的意思,相对于,比方说"理想价值观"。我可以把我们应该持有的价值观称为"理想"价值观,但一种文化的价值观当然代表了它的理想,无论它们是不是该文化应该持有的价值观。另一个选择是把我们应该持有的价值观称为"道德价值观",但那也会产生混淆,因为人们可能会认为这个词是指所讨论的价值观的种类、内容或功能。一般而言,当我们把"道德"价值观看作指导人际关系的价值观,而不是,比方说指导我们如何评价艺术品或美感的审美价值观时,会这样来做区分。莫里斯关注的价值观具体表现在我们对暴力和各种形式的平等与等级的态度中,在这个意义上它们都是"道德价值观",无论其实际表现在某一社会或特定文化的态度中,还是在该社会和文化中理应被奉为圭臬。我的方案是结合所有能用的形容词,将我们应该秉持的价值观称为"真实道德价值观"。

在对立的另一面,我准备从法学理论中借用一个词。在法学理论中,那些实际写下来并在一个社会中执行的法规叫作"成文法",而那些应该执行的法律(如果有的话)——那些我们可以从道德视角表示赞同的法律,至少在某些传统中被称为"自然法"。这种差别根源于斯多葛派伦理学和从这种伦理学中派生出来的自然法理论,但它可以一路回溯到亚里士多德,后者把"法律"的概念与自然正义区分开来,断言自然正义当举世皆然,他还说:"(自然正义)并不依赖人们的想法而存在。"[5] 因此,我准备把人们实际持有的价值观称为"成文价值观",并请诸位类比成文法来理解这一概念。在不同的时期、社会、文化和年代,成文价值观也各不相同。而真实道德价值观,在我看来,并无差别,至少没有本质差别,举例来说,如果觅食者应该支持的价值观与农夫应该支持的价值观之间存在着真正本质的差别,那么我们在讨论觅食者与农夫的差异时,只需讨论二者应支持的更为基本原则性的真实价值观有何不同就可以了。亚里士多德强调,自然正义当举世皆然。早期现代道德哲学家喜欢说价值观是永恒不变的,以此来更加肯定地重申亚里士多德的这一观点。如今的哲学家不再沉迷于这一说法了,但如果我们借用这一说法,则不妨把真实道德价值观与成文价值观之间的差别,看作永恒的价值观与事实上只有特定时空的人们支持的价值观之间的差别。

  莫里斯的观点之所以会引发成文价值观和真实道德价值观之间关系的问题,原因之一是,他认为成文价值观在一定程度上是由生物进化造就的,这就引发了真实道德价值观是否也是如此造就的问题。莫里斯引用了弗兰斯·德瓦尔同样在普林斯顿大学所做的坦纳讲座,来支持他自己的说法,即"800万~700万年前,我们与其他类人猿有着最后的共同祖先,但自那时我们在基因上与之分道扬镳以来,人类的价值观经历了生物演变"[6]。我同时也是德瓦尔教授坦纳讲座的评论人,我想在此重复我在该评论中表达过的一个观点,只略作改动。[7] 如果我们要谈价值观的进化,就有必要承认这样一个事实,即不仅我们价值观的内容产生了进化,而且价值判断的方式本身也必然产生了进化。我这样说的意思是,价值判断作为一种精神态度,全然不同于喜欢什么东西，或想要什么东西，或本能地被吸引去做什么事情，或感觉不得不做什么事情。我会在后文中说明这到底有何不同。无论我们用什么来解释价值观，它必然也能解释那种独特的精神态度或活动的起源。进化的贡献必然包括赋予人类价值判断的能力，而不是，至少不仅仅是，人类价值观的内容。

至于这一点为何重要，有三个原因。首先，莫里斯信奉德瓦尔的观点，认为某些其他动物也具有道德价值观。[8]我认为这并不可信，不是因为我觉得其他动物表现恶劣之类的，而是因为我觉得它们缺乏我称之为"价值判断"的那种独特的精神态度。[9]同样，我会在后文解释原因。其次，我认为，一旦我们提醒自己价值判断是人类的一种行为，就可以看到一条路线，帮助我们识别真实道德价值观。真实道德价值观就是那些正确行使价值判断的人们所秉持的价值观。也就是说情况有可能是这样：一旦进化将价值判断的能力落实到位，那么决定真实道德价值观之内容的就是适当行使这种能力的行为，而不是进化本身了。

当然，怀疑论者可能会质疑说，"正确行使价值判断"涵盖的范围就太广了。凭借某种能力发生了进化这一事实，并不能证明它没有被正确行使：归根结底，理性本身必然也发生了进化。并且，我的第三个观点是，莫里斯的叙事，或至少我觉得有用的那部分叙事，如果真有什么可以算作正确行使价值判断的话，效果会更好——简单说也就是，如果存在真实道德价值观的话，他的叙事效果会更好。或者说得更慎重一些，如果莫里斯为其创立理论的人们认为事实如此的话，他的叙事效果会更好。只有当持有成文价值观的人同时也将其当作真实道德价值观时，这些成文价值观才具有莫里斯为其标定的进化和社会功能。如果想要让成文价值观能够支持不同的能量获取方式所必需的各种社会组织形式，人们必须认定他们的成文价值观就是真实道德价值观，这意味着人们必须具备真实道德价值观的概念——他们必须相信，某些形式的人际互动是真正有价值的。

这一点有必要着重强调。莫里斯的叙事引发了有时被哲学家称为"透明度"的问题。也就是说，它引发了这样一个疑问：如果人们相信了莫里斯的理论，他们的价值观是否就能存续下去。假设人们了解其价值观的作用是支持不同的能量获取方式所必需的社会组织形式，那么农妇是否还愿意接受男性霸权？看起来，如果你了解了"国王乃天神"这一信仰的起源是为了支持某种社会组织形式这一事实，你就不太可能会继续这样的信仰了。你还会愿意像对待于你有生杀决断之权的天神那样殷勤侍奉国王吗？我很怀疑，不过如果你真的愿意，那至少是因为你本人重视那种社会组织形式，并认为那是正确的做法。只有在人们认为价值观真实存在的情况下，它们才能够起到维持社会组织形式的作用。因此，人们必须具备真实道德价值观，或任何一种真实价值观的概念。要解释人们为何会具备真实价值观的概念，最自然的方式（也许不是唯一的方式，却是最自然的）就是诉诸一个事实，即这些价值观是真实存在的。

以上这些论证有着悠久的传统。美国哲学家吉尔伯特·哈曼有句名言：我们不需要借用真实道德价值观来解释人们的道德反应，而只需借助他们关于道德价值观的信仰。[10] 我的上述论证提出了一个对照点，即我们还必须解释人们何以可能拥有这样的信仰。那些就人们关于道德价值观的信仰做出限定的概念，那些是非和责任的概念究竟从何而来？

大卫·休谟和爱尔兰哲学家弗兰西斯·哈奇森也曾提出类似的观点，他们反对伯纳德·曼德维尔的观点，后者认为美德是政治家创造出来赞美人民克恭克顺的工具。[11] 莫里斯的观点有点儿曼德维尔的腔调，因为他认为价值观对社会有用，这也是休谟和哈奇森的论证为什么与我们的讨论有关的原因。休谟和哈奇森指出，如果"好"人借以行事的唯一概念是"增加私利"的话，那么就无人会因为受到赞美而感到荣幸或赏识了。如果有人说你很"好",你只会认为他是在说你在某方面对他有用,那么你没有任何理由因此感到特别高兴,除非那样做也对你有用。而即使那真的对你有用,也不会影响你的自我感觉。只有在人们的确以美德的概念行事之时,我们才能够说服他们相信某些特质是美德,我们也需要解释人们何以最终决定依此行事。[12] 那么,美德的概念,认为自我本身可以以某种方式变得有价值或失去价值的观念,是根本无法从私利的概念中直接产生的。同样,在讲述人们何以最终拥有了包含特定内容的价值观之前,必须先讲述人们如何拥有了"价值"的概念,必须解释人们为什么会相信某些事情真的有价值或者应该得到重视。

回到刚才那个问题:价值判断是一种什么样的活动?一个关于价值判断的哲学问题关注的是价值观和价值判断这二者的优先顺序。某些哲学家认为价值观就是客观存在的,某些事物从内在本质上就是具有价值属性,而价值判断就是对这种属性的回应。这样一来,价值判断的适当性就只和重视那些实际具有价值的事物有关了——就我们手头这个例子而言,就只需要以某种方式来理解独立存在于价值判断能力之外的真实道德价值观就可以了。其他哲学家认为,价值判断先于价值观,因而具有价值的事物只不过是被正确予以价值判断的事物而已。我们因而需要一套不同的叙事来论述正确行使价值判断的能力能够达到什么结果。虽说这似乎值得一提,但我并不认为我需要通过解决这个问题来证明我想证明的论点,因为第二种可能,即"价值判断先于价值观,而价值观不能独立于价值判断而存在"看起来可能对科学的世界观要更友善一些。如果我们能找到一套不同的叙事,论述正确行使价值判断的能力能够达到什么结果,谈谈除了单纯地理解独立存在的价值观之外的其他问题,那么我们就能证明,"真实道德价值观的确存在"这一观念与科学世界观之间不存在任何紧张关系。[13]

先把这个问题放在一边,很多哲学家,尽管他们各自坚持着截然不同的道德理论，都曾经将价值判断表述为我们对人、对自己和他人的评价性或规范性观念。举例来说，"表现主义"传统的哲学家曾指出，对某一事物进行价值判断不仅仅是希望获得此物，还倾向于鄙视不想要此物的人，且一旦我们自己不再想要此物，也会自我感觉很糟糕。[14] 我想吃巧克力冰激凌，但如果不想吃了，不会因此觉得自己可耻；实际上，我反而可能在很想吃的同时强烈希望自己对它的欲望会消失。但我不可能一边珍视诚实的品质，一边又不觉得做一个寡廉鲜耻的骗子很可耻，或者不特别希望自己既能珍视诚实的品质，又能做一个真正说实话的人。美国哲学家哈里·法兰克福在他本人的坦纳讲座中，就他所谓的"挂虑"（caring）的态度提出了一个类似的论点，我觉得挂虑也是一种价值判断。法兰克福说：

> 当我们……挂虑某物的时候，我们超越了想要得到它的阶段。我们仍然想要得到它，至少在达成目的之前如此……如果我们忽略了这种渴望，我们就会认为是自己的错误，甚至如果这种渴望渐渐淡去，我们会倾向于采取措施重新将其唤起。换句话说，挂虑必然伴随着持久的渴望。[15]

通常的想法是，我们的价值观在本质上都与我们评价性或规范性地看待自我的能力有关。价值观的指导作用不仅限于激励我们来满足它（像某种渴望），还在于激励我们达到它的标准：价值观不仅决定了我们想要实现的状态，还决定了我们想要自己成为什么样的人。如果我的论证方向是正确的，那么只有具备了评价性或规范性地看待自我的能力的生物，才具备价值判断的能力。我们暂且回过头看看其他动物，我认为其他动物不具备规范性地看待自我的能力。规范性的自我观念取决于这样一个事实，即人类可以一种特定的方式反观自身：我们不仅对世事持有评价性态度，而且对我们自身的内在状态和态度本身也可以做出有态度的评价。我们赞同或拒绝自己的喜好与厌恶、魅惑与反感、欢愉与痛苦，冠之以善恶的标签。我们也相应地认为自己可敬或可耻、可爱或可厌、善良或邪恶。我认为，所有这些都是人类生活的一个特征，使之与其他动物的生活截然不同。[16]某些其他动物可能看来会有骄傲的时刻，但总的来说，它们似乎并不会认为自己可敬或可耻。它们中有些当然希望被爱，但它们似乎并不担心自己是否可爱。我本人的看法是，我们评价性或规范性地看待自我的能力，或者毋宁说这一能力的源头，也会影响我们建构自我身份认同。你的价值判断可成可败，因为你的自我身份认同建构也是一种可成可败的活动，这取决于它是否将你变成一个内外统一的能动者。[17]

我在前文中提出，对于价值判断之本质的深刻认识或许是我们理解真实道德价值观的关键。真实道德价值观可能是那些正确行使价值判断的人所持有的价值观。显然，必须有一套完整的道德理论，才能够证明这个命题的正确性。同样显而易见，我在此也无法建立这样一套理论。但我想指出，价值判断与规范性的自我观念之间的联系至少提供了一种叙事，表明正确行使价值判断可能会达到什么效果。尽管这种联系无可否认有点儿模糊，但如果人拥有一套成文的规范性自我观念，他们可能随时准备提出自己的要求，这看来合乎情理。[18]比如，他们会认真对待自己的兴趣，并同样要求他人这么做。如果可以的话，他们会反抗针对他们实施的暴力，并要求他人协助抵抗。他们不愿仅仅为了他人的利益而做出自我牺牲，或受制于他人为自身之目的做出的判断。他们将自己看作伊曼努尔·康德所称的"目的自身"或约翰·罗尔斯所称的"各种有效要求的自证之源"，并要求他人也如此看待他们。[19]

我这样说并不是反对伊恩·莫里斯在自己的论证中，将某些价值观显而易见的普遍性，比如他列举的"待人公平、行事公正、爱憎分明、未雨绸缪、敬畏神明"[20]，归因于自从冰期从事狩猎以来，人类大脑的硬件并未发生多大变化。我只是想指出，在我们的大脑中，究竟是什么支配了这些价值观。但实际上你是否接受这个观点对我现在提出的观点并不重要。就我现在想要提出的观点而言，重要的是你得承认，如果真实道德价值观的确存在，我们有时候知道这些价值观是什么，那么你也应该认为，真实道德价值观与我们的价值判断能力之间的联系不是偶然的。[21] 只要你认为二者之间确实存在着这样一种联系，该联系是通过正确的推理或理解，还是通过某种其他方式建立的，对当前的讨论无关紧要。如果你这样认为，就会认为价值判断的能力终将依附于真实道德价值观，绝非偶然。毕竟，如果我们没有理由假设价值判断可成可败，又有什么理由怀疑真实道德价值观的存在呢？这才是我和莫里斯观点分歧的地方。

在承认显然存在普遍价值观之后，莫里斯继而声称，"就公平、公正等具体价值观的意义而言，不同时空的人类之间有着如此巨大的差别"，并将这些差别归因于不同的能量获取形式所需的不同社会形态。

我当然无意在此否认在关于公平、公正和所应持有的其他价值观方面，人类的观念截然不同这一陈词滥调。众所周知，就等级和统治等莫里斯关注的部分问题，的确如此。但关于这些差异，或许有三个观点需要探讨。我会在后文中分别为它们命名。

1. 第一种观点可以称之为"社会实证主义"。不过我得赶紧补充一句，有很多自称此名的概念与它着实没什么关系。根据这一观点，人类具有价值判断的能力，但人们实际进行价值判断的东西则完全可以归因于社会学力量，而后者又是由进化力量推动的。

2. 第二种观点可以称之为"启蒙观点"。根据这种启蒙观点，人类具有价值判断的能力，这种能力天然地倾向于依附真实道德价值观。但就像学习科学知识的能力一样，这种能力在历史上发展缓慢，因而其真正的对象，即真实道德价值观，迟迟无法进入视野。

3. 第三种观点可以称之为"扭曲观点"。[22] 根据这种扭曲观点，人类具备价值判断能力，这种能力天然地倾向于依附真实道德价值观，但这种倾向性容易受到社会学力量的扭曲。这种观点传统上一直与这样一种说法相关，即我们的价值观会屈从于贬义的所谓"意识形态"。

我认为启蒙观点值得一谈，但更值得探讨的则是扭曲观点。毕竟我已经指出，价值判断能力在本质上与我们规范性或评价性地看待自我的能力相关，而且尽人皆知的是，后一种能力极易产生各种混淆，其中的某些混淆，我们不妨称其为扭曲。规范性地看待自我可能是我们之所以能够进行价值判断的根源，但它同样引发了一整套独属于人类的弊病和错误观念。人们一旦认为自己一无是处或者令人讨厌，往往会深感煎熬，甚至可能以自杀的方式来摆脱这种想法的折磨。弗洛伊德和尼采因为看到了我们价值判断的能力与规范性的自我观念之间的联系，竟然偶尔会将道德本身看成一种疾病。[23] 我们的自我价值感让我们易于受到各种影响，而这些影响恰恰是通过扭曲我们的价值观才产生作用的。毕竟，在莫里斯关注的一个性别不平等的例子中，那显然至少是其发生作用的部分机制。男性等级是通过宣传性别理想，特别是关于女性气质的理想来维系的，这使得女人坚信，如果她们不漂亮、不柔弱、不相夫教子，就一无是处、令人生厌。众所周知，性别理想会导致女人注重自己的外表而忽略健康，行事尽力讨男人喜欢而不顾自我主张，为妻子和母亲的角色做出自我牺牲，而放弃追求自己的权利和幸福。作为一个女人，我想说这类性别理想导致了价值观的扭曲，而不仅仅是说它们解释了某些价值观所采取的具体形式。或许我只是无望地困在化石燃料的想法之中而无法自拔,也未可知。

但我不以为然。我已经对我刚才称为社会实证主义的东西提出过一次批评。如果价值观只是某种能量获取形式所需要的一种维持社会形态的方法,人们也知道这一点,那就很难了解价值观在其中的运作方式。在价值观起作用之前,人们必须首先相信自己在践行着真实道德价值观。现在我承认,如果我试图以某种方式说出这一想法,我可能会遭到有理有据的反对。如果我像以往那样在此语境中断言,除非臣民确实相信君主对他们有着无上权威,否则他们绝不会服从君主,抑或女人如果不认为家庭就是她们的一切,她们也就不会待在家里,你可能就要抗议,说我想当然地认为自己知道,如果不是受到了价值观的影响,人们的行为或者思考方式会是什么,甚或说我想当然地认为自己知道没有被扭曲的价值观是什么样的。当然,我的确也是这么认为的。但是我在评估解释价值观差异的三个原因时求助于上述断言似乎不太公平,因为这些断言预先假定了真实道德价值观的存在,以及在没有扭曲性影响的情况下,我们的价值判断能力会依附真实道德价值观。

因此,我很高兴看到莫里斯在讲座中引述的一个昆桑人觅食者为我的观点提供了一个小小的证据。如果我们将他视为人类的觅食者祖先的一个代表,那也就是说,早在人类价值观历史的源头,就有人表达出了康德哲学的道德自治基本原则——当然,我指的是"我们每个人都是首领,因为每个人都是他自己的首领"这条原则。这种伟大而光荣的思想注定要被国家和教堂所控制的力量镇压,最终让普通人确信,他们必须臣服于 100 年前英国人颇有古意地称之为"上等人"的人。或许莫里斯推测,在这一镇压的背后,是能量获取的需求以某种方式在起作用。

但我并不想说服各位相信我的观点,相反,我要解释莫里斯为什么没能说服我相信他的观点。部分问题在于,如果每一个时代都正好具备了其所需要的那种价值观,那么莫里斯提出并解释的每一种价值观都必须对维持其能量获取模式所需的社会形态做出某种积极的贡献。但莫里斯并未能始终证明这一点。有时他证明的,或者说他明确证明的,不过是相反的价值观并不是维持他讨论的社会形态所特别需要的。例如,在论证"自治"这个主题时,莫里斯告诉我们,在觅食社会,"太跋扈的人,或在不合时宜的场合发号施令的人,或企图把暂时的影响力变成约束他人的永久权力的人,鲜有能抵挡住同伴的反对的"[24]。我们姑且接受因为人口规模更大,独裁式结构是农业社会所必需的,却不适合觅食社会这个说法。但那并不能证明为什么平等主义结构就是觅食社会所必需的甚或有利于觅食社会:也许不管出于什么原因,平等只是在等级制度非必需时的默认情况。我可以想象有人就这个特例会这样答复我:如果觅食者单独外出觅食,他们也许需要学习独立,平等主义结构更能够培养那种独立性。不过要说乱交和对婚姻不忠有利于觅食社会,就让我百思不解了。莫里斯指出,觅食社会不鼓励贫富不均,没有贫富不均就没有什么可继承的财产,因此孩童的合法性问题就没有那么重要了。[25] 但是这只能证明基于其能量获取方式,觅食社会没有特别的理由来强制婚姻忠诚,并没有证明为什么在这样的社会,婚姻要采取松散的形式。

另一个未能说服我的是对农夫为什么支持性别等级这个问题的解释。莫里斯的解释基本上是说,农夫的生活方式需要一个基于性别的严格的劳动分工。但就算这是对的,也没有解释男性霸权的起因。我们可以想象这样的一个世界:在那里,女人以家庭为基地控制着男人,命令他们出去工作挣钱,因为那是他们唯一能干好的事儿,男人一带钱回家,女人就立即把钱据为己有。在整体文化的层面上从未发生过这样的事情,我欣然同意这绝非偶然,但单是劳动分工则无法令人信服地解释这一现象。

但这类问题中最明显的是对暴力的容忍。据莫里斯所言,觅食者对暴力的容忍度惊人，农夫有时也可以接受（我们根本无法容忍的）暴力，而我们化石燃料使用者却坚决反对暴力。也许对为农耕活动而组织的社会而言，暴力造成的问题大于为觅食而组织的社会，对工业社会则是更大的问题。但那并不能解释为什么觅食社会可以容忍暴力。

现在让我公平一些。我已经指出，我不认为我们的价值观是由我们的能量获取方式塑造的，而是人类的价值判断能力天然地倾向于依附真实道德价值观，只不过这种倾向非常脆弱，极易受到扭曲。当然，如果你同意我的观点，也同意觅食者轻易容忍暴力是错误的，那么你就必须同时认为，他们为什么会轻易容忍，这需要一个解释。因此，就这个例子来说，我的备选解释并不比莫里斯的高明。是怎样的扭曲力量导致觅食者未能注意到人们不该四处杀人，在我们的社会，这不是昭然若揭的吗？我认为这在很大程度上取决于在觅食社会，常见的暴力动机是什么。

因此，以下我提出一些非常粗略的推测。首先，我们有时可以注意到，在过去的时代，至少有一些人的自我身份认同观念比我们这个时代的人更加社会化和公众化。我们现在可以毫不迟疑地说，如果你心里认定自己是个好人，人们怎么看你就无关紧要了，但这并非自古皆然。过去的人们在谈及他们的"人格"时，这个词似乎同时表示我们所指的"声望"以及他们的内在身份认同。而且他们似乎觉得自己的内在身份认同会因为人们如何看待他们而遭到破坏甚至摧毁。捍卫荣誉即是在这一公共层面上保护个人的身份认同。所以我们不妨这样推论，为了捍卫荣誉而杀人，在过去看起来可能更像是许多人直到今天还视为完全可以容忍的一种暴力形式，也就是自卫。如果这就是觅食者暴力的动机，那么扭曲的根源，或者说与我们的差异的根源，就是人们看待自我的方式。[26] 我对觅食社会的认识不足，因而不知道这种看法有多可信。我使用的两个参考资料是理查德·李有关昆桑人的专著和剑桥大学生物人类学讲师弗兰克·马洛关于哈扎人的著作，其中并没有解释清楚暴力是否跟荣誉感之类的有关。[27] 他们确实明确指出暴力经常涉及性事——不忠和妒忌是很多暴力的起因。[28] 当然，就性这个话题而言，就算是现代人也往往会有非常敏感的评价性自我观念。

我的另一个想法是，如今在我们中间，有设计特制药物的人，有花时间设计广告专门诱惑年轻人抽烟的人，有为了给自己省一点儿钱，在人们的生活必需品中使用危险的劣质成分的人，还有很多人出于利益动机诱使他人献出生命，或让他人冒着严重的生命危险，而自己却袖手旁观。我猜社会学家在计算死于暴力的人数时，并未把这些人的牺牲品包括在内。而显然，借刀杀人和明火执仗的人一样都是凶手。这让我怀疑"暴力"作为一个有道德意义的类别到底有多大用处。在现代社会，很多事情并不需要我们亲力亲为，包括伤害和杀戮在内。

实际上，莫里斯有关暴力的讨论还有一个问题，要指出这个问题我最好还是引用表4.1。[29] 莫里斯的著作基于他的讲座，最初在讲座上他使用了"不错"（OK）一词，而在本书中他用的是"中"（middling）。"不错"暗示着"可取"，而"中"则没有任何明显的规范性的含义，其意义也不明。他在第一章中揭示了使用这个词的理由，在那一章中他讨论为每一个群体对待某种行为的态度赋值，如果认为是好的则加1分，认为是坏的则减1分。但在这里，我们头脑中有关道德的哲学概念就至关重要了。哲学家有时会争论，根据关于道德的结果论观念，也就是只关注你做过多少好事，将行为简单地排序为"更好和更坏"，要比分为"禁止、可取和必须"更有意义。根据结果论观念，"中"这个词的使用可能是有意义的，因为好和坏有可能被认为是刻度尺的两端。但我们无法以这种方式来考察"禁止"和"必须"——在任何意义上，"可取"都不是介于二者"之间"的概念。所以，莫里斯在此似乎预设了某种结果论的观点。不论该观点是什么，我觉得无论认为它是"中"还是认为它"不错"，都没能充分说明为什么觅食社会容许更多的暴力。没有哪个社会认为暴力是可取的，举例说吧，起码它绝不会像花一下午的时间看电影那样可以随心所欲。暴力总需要一个正当的理由或借口，而说它是可以容忍的，就等于说人们常常认为它是合情合理或情有可原的。在莫里斯本人以及他人对于觅食者态度的描述中，觅食者们显然就是那样看待暴力的。

但先把这个问题放在一边，我的主要观点只是，我们有各种方法来解释价值观体系随着时间流逝而发生的变化，其中有些让我们承认，社会形态乃至造就那些形态的任何事物，都对人类价值观的塑造施加了压力，而无须得出社会形态完全决定了人类价值观之塑造的结论。莫里斯并未向我们证明，他自己的解释比其他某些看似可能的解释，特别是我称之为扭曲观点的那种解释要更加高明。实际上，单看莫里斯的表 4.1，我们很可能会发现觅食者的价值观与我们自己的价值观有着广泛的相似性——据莫里斯记述，他自己的学生也有同样的反应。[30] 与其认为价值观是由能量获取的方式决定的，或许我们应该认为，随着农业时代的来临，人类开始可以积聚权力和财产，各种意识形态也开始产生，它们扭曲了真实道德价值观——直到现在，人类已经进入科学和普及教育的时代，我们才开始慢慢克服这种扭曲。

我们不清楚莫里斯是否相信有真实道德价值观存在。也许他所讲述的这种故事不一定含有持怀疑态度的弦外之音。的确，我们轻易可以想象出一个与莫里斯相似的故事，说明价值观如何改变，人类看待世界如何运转的观念又如何改变。我们会说，觅食者抱持万物有灵论，他们认为世界上居住着无所不在的精灵，万事万物均听从调遣。农夫坚持神学观，认为世界由一位超凡脱俗的神明统治。化石燃料使用者则秉持科学的观点，认为万事万物都是由直接动因决定的。也许每个时代的观念都是得其所需，但即使能够证明这样的观点，我也不认为我们任何人，包括莫里斯在内，会急于放弃万事万物实际上都是由直接动因决定的这种观念。

无论如何，莫里斯在全书中最接近于承认有可能存在人们应该持有的价值观的，是出现在第五章的一句话，他说有可能存在"一套放之四海而皆准的人类价值观，无论是从各种价值观必然会走向的终极目标，从实用性，或是定言令式，或是差别原则，似乎都可以整理出这样一套普适价值观"[31]。这句话让我吃了一惊，因为我们本以为，莫里斯把价值观看作对社会有用的工具会让他致力于发明一种特殊的方法来"计算"出一套最佳价值观。如果我们最终实现了某种稳定而可持续的能量获取方式，比如经济上可行的太阳能，那时，支持太阳能所要求的无论何种社会形态的价值观或许就是最佳价值观了。

但不管怎样，我不能确定莫里斯在说有可能存在一套"最佳"价值观时，他到底想要承认什么。正如莫里斯所述，在他讲座之后的讨论中，我们提起了当时刚刚发生的马拉拉遇刺事件，试图看看我们能否从莫里斯本人那里得出任何道德观点。这是一个机会，可以借以测试我前文中提到的所谓"透明度"。相信莫里斯的理论对莫里斯本人的价值观有何影响？莫里斯在书中表示我们认为"这次刺杀企图的唯一解释，似乎是塔利班对其深刻的道德缺失感到心虚"。实际上并非如此。某个行为是否错误，与为何有人居然认为它是正确的，这是两个不同的问题，我们并不是在就塔利班为什么那样行事或者他们为何认为那是正确的问题选择立场。我们要说的只是这种行为显然是错误的。就此，正如文本中的讨论一样，莫里斯试图避免提出他本人的任何道德主张。在文中，莫里斯却反而讨论起事情在农业人士和产业工人"看起来会"是怎样的。说来也怪，就在这段之前刚刚另有一番讨论，其中莫里斯指责他自己的学生试图在如何解释某人做了不道德之事的另一个问题，即蓄奴问题上闪烁其词。学生们都可以坦率地说奴隶制是错误的，却不愿将其归咎于道德上"落后于时代"（莫里斯的原话）。我倒觉得学生们抗拒就蓄奴者的不道德行为做过于简化的解释没什么错，就像我认为要解释塔利班对女性的态度，很可能会涉及一个复杂的混合体，包括一些道德上有缺陷的态度、一些真正的宗教信仰，还有人类对性事惯常采取的阴暗态度。但这样的想法无法阻止我们坚信，奴隶制和枪击想要上学的女孩根本就是错误的。

莫里斯的文本有时读来仿佛他本人不是他为之建立理论的人类中的一员，仿佛这些问题的答案如何于他本人毫无利害关系。我认为这与我们每个人都休戚相关。但莫里斯在提到枪击马拉拉的塔利班和绑架尼日利亚女学生的"博科圣地""关于应该用暴力惩罚想上学的女孩这一点，他们丝毫没有道德败坏的心虚"[32]时，却显然表达了他自己的观点。如果莫里斯的意思只是说他们持有那样的观点并非源自其道德品质上的任何缺陷，我怀疑这一判断的正确性，但并不否认存在这样的可能性。但是，如果他的意思是为了惩罚女孩想要了解自己生活其间的世界而枪击她们并没有错，或者在历史上并非始终为错，那我只能下结论说他是个道德怀疑论者，他根本不相信任何真实道德价值观的存在。

参考文献

Aristotle. *Nicomachean Ethics*. In *The Complete Works of Aristotle*. Translation by W. D. Ross; revised by J. O. Urmson. Princeton, NJ: Princeton University Press, 1984, vol. 2, pp. 1729–1867.

Blackburn, Simon. *Ruling Passions: A Theory of Practical Reason*. Oxford, UK: Clarendon Press, 1998.

De Waal, Frans. *Primates and Philosophers: How Morality Evolved*. Edited by Stephen Macedo and Josiah Ober. Princeton, NJ: Princeton University Press, 2006.

Frankfurt, Harry. *Taking Ourselves Seriously and Getting It Right*. Edited by Debra Satz. Stanford, CA: Stanford University Press, 2006.

Freud, Sigmund. *Civilization and Its Discontents*. Translated by James Strachey. New York: W. W. Norton & Company, 1961.

Harman, Gilbert. *The Nature of Morality: An Introduction to Ethics*. New York: Oxford University Press, 1977.

Hobbes. *Leviathan*. Edited by Edwin Curley. Indianapolis: Hackett Publishing Company, 1994.

Hume, David. *A Treatise of Human Nature*, 2nd ed. Edited by L. A. Selby-Bigge and P. H. Nidditch. Oxford, UK: Clarendon Press, 1975.

———. *Enquiry Concerning the Principles of Morals*. In David Hume, *Enquiries Concerning Human Understanding and Concerning the Principles of Morals*, 3rd ed. Edited by L. A. Selby-Bigge and P. H. Nidditch. Oxford, UK: Clarendon Press 1975.

Hutcheson, Francis. *Inquiry Concerning the Original of Our Ideas of Beauty and Virtue*. In D. D. Raphael, *British Moralists 1650–1800*. Indianapolis: Hackett Publishing Company, 1991, vol. 1, pp. 261–99.

Kant, Immanuel. "Conjectures on the Beginning of Human History." In *Kant: Political Writings*, 2nd ed. Translated by H. B. Nisbet; edited by Hans Reiss. Cambridge, UK: Cambridge University Press, 1991, pp. 221–34.

———. *The Groundwork of the Metaphysics of Morals*. Translated by Mary Gregor. Cambridge, UK: Cambridge University Press, 1998.

Korsgaard, Christine M. "Morality and the Distinctiveness of Human Action." In Frans De Waal, *Primates and Philosophers: How Morality Evolved*. Edited by Stephen Macedo and Josiah Ober. Princeton, NJ: Princeton University Press, 2006, pp. 98–119.

———. "Reflections on the Evolution of Morality." At http://www.amherstlecture.org/korsgaard2010/index.html.

———. *Self-Constitution: Agency, Identity, and Integrity*. Oxford, UK: Oxford University Press, 2009.

Lee, Richard. *The !Kung San: Men, Women, and Work in a Foraging Society*. Cambridge, UK: Cambridge University Press, 1979.

Mandeville, Bernard. *The Fable of the Bees: or, Private Vices, Public*

Benefits. Edited by F. B. Kaye. Indianapolis: Liberty Classics, 1988.

Marlowe, Frank. *The Hadza: Hunter-Gatherers of Tanzania*. Berkeley and Los Angeles: University of California Press, 2010.

Nietzsche, Friedrich. *On the Genealogy of Morals*. In *On the Genealogy of Morals and Ecce Homo*. Translated by Walter Kaufmann and R. J. Hollingdale. New York: Random House, 1967, pp. 15–163.

Rawls, John. *Political Liberalism*. New York: Columbia University Press, 1993.

Rousseau, Jean-Jacques. *Discourse on the Origin of Inequality*. In *The Basic Political Writings of Jean-Jacques Rousseau*. Translated by D. A. Cress. Indianapolis: Hackett Publishing Company, 1987, pp. 25–110.

Smith, Adam. *Theory of the Moral Sentiments*. Edited by D. D. Raphael and A. L. Macfie. Indianapolis: Liberty Classics, 1982.

Street, Sharon. "A Darwinian Dilemma for Realist Theories of Value." *Philosophical Studies* 127, no. 1 (January 2006): 109–66.

第九章

灯火阑珊处：文明崩溃后的
人类价值观

玛格丽特·阿特伍德★

我要向莫里斯教授致以谢意，感谢他趣味盎然、振聋发聩、融会贯通、惊心动魄的骇人讲座，我预测这个讲座很快就会变成一个视频游戏，就像蛇梯棋①那样，只不过这个游戏里的蛇要多得多。

★ 在加拿大多伦多大学维多利亚学院获得学士学位，在美国拉德克利夫学院（后被并入哈佛大学，更名拉德克利夫高等研究院）获得硕士学位。
她写过60多部诗歌、儿童文学、虚构类和非虚构类作品，以虚构类作品享誉全球。其虚构类作品包括《可以吃的女人》（1969年）、《使女的故事》（1985年）、《强盗新娘》（1993年）、《别名格蕾丝》（1996年）和《盲刺客》（2000年布克奖作品）。
她的反乌托邦小说《羚羊与秧鸡》于2003年出版。《帐篷》（迷你小说）和《道德混乱》（短篇小说）都发表于2006年。她最新的诗集 *Dearly* 于2020年出版。
她的非虚构类作品《偿还：债务与财富的阴暗面》是梅西讲座系列的一部分，于2008年出版，她最新的虚构类作品《证言》于2019年出版。最新作品是短篇小说集 *Old Babe in the Wood*（2023年）。

① 蛇梯棋，源自印度的掷赛游戏，棋盘上除下方格外，还绘有梯子和蛇，以随机的骰子决定棋子的步数，途中若抵达绘有梯子或蛇的格子，会移至其他格，遇梯则进，遇蛇则退，以抵达终点为胜利。

211

先作个简单的自我介绍。我是个小说家,这个称谓一点儿也没让我脸红,特别是自从大脑专家们透露,人类在更新世所发展的叙事技巧是进化的主要推动力以来,它甚至还让我有点儿骄傲。如果没有叙事的技巧,我们的语言天赋也就是《行尸走肉》①的水平,我们也就无法像今天这样来讨论人类的价值观。因此,科学家和哲学家们,请你们不要嘲笑说书人。我这门学科才是真正的基础学科。

但在着手写小说之前,我是在一群生物学家中间长大的,自己也几乎成了一个生物学家。我竭尽所能让自己像个生物学怪人,一直很警惕生化昆虫间谍、人造香肠肉、无头小鸡等,如此种种,驱使我写下了《羚羊与秧鸡》等作品,在那部小说中探讨了人类最新的玩具:基因工程。我们如今已经可以创造新的生命形式,并致力于从内到外地改造人类。(提示:一脸呆气的生物学家会用生物工程设计出美丽的女性,在她们的基因里嵌入对一脸呆气的生物学家的欲望哦,等着瞧吧。)

我们曾一度为人类的天赋德行和才智自鸣得意,也曾以为人类赖以生存的生物圈无边无际、无起无极,在我们生活的时代,这些都受到了极大质疑。我们从何处来?我们是谁?我们向何处去?(引自画家保罗·高更。)②很长时间以来,这些一直是人类的基本问题,但答案从来就不是一成不变的。

这很重要,因为对第三个问题(我们向何处去?)的回答在很大程度上取决于我们如何解析前两个问题:我们是谁?我们从何处来?研究神经元的家伙们、DNA 历史学家们,以及一连串的相关研究者都忙着解答这些问题。那些登高博见的生物学家也不例外,比如在弗兰

---

① 《行尸走肉》,美国漫画、恐怖电视剧,讲述了主人公身陷丧尸占领的末日后世界的故事。

② 《我们从何处来?我们是谁?我们向何处去?》是保罗·高更在 1897 年所画的其生平最大幅作品。

斯·德瓦尔的作品《共情时代》中，看起来我们不仅仅是社会达尔文主义很久以前便断言的生性自私好斗的下流坯；以及 E.O. 威尔逊近期出版的《社会如何征服地球》中，看起来在我们从觅食社会走向农业社会，再走向机场要一杯拿铁咖啡这个漫长的过程中，与人类核心价值观相联系的某些特性终得以幸存。（我要特意补充一句，威尔逊教授在其作品《人类存在的意义》中，称人类不断探索未知的关键是人文学科而非天文数理，怕会令很多人大吃一惊。）

我们过去常常听到人们谈论"人类精神"，虽说莫里斯教授提出的人类伦理价值观的钩眼扣模式不免让人胆战心惊，我仍不准备放弃这种精神。我们的伦理价值观似乎早已长成了连体婴，而与它们密不可分的另一半，不管它们叫什么，继续点燃了人性之光，推动了历史前进的车轮，又反过来深刻影响着我们，包括晚餐吃什么，如果还有晚餐可吃的话：是生海豹肉、是《奥德赛》里堆在桌上的细嫩光鲜的红肉、是《圣经》里雅各和以扫①的传说中那样一碗红豆汤，还是我住的街角上小饭馆里的纯素炖菜。与那些价值观密不可分的还有谁来做这顿晚餐，如果还有晚餐可吃，且还有时间和心情烹饪的话：是妈妈，是奴隶，是巴黎的厨子，是像奴隶般挣扎于家务的妈妈，还是肯德基的高温油炸锅——如果不是自助餐，还有谁来上菜：是妈妈，是鱼贯而入的半裸奴隶，是女服务生，是自助售货机，"您好，我是鲍勃，您今天的服务生"，是穿着烧烤围裙的爸爸，还是"机器人米尔德丽德"②，等等。当然还包括谁会吃到晚餐中最好的那部分，如果有这样的人的话：是"英勇的猎户"③，是"伟大的勇士"④，是贵族地主，

---

① 据《圣经·创世记》记载，以扫是以撒和利百加所生的长子，因为"一碗红豆汤"而随意地将长子的名分"卖"给了雅各。
② "机器人米尔德丽德"，是出现在美国儿童电视节目《香蕉船冒险时间》（1968—1970年）中的机器人女仆。
③ 英勇的猎户，出自《圣经·创世记》10∶9。
④ 伟大的勇士，出自《圣经·创世记》10∶8。

是家长制的商人爸爸,是现代女企业家妈妈,是被宠坏的孩子,是"小狗罗弗"①,还是"机器人米尔德丽德",等等。

这一切都令人神魂颠倒,特别是对于像我这样有写作习惯的人,我写充满乐趣、笑话连篇的喧闹游戏,其中的人类大都湮灭无踪,但有些幸存了下来,因为如果不是这样,就没有故事情节了,不是吗?

但是,假设真的发生了像我在小说中写到的,或是莫里斯教授暗示的那样的崩溃。你或许会觉得果真如此的话,我们中间的幸存者会选择后退一步,从化石燃料的价值观退回到农业价值观,但在社会结构广泛瓦解的情况下,我们更可能会即刻扭转到早期的觅食价值观,与之相伴的便是人际暴力。简言之,当人性之光阑珊、警局网络失灵之时,劫匪便会在 24 小时之内出动。农夫尚有土地可保,因而有领土可卫,而城市居民丢掉例行工作就成了流浪者,他们赖以生存的不是自己种植的庄稼,毕竟从下种到收获,那可是个漫长的周期,因而不得不走向乞讨、盗窃和谋杀。

这些场景对小说家来说都是有价值的情节;实际上,这些都是当前流行的情节,《僵尸启示录》② 即可为证。但和诸位一样,我也想现实地考察一下人类的生存机会,不光是作为物种的人类,还包括人类社会。正如莫里斯教授指出的,全球化意味着随着供应和分销网络的形成,如今的世界越来越变成了同一个社会——一个社会实验,这得益于化石燃料推动的电力互联。我们正在创建的东西从太空中看起来很像一个巨型大脑,其中数不胜数的神经连接器闪闪发亮,或像个庞大的蚁冢,内含一个电化学通路网络。所以,如果我们失败了,那将是个一体化的大溃败,其后果是过去的人类完全无法想象的。

---

① 罗弗是小狗的常用名。在 1905 年的一部英国黑白默片《义犬救主》中,一条名叫罗弗的狗引领着主人解救了被绑架的婴儿。1991 年还发行过一个电脑解谜游戏《解救罗弗》。
② 《僵尸启示录》,2012 年于美国上映的一部描述末日世界的僵尸恐怖电影。

社会的科技越复杂，规模越大，就越会由极其微小的错误导致重大失灵，火车失事的速度就越快，灾难性后果就越严重。恢复运作也就越困难，因为再也没有人知道该如何修复了。你的汽车、电脑和舷外马达都是数码的。如果我们的社会崩溃了，它们不太可能被重建，因为资源提炼和生产的组织运作所需的专业技能早已烟消云散。

然而，假设世界不会崩溃。莫里斯说在这种情况下，社会发展将呈现持续的爬升——这里的"升"一词只体现在图表上。这种扩展是无法想象的：我们会住在巨型都会区，任何断供都会造成巨大影响。因此莫里斯说，就算没有发生任何故障，也意味着我们的变化之巨，很快会将我们认知的五星级人类甩在身后，并且这一天很快就会来临。我们如今认为的仁慈、正直与公正，未来可能会被看作愚蠢和反社会的特质。

正如莫里斯教授指出的，一如既往，来自外部的冲击也会对事件产生影响。他列举了曾经加速或伴随过大型文明崩溃的五种力量：导致世界末日的五位骑士。请注意，它们是天启骑士[①]，而不是天启行人或天启轮滑手：我们的确很喜欢有关马的隐喻，自古以来便是如此。我颇为不悦地注意到，莫里斯在他列举的三个阶段中遗漏了畜牧，因为如果军事史学家约翰·基根是对的，有组织的大规模战争均出现在欧亚草原上骑马的畜牧者中间，并使人类价值观发生了相当彻底的转变，这至少应该得到莫里斯的一点儿关注。

莫里斯的五位骑士包括：迁徙、国家崩溃（方向和基础结构的崩溃）、饥荒、瘟疫，以及气候变化（这一主题的其他写作者曾指出，最后一个因素会影响食物供应和疾病的传播，这是我们目前已经看到的结果）。

我想在这场末日崩塌中添上第六位天启骑士：海洋的崩溃。在人

---

① 天启骑士，是《圣经·启示录》中所记载的四位骑士，传统上被解释为瘟疫、战争、饥荒和死亡，但对于四骑士的解释略有争议。

类历史上,我们扼杀的手指距离海洋从未如此之近,但如今我们早已来到它的跟前。我们高效的捕鱼技术即将使该技术本身的存在无所依凭。我们在海底搜刮,毁掉了繁殖水域;我们倾倒了大量毒素,比如2010年墨西哥湾漏油事件;我们和顶级掠食者鲨鱼开战,导致其捕食对象鳐鱼数量剧增,如今正在大规模捕食中型鱼种。

还有更糟的。数十亿年前,海洋藻类植物产生了人类呼吸的大气,如今,这些藻类仍在产生我们所需的60%~80%的氧气。如果没有了海洋藻类,我们自己就无法生存。越南战争期间,大桶大桶的橙剂[①]被装船运至太平洋的另一端。一旦那些船只沉没或橙剂泄漏,我们今天的讨论也就不可能进行了。请注意:我们必须关注自己赖以存在的物理/化学根基。

还有第七位天启骑士:生物工程。如今,我们不仅可以通过选择性繁殖(好几千年前我们就开始这么做了),还可以通过改造DNA来改变物种。至于摆弄我们自己的身体和大脑,可谓潜力巨大:我们将无力抵抗改变自身DNA的诱惑。我们还会玩弄动物、植物和微生物的基因——当然,所有的乱搞都被冠以最崇高的宗旨,其中之一似乎是少数巨头公司对世界种子市场的垄断(顺便提醒一句:大自然痛恨单一农作物)。

在我们发明的所有工具的协助下,生物工程既可用于我们所定义的"高尚"目的,又可以用于我们定义的"邪恶"目的。那么我们制造的工具是中立的吗?有效定义了高尚和邪恶的元素是不是我们的普遍人性及其价值观,即那些我们一直习惯于将其看作不变量的价值观?

莫里斯暗示并非如此。我们制造工具,但工具同样也造就了我们。

[①] 橙剂,又称落叶剂或枯叶剂,含有大量一类致癌物质。美军在越南战争时期通过除草作战方案与牧场工人行动执行落叶计划,对抗丛林中的越南共产党。在1962—1971年的行动中,美国军用飞机把大量橙剂喷洒在越南的土地上。

获取能量的工具就是一个反馈环路——如果你转向农业，就会制造有助于农耕的工具，那些工具反过来会决定你如何看待谁该做些什么的问题。在农业社会，性别角色和地位有着巨大的差异，部分原因就是使用农具需要很大的上肢力量。

在化石燃料时代，事情朝另一个方向发展，走向了更大的平等，因为需要不同的力量和技巧。阅读、写作和打字，从使用工具所需气力的角度来看，是性别中立的，这样一来，基于性别的工资差异就越来越难以存续了。

但是，如果还有未来的话，化石燃料时代之后会发生什么，人类自身又会发生什么变化呢？如果我们要维持当前复杂的社会结构，就必须采用廉价的能量获取新形式，因为如果我们继续按照莫里斯的大规模图表描述的速度燃烧化石燃料，必然会死无葬身之地，更不用提随后发生的大洪水和饥荒了。

很多聪明人都在致力于解决这些残酷的问题。在此期间，莫里斯教授适时地指出，可能会导致我们溃败的方式是前所未有的。他关注的是核武器，这的确是个隐忧。但是，切尔诺贝利的实例表明，暴露在中高水平辐射之中的大自然还会继续发展，尽管会发生更多的变异，而人类自身的发展却不太理想，我们会长肿瘤，身体也会垮掉。

但无论事情发展的走向如何，像图中的曲棍球棒一样直指向上也罢，倒栽葱全部覆灭也罢，巨大的变化，包括某些我们认为是"好"的行为变化，就要发生在我们的社会、我们的物种，以及我们的星球上了。我同意，无人知晓这些场景会如何发生；变量实在是太多了。我作为一个小说家乐于见到的未来是开放式的，那样我就可以自由地进行创作了。至少对我来说，那还是一线希望。

但我们的确热爱推测未来，这也是有原因的。令人兴奋的消息是，恩维尔·塔尔文曾在《新科学家杂志》上发文称，人类伟大的大脑中的情景记忆系统进化的目的和方向不是帮助我们记住过去，所以我们总也记不住车钥匙放哪儿了，相反，这些系统的进化是为了帮助我们预测未来，掌控即将发生的事件。而那正是今天我们在会议室用伟大的人脑所做的事情。

人类在过去也曾经历过一些艰难时刻，我们都挺过来了，存活至今，完全得益于我们的大脑。哦，伟大的大脑！如今，当即将发生的事件在我们面前投下一片阴影，吓得我们魂飞魄散时，我们召唤你！我们需要你！你最好做些大战略方面的思考。

再次感谢莫里斯教授，响亮地唤醒了全人类共同的伟大的大脑。

FORAGERS, FARMERS, AND FOSSIL FUELS
How Human Values Evolve

回应篇

第十章
我对一切事物的正见

我的回应

在学术圈，批评是最诚恳的恭维。因此，我要郑重感谢菲尔·克莱因海因茨、乔希·奥伯、凯西·圣约翰、沃尔特·沙伊德尔、保罗·西布赖特、肯·沃德尔、普林斯顿大学出版社的两位匿名审稿人，以及我那两位孜孜不倦、充满耐心的编辑史蒂夫·马塞多和罗布·滕皮奥，他们都阅读了本书的早期版本并提出了宝贵意见。[1]但我更要感谢玛格丽特·阿特伍德、克里斯蒂娜·科斯嘉德、理查德·西福德和史景迁，几位在2012年10月不辞旅途辛劳，来到普林斯顿大学回应我最初的讲座，之后还甘于忍受更多的麻烦，修订了他们针对本书第一章到第五章的扩展文本所做的评论。

我喜欢回应。每当我拿起刊载回应的期刊，比如《当代人类学》或《剑桥考古学杂志》时，我通常会直奔辩论的部分，读完以后才决定是否阅读原论文。我认为这可不是个糟糕的策略：回应者经常会提出我本人不曾想过的各种问题，带着这些问题阅读论文会有很大的收获。

但虽然读过那么多回应，我不记得有哪位作者因为受到了令人难堪的批评而宣布撤回自己的主张，我必须承认，我也不想当第一个。但那应该也没问题，因为我觉得以此方式对坦纳讲座者逼供，正是人类价值研究中心选择这种形式的原因。于我而言，这一组回应的迷人之处在于评论，包括一位小说家、一位哲学家、一位古典学者和一位历史学家。在人类价值观的进化问题上采取了如此不同的角度，围绕该主题涉猎的范围如此广泛，让我得以用全新的方式来考察我的论证。但是，要对这些回应再做出回应也同样面临着问题。就算我有能力回答回应者提出的所有问题，也需要再写 5 章的篇幅（且正像出版社的一位匿名审稿人所言，还需要 20 年才能写完）。我怀疑谁都不希望如此，虽说阅读诸位的回应的确让我很想更加深入地思考这些问题。我已经写过《战争》这本有关长期暴力史的书，[2] 但现在我觉得有必要试着再写一本（或者三本）有关财富、性别和政治的长期史。

　　但那要等下一个机会了，当前，我希望自己的回应更加自如一些。尽管诸位评论者的回应并未让我为自己犯下的错误而忏悔，但它们的确让我看到了我论证中的弱点和组织论据的其他（可能更好的）方式。我花了些时间认真考虑了诸位的回应，现在我觉得，我的论证实际上可以归结为两个假设，这让我提出了两个主张，继而牵涉出两个推论。所谓"假设"是指我并不试图证明（至少是因为我缺乏生物学和心理学的必要知识），而是以其作为出发点的前提；"主张"是指我试图在本书第二章到第五章中证明的观点；而"推论"是指我无法真正证明，但根据我的主张所提出的符合逻辑的观点。考虑到每一个评论者的回应都能（或未能）让我从全然不同的角度来看问题，我希望能在这全书最末一章充分整理这些假设、主张和推论。

两个假设

我不会在假设上花太多时间,因为没有一个回应者直接质疑那两个假设中的任何一个。但我还是想说几句,因为克里斯蒂娜·科斯嘉德为我的第二个假设添加了一些重要的限定,也因为这两个假设对于我在本章后文中回复科斯嘉德教授和西福德教授的辩论都很重要。

我的两个假设是:

1. 有几个核心价值观是几乎全体人类都珍视的。至于有哪些价值观当位列其中,尚有辩论的空间,但待人公平、行事公正、爱憎分明、尊重忠诚、未雨绸缪、敬畏神明似乎都是强有力的参选者。[3]

2. 这些核心价值观都是人类经过生物进化,为适应环境而生成的。

当然也有可能存在其他假设。我本可假设人类的思想是一块白板,能够接受任何我们想象得到的价值观,而不是假设全人类共享一些基本的价值观;同样,我本可假设人类价值观是通过某种其他机制获得的,比如出自某位智慧设计者之手,抑或根本就是个意外,而不是假设人类价值观是经过生物进化,为适应环境而生成的。所有这些备选假设看来都在道理上符合我的功能学派论点,即不同水平的能量获取促使人们对这些人类核心价值观做出了不同解读。就算生物进化实际上只是幻想,或者只对人类共同价值观的产生起到了很小的作用,觅食者、农夫和化石燃料使用者之所以对世事的态度如此不同,在很大程度上仍要归因于我标记为"文化进化"的那些过程。我提出上述两个假设的原因并非它们是我其他立论成立的绝对必

需,而是因为它们看起来是正确的,相反,白板①、智慧设计论②和意外说看起来全都是错误的。⁴

虽说如前所述,没有一位回应者真正对我的假设提出异议,但克里斯蒂娜·科斯嘉德的确重提了她对弗兰斯·德瓦尔的坦纳讲座做出回应时所提出的观点。她在描述我的第二个假设时指出,我不仅应该努力解释人类共同价值观的内容,而且应该首先解释我们共有的价值判断能力。她说,她这句话的意思是对好的事物做出价值判断不同于仅仅喜欢它。她指出,价值判断就是表明态度,是表示不赞同那些不赋予该事物价值的人。"我不可能一边珍视诚实的品质,"她说,"一边又不觉得做一个寡廉鲜耻的骗子很可耻,或者不特别希望自己既能珍视诚实的品质,又能做一个真正说实话的人。"价值判断是每个人"评价性或规范性地看待自我的能力"的一个基本组成部分,任何不能践行这一观念的人(同样,包括我们自身在内)都不值得尊重。

这些看来都很合理,或许也就是说,科斯嘉德教授和我关于生物学在价值判断的进化上所起的作用没有多少异议。生物进化在每一个现代人的头颅中放入了约 1.2 千克的魔法,正是这 220 亿个神经元,每秒钟一万万亿次电讯号的来回反射,让我们拥有了创造复杂价值观体系所需的意识。⁵ 然而,我虽然十分同意科斯嘉德此前发表的有关人类和其他动物之间关系的某些结论,⁶ 却不赞同她说的"我认为其他动物不具备规范性地看待自我的能力"。"人类,"她解释道,"可以一种特定的方式反观自身:我们不仅对世事持有评价性态

---

① 白板,是英国哲学家洛克使用的哲学术语,他把人的意识的原始状态比作一块"白板",认为人没有任何天赋原则,而是从生活中、从实际经验中获取自己的一切观念、概念。
② 智慧设计论,是指认为"宇宙和生物的某些特性用智能原因可以更好地解释,而不是来自无方向的自然选择"的观点。

度,而且对我们自身的内在状态和态度本身也可以做出有态度的评价……所有这些都是人类生活的一个特征,使之与其他动物的生活截然不同。"

想象其他动物思考、感觉和评价方式的做法是一个古老的哲学传统,至少可以回溯到公元前3世纪的中国。[7]我无意加入其中,但我用了很多时间和动物生活在一起,半个世纪的观察让我对科斯嘉德的断言产生了怀疑。这里,我可能又要被指控犯了某个主义的错误,这回是行为主义者所称的拟人论(在他们的学说中,这个词通常是指"将人类的心理体验归属于动物"之类的概念)。[8]这显然不是什么好的主义,因为对于科斯嘉德观点的拟人论回应会造成循环论证,把我们讨论的那些属于人类的价值判断能力投射在其他动物身上。不过,我怀疑行为主义者们有些草木皆兵了,事实上并没有那么多的拟人论。更准确地说,就像德瓦尔对灵长类动物学家的观察那样:"就动物心智这个有争议的问题,对科学家们的态度看来有些影响的一个因素,就是他或她本人对非人类灵长动物的行为的体验……在熟悉这些物种的人中间,绝对'不相信'(非人类灵长类动物也有评价性或规范性自我观念)的人是很罕见的。"[9]

在关于拟人论的争论中,作为我个人的一点儿小小的贡献,我想以我的一条狗米洛作为例子。米洛似乎以自己的方式敏锐地发展出了一种等级感,类似于本书第三章提到的那些农夫。这倒不只是米洛想要在啄序①上捍卫自己的地位,更准确地说,它似乎是义无反顾地捍卫我和妻子的地位,其他任何动物,不管是我们家最小的猫咪还是那两匹体型庞大的马——雷和斯马蒂,只要没有意识到我们夫妻俩才是狗中老大(姑且这么说吧),都会遭到米洛的惩罚。米洛给人留下的印象就是它视等级为好事,因而极为重视等级,并且认为任何不这么

---

① 啄序或称啄食顺序,指群居动物通过争斗取得优先权和较高地位等级的现象。

想的动物都是坏蛋。[10]

我无法证明我对米洛价值判断过程的印象是否正确，德瓦尔的认识显然是正确的：发现其他物种有评价性或规范性的自我观念"主要是基于人类的直觉"[11]。但是，现代人类代表了一个谱系的一端，而不是在本质上不同于其他所有动物，这个观念似乎正日益被学界广泛接受。20世纪90年代，古人类学家经常会提到大约5万年前的一次"大飞跃"或"人类意识大爆炸"，认为那使得现代人类的认知全然不同于我们所有的祖先；如今，大多数人则喜欢说是近几十万年来的一系列"蹒跚学步"，把智人和其他人类逐渐分开。[12] 达尔文指出"人类的心智能力和低等动物在程度上有极大的差别，但在类型上并无不同"，看来是再次抓对了要点。[13]

主张 1：三个阶段，三种社会形态

我的第一个主张包括两个部分：近两万年来，人们对其经过生物进化而产生的核心价值观的解读大致经历了三个阶段，并且这些解读大体上与人类为从环境中获取能量而采取的三种主要方法相关，即觅食、农耕和化石燃料。

四位回应者全都在不同程度上触及了这个主张，但在讨论他们的评论之前，我应该首先承认我的"错误"。玛格丽特·阿特伍德十分正确地"不悦地注意到，莫里斯在他列举的三个阶段中遗漏了畜牧"。虽说对她说的"有组织的大规模战争均出现在欧亚草原上骑马的畜牧者中间"，我还可以吹毛求疵一番，但我一时间却不得不同意她关于欧亚草原游牧生活的结论："使人类价值观发生了相当彻底的转变"[14]。我在第一章关于欧亚草原畜牧业的讨论过于简略；而当时忽略这一点的唯一理由（除了"畜牧业"的首字母不是F，有可能会毁了我标题押头韵的创意）是，我认为这个题目会偏离我的主题太远，而又不值得新增太多篇幅。但很可能如阿特伍德所说,这是一个错误。

这个疑问就谈到这里,现在我准备集中探讨诸位回应者众多主题中的两点疑问。第一个主要由史景迁提出,涉及我衡量各个时空背景中的能量获取的努力。"当我们寻求将过往的模式套入现代框架时,"史景迁教授评论说,"就会遇到一套全然不同的挑战,这些挑战与术语的描述性用法有关。简言之,问题在于详细叙述,在于计算出一组描述日常生活现实的术语是否在事实上与另一组相契合。"他最后指出,关键问题是:"其类别有多稳定?"

不妨从史景迁提到的中国定居点的例子开始谈起。我在绘制社会发展指数并以此为基础进行能量获取的计算时就认识到,[15] 这些定居点展现了一个非常现实的类别问题。我用来计算社会发展指数得分的一个指标便是一个社会内部最大的定居点的规模。在某些时期和地点,要分出哪些可以算作定居点还比较容易。例如,新石器时代的中国村落经常会围着壕沟和栅栏,房屋都在围墙里面,外面则无人居住。因此,考古学家很少会争论村落的起止位置(虽然他们经常会争论如何计算居住在村里的人数)。[16] 但在其他的时期,情况就不一样了。最极端的例子或许就是青铜时代早期的城市安阳了(图10.1),它占地逾 15 平方英里,大约相当于曼哈顿面积的 1/3。然而,这个"城市"的大部分区域都是开放空间,零星点缀着一些茅屋。考古学家至今仍在争论,安阳是否算是一个单一的定居点,如果不是,那么边界在哪里。[17]

对此存疑的还不只是考古学家。1986 年我在肯尼亚时,对于地中海世界的城镇和乡村之间的界线分明还记忆犹新,所以卢希亚人的希可可"村"让我大为迷惑。村子没有边界,只是在一片茫茫无际中散落着茅屋、菜园和开放空间,举目望去,从每个方向都能看到地平线。就算是本地人,似乎也拿不准希可可村和下一个村子的界线在哪里。

然而,希可可村的问题与其说是一个无法克服的障碍,毋宁说它

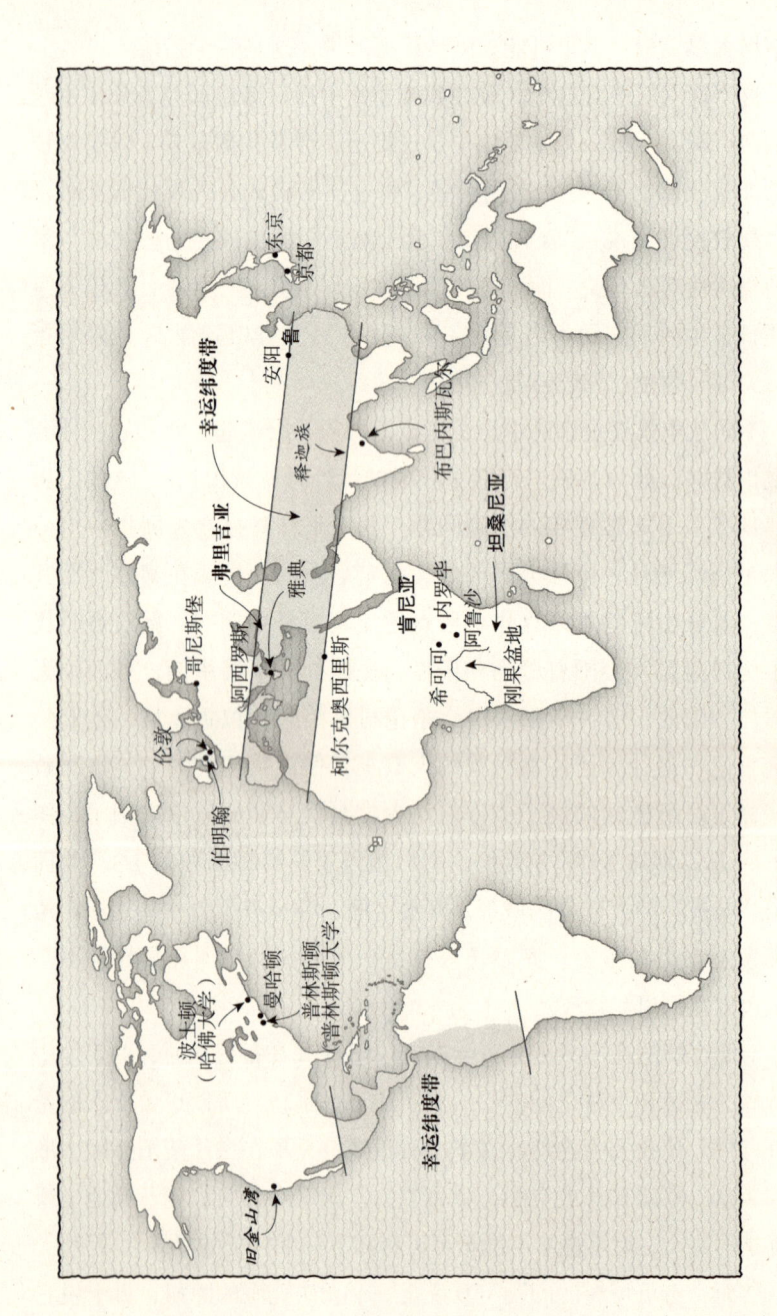

图 10.1　第十章中提到的地点和社会群体

本身就是一个值得关注的变量,从而成为测量社会发展时产生的一类典型问题。20世纪70年代以来,考古学地表调查显示,世界上很多地区都曾在集中和分散的定居模式之间大幅摇摆,前者产生了像中国新石器时代(或乔治先生所在的阿西罗斯)那样可以明确定义的村落,而后者则产生了像安阳(或希可可村)那样松散聚集的家庭。这种左右摇摆的原因本身就非常有趣,[18] 就其细节的辩论则提供了一些界定前现代定居地的方法,虽简单粗糙,但尚可使用。[19]

就本书的论证而言,社会发展指数中最重要的部分当然就是能量了,好消息是,这方面的界定难题并不像研究定居地那么尖锐。我的分析计量单位是每人每天消耗的千卡能量。人类学家、历史学家和哲学家已经证明,在不同的时空,人均的概念差异极大,[20] 但尽管这必然会影响人们如何看待自己的问题,却不会影响个体作为消耗单位的首要地位。同样,虽说我们很有必要区别廉价和昂贵的卡路里,以及食物与非食物消耗,千卡仍是适用于所有类别的有效测量单位。[21]

无论我们讨论的是定居点规模、能量获取,还是信息技术和战争潜力等其他指标,社会发展指数要起作用,都要从细节中提取精炼信息,以便找出测量单位,在各种文化背景中进行比较。历史学家和社会科学家长期以来一直在争论可比较性与明确性的取舍是否得不偿失的问题。[22] 我认为,如果做法是正确的,答案就是肯定的,但史景迁对此持怀疑态度。他认为我的提取方法使得我这幅"世界版图(在我看来)过于温柔了",并且"过于简化,或许可以称之为'数据的中产阶级化'"。他的结论是,我们最好还是选择"一个更加传统的观点,即战争、财富、育儿和疾病,所有这些需求和危险一如既往地存在,从未稍离——对于散布在全球各个孤立的温暖地带的成千上万,也许是数百万人而言,这是一个冷酷的现实"。

谁也不会否认这一冷酷的现实(希望如此),而且我想大多数人都会同意史景迁的意见,即忽略具体细节的史书撰写非常不得人心,就连我这样被指责为中产阶级的人也不例外。[23] 然而,史景迁的评论恰恰把我们带回了我在本书开篇时提出的对其他文化进行理解还是诠释之间的差异。我在其中指出,要想理解生活在过去是什么样的,我们需要根据史景迁所谓的"传统观点"进行深描,描述其他时空的生活现实,无论其冷酷与否。(史景迁自己关于中华帝制晚期的著作正是这一类型的典范。)但为了诠释这些现实,我们必须超越印象派的论文而展开比较和量化。即便史景迁认为结果过于温柔和绅士化了,在这一点上我问心无愧。

我想回应的第二个质疑主要是由理查德·西福德提出的。我在第一章提到过,考察理想类型最困难的部分便是无法知道自己在何时出错了。所谓理想类型,顾名思义,就是没有哪一个具体的例子可以与其模型完全匹配,但是它在哪一个节点上与现实的吻合过于松散,让我们可以断定理想类型是无用的?西福德教授关注古雅典的例子,指出我错误判断了这一点,因而"伊恩所谓的'例外'对其整个理论的破坏力大概是他本人不愿承认的"。

为了在相关背景下考察我们的分歧,且容我先简要概括一下我在第三章中就这一点进行的论证。我的"农业社会"类别包括生活在1800年之前那一万年期间几乎所有的人,所以其间包含了很大的差异,这一点毫不奇怪。我提出用一个三芒星状图来表示这种多样性(图3.1),三芒星的中心是雷德菲尔德和沃尔夫所定义的经典农业社会类型,形成了农业社会理想类型内部的一种理想类型。马奇根加人这种更简单的园耕社会构成了三芒星的一个点,其能量获取的水平较低(通常介于每人每天5 000~8 000千卡),组织结构和价值观与觅食者有所重叠。更加复杂的原始工业国(比如早期现代的欧亚国家)和贸易城邦(比如古代和中世纪的地中海地区)构成了另外两个点;这几类农业社会的能量获取水平很高(通常在每人每天20 000千卡以上，有时还会超过每人每天 25 000 千卡），而且其很多组织和文化特征都很像化石燃料社会。

园耕社会成为觅食和农业社会之间的历史纽带，正因为如此，它们大多无法完美地套入农业模式。同样，原始工业国也是农民与化石燃料社会之间的历史纽带，也同样有很多农业模式的例外。但是城邦呢？为什么它们从很多方面来看都应该成为走向现代化的另一条路径，却从未产生过一场工业革命？我在第三章提出，这些贸易城邦之所以如此有趣，是因为它们通过海上贸易获得的能量缓和了农业的能量束缚，但未将其打破，证实而非证伪了农业模式。西福德教授不同意这一点，他认为古雅典的例子确实证明了能量—价值观之间不存在关联。他认为，我为了证明自己的观点，被迫"降低了两种关系的重要性，一是经济与政治平等之间的脱节（很多在政治上受排斥的人可能很富有：女人、外籍定居者、被释放的奴隶等），二是由所有男性公民组成的民主大会领导下的国家与本人即为至高神祇（或与其有特殊关系）的国王统治下的国家之间的深刻差别"。要对此做出回应，我就必须不顾读者的反感深究更多的细枝末节，但既然我关于能量获取与人类价值观相关的主张能够与相关数据完美吻合，我觉得自己不该对此回避不谈。

众所周知，历史学家缺乏古雅典的统计资料，但即使如此，"很多在政治上受排斥的人可能很富有：女人、外籍定居者、被释放的奴隶等"这样的说法也太过夸张。政治上被排斥的富人凤毛麟角。雅典法律允许属于公民家庭的自由女性拥有财产（地产除外），[24] 但女性的财产实际上是控制在她的"基里奥斯"（kyrios），[25] 即"主人"（婚前是她的父亲或兄弟，婚后是丈夫，丈夫死后则是儿子）的手里。女人的"基里奥斯"不能随意处置她的财产（特别是她的嫁妆），但她本人也不能随意处置自己的财产。根据古希腊演说家伊塞优斯发表于公元前 4 世纪 70 年代的一篇辩护词，"法律明确禁止儿童经商，禁止妇女经营超过一麦第姆诺① 大麦价值的交易"[26]（一麦第姆诺大麦大致足够一个四口之家 6 天的口粮，相当于一个熟练工人 2~3 天的工资）。[27] 该条法律使得自由的女性很难致富，但关于这条法律的确切含义，还有较大的辩论空间，这是希腊史上常有的事情。我们知道有三个雅典妇女的例子，她们送礼和放贷的金额都百倍于伊塞优斯所提及的限制。[28] 每一个故事都有其解读问题，但这些文本的确表明，某些女人很有钱（至少在其中一个例子中，这笔钱显然来自女人的嫁妆）。在另一个例子中，一个贩卖建筑用茅草的女人似乎在一次交易中挣的钱就相当于伊塞优斯提及的限制的 20 倍。[29]

关于法律和实践之间这些明显的矛盾，古典学者长期以来一直激辩不休，他们一般会得出结论说，伊塞优斯有目的地错引了一条法律，该法律允许女性只有在得到其"基里奥斯"的同意后才可进行价值超过一麦第姆诺的交易。[30] 但无论细节为何（实际上当时的法律形势可能也模棱两可），结果一目了然：不少自由的雅典女性从事小规模零售贸易，但她们很少会控制大额交易。少数自由的雅典女性之所以很富有，是因为她们生在富贵之家和/或嫁入了豪门。[31]

但法律上不自由的女性就没有这么幸运了。雅典的确有一些富有的奴隶，[32] 其中一些是女性。不过其数量很少，而且虽然古雅典几乎各行各业都有奴隶，[33] 但富有的奴隶似乎差不多全部集中在金融行业。[34] 有一点是我和西福德教授不谋而合的，雅典人强烈坚持，公民在财务上剥削另一个公民是不道德的。正因为如此，几乎没有哪个雅典富人（特别是那些雄心勃勃要参与民主政治的人）愿意被人看到自己参与了巨额融资，哪怕这类活动是他们获利极丰的渠道。[35] 他们天才的解决方案便是买进受过良好教育的奴隶，让后者来经营雅典人所谓的 "aphanês ousia"，即"看不见的经济"，也就是在幕后调动巨额

---

① 麦第姆诺，古希腊的干量单位，即谷物度量单位，又译为"干质斗"。

有息贷款。雅典最大的银行便由前后四任奴隶经理人运营了半个世纪。这些经理人都受到财务激励，激发他们利用出众的才华为主人牟利。一个名叫帕西翁的奴隶银行家后来变成了大富豪，于是他先是花钱买下了自己的自由，后来又买下了银行，继而又借了一大笔钱给雅典人，以至公民大会投票决定授予他公民权。帕西翁的妻子阿尔基珀[36]活跃于银行界，其他几个奴隶银行家的妻女们也是如此。公元前369年帕西翁死后，他生前的奴隶福密俄（他管理这家银行已经有些年头了，并且用所得利润从帕西翁那里买回了自己的自由）娶了阿尔基珀，接管了这个企业，在他自己也被授予雅典公民权后，又把银行的管理权传给了他的奴隶。[37]

这都是些非凡的传奇故事，但如此富有的奴隶、自由人和女自由人也同样格外罕见。有钱的外籍定居者也是一样；虽然有些非常富有的人会搬到雅典去享受它的各种设施，但城市里绝大多数的自由外籍人士都是穷苦人，希望在雅典大市场上做生意，过上比家乡更好的生活（雅典禁止外籍人拥有土地）。[38]和每一个农业社会一样，在雅典，政治和经济壁垒紧密相连。大约有1/3的人口是奴隶，而且奴隶被解放的概率很低，几乎没有机会获得公民权，除非他们误打误撞地进入了帕西翁和阿尔基珀这种人的小圈子。奴隶、自由人和女自由人几乎没有机会致富。外籍定居者致富的概率一定要高一些，但同样只有幸运的少数人才会被财神关照。[39]虽然有少数生来自由的雅典女人勉强算是富有，却又受到"基里奥斯"的控制，不能随便用钱。

表10.1是历史学家尤瓦尔·赫拉利对古代和现代雅典女性所做的一个聪明的比较，巧妙地总结了古希腊与化石燃料世界相隔的距离。正如我在第三章中所说，雅典的例子无法证明价值观体系和能量获取之间的关系是错误的，雅典诚然取得了超群的贸易成功和文化成就，但它仍然是一个农业社会。人口中的少数人，即成年男性公民统治着

大多数人。不过西福德相当正确地指出,这少部分人的数量很大,大概占了整个社会的 1/3,[40] 并且存在"由所有男性公民组成的民主大会领导下的国家与本人即为至高神祇(或与其有特殊关系)的国王统治下的国家之间的深刻差别"。

表 10.1　尤瓦尔·赫拉利对古代和现代雅典女人所做的比较

女性 = 生物类别		女人 = 文化类别	
古代雅典	现代雅典	古代雅典	现代雅典
XX 染色体	XX 染色体	不能投票	可以投票
子宫	子宫	不能当法官	可以当法官
卵巢	卵巢	不能担任政府职务	可以担任政府职务
几乎没有睾酮	几乎没有睾酮	不能决定自己的婚姻	可以决定自己的婚姻
很多雌激素	很多雌激素	通常是文盲	通常有文化
可泌乳	可泌乳	法律上属于父亲或丈夫所有	法律上是独立的
	完全一样		非常不同

资料来源:赫拉利

在我看来,公元前 8 世纪,随着希腊贸易网络的拓展,一些希腊人开始对以宗教形式来认可政治权力的做法感到厌恶。到公元前 5 世纪,实行男性公民社群内平等分配权力和自由的城邦逐渐胜过了那些没有实行这种制度的城邦。[41] 但这也造成了大多数古代社会都无须面对的一个问题:如果诸神不告诉我们如何去做,我们怎样才能过上好生活?我在另一本书中将其描述为"希腊问题",并论证说希腊的很多成就,从他们非凡的艺术和文学成就到大规模的男性民主,都可以被视为解决这一问题所做的尝试。[42] 公元前第一个千年期间,随着气候变化、人口增加以及中央集权的产生,[43] 从地中海到中国都在放弃以神权治国,在某种意义上,希腊的试验也不过是该趋势的一个地方版本罢了,但希腊的版本不只产生了与大多数古代社会不同的结果,还产生了不少思想界的辩论，它们与现代社会对民主、自由和平等的关心高度相关。因此，我在第三章得出的结论是，古希腊的例子未能证明能量获取与价值观之间的相关性是错误的，在某些重要的方面，它恰恰证明了这种相关性是成立的。

西福德教授评论的那一章里提出了很多我乐于跟进的其他观点，但因篇幅有限，我这里再谈一个。他指出："无论伊恩认为希腊城邦有多边缘化和特殊，长期以来，这个例外与另一个边缘化的'例外'以色列一样，其影响力要比主流的埃及和美索不达米亚的神化国王大得多。"在某种意义上，这显然是正确的，但在另一个意义上，这种非此即彼的讨论在我看来并无助益。希腊和以色列都不是存在于真空之中，希腊文明和犹太文明都是在抵抗帝政的大规模斗争中成形的。[44] 如果没有亚述帝国和波斯帝国，犹太人和希腊人对世界历史的贡献就会大不相同，也会小得多；如果没有罗马帝国，犹太人和希腊人就有可能毫无建树。在欧亚大陆的另一端，公元前第一个千年最经久不衰的思想产生于帝国/帝制国家边缘的小国，如孔子的家乡鲁国、佛陀的释迦族，当然也包括犹大王国和希腊，但只有在它们被汉朝、孔雀帝国、唐朝和罗马帝国的精英吸收并鼓励之后，才形成了真正的大众运动。[45] 传统的阿格拉里亚人和激进的轴心时代知识分子彼此都需要对方。

要说的话还有很多，但目前我有理由确信我的第一个主张大体上是正确的——近两万年来，人类的价值观经历了三个主要阶段，分别与能量获取的三个笼统的阶段相关。

主张 2：能量来源与人类价值观

我的第二个主张建立在第一个的基础上，我认为能量获取和人类价值观之间的关系实际上是因果关系，能量获取的变化推动了人类价值观的变化。这一因果关系的主张是本书的核心，但科斯嘉德和西福德教授以及我独立征询意见的几位朋友都对此提出了质疑。我必须动用本章的最大篇幅对此做出充分的回应。

理查德·西福德认为，觅食社会实行平等主义的真实原因并不是能量，而是"因为他们的规模太小"。农业社会的等级制度往往更强，因为"农业经常要容许大规模社会的存在，在这样的社会里，大众往往失去了对财富分配和暴力的控制，权力转移到核心小群体手中"，但即使如此，"农业与平等主义价值观并无冲突"。就算是在我们的社会里，他解释道，"活跃的小型自治群体也可能会比大型群体更倾向于平等，且一定比社会整体水平更加平等。想想露营探险吧：在野外，这个群体就全靠自己了，每个人都有的是事情要做，发布指令和实施控制的等级制度或许可行，但如果在食物或帆布椅子的分配上存在不平等，势必会造成紧张"。同样，在"差不多有 50 个人，规模等同于大型觅食游群……村民们多半能很好地保持平等主义的价值观"。克里斯蒂娜·科斯嘉德表达了类似的情绪，认为"我们姑且接受因为人口规模更大，独裁式结构是农业社会所必需的，却不适合觅食社会这个说法。但那并不能证明为什么平等主义结构就是觅食社会所必需的甚或有利于觅食社会：也许不管出于什么原因，平等只是在等级制度非必需时的默认情况"。

科斯嘉德和西福德提出了人类价值观进化的另一个理论：人类天然就重视浅表的等级制度，但与觅食群体相连的更大规模的农业社会允许少数精英来粉碎这种光荣的思想（科斯嘉德的原话），在这个过程中扭曲人们的价值观。"横向联系的精英阶层，"西福德说，"他们可以通过国家提供的军事、管理和意识形态控制权，将在旁人看来实属不公的行为强加于人，通过说服旁人此即为公正来转变旁人的价值观，或是打消旁人平等主义的念头。""这种观点，"科斯嘉德认为，"传统上一直与这样一种说法相关，即我们的价值观会屈从于贬义的所谓'意识形态'。"

我在第一章到第五章里只是简要提到了贾雷德·戴蒙德和尤瓦尔·赫拉利分别关于农业到来的描述,"人类历史上最糟糕的错误"和"史上最大的骗局",而没有对这种替代解释给予足够的重视,在这个意义上,科斯嘉德和西福德的批评很有道理。我认为,纠正这种遗漏的最佳做法便是把我的话分成两部分,在这一节重点关注能量、规模和等级间的关系,而在下一节再回到意识形态上来。

回应者们看到了规模和等级间的因果关系,这无疑是正确的。早在20世纪50年代,人类学家拉乌尔·纳罗尔就已经证明,成员人数低于100~150人的群体罕有过多的永久性结构分化和不平等,而人数多于150~350人的群体则很快会分裂成多个较小的社群,除非他们创建了亚群和永久等级。更多近期的研究表明,这个模式在世界各地都惊人的一致。[46] 然而同样显而易见的是,规模和等级之间的关系是非线性的。自1700年以来,世界人口增长了10倍,最大城市的规模扩充了30倍,但正像本书第四章所述,政治、经济和性别的等级全都被削弱了。美国社会学家查尔斯·蒂利甚至提到过,随着规模的扩大,现代社会结构会出现"反分化"现象。[47]

然而,之所以存在这一模式,是因为规模固然可能是等级制度发生变化的几个直接原因之一,但能量获取却是终极原因。由于社会可用的能量增加,社会的规模也扩大了,当然,能量和规模之间的关系远非这么简单。随着一个群体获得更多的食物热量,其成员通常会把这些额外的食物转化为更多的人口。如果能量供给停止增长,并且如果人们降低自己的生活水平,规模也许会在一段时间内继续扩大,但最终还是会导致灾难。人们要么迁徙,要么挨饿,群体也要么缩小,直到要填饱肚子的人口重新与能量供给保持一致,要么就像丹麦经济学家埃丝特·博塞拉普在50年前证明的,人们会加紧寻找能量,强化生存策略,并再次推动规模的扩大。[48]

科斯嘉德和西福德在本书中的评论以及其他几个读者的反馈，曾让我觉得我在第一章到第五章未能就能量、规模和等级之间的关系进行很明确的因果论证，所以在这里我要再尝试一次。在我看来，历史变化大致上可以归结为生物学家所称的多层次选择。这一选择过程在基因、个体、亲族和群体层次上同时进行。后代渐变通过基因发生在所有的四个层次上，但它也通过文化发生在更高的层次，且文化过程主要的发生方式很像生物学上的自然选择。[49]

我在第一章到第五章中几乎没有论及微观与宏观水平的过程之间有何区别。在微观层面，能量获取的变化并未迫使任何人做出特定的行为或思考。例如在冰期末期，当世界变暖，食品卡路里日益丰富，没有哪条自然法则要求人们把额外的能量转化为更多的人口。人都拥有自由意志：当他们发现，一天的狩猎或采集所获的热量超过了以往，可以选择休息更多时日或消耗更多的能量（个人消耗或更好地喂养孩子）。考虑到在冰期结束后的数个世纪，人们数百万次面临这样的选择，我们或许有理由假设懒惰和贪婪/亲情这两种选择各有其拥趸。在个人层面上，能量的充裕无足轻重。

然而在宏观层面，能量获取几乎推动了一切。平均起来，由于贪婪而辛苦劳作，获取更多能量也吃得更多的人要比那些做出相反选择的懒汉邻居身材更高大、更健康。他们会生出在平均水平上更高大健康的婴儿，并且如果他们既贪心又不乏爱心（或者用很多生物学家字斟句酌的说法，像对待自己一样贪心地为亲族攫取利益），他们的后代通常会由于营养充足而比懈怠者的子孙存活的概率更大。成千上万年来，这种情况出现了数百万次，所有这些选择的结果就是贪婪者大半比懒惰者繁殖的多，战胜并取代了后者——或者说，由于懒惰和愚蠢完全不同，懒惰者了解到其生活方式的错误而变得勤奋起来，加入贪婪者的行列。无论是哪种方式，宏观层面的结果差不多都是一样的：贪婪者逐渐接管了世界。

"贪婪是好的，找不到更合适的词儿来形容它了，"奥利弗·斯通执导的电影《华尔街》中的虚构人物戈登·盖柯如是说，"贪婪是对的。贪婪奏效了。贪婪不但阐明而且近水楼台地抓住了进化精神的本质。各种形式的贪婪，如对生活、金钱、爱情和知识的无尽欲望，无不标榜着人类前进的浪潮。"[50] 当然，在电影的结尾处，盖柯得到了应有的惩罚，但把他拖下地狱的实际上不是他的贪婪，而是他太贪婪了。从单细胞生命到人类，贪婪是一切生命形式无法改变的事实，但每一个物种的进化最终都能达到自私与合作之间的一个最优平衡点。过于贪婪或过于无私的动物都不太可能把它们的基因传递下去，它们的后代也不可能比贪婪程度适中的动物更加兴旺。人类当然与其他动物不同，我们能够进行文化进化，但正因为如此，人类的最优贪婪程度调试得与我们获取能量的能力相当。我在第四章指出，在化石燃料社会，适度的贪婪可以导致税后和转移后的基尼系数保持在 0.25~0.35。当觅食者的贪婪程度合适时，基尼系数低于 0.25；当农夫的贪婪程度合适时，这一系数高于（往往大大高于）0.35。戈登·盖柯的问题是他的心胸太过狭窄，简直像格林奇①一样。他的行事手段可能会把基尼系数推高到 1.0，没有哪个社会能容忍这种行为。难怪他会锒铛入狱。

与贪婪程度适当的人展开竞争很少能够顺遂。比如我们想象一下，在某一条山谷或特定狩猎范围内的觅食者全体签署了一个宗教或文化规约，禁止他们吃得太多，或是给孩子们吃得太好。除非附近山谷或猎场的每一个人，以及相隔一个区域、两个区域，直至若干区域的人都如此行动，这条规约基本没有什么用处。但因为人们拥有自由意志，这样的结果永远不大可能发生。自我否定会有所回报，但只有在其带来的其他类型的收益超过其成本的情况下才能实现（比如在战时通过

---

① 格林奇（Grinch），苏斯博士儿童文学作品中的人物。"Grinch" 这个名字大概是来自法语 "grincheux"，意为 "坏脾气"。格林奇以其容易被他人的快乐所激怒，并以破坏他人的快乐来获得快乐而闻名。

正面影响来提高群体的团结，或是在饥荒时通过正面影响来训练人们在口粮短缺的情况下继续生存）。因此，整体模式便是贪婪者在很大程度上（但并非全部）继承了地球主人的地位，推动人类走向理想水平的自私。

像戈登·盖柯一样，过于贪婪的觅食者终将付出代价。他们从环境中获取的能量越多，人口数量增长得越多，收益递减的速度就越快，继续获得生活所需的能量也就越困难。贪婪的觅食者早晚会遭遇马尔萨斯式限制，虽然鉴于本书第三章和第五章详细说明的原因，住在幸运纬度带的少数幸运者通过缓慢走向农耕而学会了从土地中榨取更多的能量，在变成农夫之后，他们又采纳了等级制度，学会了从农业中榨取更多的能量。

重申一次，人们完全可以拒绝农耕和等级制度，并且因为我们讨论的是横跨若干世纪、数以百万计的人的独立决定，我们大概可以假设很多人的确做出了这样的选择。但我们大概还可以假设，当时的狩猎、采集和特权游说者再次学到了那个古老的教训：贪婪是难以抗衡的。农业社会的人口增长速度高于觅食社会，等级社会也比平等社会更容易组织战争和其他集体活动。这个过程持续了数千年，但阿格拉里亚人迅速扩张，在地理环境允许的情况下，他们的足迹几乎遍布世上每一个角落。

我在此重申，在这个漫长、艰难的历史上，能量获取从来没有在哪一个时点上迫使任何人采纳等级制度。相反，在森严的等级制度运行无碍、产生了大量人口和高效组织的情况下（这是指在冰期结束后 12 000 年中的大多数时间里），沿着这个方向发展的社会获得了丰厚的回报。正如我们在第三章看到的，回报的分配很不平均，在田间、矿井和磨坊里辛苦劳作的数百万农奴和奴隶可能不会从这个故事里得到很大的慰藉。但在没有沿着这个方向发展的社会，其间的人们所受到的惩罚要比等级群体中处于低级别的人更甚，常常会把前者推向灭亡。另外，在浅层次的等级制度运行无碍、产生了大量人口和高效组织的情况下（这是指自工业革命以来两个世纪的大多数时间），走向平等主义的社会获得了回报，而墨守阿格拉里亚之陈规旧俗的社会却饱受磨难。尽管先进的化石燃料社会的收入鸿沟不断加宽，但哪怕把处于欧盟底层的社会跟阿富汗的最上层相比，前者也享有很多优势。

宏观层面趋向或远离等级制度是微观层面大量决策的非预期后果。要考察理查德·西福德所说的露营假期，这也许是最好的方式。以法国路易十四时代那样崇尚绝对君权的方式组织旅行（"朕即假期"[①]）可没法让如今在周末冲到林中享受安宁的现代人玩得尽兴。毫无疑问，世上肯定有人喜欢独裁式旅游（我记得自己还是一名童子军时，就经常在帐篷里被人呼来喝去的），但我确信，就算在等级相当森严的组织，去乡下进行团队建设时也往往会放松规矩。因此，在20世纪30年代，非常平等的肖肖尼人的狩猎之旅便是如此，他们毫不犹豫地选择了"兔老大"来告诉他们该做什么，而一旦露营结束，无论是银行家还是美洲原住民，都回到了他们日常生活中最有效的方式。露营中体现平等主义的原因并非规模，而是我们人类的灵活性，是这种灵活性让我们为了完成手头的工作而选择最适宜的组织方式和价值观。

西福德认为是规模而非能量决定了等级制度，作为其论证的一部分，他指出在"差不多有50个人，规模等同于大型觅食游群"的古代村落，"村民们多半能很好地保持平等主义的价值观"，尽管他们"以主顾的形式与最近的城镇保持着垂直联系"。我认为这是把乡村生活浪漫化了。我们对于古代乡村生活所知甚少，有限的资料表明乡下

---

① 原文为法语 "*la vacance, c'est moi*"，这是借用了法国国王路易十四的名言"朕即国家"（*L'etat, c'est moi*）。路易十四执政达72年之久（1643—1715年），他在执政期间把国王的权力发展到了顶峰。在政治上他崇尚王权至上，"朕即国家"，并用"君权神授"为王权至上制造理论依据。

241

的等级制度的确要比大型城市更加缓和一些,但埃及托勒密帝国时期的柯尔克奥西里斯村落的文献记录相对详尽,由此可看出,该村落仍然是严格按照性别、年龄和财富来区分等级的。[51]

在证据较新的近代阿格拉里亚社会,乡村的等级愈加明显。以俄国为例,因为我碰巧最近在读这段历史。19世纪60年代,自称平民主义者的资产阶级活动家往往会像西福德那样想象乡村生活。"他们的哲学的中心内容是,"英国历史学家奥兰多·费吉斯说,"农民公社的平等主义习俗可以作为社会主义者整顿社会的典范。"但当"深入民间"运动让平民主义者们真正面对农民时,他们发现"mir(村庄)是由一个农民长老组成的大会统治的,这个大会与土地公社一起,几乎监控着乡村生活的方方面面"。很多平民主义者大惊失色。年轻的马克西姆·高尔基曾忆起:"(穷苦农民们)充满了像狗一样趋炎附势的渴望,让我一看就作呕。"费吉斯写道,平民主义者一般的结论是"村庄是培育诡计、复仇、贪婪、欺诈和卑贱的温床,有时,一个农民会对他的邻居采取令人毛骨悚然的暴力行为,那里可不是城里的知识分子们想象的和谐社会的避风港"[52]。

我认为在农民村庄的组织问题上,我跟西福德的辩论实际上只是更大范围的辩论的一部分,后者涉及另一个主义——本质先于存在论。但是在这个例子中,我倒不急着自己认错,而是想指出西福德和科斯嘉德在声称浅层次的等级制度是"默认"设定,或者说是人性的本质时,都犯了这个错误。

在学术圈内互称对方是本质主义者时,我们通常是在声讨对方想当然地假设分析对象(可以是从分子到人类价值观,再到整个物种的任何东西)具有固定不变的本质。反本质主义者认为,在现实中,这根本就是错误的,因为就算我们的分类看来与外部现实丝丝入扣,它们也从来都不是真实社会建构的,因为一个类别中根本没有两个成员是完全一样的(的确,也没有一个成员会在同一个类别中长期不变)。[53]

然而在现实中,至少在工作日,我们每个人都是本质主义者,因为不带上一丁点儿本质先于存在论,我们就完全无法进行思考。美国心理学家斯蒂芬·平克关于自然科学的说法可以延伸到每一个研究领域:"化学、生理学和遗传学成功的背后都是本质先于存在论,时至今日,当生物学家从事人类基因组计划①的研究时(但每个人的基因组都不一样啊!)或是翻开《格雷氏解剖学》②时(但每个人的身体都是不同的啊!),仍欣然接受这种异端邪说。"[54] 这意味着所有有关本质先于存在论的指责实际上争论的都是它如何才算适度的问题。

我的论点,即所有现代人类共有同一个进化而来的本质,其中包括一套核心价值观,[55] 就是一个本质先于存在论的主张。然而这实属有所限定的本质先于存在论,部分原因是我认为随着人类生物进化的继续,我们的本质理所当然会发生变化,另一部分原因是我坚信人类的部分生物本质就是文化灵活性,包括我们能够重新解读核心价值观,以便在周围的世界发生改变时,可以继续实现效用最大化。[56] 我认为,所谓适度的本质先于存在论,最多也就到这个地步。当人们从采集坚果发展到犁地时,虽然仍秉承着公平的信条,但他们开始认为,公平就意味着恺撒的归恺撒,而不是每个人都能得到等份的利益;如果跟理查德·西福德一起去露营,他们的公平感就会走向反面。在我看来,科斯嘉德和西福德提出的浅层次的等级制度始终是我们默认的设置,以及农夫在错误的道路上走了一万年的论点,当属过度的本质先于存在论。

---

① 人类基因组计划,是一项启动于1990年的规模宏大、跨国跨学科的科学探索工程,旨在测定组成人类染色体(指单倍体)中所包含的30亿个碱基对组成的核苷酸序列,从而绘制人类基因组图谱,辨识其载有的基因及其序列,以达到破译人类遗传信息的最终目的。
② 《格雷氏解剖学》,是一部人体解剖学英语教科书,解剖学的经典著作之一。作者是英国外科医生与解剖学专家亨利·格雷。

要证明这一点，最好的办法就是重新回到大约 1 500 万年前，那时还没有任何人拥有价值观。当时的世界不仅没有人类，其他大猿，如黑猩猩、倭黑猩猩和大猩猩也为数甚少，这些都是在基因上与我们最接近的亲族。当时只有这些现代物种最后的共同祖先在中非雨林的枝条间摇荡，那是一种早已灭绝了的生物，生物学家称之为原型灵长类。

至于原型灵长类为何会进化成像人类和我们的猿类表亲这样天差地别的动物，这仍然是一个有争议的问题，不过生物学家最流行的解释主要关注在刚果盆地的两个部分，猿类为获取能量在这两块地方采集的野生食物数量有小小的差别。[57] 但是，关于不同的生物属从共有的基因物质进化出形式截然不同的等级观念和对待暴力的态度这一事实，争议就没有那么大。例如，大猩猩间有着森严的等级制度：每一只雄性领袖占有一小群雌性，而非领袖的雄性则通过激烈竞争来统领自己的后宫。一只成功的雄性领袖会垄断其后宫的交配权，并保护妻妾和后代免受攻击。黑猩猩同样有很强的等级观念，但形式有所不同。多只雄性（通常有亲缘关系）结群同居，时常争夺统治权。这些竞争可能非常激烈，但成功主要依靠与支持者结盟。雌性彼此之间的协作就要少得多，它们通常随意交配。占据优势的雄性的性行为多于处在被支配地位的雄性，但一个群里的雄性会集体保护雌性和幼仔，这或许是因为父子关系存在着诸多不确定性的缘故。倭黑猩猩同样随意交配，但雌性之间的协作远胜于雄性，等级浅表，暴力情况也极少。性行为最多的雄性常常是那些与雌性相处融洽的（或是其母亲在雌性中地位很高的）。[58]

我们或许可以说，大猩猩和黑猩猩在本质上都有等级制度并使用暴力（尽管方式不同），倭黑猩猩在本质上是平等、和平的，但人类与这些生物有着本质的不同。经过进化，我们已经能够根据现实情况选择使用何种程度的等级制度和暴力。当等级制度运行无碍时，我们就等级森严；当等级制度效率不佳时，我们就抛弃它。我们不停地做实验，那些做出正确选择的个人和群体就繁荣兴旺，而选择错误的就逐渐消失了。在觅食世界，非等级的集体行动通常效果最佳（不过肖肖尼人猎兔手或西北太平洋沿岸地区的富裕觅食者并非如此），但这不是因为人类在本质上属于平等主义者。毕竟，觅食者的平等不是简单的没有等级制度的问题，总有逞能者企图抢到前头去，却总是被美国人类学家克里斯托弗·贝姆所称的"逆向统治等级"[59]所抑制——或者说得更加直白一些，就是失败者联盟。

因此，我认为科斯嘉德和西福德断言平等主义与和平主义是人类的缺省设置，是有些过头的本质先于存在论。觅食带给人类的问题可以通过浅表的等级制度和大量暴力得到最佳的解决，权力因而落在了失败者联盟手中。农耕产生了一整套全新的问题，等级制度为其提供了制胜的方案，逐渐破坏了失败者联盟存在的根基。在大多数时间里，某些群体建立了等级组织，并将公正和公平解读为某些人（比如男人和神圣的君主）理应比其他人（比如女人和农民）获得更多利益，他们战胜了那些没有这些制度和解读的群体。在例外情况下（多发生于古代和中世纪地中海地区，以及早期现代北大西洋沿岸）程度较轻——在这些地区，更浅层次的等级制度盛行一时。近200年来，化石燃料产生了更多的新问题；等级制度较弱的组织为其提供了制胜的方案，公平公正意味着无差别地对待每一个人的观念在大体上（但并非完全）横扫了这个世界。这正是为什么我认为理查德·西福德说的"在露营探险中，我们天生的公正感一般是可以占上风的，在觅食游群中也是一样"是错误的。在露营地的觅食者中间，乃至在自由的化石燃料社会的大部分地区，占上风的不是我们天生的公正感，而是众多对我们天生的公正感进行的解读中碰巧最有效的一个。

克里斯蒂娜·科斯嘉德对我的第二个主张提出了更深层次的批评，但我认为这些也体现了过度的本质先于存在论。她指出我在第一章到第五章中实际上没有证明能量获取推动了人们对人类价值观进行特定的解读。相反,她说:"他证明的,或者说他明确证明的,不过是相反的价值观并不是维持他讨论的社会形态所特别需要的。"她说这意味着"莫里斯指出,觅食社会不鼓励贫富不均,没有贫富不均就没有什么可继承的财产,因此孩童的合法性问题就没有那么重要了"。她补充道:"但是这只能证明基于其能量获取方式,觅食社会没有特别的理由来强制婚姻忠诚,并没有证明为什么在这样的社会,婚姻要采取松散的形式。"同样,在农夫森严的性别等级的问题上,她强调"一个基于性别的严格的劳动分工……也没有解释男性霸权的起因。我们可以想象这样的一个世界:在那里,女人以家庭为基地控制着男人,命令他们出去工作挣钱,因为那是他们唯一能干好的事儿,男人一带钱回家,女人就立即把钱据为己有"。她认为,我关于暴力的思考也有可议之处,因为就算我是对的,"对为农耕活动而组织的社会而言,暴力造成的问题大于为觅食而组织的社会,对工业社会则是更大的问题。但那并不能解释为什么觅食社会可以容忍暴力"。

科斯嘉德的结论是,我们人类在本质上是平等和平的,并且只要我们正确地进行价值判断,就会按本性行事,而不是根据能量获取来重新解读我们经过生物进化的核心价值观。因而她的结论(我在前文引述过),即觅食者和化石燃料使用者比农夫更加平等是因为"平等只是在等级制度非必需时的默认情况",而她在其后将觅食者"未能注意到人们不该四处杀人,在我们的社会,这不是昭然若揭的吗"的原因解释为"就是人们看待自我的方式"。她指出近代人类"似乎觉得自己的内在身份认同会因为人们如何看待他们而遭到破坏甚至摧毁"。因此,"为了捍卫荣誉而杀人,在过去看起来可能更像是许多人直到今天还视为完全可以容忍的一种暴力形式,也就是自卫"。

这些观点均论证得严密有力,但我认为,与其说我本末倒置,不如说我的论述过于浓缩了。在我看来,问题的核心在于科斯嘉德把人类本质的问题设计为非此即彼的模式（我们是平等的还是有等级的？是和平的还是暴力的？），因为答案永远是"两者都是"。要解释觅食者（化石燃料使用者也日益如此）对待女性性事的随便态度，以及农夫对此事为什么苛刻得多，最好的办法是将比较男人和女人的进化结果（近5万年来一直相当稳定）与追求这一目标可使用的策略（与能量获取一样发生了巨大变化）相比较，并看到随之发生的平衡偏离。当然，这就需要再谈几句人类进化的题外话。

个体动物通过把基因传递给下一代而获得进化意义上的成功：它们产生的复制品数量越多，其基因永恒存续的机会就越大。[60] 但在通过交配繁殖的物种中，雄性和雌性采取的方式截然不同。[61] 对雄性来说，传递遗传物质既廉价又容易：在雌性体内射精即可。因此，与很多雌性交配的雄性就会比其他雄性在基因组上留下更大的印记，这样一来，雄性经过进化的结果就是希望与很多伴侣交配。而对雌性来说，传递遗传物质既昂贵又困难，因为她们要怀孕直至分娩。因而如果某个雌性谨慎选择伴侣，只接受有能力给予她强壮、聪明和健康后代的雄性的精液，她就会比其他雌性在基因组上留下更大的印记。因此，雌性经过进化，就变得比较挑剔。

在动物的王国，所有这些看来大致都是正确的，但不同物种的进化分歧制造了各种各样的复杂性。[62] 第一个涉及抚育后代的问题。在某些物种里，后代一生下来就可以四处走动，很少需要甚至根本无须亲代抚育。然而对大多数物种而言，幼仔需要喂养、保护和教育，现代人类是后一种类型的极端例子。因为我们有如此庞大的人脑，就需要大型颅骨，但如果我们像其他大多数哺乳物种的幼仔一样，一直待在母亲子宫里，直到准备好面对这个世界再出世的话，我们的头就太大了，无法通过母体的产道。经过进化，人类母亲应付这种情况的实际做法是生产早产儿，代价是大大增加了父母抚育婴儿花费的时间和精力。

育儿开辟了两性战争的一条新阵线。[63] 子女需要的照料越多，每个性别把这项任务全扔给对方的意愿就越强烈，懒惰一方的收益也就越大；但如果父母双方都遵循这个策略，孩子就会死掉，懒惰父母的基因也就随之消失了。因此，每个物种都进化成各自独特的性别劳动分工，能量获取的形式在结果中起到了主要作用。人类只有在一个事实上与其他动物不同，那就是他们可以经历文化和生物这两种进化，从而走向新的平衡。

大猩猩的进化走向了围绕一夫多妻制雄性领袖而组织的家庭，黑猩猩和倭黑猩猩走向了不同类型的混居群，而人类则走向了配偶关系。[64] 尽管缺乏清晰的细节，但匠人/直立人[65]大概是在1 800万年前开始朝着这一方向进化，发展出独特的能量获取和社会生活的性别分工，男性狩猎，女性采集，并在做饭和育儿等事务上进行协作（但女性完成大部分工作）。[66]

配偶关系的性别新战场需要同样新的战术。一方面，人类进化出我们独特版本的爱情，让我们彼此间建立起情感纽带，从而更容易合作和彼此信任；但另一方面，我们也找到了与这一体系博弈的新办法。女人可以与一个尽责的扶养者缔约，来实现最大的遗传成功，就算她怀疑他的遗传基因也不妨事，之后她可以为获取精液而摆脱这段关系，把基因优秀的闯入者带回爱巢。男人当然有相反的选择，在别人的爱巢里留下种子，让那些男人来付出养育自己后代的代价。丈夫和妻子都有强烈的动机阻止配偶以这类方式实现繁殖潜力最大化，因为这样的行为可能会减少自己的后代能够使用的资源，还会损害配偶间的信任。嫉妒是一种进化适应。

总而言之，这不仅解释了贯穿人类史的数以百万计的三角恋爱和因之而生的数十亿次痛哭流涕，也构成了世界文学的大部分根源。虽然托尔斯泰直言不幸的家庭各有各的不幸，但在我看来，在这些战争中可以使用的武器不过只有三种。第一种是羞耻（或者说得更冷酷一些，声誉成本）：遭到背叛的配偶对全世界宣布，我为他/她付出了那么多，看看这个畜生/婊子[67]对我做了什么！第二种工具是暴力：丈夫的装备一般比妻子的更精良一些，不过遭到藐视的女人也能叫来男性亲族把她的浑蛋丈夫打个半死，或是戴了绿帽的丈夫痛打奸夫。最后，我们还有经济工具：如果某个配偶控制着与生计相关的资源，他/她在性事上就拥有强大的议价能力。

每一种武器都是有效的，但其威力取决于人们在面对诱惑时所做的在很大程度上是无意识的成本/收益分析。天平的一端是偷情给配偶带来的痛苦（也就是将其繁殖潜力最大化的机会）或是遭到背叛（也就是允许配偶将其繁殖潜力最大化）；天平的另一端则是他/她的配偶要遭受被羞辱、殴打和/或净身出户的痛苦。实际情况所需的算计更加复杂，盖因人人个性不同，亲友的利益和建议也千差万别，周围的人也会影响每个人的思考。每个人的效用函数都是独一无二的——人各有所好，但既然心理学家认为，天平的一端在各个文化中的重量大致相等，[68]所以我们要解释这些变量，就必须仔细考察天平的另一端。

公式很简单。男人通过羞辱、暴力和经济施加给配偶的痛苦越大，妻子就越有可能忠诚，而丈夫就越有可能偷情；反之亦如是。觅食者（以及化石燃料使用者，只不过后者的程度较低）接受女性的婚前和婚外性行为，而农夫拒不接受，原因并非农夫扭曲了人性的平等本质。这是因为丈夫和妻子能施加给对方多少痛苦取决于社会的组织形式，而这又大致取决于社会规模，但最终还要仰仗能量获取。

与觅食相比，农耕在男性和女性劳动之间划出的分界线要明显得多，要求女性集中精力操持家务（食物储存和准备、织布、养育子女之类），要求男性专心一意在外获取能量（田间劳作、改善土壤、狩猎、贸易、战斗、辩论之类）。[69]正如科斯嘉德所说，如果我们在关于化石燃料的研究中停留在理论层面，就可以轻易想象出这样一个世界，组织者占据上风，把无甚他用的人打发到田间去为他们劳作，但在现实中，农业社会的组织需求给了男人向不忠的妻子施加极大经济惩罚的手段，同时也提高了男性未能阻止女性偷情的成本。在大多数时候，女性的不忠暴露之后，她能期待的最好结局也就是像安娜·卡列尼娜那样了，而四处偷情的丈夫面对的最糟情况只是再婚（或是像托尔斯泰小说第一章里提到的奥布朗斯基公爵那样，在沙发上睡三个晚上，直到妻子的怒火平息）。[70] 我猜想，罪人们所遭受的羞辱及其对加诸其身的暴力的忍耐，都与不忠的可见经济代价，以及委屈的配偶手中把握的经济武器的强度密切相关。不过仔细考察这一问题的历史和人类学证据，一定会很有意思。

科斯嘉德和西福德专注讨论从觅食到农耕的转变，而非从农耕到化石燃料的转变，但一个完备的理论必须能够解释这两种情况。在我看来，关键的事实是自1800年以来（特别是自1900年以来），能量获取的爆发极大地增加了女性的就业机会以及女性相对于男性的经济力量。正因为如此，丈夫通过经济武器所能施加的痛苦急剧减轻，也正因为如此，加诸女性婚外情上的羞辱和对加诸参与者的暴力的容忍度也急剧下降。因此，化石燃料使用者越来越认为（或谴责），男女两性拥有的性自由大致相等。

还有一个细节：美国古代史学家沃尔特·沙伊德尔和英国经济学家保罗·西布赖特阅读过本书第一章到第五章的草稿，他们两位都向我指出，性价值观的理论一定能够解释如今在很多化石燃料社会中，总生育率为何下降到人口更替水平以下这一令人惊讶的事实。这个问题击中了我的软肋。进化论科学家彼得·里克森和罗伯特·博伊德说："考虑一下全部人类学记录中的一个最奇怪的传统吧：竟然存在这样一种亚文化，人们投入更多的时间和精力去拉长他们简历上的出版物清单，而不去生育更多的子女，并且还更加为此自豪。"[71] 作为一个典型的"WEIRD"人，主动选择不要孩子这种奇特亚文化的成员，我该如何自行解释呢？[72]

里克森和博伊德为这种显然是适应不良的特性提供了一个复杂的解释，[73] 但我认为现在下结论为时尚早。我们见证了生育率在 20 世纪下降的化石燃料社会，同时也见证了财富和权力的上升，但无人能够保证在接下来的 100 年里这种关联会保持下去。随着地球的人口重心转移到非洲，[74] 欧洲、东亚以及（程度较轻的）北美或许会为他们头重脚轻的年龄倒金字塔付出惨重的代价，但同样，如果我在第五章中做出的任何一条大胆预测最终哪怕只是部分正确，21 世纪的后人类大多会生活在网上，进行无性繁殖（如果他们还需要繁殖的话）。在那种情况下，生育率下降也就无足轻重了，而我们这些无子嗣的学者就会被历史记录为先锋人物，大胆走进了此前从未有人涉足的领域。

关于性，就谈到这里吧。科斯嘉德还质疑了我关于暴力的论述。她说，我实际上未能解释觅食者为何如此能忍耐暴力，这是我整个论述里的"问题中最明显的"。然而，我认为我在此处的主要论证问题同样在于论述过于简要，忽略了其进化背景的深入讨论，而我认为科斯嘉德的主要问题则是过度的本质先于存在论。

生物学是一个争论不休的领域，但几乎所有人似乎都同意的少数几点共识之一，便是暴力和嫉妒一样，是一种进化适应。差不多每个动物物种都以某种方式利用暴力来解决争端。在每个物种内，没有哪两只动物会以完全一样的方式使用暴力——有的性情暴躁，有的是和平主义者，但整体而言，每个物种经过自然和性选择后都会进化到一个暴力使用数量和种类的平衡点。[75] 这一平衡取决于该物种的体质禀赋、环境、捕食对象、捕食者、竞争对手，以及一大堆其他因素。随着动物生活环境的改变，它们的暴力模式也发生了改变，其结果是在近 130 万年来，倭黑猩猩和黑猩猩与它们最后的共同祖先产生了如此巨大的分化，以至倭黑猩猩和黑猩猩很少会杀死对手，而在它们的共同祖先之中，大约有 10%~15% 死于种内暴力。[76] 这一数字与人类觅食者非常接近。[77]

因此，人类经过生物进化能够使用武力解决争端，在这一点上我们和其他动物非常相似，但我们又和其他动物截然不同，因为我们不但可以经历生物进化，而且在文化上一样能够进行演变。随着我们能量获取的增加，社会的规模和劳动分工的复杂度都提高了。农业社会产生了大量最重要的专家，其中之一便是暴力专家，他们组成了第一批政府，在近 5 000 年间，这些专家逐步缩小了其他人为获利而使用武力的范围。我在第三章提到过，我的计算表明，1 世纪的罗马帝国和中国汉朝已经把暴力致死率降到 5% 以下。这种情况的发生并不是因为农夫慢慢地能够更好地行使其价值判断的能力，而是因为国家对暴力的垄断逐步提升，提高了个人利用法律为自己牟利的成本。公元 200 年后，当欧亚大陆的国家开始分崩离析时，那里的暴力致死率又激增回 10%——这不是因为此时人们又忘记了该如何正确进行价值判断，而是因为政府力量大不如前，不再能将使用暴力的成本提高到不吸引人的水平。1400 年后，强大有力的政府再度出现，暴力致死率又开始下降。20 世纪，这一比例的全球平均值低于 2%，而在 21 世纪则低于 1%。[78]

最后我想回应的质疑是针对我关于能量获取推动了我们对人类核心价值观的解读这一主张的，这一质疑倒不是本书的回应者提出的。在第六章到第九章中，诸位评论者主要关注的是我的论证逻辑，而其他几位读者提出的意见更偏重于我所谓的历史性异议，质疑了我假设的原因和结果之间的时间线。他们评论说，我将其与化石燃料联系起来的很多价值观在 18 世纪乃至 17 世纪的西欧便已成形。但是，工业革命到 18 世纪 70 年代才开始，哪怕在英格兰也直到 19 世纪 30 年代才站稳脚跟；如此说来，我怎么能把"化石燃料价值观"称为化石燃料的产物呢？

在本书前文中，我曾就这个问题进行过简单评述，但因为我组织论证的方式，我的评述散布在第二章到第五章的内容中，其中的一些显然是按顺序安排的。我认为，随着人们学会了获取更多能量，他们的价值观也发生了转变。能量和价值观均可无限细分下去，但为了理解大量让人困惑不已的历史和人类学材料，我把能量获取和价值观都分成了三个理想模式。在第一章里，我引用了韦伯的话："就其概念上的纯度而言，这一心智建构绝不可能出现在经验现实中。它是一个乌托邦。"但韦伯继续解释说，理想类型与现实自是有所偏差，但它所具备的明晰性完全可以弥补缺憾。在理想类型层面上叙述的历史似乎表明，随着人们从觅食阶段通过农耕阶段走向化石燃料，他们同样经历了若干种价值观体系，但从个体社会和个体生命的层面来描述的话，一切就要混乱得多。

我在第二章特别提到，像日本、波罗的海沿岸，以及北美太平洋沿岸这类处在资源丰富的沿海地区的觅食社会能够获取的能量比内陆觅食社会多得多。尽管这些"富裕觅食者"中无一转变为农夫，但他们非比寻常的优渥环境允许他们获取与某些农业社会一样多的能量，正因为如此，富裕觅食者的规模、财富、等级和价值观都开始偏离理想类型的觅食社会，而走向我们一般会在阿格拉里亚中看到的形态。他们在那个方向上的前进是受限的，没有一个考古学家会把绳纹时代文化遗址与阿兹特克帝国相混淆。实际上，允许一些人成为富裕觅食者，和允许其他人成为农夫，其所必需的环境条件全然不同，所以富裕觅食社会独立发明农业的机会非常渺茫。因此，每一个富裕觅食社会最终都会被其他地区的农夫战胜并摧毁。

我在第三章指出，贸易城邦和原始工业国与富裕觅食者有一定程度的共同之处。入海通道看来是大多数独特社会的秘密，它们利用自己地处沿海的优势，把能量获取推高到远胜于理想类型农业社会的水平。就像是富裕觅食者的历史重现，它们的规模、整体财富和开放度都有所上升，价值观也偏离了阿格拉里亚的价值观，尽管如我在本章前文中关于雅典的讨论一样，没有一个城邦真正脱离了它的农业根源。同样，也没有一个城邦曾经哪怕接近过工业革命，因为对城邦发展有利的条件并不利于实现化石燃料的突破。因此，农业帝国/帝制国家最终吞并了大多数城邦系统。

早期现代原始工业国却不同，因为它们其中的一个国家——英国，确实发生了一场工业革命。我在前文中指出，这是因为英国能够利用其海上贸易网络产生数量真正无与伦比的有机能量，从而实现了意想不到的结果，刺激英国企业家解决如何利用化石燃料驱动机器的问题。1600年后，随着大西洋经济的起飞，西北欧的能量获取暴涨，到1700年已经超过了罗马帝国时期曾达到的最高水平。

随着其社会规模和财富的增加，西北欧尝试了各种新型组织，并且像某些古代和中世纪城邦的居民一样，欲去还留又用力过猛地走向了更加开放的秩序。17世纪40年代，早在工业化开始之前，一些英国人奋不顾身地打破等级和神权，而当伯明翰之外的人还不知道博尔顿和瓦特是何许人也时，一些美国人和法国人早已朝着这一方向走得更远了。如果这些事件发生的时间早500年，在能量获取增长极其缓慢的欧洲中世纪鼎盛时期，它们就真的能证明我关于能量获取推动价值观转变的主张是错误的了。但因为它们发生在17世纪和18世纪，恰逢欧洲的能量获取以前所未有的速度上升之时，启蒙运动就是能够证明我的论题的有力证据。

很难看出我该如何测试因果关系主张所暗含的反现实，但我的直觉是，如果西北欧的能量获取停滞在每人每天35 000千卡左右（大约是其1776年的水平），单凭启蒙运动不足以引发自由民主在全世界的传播。相反，西北欧及其美洲殖民地很可能会经历保守的反对派针对其新思想的运动，18世纪欧亚大陆上的其他国家的经历就是如此。[79] 真正重要的是1800年后的能量爆炸，这首先使得启蒙运动的理想在西方世界畅行无阻,继而又推动西方国家走上了激进的新方向。(其他的反现实也大量存在——如果美国革命失败了,能量获取的提高是否还会推动英属北美殖民地走上与历史上的美国一致的路线?英属北美殖民地最终是否会取代英伦三岛,像真实世界里 1945 年后的美国一样,成为全球自由贸易网络的核心?还有,如果英国没有发生工业革命,美国是否会变得像拉丁美洲那样,在美洲大陆上缓慢推广奴隶制?[80] 又或者,美国是否会发生它自己的工业革命?)

求助于"过渡型"实例常常是学术无赖最后的托词,他们孤注一掷地使用一些历史阶段的理论来规避经验归谬。某些读者无疑会觉得我的论证也当归于此类,甚至是其中更令人遗憾的个例。但在我看来,富裕觅食者、古代和中世纪城邦,以及早期现代原始工业国的确都是恰恰证明了规则正确性的例外情况,因此我坚持我的第二个主张,即能量获取的变化决定了我们如何解读人类的价值观。

乔治先生犯错了吗

1984 年,欧内斯特·盖尔纳(我称他为"阿格拉里亚的发现者")放弃了伦敦政治经济学院的哲学讲席,成为剑桥大学的社会人类学教授。当时我还是剑桥的研究生,盖尔纳甫一到校,我和同伴们就发现他有个特别让人难堪的习惯。每次开研讨会他都会坐在前排正中,演讲人还在说话时他就睡着了,听众一鼓掌他就惊醒过来,提一个问题,将演讲人的致命错误假设暴露无遗。我最初看到他玩这个把戏是在克里斯托弗·蒂利(如今已是世界一流的考古学理论家,但当时只是个刚毕业的哲学博士)做社会学理论和考古学报告时。"他们告诉我,你是个出色的考古学家,"盖尔纳说,"既然如此,干吗要做个糟糕的哲学家呢?"

我觉得盖尔纳说得有道理,而且我近 30 年的工作都基于一个假设,即我们考古学家应该把哲学留给哲学家去研究。人类价值研究中心邀请我做坦纳讲座诱使我走出了这个安逸圈,但克里斯蒂娜·科斯嘉德的一句话最终让我看到蒂利说得也有道理。考古学无法避免地具有哲学的意蕴,除非有优秀的哲学家认真精深地研究考古学,否则考古学家别无选择,只能成为一名糟糕的哲学家。

科斯嘉德指出,在研究人类价值观时,最重要的区别不是我提出的那一个,即经过生物进化的核心价值观与真实世界的人们对这些价值观的解读方式之间的区别,而是"成文价值观"与"真实道德价值观"之间的区别,她认为前者是指"人们实际持有的价值观",而后者则是"我们应该持有的价值观"。她将该术语的使用追溯至早期现代欧洲,说"如今的哲学家不再沉迷于这一说法了,但如果我们借用这一说法,则不妨把真实道德价值观与成文价值观之间的差别,看作永恒的价值观与事实上只有特定时空的人们支持的价值观之间的差别"。

如果我们以科斯嘉德的方式来看待问题,解释乔治先生价值观的挑战实际上就变成了解释农夫为什么会有如此错误的价值观。但我并不认为我们应该以科斯嘉德的方式来看待问题,因为我在本书中两个主张的第一个推论,便是她提出的真实道德价值观与成文价值观之间的区别是毫无意义的。科斯嘉德一度说,"我们不清楚莫里斯是否相信有真实道德价值观存在",所以我要澄清一下:如果从科斯嘉德使用这一短语的意义上说,我不相信任何真实道德价值观存在。

我这样说是因为人类价值观只能由人类所持有,而如果人类无法从环境中获取能量,他们就根本不可能持有任何价值观(就像美国诗人奥登所说,"先填饱肚子,再谈论道德")。[81] 这必然意味着根据定义,真实人类的价值观就是成文价值观,由我们从世界获取能量的方式所塑造;这正是为什么我说科斯嘉德提出的真实道德价值观与成文价值观之间的区别是毫无意义的。从头到尾,我们讨论的都是成文价值观。

　　就算我们将真实道德价值观与我所谓的经过生物进化的核心价值观等同起来,这种真实/成文价值观之间的区别也一样毫无意义。生物进化的核心价值观绝不是存在于真空之中:它们在依靠觅食生存的真实人类中发生了进化,因此被解读为公正、爱等,与其从野生动植物中获取能量并与从事同样活动的其他人类展开竞争时效果最佳的方式是一致的。试着想象一下,人们不知为何摆脱了获取能量的需求,然后却开始思考他们的道德价值观是什么,这可真是个古怪的行为。实际上,这让我想起希腊历史学家希罗多德讲过的一个故事。他说,从前,埃及法老普萨美提克痴迷于谁是地球上最早的居民这个问题,决定做个实验。他下令把两个新生的婴儿与世隔绝、抚养长大,让他们根本听不到其他人类的声音。两年后,实验获得了预期的结果:孩子们突然伸出双手向他们的看护人喊道:"bekos!"——这是弗里吉亚①语中"面包"的意思。"埃及人接受了这个证据,"希罗多德告诉我们,"得出结论说弗里吉亚人比他们自己更古老。"[82]

　　故事有点儿傻气,但问人们如果他们不属于说某种语言的社群,他们会说哪一种语言,实际上并不比问如果他们不是靠获取能量来生活的真实人类,他们会持有哪种价值观更傻气。就算是经过最无懈可击的推理得出了脱离任何背景的、放之四海而皆准的真实道德价值观,也必须以某种形式的能量获取为前提。理论家往往会认为他们身处其间的能量获取环境是理所当然的,这一点毫不奇怪,同样不用惊讶,他们往往还会下结论说,那个世界的价值观就是所有可能存在的世界中最优的价值观。

　　有关这一点,一个明显的例子便是约翰·罗尔斯著名的思想实验。那个实验要求我们想象一下,如果起初身处一个"无知之幕"之后,

---

① 弗里吉亚,是安纳托利亚历史上的一个地区,位于今土耳其中西部。弗里吉亚人是从欧洲迁入小亚细亚的民族,他们的语言属于印欧语系。

不知道自己生来是男是女、富有或贫穷、贪婪或懒惰、健康或虚弱，如此等等，我们会愿意生活在什么样的社会里。罗尔斯的结论是，人们最终会同意两个公正的原则：所有的人同样自由，以及制定规则限制一切形式的不平等，对群体中境况最差的人有益的不平等除外。[83]

罗尔斯的著名提议，即我们应该祈望的社会是一个要求我们"分享彼此的命运"，并且"承诺只为共同利益才利用自然和社会环境"的社会。在他看来，这意味着拒绝等级制度。他辩称："贵族政治和封建社会是不公正的，因为它们把……偶发事件当作隶属于某种程度上封闭的特权社会阶层的归属性基础。"[84]

和罗尔斯一样，我也生长于一个自由的化石燃料社会，并且我也认为这种观念很有吸引力——前提是我可以假设"无知之幕"另一侧的世界也是由化石燃料提供动力的。但如果驯化的动植物几乎就是那里唯一的能源呢？毕竟，既然称之为"无知之幕"，就意味着我们无法假设任何事情。就我们所知，我们进入的将是一个农夫的世界，面对的是农业社会的关键难题：尽管大规模的协作是我们糊口维生所必需的，但劳动的边际回报通常极低，以致关键任务只有强迫劳动才能完成。同样，和罗尔斯一样，我也没有费心去做任何实际的研究来测试我的先入之见，[85]但我怀疑，大多数人在面对出生在农业世界而非化石燃料世界这种可能性时，或许不会选择罗尔斯谨慎指点的平等主义方向。事前的最佳选择或许是更有保留地承诺秉持一整套更粗糙且更易操作的价值观，那自然是经过生物进化的核心价值观，包括公平、爱、同情等，让实际生活在幕布另一侧的人们来决定如何对这些价值观进行最佳解读才能远离饥饿和暴力。

盖尔纳或许会将所有这些都看作糟糕的哲学，但在我看来，尽管罗尔斯精辟地阐明了其对自由的化石燃料价值观的洞察，他却没有以其理性的方式得出科斯嘉德所称的真实道德价值观，因为这样的永恒价值观根本就不存在。如果幕布另一侧的物质条件是中世纪，那么秉持封建观念的人们会兴旺昌盛,而平等主义者则不会。如果我的这一说法成立,那么我对经过生物进化的核心价值观与人们对它们的解读之间的区分就是正确且重要的,而科斯嘉德在真实道德价值观与成文价值观之间进行的区分则不是。

因此,我不同意科斯嘉德把我问乔治先生的问题重新组织成一个关于农夫为何如此大错特错的问题;且由于我不同意农夫未能正确地进行价值判断,所以她关于农夫何以失败的解释自然也与我的解释格格不入。有关农夫之错,她提出了三个可能的理论。第一个她称之为社会实证主义,"人们实际进行价值判断的东西则完全可以归因于社会学力量,而后者又是由进化力量推动的";第二个是启蒙观点,"人类具有价值判断的能力,这种能力天然地倾向于依附真实道德价值观。但就像学习科学知识的能力一样,这种能力……真实道德价值观,迟迟无法进入视野";第三个则是扭曲观点,"人类具备价值判断能力,这种能力天然地倾向于依附真实道德价值观,但这种倾向性容易……会屈从于贬义的所谓'意识形态'"。

科斯嘉德说得不是很明确,但我认为她是在指出我的论证属于社会实证主义,尽管她对这种思维方式的批评听上去说得不太像是我写的这本书。科斯嘉德说,社会实证主义的主要弱点在于"如果价值观只是某种能量获取形式所需要的一种维持社会形态的方法,人们也知道这一点,那就很难了解价值观在其中的运作方式。在价值观起作用之前,人们必须首先相信自己在践行着真实道德价值观"。我完全赞同,因此我很自信地认为自己不是一个社会实证主义者(我是个功能论者,不是社会实证主义者)。

我之所以同意科斯嘉德所说的除非人们真正相信它们,否则价值观并不成其为价值观,理由是历史和人类学的发现看来很清楚:人们一般的确相信他们的价值观,因为所有可以为这两个学科所使用的证据都指向这一结论。以君权神授为例。古罗马时代的希腊作家普鲁塔克讲过一个很好的故事，公元前324年，亚历山大大帝经过10年终于打败了整个波斯帝国，当来到印度边境时，他问一个当地的智者："人如何才能变成神？"这位聪明的名士告诉他："那要做一些人力难为之事。"[86] 我总是想象亚历山大挠着头想自己认识的人里谁做过人力难为的事情，并很快得出了答案：我知道了。那就是我啊。我刚刚征服了波斯。还从来没有哪个凡人有过我这样的成就。我就是神，如果我的朋友背叛了我，我也不该因为杀了他而烦心。

我们不知道亚历山大是否真的认为自己是宙斯之子，不过从他的表现来看，他显然是信以为真了，且至少从公元前332年起便开始进行宣传，企图让全天下也信以为真。我们也不知道古希腊人是否相信他。似乎在他与智者的对话之后不久，亚历山大命令人们崇拜他时，大多数人只是一笑了之。但在公元前307年，雅典人却愿意为亚历山大的前将军们建造祭台并祭祀他们。[87] 一个世纪后，希腊人把他们的国王当作神来崇拜就再正常不过了。同样，我们也不可能知道人们是否真的相信那些有严重缺陷的统治者是神灵，[88] 但相信后者是事实上的"救世主"大概能以最不费力的方式解释两个明显的事实——这些人所做之事看来超出了凡人所能，并且掌握着超人的权力。[89]

关于古代农民在想什么，我们所知非常有限，但我仍然怀疑当阿格拉里亚社会的成员给予男人凌驾女人、富人凌驾穷人等诸如此类的权力时，是否的确相信他们正确解读了自己经过生物进化的核心价值观——就像化石燃料哲学家往往会认为，自己坚信平等的需求就是再正确不过的价值判断。但鉴于我和科斯嘉德似乎在社会实证主义是个糟糕理论这一点上还算意见一致，我这里就不再啰唆了。[90]

我来谈谈她的这句话："我认为启蒙观点值得一谈，但更值得探讨的则是扭曲观点。"我在某种程度上同意她关于启蒙观点的意见，但这只是因为（正像我在第四章和第五章中解释的）我认为启蒙运动本身就是能量获取增长的产物。然而，扭曲观点却完全是另一回事。

科斯嘉德和西福德都非常重视阿格拉里亚的意识形态，前者说它扭曲了人们正确进行价值判断的能力，后者说"大众往往失去了对财富分配和暴力的控制，权力转移到核心小群体手中，这个小群体还会实施某种意识形态的控制"。

科斯嘉德和西福德都没有十分严格地定义"意识形态"。诚然，这是社会科学词典里最难定义的词汇之一，[91]但我冒着看似好辩争胜的风险，还是要把他们对这个术语的使用归结为美国人类学家塔拉勒·阿萨德曾经称作的"庸俗马克思主义者的意识形态观点，将意识形态看作一个错误观念的连贯系统，维持着剥削和统治的整体结构"。我在这里引述了阿萨德的话，是因为关于这种对意识形态的看法，他的评注是"姑且可称之为意识形态的《绿野仙踪》理论。和里面的角色多萝西一样，人类学家（或哲学家、古典学者）撕开了表象话语的面纱，暴露出本质的现实——一个长相普通的老人正忙着在摇一台手动机器"[92]。①

"你可以在一段时间内欺骗所有人，你也能永远欺骗一部分人，但你不可能永远欺骗所有人。"据称这话是亚伯拉罕·林肯所说（也可能是美国马戏团经纪人兼表演者 P. T. 巴纳姆说的）。[93]但科斯嘉德和西福德显然认为林肯/巴纳姆是错的，他们认为一万年来，阿格拉里亚的每一个人都是被牵着鼻子走的——女人被男人，穷人被富人，每一个人都被牧师牵着鼻子走，并被洗劫一空。我就是对此不能苟同。人类是地球上最聪明的动物（据我们所知，也是整个宇宙中最聪明的）。我们为自己遭遇到的几乎每一个问题都找到了答案。如此说来，如果农业价值观真的只是邪恶精英玩的把戏的话，又如何能存续一万年？我遇过的大多数农民都很精明，那么为什么过去的农民却傻到没有猜出魔法师的屏风后面到底是什么？

---

① 《绿野仙踪》中的奥兹魔法师不过是一个很久以前乘着热气球来到这里的普通人，躲在屏风后面摇着手动机器，造成了表面上的魔法假象。

我的看法是根本就不存在什么幕布。幕布只是现代学者自己想象臆造出来的东西，是"只有一小撮精英才有可能认为等级制度是好事"这一假设的必要前提。实际上，农民拥有农业价值观不是因为他们上了当，而是因为他们有常识，我是指人类经过生物进化所得到的从经验中汲取教训的能力和根据周围环境调整行为的能力。常识告诉人们，在每人每天平均获取能量在 8 000~35 000 千卡的任何社会里，农业价值观都是让大多数人维持温饱和获得安全的有效手段；当能量获取升高到每人每天 35 000 千卡以上时，常识又告诉人们，是时候来重新解读他们的价值观了。

我强调常识，因为西福德认为"'常识'这个东西说来有些矛盾，通常都带有意识形态的色彩"。并非如此。常识绝不是意识形态的，而恰是意识形态必须奋力战胜的东西。常识并不总是理解现实的好用工具——毕竟，常识告诉我们太阳围着地球转，世界是平的，而空气不是一种物质，但要想明白什么最有效以及我们行为的可能后果是什么，常识可是个极其有效的工具。[94] 神圣国王、男尊女卑和生而为奴都不是事实，但在农业社会，这三种观念都很有效，因此常识告诉人们应该相信它们，并相应地调整自己的价值观。劝说人们忽视常识非常困难，这也正是为什么没有人能够永远欺骗所有的人（就算只有一万年也做不到）。常识是有腐蚀性的，能像酸性物质一样把意识形态侵蚀殆尽。

西福德在评价我在肯尼亚的卢希亚人中工作的经历时，说出了"常识都是意识形态"这句话，我认为那次的经历实际上很好地例证了我的观点。1986 年，我带着关于殖民主义邪恶罪行的一套坚定的化石燃料假想到达肯尼亚，但很快就屈服于常识，雇用了当地女性来给我送水。"伊恩在肯尼亚只是个临时的个体观察者，"西福德教授说，"对村民们而言，最好还是不要适应那样恶劣的环境，而是借由改善供水来改变环境。"

我觉得此话说明他根本不了解当时的情况。本地人指给我们夫妻俩看，几个废弃的抽水净化站的遗迹上早已杂草丛生。他们解释说，肯尼亚西部太穷了，就算援助组织建造了水站，连付费维护设备运转的人都找不齐，那里没有足够的纳税人或行贿人让远在内罗毕的政府有心顾及此事。但是通过从溪流中拉水换钱，卢希亚妇女却是实实在在地改变了她们的生存环境。她们在运用自己的常识，从家务转向受薪工作，就像20世纪40年代之后的美国和欧洲妇女一样。跟我们谈话的卢希亚人看来非常明白，就对待妇女劳动而言，他们从农业价值观转变为化石燃料价值观的速度越快，给肯尼亚西部带来资金和改变生存环境的速度也就越快。

肯尼亚与其邻居坦桑尼亚的反差很能说明问题。坦桑尼亚在1961年脱离英国取得独立（当时叫作坦噶尼喀），而肯尼亚独立是在1963年。当时两个国家都很穷，并且在斯时那个独立的美丽新世界，两个国家通向因达斯特里亚的道路是应该选择基于市场，还是选择社会主义，远没有那么一目了然。[95] 肯尼亚的统治者大体上选择的是前者，让肯尼亚人自由地遵从常识（除非这会导致他们批评统治者），而坦桑尼亚则选择了后者，要求公民的常识服从乌贾马（ujamaa），这是一个斯瓦希里语（非洲常用语言之一）词汇，意思大致是"像一家人那样团结"。这种意识形态（又称作非洲社会主义）坚决否定了化石燃料世界的很多现实，执政的革命党把600万城镇居民强行迁移到农村，造成了灾难性的结果。[96] 1961年，坦噶尼喀人就已经比肯尼亚人穷了，肯尼亚人每挣1美元，坦噶尼喀人只能挣64美分，但是到1986年，乌贾马又把坦桑尼亚人的工资降到了51美分。我和妻子于那年秋天抵达坦桑尼亚东北部城市阿鲁沙，巧的是那里正是起初宣布乌贾马主义的地方，和肯尼亚相比，那里的食物少得让我们震惊。一天晚上，我们能找到的唯一晚餐就是"山羊汤"，就是泡在温水里的一根骨头和少许羊油。因为停电，我们只得在一片黑暗中进餐。但自 2001 年以来，乌贾马终于让位于常识。到 2013 年，肯尼亚人每挣 1 美元，坦桑尼亚人能挣 94 美分了。[97]

在人类价值观与物质生活有着怎样的关联问题上，我和理查德·西福德意见不同，但无论我们如何思考这个问题，对肯尼亚—坦桑尼亚的比较表明，就算在坦桑尼亚独立后第一任总统朱利叶斯·尼雷尔的权威及其背后的国家力量的作用之下，乌贾马也只存在了一代人多一点儿的时间，因为常识告诉坦桑尼亚人这不适合现实条件。苏联维持的时间更久一些，对其数百万国民而言，进入 20 世纪 50 年代以后很长时间它似乎仍然能够很好地描述现实。[98] 20 世纪 70 年代，随着经济增长放缓，争论也变得很难持续下去，到了 80 年代，常识让大多数苏联国民看清了当时脱离现实的经济体制是无望的（一个著名的笑话说："我们假装工作，他们假装付我们工资。"）。[99] 到了那个 10 年的末尾，苏联到了解体的边缘。

科斯嘉德在真实道德价值观和成文价值观之间进行的区分，要求她将意识形态看作妨碍人们正确进行价值判断的社会学扭曲——在农业社会这个例子中，一扭曲就是一万年之久。我对于经过生物进化的核心价值观和人们对它的解读（主要是由能量获取所驱动的）之间的区分，要求我将意识形态看作某些人从中获利的一派谎言[100]——但谎言鲜见持久者，因为在我们身处其间的物质环境中，常识是如此有力的工具，能够揭示何为最适宜的观念。我强调这一定义上的区别，是由于我认为这有助于解释我和科斯嘉德之间的最后一个分歧，关于塔利班在 2012 年袭击了未来的诺贝尔奖得主马拉拉·优素福·扎伊这个事件。

科斯嘉德和我对在普林斯顿大学讨论这次枪击事件的记忆大相径庭，或许也不足为奇。"对于同一个事件，不同的见证人做出了不同的叙述，他们说的话要么是出于对一方或另一方的偏袒，要么就是基于不完整的记忆。"[101] 古希腊思想家、历史学家修昔底德早在 2 400 年前就说过这样的话,从那时到现在,世界也没有发生多大的变化。科斯嘉德回忆说我在被问及塔利班的行为是否错误时试图回避做出我本人的道德主张。我并非有意如此,但当时酒足饭饱后一时神虚也未可知,而今白纸黑字,自然能把观点阐述得更明白一些。

袭击马拉拉的人当然是错误的,他们最终于 2014 年 9 月被捕,当时我正在撰写本章的内容。[102] 但如果我是对的,即道德思考的重要区别是存在于经过生物进化的核心价值观与人们对它们的解读之间,而非存在于真实道德价值观和成文价值观之间,我们就必须问清"错误"到底指的是什么。从科斯嘉德的话来推断,我会猜想在她看来,错误的行为就是违反了独立于人性的真实道德价值观。于我而言,错误的行为是违反了我所强烈秉持的信条,也就是我对经过生物进化的人类价值观的化石燃料式解读。1982 年,我信心十足地认为乔治先生不该自己骑在驴背上而让他的太太扛着麻袋在路上走,时至 2012 年,我当然更有信心地认为塔利班不该枪击马拉拉。因为我认识到,我自己的价值观只是对化石燃料所构建之世界的常识性解读,我可以毫不为难地意识到,坚决秉持农业价值观的人有可能会与我意见相左。但另一方面,我也可以毫不为难地说我是对的而他们是错的,不是因为我能够比他们更好地进行价值判断,而是因为农业时代已经结束了。正因为此,我在第四章提出塔利班首先错在落后而非其他。

就我理解,塔利班认为,[103] 马拉拉如此叫嚣着主张女性受教育的权利,威胁了世界的安全和获得救赎的机会,而且因为致命暴力是对这种极端威胁的适当反应,所以他们选择杀了她。我在第四章提到的某些民意调查表明,很多化石燃料使用者也认为当世界安全受到威胁时,使用致命暴力是合适的,[104] 这意味着争论焦点变成了有关事实的问题,即怎样才算是威胁。我(和世界上几乎所有其他人一样)当然不会认同塔利班的看法。正如我所说,这是一个关乎事实的问题,在 21 世纪初的真实世界里,塔利班错在歪曲了事实。

马拉拉并没有威胁世界和平，她只是威胁到了宗教极端分子的意识形态。这些极端分子极力谎称暴力可以迫使一个能源充裕的化石燃料社会回归农业价值观。

科斯嘉德不喜欢这种辩论。"莫里斯的文本有时读来仿佛他本人不是他为之建立理论的人类中的一员。"她说。对此我只能回答，如果她认为我来自外星，那么我觉得她该多出去走走。也不只有她如此——就像出生于柯尼斯堡的康德一样，道德哲学家似乎往往很乐于待在家里，由于这样就只需和其他 WEIRD 人士辩论，因此他们无法理解像乔治先生这样的人。我认为这是错误的。比方说，我们可以比较一下心理学家乔纳森·海特的前后经历，后者在拿到哲学博士学位以后就离开美国学术圈，去了印度的布巴内斯瓦尔。"我刚到的那几个星期，"他回忆道，

> 充满了震惊和不协调之感。我和男人们一同吃晚餐，他们的妻子默默地伺候着我们，之后就退回到厨房，整晚都没和我说过一句话。他们告诉我要对仆人严厉一些，不要再感谢他们为我服务了……我身陷一个性别隔离、等级森严、笃信宗教的社会。

又过了几个星期之后，他发现，

> 我喜欢这些招待、帮助和教导我的人。无论我去哪里，人们都对我很和善……我抛弃了起初不自觉地认为这些男人都是性别歧视的压迫者，而把女人、儿童和仆人当作值得同情的无助受害者这种态度，开始看到一个道德的世界，家庭（而非个人）是社会的基本单位，每个大家庭的成员（包括用人）都是高度互助的。在这个世界里，平等和个人独立并非神圣的价值观。尊敬长者、天神和客人，保护属下，履行与个人角色相关的职责才更

重要。[105]

欢迎来到阿格拉里亚。

我会说,正是多出去走走让我们(不管我们是谁)不解,为什么明明都是通情达理的人,秉持的价值观却与我们如此不同。以我个人而言,正是多出去走走让我得出了本章前文提出的两个主张,并连带着推论出科斯嘉德对于真实道德价值观和成文价值观之间的区分是毫无意义的。乔治夫妇的价值观并非永恒价值观的扭曲版本,他们的价值观是对我们经过生物进化的核心价值观所做的符合常识的解读,数十亿农夫在其能量获取跌至每天 8 000~35 000 千卡时得出了这种价值观——一旦他们的能量获取上升到 35 000 千卡以上,就会抛弃这种价值观。

如此看待问题并不是说我是来自另一个世界的外星人,更不是说相信等级制度就意味着 20 世纪 80 年代的阿西罗斯人和布巴内斯瓦尔人不是暴君就是受害者。如此看待问题也不是说我就是个道德怀疑论者。我们生活在化石燃料世界,因此,化石燃料价值观就是我们对自己经过生物进化的核心价值观的正确解读,而农夫和觅食者的价值观就是错误解读——在因达斯特里亚也变成历史之前,这种价值观将一直是正确的。

21 世纪的演变核心

如此就引出了我的主张的第二个推论:对于我们经过生物进化的核心价值观的解读在 21 世纪必会发生前所未有的迅速进化,因为能量获取的变化速度是前所未有的。

理查德·西福德并没有直说我在这点上是错误的,但那似乎是他在第六章里所提主张的弦外之音。我认为,曾经推动了历史前进的文化进化竞争过程会继续起作用,其明显的后果有三:第一,能量获取的增长速度会是前所未有的;第二,遗传学、纳米技术和机器人科学的革命会反馈到生物进化上来,彻底改变生而为人的意义;第三,随着这些变化的发生,核战争的风险会增加。然而,西福德认为这种分析"包罗万象、鼓舞人心、令人信服,同时也有一点儿颇使人迷惑,我觉得不啻一场政治灾难"。他没有明说本书威胁到的政见是什么,但他对我本人的政见倒是言之凿凿,他认为"伊恩的想法本身更接近于我们的统治阶级的意识,而不是我们这个时代所需的观念"。和《绿野仙踪》中奥兹国所有其他傀儡一样,我也被一个在幕后拉着控制杆的资本主义魔法师骗得"在不知不觉中也内化了……资本主义视角的核心理念"。

我最近几本书的审读者都能保证我不只是个"党内知识分子,知道见风使舵地改造证据使之符合多元文化路线",而且还是个"典型的现代学者:是一个唯物主义者,但绝非马克思主义者",甚至还是个"将主观的新保守主义观念包装成客观的学术理论"[106]的家伙,我已经学会了不去过分担心人们对我政治观念的谴责,但西福德企图纠正我的右倾主义的努力却涉及一些具体的历史分歧,我很想在此多说两句。

西福德指责我错将资本主义的逻辑认作整个历史的逻辑。"但资本主义必要的自我扩张的动力及其所产生的价值观,"他说,"在类别上都不同于它之前的社会。"如果我对他的论证理解正确的话,那么他的观点就是,人们尽其所能地从环境中攫取自我扩张活动所要耗费的能量,这种倾向并不如我的结论所言,是因为我们是动物。相反,这是由资本主义生发的、最近才出现的现象。[107]他说,看看希腊和罗马,它们表明"但对效率的追求当是生活在资本主义经济体中的我们十分熟悉的,它根本算不得古代经济体的特征"。

恕我不敢苟同。我从西福德关于古代希腊经济思想的著作中学到了很多,[108] 但我觉得他在此处完全搞错了。希腊人和罗马人将其他社会考量置于效率和利润之前,这一观点可以回溯到 19 世纪 90 年代的韦伯,而在 20 世纪 50—80 年代,经济史学家卡尔·波拉尼和摩西·芬利发展出这一观点的复杂版本。[109] 但就像英国历史学家、社会学家基思·霍普金斯在一个世代以前所指出的,这个理论的问题在于,它无法解释罗马帝国治下发生的非常明显的强力(即人均)经济增长。[110] 最新研究已经找到了远古希腊与古典希腊的可比增长率,[111] 现在已经很清楚,不仅公元前第一个千年的地中海经历了公元 1800 年之前[112] 历史上最强劲的经济增长,而且,对经济效率的不懈追逐正是其主要的特点之一。[113]

图 10.2 总结了第二个证据来源,也就是我在本书中不断重复过的:自从冰期末期以来,能量获取的指数级增长。人均经济增长率远

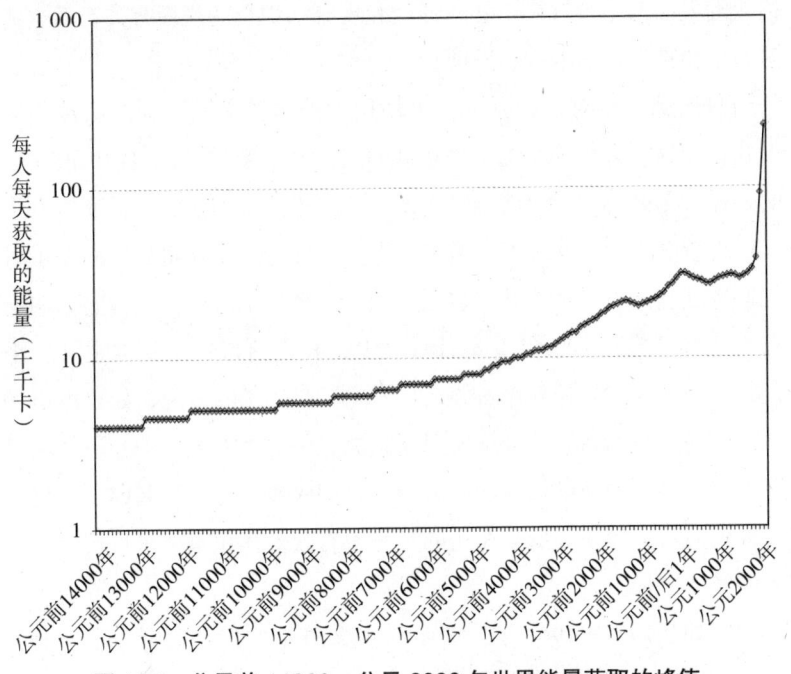

图 10.2 公元前 14000—公元 2000 年世界能量获取的峰值

不是资本主义特有的事物，只要把现代人和后冰期"漫长的夏天"放在一起比较，自会得出这个数字。指数级增长早已成为常态，长期以来发生变化的是指数变大了，从而愈发加速了这种扩张。自工业革命肇始、资本主义启程以来的两个世纪里，世界人口增加了7倍，最大城市的人口增加了25倍，（我计算得出）知识量增加了860倍，而能量获取增加了逾40倍。这些统计数字令人惊异，但它们代表的却是旧模式的加速，而不是全新的模式。在公元1800年之前的2 000年里，地球人口的规模增加了3倍，最大城市的人口增加了近2倍，知识量（同样得自我自己的计算）增加了10倍，人类可控制的能量增加了8倍。在那之前的1 000年内，人口翻番，城市增长了20倍，知识量翻了两番，能量获取增至3倍多。[114] 我们回溯的时间越长，加速度就越小，但自从公元前10000年开始，经济一直呈指数级增长。指数的大小与系统规模、交通强度和现有知识量的规模有关，而这些最终也会被能量获取推动发展。

　　西福德说得对，我在本书中使用"资本主义"一词的次数不多，但我希望这不是因为我上了魔法师的当。而是像我在第四章里所讨论的那样，是因为现代经济增长中的重要因素是化石燃料，而非资本主义的思想观念。[115] 我在书中指出，当化石燃料开始让世界充满能量时，人们发现有两种主要方式可以用以组织这种新的丰饶。我管它们叫作自由式和非自由式。但在某种程度上，我们可以用"资本主义"来代替自由主义。[116] 长期来看，自由式/资本主义的方法，如自由市场、自由贸易、自由言论，经证明对于拓展经济极为有效，但在下结论说资本主义具有独特的拓展功能之前，我们应该牢记，比起前工业化时代的任何政治体系，后工业化的几乎所有政治体系都寻求且实现了更大的经济增长。

　　例如，1930—1941年，法西斯主义日本的经济每年增长4.1%；1933—1939年，纳粹德国的年经济增长率为7.2%；1928（数据可靠的第一年）—1989年，苏联的年平均经济增长达到3.65%，而在这61年间，美国的年平均经济增长率为3.25%。[117] 选择不同的时间段当然会看到不同的数字，然而，每一种选择所产生的结果却不会有太大差别。[118] 20世纪，非自由经济体比1900年之前任何经济体的增长都快，胜过了20世纪资本主义国家在若干阶段的表现。我们当然应该记住，这些比较在某种方面有误导性。例如美国在20世纪20年代已经大体上实现了工业化，而当时的苏联才刚刚开始工业革命，并且刚从可怕的战争中复苏（这意味着苏联在追赶世界经济的过程中可以利用后发优势）。法西斯主义者严重依赖强制劳动，并且比19世纪的自由社会更不关心破坏环境的事情。如果当年苏联采纳了自由制度，其经济的增长速度很有可能会更快，但即使如此，我们也无法规避这样一个结论，即现代经济增长的最重要力量是化石燃料，而非资本主义。

资本主义始于早期现代的西欧，因为务实的人们发现，在能量日益丰富的世界，这是解决问题的最有效方式。其他人不认同这一点，并采用了不同的方式来处理问题。随着文化进化的竞争逻辑开始起效并促成了低效方式的消失，冲突和妥协也随之发生。我认为这也是21世纪的运作原理，并且我对于文化进化会导致最佳的（或者也许是最不差的）结果抱持谨慎乐观的态度。但西福德却不以为然，他似乎认为我的论证不太像盲目乐观者的杯子半满说。"在不平等现象有目共睹的社会里，人们根本不会接受为拯救环境所必需的限制，"他说，"天上满是私人飞机，为什么我要减少飞行的次数？"

天上的确满是私人飞机（截至2013年，大约有19 258架），[119] 但我不相信这真的是我、西福德，以及我们这个聒噪阶层的其他成员把自己塞进商业航班的经济舱飞到普林斯顿大学等学术圣殿的原因，我更不相信这些决定构成了对世界气候的真正威胁。西方人滥用化石燃料，在20世纪期间曾把空气中的碳含量推高到百万分之四百，但近10年来，真正造成这种结果的是东亚和南亚的工业革命。数亿人仍然缺乏可靠的电力，但这些工业革命正在改变这一现状。如果另外10亿人每人买一个60瓦的灯泡，每天点亮4个小时——这点儿要求不过分，世界就需要新增10千兆瓦的发电量。2007年，国际能源署预测，2030年的全球石油需求将会从每天8 600万桶上升到1.16亿桶，即使如此，仍会有14亿人无电可用。[120] 为此指责资本主义没有任何好处。大问题不是如何推翻幕后的魔法师，而是如何满足新获自由的化石燃料使用者非常合理的需求，毕竟那些都是好东西，理查德·西福德和我都已经享受好久了。

西福德认为，答案在于"情感维系的价值观"。同样，如果对这个词的具体含义能有一个更加完整的解释，我会不胜感激，但这里不妨在西福德使用这一术语的语境中继续我的讨论。常识告诉多数人，如果几乎所有的科学家都在谈论气候变化，说化石燃料难辞其咎，还说需要采取行动，那多半就是真理了。很多政治理念的空想家否认这一点，但他们的无知和／或谎言的影响看来日渐衰微。最佳指标正是西福德所警告的资本主义市场：煤炭的份额下降（2008—2014年，全世界最大的私营煤炭公司——美国皮博迪能源公司所占的市场份额下降了80%），可再生资源的比例上升，就连国际金融服务公司摩根士丹利的大资本家们也建议把投资从化石燃料转向替代能源。[121] 2014年，在波士顿召开的一次投资者会议上，彭博新能源财经首席执行官迈克尔·利布雷希解释道："投资者日益把化石燃料工业理解为低能效且越来越不受欢迎的行业。人们认为太阳能的成本已一路下跌，风能的成本也很快会降。如果我们能让人们把所有这些都看成商机的话，我们就有很大的机遇。"[122]

市场不能解决世上所有的困境，但它们有助于解决这个问题。20世纪新自由主义的重大发现是，政府干预未必是自由市场的敌人：实际上，它可以通过制定规则来减少扭曲，改善市场运作。[123] 目前，因为市场并未给排放到大气中的碳定价，买卖双方通常都支付了化石燃料的全部成本。纠正这种市场失效的方法不是什么艰深的学问：经济学家提出了很多碳排放税的方案和总量管制与排放交易方案，这些都会减少市场缺陷并使得替代能源更有竞争力，在产生更快的经济增长的同时降低排放。[124] 最大的障碍不是价值观或情感，而是我们无法在谁该承担成本问题上达成共识。这是一个政治问题，但自从《京都议定书》以来几无进展，因为全球层面上的气候威胁与国家层面上的政治体制之间配合不当。我们试图以19世纪行之有效的组织方式来解决21世纪的问题，因此，局部利益常常会无视世界性的义务。[125]

不论有无价值，这就是我的看法。然而我乐于承认，无人可以预见到我们将如何或能否突破限制了化石燃料经济之可能性的绝对极限，就像过去无人可以预见到觅食者或农夫会如何或能否突破其经济的绝对极限一样。这三次能量大跃迁在很多方面非常相似，然而，就像玛格丽特·阿特伍德在她才华横溢的评论中所说的，这一次真的不同。一万年前，数百个分隔的社会在尝试农耕。大多数社会未能打破绝对极限，给卷入其中的人们带来了马尔萨斯式的悲剧，但少数社会取得了成功。近2 000年来，至少有5个社会达到了农业经济的上限；4个社会未能取得突破，但试验仍在继续，直到18世纪末西北欧释放了化石燃料经济。但如今，我们在进行着一场单一的全球试验，一旦失败，无人能够避免这场灾难。

如果我们失败了，这种悖论在进化史上也不是第一次发生：一种成功的生命形式在改变全球环境的同时，又恰恰导致该生命形式本身以灭绝收场。在大约2.52亿年前的二叠纪，一种叫作甲烷八叠球菌的微生物进化出一种从海洋中（以有机碳的形式）获取能量的新方式。这是一次巨大的成功，甲烷八叠球菌也疯狂扩繁。但在这个过程中，这种微小的有机体吐出了太多的甲烷，改变了海洋和天空的化学性质。[126] 在接下来的数百万年里，96% 的海洋物种和 70% 的陆地脊椎动物灭绝了，海洋的表面温度可能一度高达 40℃。[127] 在其后的 1 000 万年里，地球上只散布着极其稀少的宝贵生命（因此，英国古生物学家迈克尔·本顿将其有关这一时期的著作命名为《当物种濒临灭亡》），当动植物再次繁殖时，包括恐龙的祖先在内的全新的物种占领了世界。[128]

我们人类是否会步甲烷八叠球菌之后尘，仍有待观察，但我们显然无法对其间的相似性视而不见。像二叠纪的微生物一样，我们也遍布世界，释放了大量碳，引发了大量的灭绝（这不是杞人忧天；当前，每 20 分钟便有一种植物或陆地动物物种灭绝，生物学家常常把我们的时代称为"第六次物种大灭绝"）。[129] 我们的文化进化看来已经开启了加速生物进化过程的强迫事件——这正是为什么我论证的第二个推论是，21 世纪或许会见证人类价值观被某种全然不同的东西所取代。如果微生物继承了地球，或者如果强迫事件的选择压力促使我们变异成科技进步的后人类，那么我和回应者们在普林斯顿大学所做的极端人性化的讨论就会变得全无实际意义了。因此，我认为西福德下面这句话全然不得要领，他说我们可以选择保留某种具体的化石燃料价值观，因为"我们也很难找到一种远比我们与生俱来的道德价值观更有价值的价值观（难道是 GDP？），我们很难再找到一种价值观，珍贵到让人们普遍认为为此让我们卸下与生俱来的价值观包袱，无论过程多么复杂艰辛，都是值得的（虽说一直以来都有人暗中尝试着操纵或抵消那些价值观，有些还很成功）"。我们就什么达成一致这件事可能并不重要。我们当然有选择，[130] 就像觅食者在农夫出现后仍有选择，农夫在化石燃料使用者登场后也有选择一样，但也正如觅食者和农夫所学到的，有选择与控制结果可不是一回事。

玛格丽特·阿特伍德采取了一种全新的视角。她的大部分职业生涯都在探索我们所做选择的非预期后果,她称之为"充满乐趣、笑话连篇的喧闹游戏,其中的人类大都湮灭无踪"。比方说,她的小说《使女的故事》让美国在一场反伊斯兰教政变后回到类似阿格拉里亚的社会,而《羚羊与秧鸡》则描述了一个充斥着基因改造的超人类的瘟疫后世界。[131] 以该著作为出发点,在本书中她撰写的那一章直接提出了这样的问题:崩溃或转变对人类的价值观意味着什么?

"你或许会觉得果真如此的话,"她指出,如果21世纪发生了崩溃,"我们中间的幸存者会选择后退一步,从化石燃料的价值观退回到农业价值观,但在社会结构广泛瓦解的情况下,我们更可能会即刻扭转到早期的觅食价值观。"毕竟,她说:"再也没有人知道该如何修复了。你的汽车、电脑和舷外马达都是数码的。如果我们的社会崩溃了,它们不太可能被重建,因为资源提炼和生产的组织运作所需的专业技能早已烟消云散。"并且在这种情况下,"丢掉例行工作就成了流浪者,他们赖以生存的不是自己种植的庄稼,毕竟从下种到收获,那可是个漫长的周期,因而不得不走向乞讨、盗窃和谋杀"。罗尔斯学派无所凭依。

这些话(通过一个相当迂回的思考过程)让我开始比此前更加谨慎地深思崩溃造成的初始条件会有多少不同。例如,20世纪80年代里的一场核战争可能会在区区几周内杀死几乎所有的人;而20世纪第二个10年里的一场类似战争最终可能会导致相同的结果,但需要数年之久,因为要想用一次打击就把我们一扫而光,现在的核弹头数量不够了。同样,难以应付的生物武器可能会散布全球,突如其来地结束几乎所有的生命,而更加传统的流行病(诸如埃博拉病毒,在我写作之时正频见于报端)可能会一波波地卷土重来,就像过去所有的大瘟疫一样,在数十年的时间里降低人口数量。气候的变化也许会以更缓慢的动作造成衰退,逐渐降低农业产量,淹没沿海平原。

崩溃的速度可快可慢。但无论是哪种方式，我们都必须要问：然后如何？我住的地方距离旧金山湾区只有几英里，那里住着将近700万人。两三颗百万吨级破坏力的多弹头导弹就可以杀死那里大半的人口，在浩劫中幸存的不幸的人们也很可能如阿特伍德所说的那样射杀彼此或散布在辐射的废墟上忍饥挨饿。此外，细菌会如潮水般淹没郊区，或者不断上升的温度会让送往 Safeway 和 Trader Joe's 超市的食品逐渐枯竭。古代与此相当的灾难发生在公元439—600年的意大利，罗马城的人口从80万剧减到略多于4万。[132] 2049年的帕洛阿尔托、圣何塞和奥克兰的城市规模或许不会比1849年时更大。

但是，关于这个问题我思考得越多，就越是怀疑崩溃，特别是慢速的崩溃未必会把时钟拨回到觅食者时代。[133] 世界上还有很多人是多面手，就算是在旧金山湾区的外围，比如圣克鲁斯山区（我就住在此处），也绝不缺这样的人。[134] 他们中有很多人以务农为生，知道如何用脚踏车发电，如何制造短波无线电装置，还能用生物燃料来驱动老式卡车。他们中不少人都有枪，长期以来一直在为末日的到来做准备。对于他们不了解的东西，还有书籍可资参考。他们很多人肯定会遇难，而我们也许需要像美国科幻小说家沃尔特·米勒的经典科幻小说《莱博维茨的赞歌》中的英雄那样的人物来秘密进行世界知识量的储备工作，[135] 但我们不会退回到无文字、无科学的觅食世界去。

最有可能的结果也许是一个综合了农耕和化石燃料补丁的混合经济。它在某些方面看起来更像是计算机时代开始之前的20世纪，在其他方面却更像是公元前20世纪。我想象的整体效果是类似于撒哈拉以南非洲的失败国家，一派混乱的半工业化景象。五六世纪期间，罗马帝国分崩离析后，仍然有用的技能被保存下来，无用的技能就此消失，人们在混乱的新现实中应用常识，调整其价值观。据我猜测，

21世纪大灾难的幸存者所面临的情况也大致相同。如果我具有玛格丽特·阿特伍德那样的文学天赋，那会是一部小说佳作。

然而，一个能在我的社会发展指数上达到5 000点的更加奇点主义①的世界，不见得会成就一部小说。如果像阿特伍德所说，生物工程的第一个结果，也即她的"天启骑士"，是"一脸呆气的生物学家会用生物工程设计出美丽的女性，在她们的基因里嵌入对一脸呆气的生物学家的欲望"，可能还有一些幽默。而如果随后的性选择将其他男性推向了模仿一脸呆气的生物学家的文化演变，就是令人恐惧的结果了。但还有可能不会有什么与我们切实相关的结果。

阿特伍德说，她在写小说时会假设即使在大灾难之后，"其中的人类大都湮灭无踪，但有些幸存了下来，因为如果不是这样，就没有故事情节了，不是吗？"我认为，她在此提出了一个非常严肃的观点。阿特伍德在评论开篇无可挑剔地辩称讲故事也可以是一种分析工具，但天启骑士威胁着要推翻讲故事的必要条件——那些通过叙述来组织经验的人。如果这就是文化进化要引领我们前往的境地，那么我怀疑比起在普林斯顿大学人类价值研究中心的辩论之于尼安德特人，22世纪后人类超级生物体的思考和价值观（如果这些词没有用错的话）将更与我们格格不入，也更让我们难以理解。

历史学家尤瓦尔·赫拉利和阿特伍德一样，认为讲故事是人类境况的关键，他用这样一个问题来结束其优秀的著作《人类简史》："既然我们很快便能设计我们的欲望，或许我们面对的真正问题并非'我们想成为什么'，而是'我们想要什么'。"[136] 思考着阿特伍德的话，我不禁怀疑我们是否不应该走得更远。或许真正的问题也不是"我们想要什么"，而是"对我们想要的东西，我们究竟是否想要"。

---

① 奇点主义，是一场由科技奇点的信仰所定义的运动。奇点主义者认为在不远的未来即将发生的超级智能的产生就是所谓的科技奇点，并且我们应该采取审慎的行动来确保奇点有益于人类。

最后，我想再次感谢原书稿的回应者和其他读者。即使在我以洋洋两万字陈述了自己对一切事物的正见之后，在孰对孰错的问题上，我还是怀疑我们是否真正说服了彼此。然而，他们的确让我更深入思考了自己的思想并拓展了新的思路，这让我有了更多的想法，也有了更多的书要写。对于一个学者来说，这真是再好不过了。

致　谢

　　世上从无单打独斗的作者，如果没有很多人的参与，本书永无面世之日。首先需要向普林斯顿大学人类价值研究中心致谢，2012年11月，中心成员友好地邀请我主讲坦纳讲座。在我起草讲座内容之前，我在斯坦福大学的同事（并且也是普林斯顿大学人类价值研究中心的前成员）乔希·奥伯跟我在墨西哥洛斯卡沃斯喝了几个晚上的玛格丽塔鸡尾酒，与我讨论了这些问题。等我抵达普林斯顿大学，埃林·格雷厄姆对我悉心照顾；听众前来听讲的时候，人类价值研究中心的成员，尤其是所有的回应者：玛格丽特·阿特伍德，克里斯蒂娜·M.科斯嘉德，理查德·西福德和史景迁，用各式各样有趣的问题向我提出了挑战。我在斯坦福大学胡佛研究所（我在该机构获得了坎贝尔国家研究奖）和文理学院的友好支持下，在2013—2014学年期间完成了将两次讲座的内容扩充成本书前五章的大部分工作。在我写作期间，萨姆·鲍尔斯、焦万纳·西瑟拉尼、谢美裕、史蒂夫·勒布朗、保罗·马拉尼马和罗布·滕皮奥指导我阅读了一些我自己永远找不到的材料。通过与史蒂夫·哈伯和理查德·兰厄姆的谈话，以及向耶路撒冷的圣城大学和圣经学院奥尔布赖特研究所成员提交的论文修订版，我的论点得到了极大的加强。所有的章节都起草完毕后，菲尔·克莱因海因茨、乔希·奥伯、凯西·圣约翰、沃尔特·沙伊德尔、保罗·西布赖特、肯·沃德尔、普林斯顿大学出版社的两位匿名读者，以及我的编辑罗布·滕皮奥和史蒂夫·马塞多阅读了手稿，并给了我无法以价值衡量的回馈。米歇尔·安吉尔绘制了非同寻常的诸多地图，Sandra Dijkstra 代理机构的桑迪·迪杰斯特拉、埃莉斯·凯普伦、安德烈亚·卡瓦拉罗和黎陶，以及普林斯顿大学的罗布·滕皮奥、泰里·奥普雷和珍妮弗·哈里斯在我的注意力多次偏离之时，亲切而耐心地保持进度。我对他们所有人深表谢忱，尤其是对凯西·圣约翰和动物们，他们教会了我有关人类价值观的一切。

伊恩·莫里斯
于加州博尔德克里克
2014 年 10 月

注 释

说明：所有链接最后确认日期是 2014 年 10 月 10 日。

导论

1. *Primates and Philosophers: How Morality Evolved*, edited by Stephen Macedo and Josiah Ober (Princeton, NJ: Princeton University Press, 2009).

第一章

1. 我要再次感谢 Kenneth Wardle 教授在 1982 年邀请我参与他的阿西罗斯项目，也要感谢 Richard Tomlinson 教授紧接着邀请我参加他的 Perachora 发掘项目。Tomlinson 教授开着伯明翰大学野外考古小组的路虎载着我在欧洲来回穿梭，这辆车只坏了一次（在当时的南斯拉夫中部，Tomlinson 教授用一个队员的尼龙长筒袜顶替一条坏了的风扇皮带）。

2. 乔治先生的太太不是"乔治夫人"。希腊乡村的习俗是直呼人们教名，并加上"先生"或"夫人"以示尊敬（乔治先生被称呼为 Kyrios Yiorgos）。我一直都不知道乔治先生太太的名字，我也必须承认自己从来没有想过要问。

3. 我要感谢普林斯顿大学坦纳委员会、人类价值观研究中心和雪莉·蒂尔曼校长邀请我在 2012 年发表演讲。

4. 其他作家有时会使用不同的标签。人类学家和考古学家经常使用"狩猎-采集者"作为"觅食者"的同义词（尽管有些人会区分这两个表达）；历史学家、考古学家、人类学家、乡村社会学家和发展经济学家有时使用"agriculturalists"，有时使用"peasants"来代替"farmers"（尽管他们更经常将"agriculturalists"和"peasants"作为更大的"farmers"类别中的不同子类别）；来自各个学科的学者有时更喜欢用"工业"、"资本主义"或"现代"时代的说法，而不是"化石燃料"时代。

5. Weber 1968 [1922], pp.4-22.

6. Droysen 1868, p.11, § 14. 德罗伊森补充道，哲学家和神学家应该致力于第三种知识，即他所谓的"识别"。

7. Weber 1968 [1922], p.12.

8. Particularly Parsons 1937.

9. Geertz 1973, p.5.

10. Ibid., p.23.

11. Ibid., pp.25,16.

12. Darnton 1984, pp.4-5.

13. 在某种程度上，这就是考古学和人类学家 Anastasia Karakasidou 在其著作 *Fields of Wheat, Hills of Blood*（1997）中所阐述的，该书简要介绍了她于 1989 年在阿西罗斯所开展的田野调查。

14. 考古学家 Bruce Trigger 于 1998 年出版了一本与这个主题相关的社会发展简史，我也在《文明的度量》中详细阐释了我的看法。

15. Bagehot, quoted from Höpfl 1978, p.19; Gatterer, quoted from Force 2009, p.458.

16. 我发现 Geroge Nadel（1964）、H. M. Höpfl（1978）、Karen O'Brien（2005）、和 Richard Olson（2013）所发表的内容非常有用。（我要感谢 Giovanna Ceserani 与我讨论哲学史，并推荐我阅读这些文章。）

17. 哲学家 Herbert Spencer（1857）发表的内容仍然是古典进化论最有力的论述，Mark Francis（2007）是以 Spencer 的观点为背景进行的写作。

18. Trigger 于 1998 年的出版物和人类学者 Robert Carneiro 于 2003 年的出版物，其内容都很深刻，探讨了这方面的争论，双方都倾向于诠释而非理解。由于任教于斯坦福大学，我近距离感受了这一切。争论之激烈，在很大程度上导致斯坦福大学人类学系在 1998 年被拆分成两个学系（人类学系、文化与社会人类学系）。我当时不是人类学系的教职人员，但我相信自己是唯一曾任职于这两个学系的招聘委员会的人。

19. 我对此的学术观念受哲学家 Karl Popper（1963）影响极深，但 Popper 本人可能会认为我的观点更偏向历史学（Popper 1957）。

20. Weber 1949, p.90.

21. Gilbert 1966—88. 前两章由 Randolph Churchill 执笔。

22. 关于草原社会，有大量文献可阅。就人类学方向，苏联人类学家 Anatoly Khazanov 于 1984 年出版的作品是很好的选择；美国欧亚学学者 Christopher Beckwith 于 2009 年出版的作品则是历史方向的。

23. 关于功能主义，参见：Radcliffe-Brown 1936; Parsons 1937,1951。

24. 灵长类动物学家 Kevin Landgraber 等人在 2012 年发表的文章中，将我们与其他类人猿最后的共同祖先存在的时间定为 800 万~700 万年前，比此前公认的大约早 200 万年。

25. E.O.Wilson 1975, p.562. 从 20 世纪 70 年代开始，伦理学的生物进化这一主题得到深入研究（例如：Boehm 2012；de Waal et al. 2014），这也是弗兰斯·德瓦尔的坦纳讲座主题，他的发表时间比我的还早了 9 年（published as de Waal et al. 2006）。

26. 芬兰社会学家 Ullica Segerstråle 2000 年的出版物讨论了关于社会生物学的争论，并且 E.O.Wilson 在自己 1994 年作品的第 330~353 页，给出了对其观点的一些更极端的评论。当然，也有例外，如哲学家 Edward Slingerland 2008 年的出版物和 Gabriel Herman 在 2014 年发表的文章。

27. 关于极少数例外，参见：Wrangham 2006；Whiten 2011。

28. 在文化进化方面有大量的研究文献。就很多方面来说，Leslie White（1949）和 Julian Steward（1955）是现代大多数讨论的起点。Peter Richerson 和 Robert Boyd（2005）是对当代理论的很好的介绍。而且我也从 Robert Wright（2000）、Pascal Boyer（2001）、D.S.Wilson（2003）、Robert Bellah（2011）和 Andrew Whiten 等人（2011）中获益良多。

29. 参见在 Dawkins 1976、Cavalli-Sforza and Feldman 1981 和 Durham 1991 中的讨论。

30. 关于觅母：Dawkins 1976; Dennett 1995; Blackmore 1999。关于吸引子：Sperber 1996。

31. 关于基因：Dawkins 1982。关于多层次选择：Hamilton 1964；Alexander 1974；Bowles and Gintis 2011。

32. Richerson and Boyd 2005, pp.80, 81.

33. Ibid., p.6.

34. L. White 1949, pp.390–91.

35. L. White 1943, p.338 (emphasis in original).

36. Haidt 2012, p.31.

37. 感谢剑桥大学耶稣学院资助了此次人类学考察。

38. 根据 http://quoteinvestigator.com/2011/07/22/keynes-change-mind/，这句话其实是美国经济学家 Paul Samuelson 在 1970 年的一次采访中说的。

39. Published as Renfrew 1994.

40. Turchin 2003, p.1.

41. See www.yale.edu/hraf/.

42. 此处我特指进化研究所的社会文化进化数据。（Turchin et al.2012）

43. 我在 2010 年和 2013 年的作品中阐述了我的社会发展指数，就一般的方法论标准而言，我发现 John Gerring 于 2001 年的出版作品特别有用。

44. See http://www.worldvaluessurvey.org/wvs.jsp.

45. 关于对"人类价值观调查"这种方法的讨论，见：Macintosh 1998；Silver and Dowley 2000；Hofstede 2001；Minkov 2012。

46. Inglehart and Welzel 2005, p.5.

47. 我是从以下网址中获得的数据：https://www.cia.gov/library/publications/the-world-factbook/fields/2012.html#lo

48. R^2 的分数范围是从 0（数据点的分布是完全随机的，线性回归与观测值完全不相关）到 1.0（数据点落在一条完美的直线上，线性回归贯穿每一个数据点）。

49. Inglehart and Welzel 2005, p.5.

50. 图 1.3 和图 1.4 只包括 72 个国家/地区，因为我的数据来源（the CIA World Factbook for 2012，见第 52 条）不包括"世界价值观调查"项目组的 2 个国家/地区（北爱尔兰不是一个独立国家，所以没有条目；斯洛伐克经济的三个部门的数字加起来只有 80%，而不是 100%）。

51. 参见 http://www.worldvaluessurvey.org/WVSContents.jsp，该网站的作者补充说，该分析"较为简化"。

52. 此处所说的地方当然是指位于希腊北部的马其顿区的 *yeografika diamerisma*（一地理区域），不要与北马其顿共和国混淆，后者成立于 1991 年，原名"前南斯拉夫马其顿共和国"。由英格尔哈特和韦尔策尔所绘制的图 1.5 中的北马其顿指的是后者。

53. 数据来自以下网址：https://www.cia.gov/library/publications/the-world-factbook/fields/2012.html#lo。（在小小的马尔维纳斯群岛，羊的数量超过人口数量，其农业产值占比最高，占 GDP 的 95%；在较大的国家中，利比里亚的农业产值占比最高，占 76.9%。）

第二章

1. Lee and Daly 1999b, p.3.
2. Panter-Brick et al. 2001, p.2 (emphasis in original).
3. See particularly Kelly 2013.
4. Earle and Johnson 1987（pp.65–83 and 172–86）对此进行了很好的探讨。
5. 具体日期取决于我们是优先考虑遗传和骨骼证据，还是优先考虑考古学证据。遗传和骨骼证据表明"解剖学上的现代人"，也就是看起来像我们的人在这个漫长时期的初期出现。而考古学证据表明"行为上的现代人"，也就是行为和思想像我们的人在这个时期的末期才进化。考古学家 Colin Renfrew 于 2008 年的出版物将现代人的身体和现代人的行为之间的时间滞后称为"智人悖论"。Richard Klein 于 2009 年的出版物梳理了这些证据，但这一领域的进展是如此之快，以至 Klein 的说法有几个方面已经过时了。

6. Kuhn and Stiner 2001.

7. Lee and Daly 1999a; Panter-Brick et al. 2001b; and Kelly 2013. 这些作品对觅食社会进行了精彩概述。

8. Rowley-Conwy 2001 在这个问题上有精彩的分析。

9. Herodotus 4.13, 18, 23, 25. Mayor 2000, pp.29–53. 这些作品令人信服地证明了希罗多德有机会接触到远在草原之外的旅行者（包括公元前 7 世纪的诗人阿里斯特亚斯）的叙述。

10. Hartog 1988 对此有经典的分析，不过他过于深入剖析了；Thomas 2002 相比之下更简洁一些。

11. Barnard 2004 对这些知识传统作了简明的叙述。

12. 尤其是 Binford 1980、Woodburn 1980。

13. Schrire 1984 对此有经典的阐述；Sassaman and Holly 2011 展示了这对北美史前史的意义。

14. 尤其是 Fabian 1983。

15. Lee and Daly 2004 give a brief overview, 给出了一个简短的概述，辅以很多文献。

16. Binford 2001.

17. Childe 1936, 1942; Morgan 1877.

18. Kent 1996; Kelly 2013.

19. 可比较的有，Marlowe 2010 对坦桑尼亚的哈扎人的研究，和 Binford 1978 对阿拉斯加的努纳缪特人（Nunamiut）的研究。

20. 关于传统和信仰的研究有，Cannon 2011 和 Cummings 2013；关于理性选择的研究有，Winterhalder and Smith 1981。

21. Bettinger 2009.

22. Barker 2006, pp.47–54.

23. Lee and DeVore 1968, p.11.

24. Service 1971, pp.46–48; Johnson and Earle 1987, pp.30–31, 34–37; Ingold 1999, p.401.

25. 对群体规模的估算数据来自 Wobst（1974）。

26. Johnson and Earle 1987（pp.27–61, 132–38, and 161–72）提供了有关社群规模的良好概述，Heizer 1978 和 Suttles 1990 详细介绍了太平洋沿岸的研究样例。

27. Mithen 2003 对这一过程展开了令人回味的叙述。

28. 在 Lee and Daly 1999a、Panter-Brick 2001 以及 Kelly 2013 中包含了大量信息，Johnson and Earle 1987（pp.27–61）描画出了其中的一般形势。

29. Lee 1979（pp.116–332）仍是对卡拉哈里沙漠中昆桑人的经典研究。

30. Torrence 2001; Kelly 2013, pp.114–36.

31. Sahlins 1972.

32. Ibid. 1972, p.37.

33. Wilmsen 1989，依旧是专注于对昆桑人的研究，最有力地说明了这个问题。

34. 对绳纹时代的研究，参见 Habu 2004；对太平洋西北地区的研究，参见 sources in n.26, earlier。

35. 在这一点上，我有自己的展开论述，参见 Morris 2013, pp.60–141。

36. 尤其参见 Binford 1980、Woodburn 1982。

37. Gurven and Kaplan 2007.

38. Panter-Brick 2001b, pp.170–266; Boone 2002. Diamond 2012, pp.173–240. 以上这些研究是对觅食者人口统计学的良好概述。

39. 对此已有很多优秀的研究成果；我发现 Cashdan 1980、Gardner 1991、和 Boehm 1993 对我尤其有帮助。

40. Lee and Daly 1999a.

41. Flannery and Marcus 2012（pp.66–87）描述了公元 800—1200 年北美太平洋沿岸政治等级和不平等的兴起。

42. Angelbeck and Grier 2012 以太平洋西北地区的海岸萨利希人（Coast Salish）为例，但我不认为这一论点完全令人信服。

43. Lee 1979, p.348.

44. Quoted from Boehm 1999, p.62.

45. Silberbauer 1982. 这个方法与很多学术领域所采用的方法惊人地相似。

46. Steward 1938, pp.106-107.

47. Lee 1979, p.246.Upstartism: Boehm 1999, p.44.

48. 例子摘自 Boehm 1999, p.75。

49. Myers 1986, p.224.

50. Johnson and Earle 1987, p.81.51. Engels 1972[1884].

51. Engels 1972 [1884].

52. Johnson and Earle 1987, p.96. Johnson 和 Earle 用"家庭级别组织"来涵盖大多数觅食社会和一些最简单的农业社会。

53. 基尼系数由 Corrado Gini 创建于 1909 年，是最常用的不平等衡量标准。

然而，它也有批评者。对一些经济学家来说（例如，Bellù and Liberati 2006），不同的收入不平等的模式却可以得到相同的基尼系数，这一事实限制了基尼系数的价值。其他人还坚持认为，"用一个单维的指数来概括一个多维的现实，势必会不适当地简化事情，把不应该一起处理的事情混在一起"（Piketty 2014, p.266）。正如托马斯·皮凯蒂在2014年的出版物中所显示的，以不同的方式分解收入不平等，可以揭示不同的模式。然而，我在这里仍使用了基尼系数，因为历史学家长期使用此系数（无论结果多么近似），数据可追溯到古希腊和古罗马时期，而且史密斯等人2010年所收集的数据也让我们得以了解觅食社会和小规模农业社会的财富不平等状况。相比之下，尽管皮凯蒂提出的十级收入（将人口分为10个收入群体，并比较每个时期每个群体的财富份额）有许多优点，但按十级财富/遗产分布的计算只能追溯到18世纪初的情况（而且只有欧洲及其海外殖民地的数据），而按十级收入模式的计算只能追溯到20世纪第二个10年西方所得税记录的初期。

54. Smith et al. 2010. 经济学家总是严格区分财富不平等（不同个人或群体持有的资产之间的差异）和收入不平等（不同个人或群体的收入之间的差异）。在本书中，我遵循了他们的思路，但前现代社会现有证据的不足，意味着不可能计算出所有情况下的这两种不平等的基尼系数。在可能的情况下，我提供了收入不平等的系数，但史密斯等人2010年对财富不平等的计算得出了唯一可用于觅食者的基尼系数。每当提到基尼系数时，我都会明确说明它们是代表财富还是收入。总体而言，财富不平等往往比收入不平等更严重，因为高收入的个人或群体比低收入的个人或群体更容易留下部分收入来积累资本，低收入的个人或群体被迫将更大比例的收入用于购买食物、住所、衣服和燃料等必需品。

55. Tron 2013, pp.25–29; Trinkaus et al. 2014.

56. See Flannery and Marcus 2012 (n. 41, earlier).

57. Marx 和 Engels 对这个话题的写作是广泛的；Bloch 1983（pp.91–94）对此有一个很好的总结。

58. Steward 1977, pp.375–78.

59. Arnold 1995, 2007.

60. Wenzel et al. 2000; Henrich 2012; Kelly 2013, pp.137–65.

61. Kamei 2005, p.354.

62. Peterson 1993; Wilson 1998; Marlowe 2010, pp.225–54.

63. Matatus 是（20世纪80年代的）交通工具，只要付了钱，去哪儿都行，不计路况。它们以常引发重大交通事故而臭名昭著。

64. Shostak 1981, p.139.

65. 关于所有这些问题，有大量的文献发表，但经济学家Paul Seabright就此做出了很好的概述（2013b, pp.12–15,67–82）。

66. Shostak 1981, p.243.

67. Endicott 1999.

68. See, among others, Johnson and Earle 1987; LeBlanc and Register 2003; Otterbein 2004.

69. Chagnon 1988; Beckerman et al. 2009.

70. 数据可参考 Keeley 1996、Gat 2006 和 Pinker 2011。相关争论认为，这些数据错误地反映了一个更为和平的现实，参见 Fry 2013；对"和平的史前"的争论进行的有力反驳，见 LeBlanc 2013, 2014。

71. See Chagnon 1988 and Beckerman et al. 2009 (n. 68, earlier).

72. Milner 2005 讨论了一些有关对此进行解读的主要问题。关于尼安德特人和早期现代人类创伤的问题，参见 Trinkaus 2012。

73. Thomas 1959. 与底特律的暴力死亡率进行的比较：Knauft 1985, p.375, table E。

74. 我在 Morris 2014（pp.288–319）中阐释了我的观点。

75. 我用"他"而不是"他 / 她"，是因为在我们有文献记载的每个社会中，无论其是由觅食者、农夫还是化石燃料使用者组成，都是由男性犯下了超过 90% 的暴力犯罪（Ghiglieri 1999 解释了原因）。

76. Axelrod 1984 和 Bowles and Gintis 2011 解释了这一结果背后的逻辑。

77. 源自阿加莎·克里斯蒂的同名小说，该书出版于 1934 年，备受欢迎。在这部小说中，在前往伊斯坦布尔的火车上，12 名乘客合谋杀死了卑劣的第 13 名乘客。这名乘客是个典型的暴发户，此前犯下了一桩谋杀案，影响了这 12 名乘客的人生。大侦探赫尔克里·波洛破解了这起案件，但出于对 12 名乘客的农夫价值观的共情，他拒绝向当局告发这些人。

78. 民族志学者们记录了许多相关例子。例子参见：Hoebl 1954, pp.88–92; Lee 1982, p.47; Woodburn 1982, p.436; Knauft 1987, pp.475–76。

第三章

1. Panter-Brick et al. 2001a, p.2; Lee and DeVore 1968, p.11.

2. See http://www.ars.usda.gov/Services/docs.htm?docid=8964.

3. 在许多描述驯化植物的文本中，植物学家 Daniel Zohary 等人于 2013 年的出版物写得非常好。

4. 相比于"园耕"，一些学者更喜欢"焚林"或"刀耕火种"的说法，指的是一些人通过焚烧一片森林来清理土地，以提高土壤养分的耕种方法。焚烧后，他们在这片空地上种植作物，直到土地养分（和作物产量）下降，再转到下一片森林。

5. Wolf 1966, p.11.

6. 在大量的文献中，我发现 Moore 1967、E. Weber 1976、Gellner 1983 和 Hall 1985 尤其具有启发性。

7. Ober 2015 以古希腊为例，阐述了其中的一些差异。

8. Redfield 1956, p.62.

9. 此处我采用的是 David Christian 2004 年出版物中，表 6.2. 的估计数值。所有的估计方式都存在很大的误差，但并没有因与 Christian 的存在过大差异，而无法采用其数值的情况。

10. 对农业社会的一般调查比对觅食社会的调查要少得多，在这些为数不多的调查中，大多数是由人类学家（如：Potter et al. 1967; Shanin 1971; and Johnson and Earle 1987, pp.207–312），而不是历史学家（如：Crone 1989; Christian 2004, pp.206–332）完成的。意大利经济史学家 Carlo Cipolla 于 1980 年的出版物对欧洲 1000—1700 年的情况有详细的描述，而在法国史学家 Fernand Braudel 于 1981 年的出版物中有对欧洲 1400—1800 年情况的描述。

11. 历史学术研究的最重要的区别之一是第一手资料（即由经历过所研究的事件和过程的人所写的文本），和第二手资料（即由生活在有关事件和过程之后或在不同地方的人所写的文本）。除非可以追溯到第一手资料，否则第二手资料是没有价值的。

12. Harris 1989；有关公元后第二个千年时英格兰情况的表述，见 Stone 1964, 1969。我对东西方的识字率做了一个粗略的比较，可见 Morris 2013, pp.218–37。

13. Le Roy Ladurie 1978.

14. 植物学家通常将"大"谷粒的分界点定为 10 毫克，动物学家将"大型"哺乳动物的分界点定为 40 千克（约 100 磅）。我将在第五章再回到侧翼丘陵区。

15. Smart and Simmonds 1995; Hancock 2012; Zohary et al. 2013.

16. 这部分内容的拓展文献，可见：Mithen 2003；on Oceania, Kirch 2000。Susan Colledge 和 James Connolly 于 2007 年编辑的出版物记录了被驯化的动植物从侧翼丘陵区穿越欧洲的运输过程。

17. 当然，中国南海类似地中海式水域，但这片水域（以及类似的内海，如波罗的海和加勒比海）既没有被一个帝国统一，又没有被这么多潜在的贸易伙伴所包围。

18. 我在下面的文献中讲述了这个故事：Morris 2010, pp.81–342。

19. Morris 2013, pp.66–109. Andrew Sherratt（1997, pp.155–248）对这个漫长的过程做了详尽的研究，他称之为"副产品革命"。对这一过程残酷性的介绍，可见 Harari 2014, pp.93–97。

20. 作为一个标准的经验法则，从谷物到肉类的转化率（通过动物吃谷物，然后被人吃）大约是 10∶1。计算方法可见：Morris 2013, pp.53–58 and 102–6。

21. 马尔萨斯早在 18 世纪 90 年代就已经认识到区分食物和非食物热量的重要性。"我们应该永远记住，"他写道，"食物和那些原材料丰富的加工商品之间有着本质的区别。对后者的需求，必定会创造出与所需要的一样多的东西。对食物的需求绝对没有同样的创造力。"（Malthus 1970 [1798], pp.99–100）

22. Morris 2013, pp.66–80, 98–102. 对有机经济的介绍，可见 Wrigley 2000。

23. 文学资料保存了一些关于公元前 5 世纪雅典海军远征的统计数据，这些远征持续了多天。至少有 10% 的人参加了这些活动，实际数字可能高达 15% 甚至 20%。

24. 有关对该男子 DNA 检测的报道：http://www.independent.co.uk/news/science/archaeology/news/ambassador-or-slave-east-asian-skeleton-discovered-in-vagnari-romancemetery1879551.html。有关罗马使节的研究：Leslie and Gardner 1996。

25. Brook 1998, p.19。

26. Johnson and Earle 1987, p.324. 在资源丰富的区域，如日本南部和波罗的海沿岸，史前觅食者可能更为密集。

27. Hansen 1985, 2006. 根据我的粗略计算（2006），希腊人在公元前 4 世纪占据了大约 6 万平方英里的土地。当时，希腊人口总数大约在 600 万，这表明了平均人口密度大约是每平方英里 100 人。

28. 我收集了一些相关证据，见 Morris 2013, pp.146–65。

29. 关于农民劳动的经典研究是 Chayanov 1986 [1925]，可与 Potter et al. 1967 和 Shanin 1971 这些经济学论文一起阅读。

30. Hesiod, *Works and Days* 382. 古典学者长期以来一直在争论这篇文章的作者和构成，一些人认为"赫西奥德"实际上是诗歌里的虚构人物，而不是一个真实的人（see Lamberton 1988;Rosen 1997），但这些争论并不会影响我在这里引用《工作与时日》的本意。E. Francis 1945 和 Millett 1984 分析了赫西奥德所处世界的农民特征。

31. Vincenzo Padula, cited in Friedmann 1967, p.325。

32. Skeletons: Armelagos and Harper 2005; C. Larsen 1995, 2006. 历史学者 Nikola Kopke 和 Jörg Baten 2005 年的出版物研究了骨骼上的身高证据，并得出结论：在罗马帝国统治下，人们的身高并没有太大变化。

33. Shennan et al. 2013。

34. Fagan 2008 给出了一个关于"中世纪暖期"的有趣描述。关于黑死病致死率的研究：Benedictow 2004。关于该报酬的研究：Allen 2001。（学者 Sevket Pamuk 和 Maureen Shatzmiller 于 2014 年共同发表的文章将欧洲的黑死病死亡率和工资与中东的情况及 6 世纪开始的查士丁尼瘟疫的后果进行了比较。）Le Roy Ladurie 1976 精彩地描述了 14—16 世纪时，这一循环如何在法国南部上演。

35. John Quincy Adams, U.S. Minister to Prussia, letters written from Silesia in 1800 (cited from Blum 1976, pp.181, 183).

36. Anton Chekhov, "Peasants" (1897), section IV, cited from http://www.online-literature.com/o_henry/1285/. （感谢 Rob Tempio 让我注意到这个故事。）

37. Maddison 2010. 他的数据是用 1990 年的国际元来表示的，这个单位是为了绕过建立名义与购买力平价汇率的问题而设计的。

38. Morris 2013. 我在第 77—80 页中提出，经济学家计算 GDP/ 人均和实际工资的方式可能低估了前现代社会的财富。

39. Figes 2006（pp.84–121）对 19 世纪末期俄罗斯农民的实际状况进行了很好的简述，而 Vucinich 1968 提供了更多细节（其中一章涉及俄罗斯文学中的农民）。

40. Pliny the Elder, *Natural History* 33.135 and 18.7 (discussed in Garnsey and Saller 1987, pp.67–68).

41. Wickham 2009, p.29.

42. 数据及相关计算来自 Scheidel and Friesen 2009。

43. Milanovic et al. 2007; cf. Milanovic 2006.

44. 如第二章所述，贫富不均的基尼系数往往高于收入不均的。

45. Smith et al. 2010.

46. 我这个观点基于 Goody 1976 做出。

47. Bocquet-Appel and Bar-Yosef 2008.

48. Livi-Bacci 2001, pp.9–28.

49. 可在人类关系区域档案中看到相关资料（www.yale.edu/hraf/）。

50. Moore et al. 2000.

51. Morris 2010, pp.481–83. 近些年大量的书籍极大地澄清了我们对罗马经济的理解（如：Harris 2010; Bowman and Wilson 2012, 2013a, 2013b; Scheidel 2012; Temin 2012; Flohr 2013; Kay 2014; Russell 2014）。

52. Pliny, *Natural History* 18.107. 这本书写于公元 77 年。

53. Saller 2007, table 4.1.

54. Treggiari 1979, p.78.

55. Goody 1976; Smith et al. 2010.

56. Friedmann 1967 [1953], p.328.

57. Hodder 2006 介绍了在恰塔霍裕克的发展情况。

58. 我在 Morris 2010（pp.97–112）中更详细地阐释了这一点。Jack Goody 经

典的西非民族志 *Death, Property and the Ancestors*（1962）依然值得一读。

59. 在浩如烟海的文献中，让我受益匪浅的有：Sahlins 1972, pp.101–48; Costin 1991, 1996; Earle 2002, pp.127–61; Trigger 2003, pp.338–74。

60. Hesiod, *Works and Days* 407–8.

61. Ibid., 414–57. Barber 1994 是对前现代纺织活动的优秀的跨文化调查。

62. *Works and Days* 493–94.

63. Ibid., 25–26.

64. See, for example, Bradley and Edmonds's 1993 study of stone axes in Neolithic Europe.

65. Grosman et al. 2008.

66. Larsen 1967, 1977; Stolper 1985; Abraham 2004.

67. Goitein 1967–88; Greif 2006; Kuhn 2009, pp.205–9. 当然，即使在最先进的经济体中，家族企业仍然很重要（Colli 2003）。

68. 作为农业社会动员大量劳动力的一个例子，古罗马的一份资料（Frontinus, *On Aqueducts* 7.4–5）显示，在公元前2世纪40年代晚期，元老院拨付1.8亿塞斯特斯，用于整修和建造下水道和渡槽。这笔费用足够3000万~4500万工作日的劳动费用。Dan-el Padilla Peralta（2014, pp. 63–64）计算出，在4年间，该项目估计雇用了10万~15万名劳工，平均每人每年工作75天。

69. Carballo 2013 是一系列优秀的论文，讨论了史前人类如何，以及为什么解决集体行动问题的考古证据。

70. Earle 1997, 2002.

71. Parker Pearson 2012.

72. *Works and Days* 602, with West 1978, pp.309–10.

73. Postgate 1992, pp.234–40; M. A. Powell 1987.

74. Garnsey 1980.

75. See, for example, Braudel 1982, pp.52–54; Pamuk and Shatzmiller 2014; Chaudhuri 1990, pp.297–337; Broadberry and Gupta 2006; Parthasarathi 2011, pp.37–46; Brook 1998, pp.114, 256; Pomeranz 2000, pp.91–106.

76. G. Wright 1978, p.47.

77. Scheidel 2010 是对计算古代真实收入的开创性尝试。

78. 我在 Morris 2002 中更详细地提出了这个论点。

79. Watson 1980; O. Patterson 1982.

80. Finley 1959.

81. 在 Finley 1980 和 O. Patterson 1982 中有对其的出色讨论。

82. Akkermans and Schwartz 2003, p.88; Schmandt-Besserat 1992; Dematté

2010。

83. del Carmen Rodríguez Martínez et al. 2005; Saturno et al. 2006。

84. Jack Goody（1977, 1986, 1987）一直是这一观点的主要倡导者，而古典主义者 Barry Powell（2012）在新的方向上发展了这一观点。人们经常宣称 Goody 的理论"内爆"了（如 Halverson 1992），但至今为止，这些理论都还不成熟。

85. 有大量关于国家形成的学术文献可参考。在 Trigger 2003 和 Flannery and Marcus 2012 中可看到不错的参考书目。

86. 在许多关于农业国家的政治社会学的优秀论述中，我发现 Eisenstadt 1963、Mann 1986、Tilly 1992 和 Bang and Scheidel 2013 尤其实用。

87. Gellner 1988, p.17。

88. Ibid., pp.9–10。

89. Prince G. E. Lvov, quoted from Figes 2006, p.46。

90. Hall 1985。

91. Gellner 1988, p.22。

92. Gellner 还把"小型生产者社区，如牧民或山区农民，他们的环境使他们有可能抵制统治"作为他的概括的主要例外（1988, p.22）。人类学家通常将牧民视为与农民截然不同的类别，许多学者按照 Wolf 的定义，也会认为根据定义，那些不在国家政府管辖范围内的山地耕种者不是真正的农民。

93. Hansen 2000 是对城邦的优秀概述。

94. 关于食物进口：Garnsey 1988。关于经济增长：Morris 2004；Ober 2010。关于真实收入：Scheidel 2010。关于人民的识字能力：Harris 1989。关于文化大爆炸：Ober 2008；Morris 2009, pp.151–53。这些方面的发展在其他古希腊城邦中也有体现，但雅典是一个极端的例子，也是目前为止记录保存最好的。S. Frederick Starr 在 2013 年的出版物中对中亚城邦在公元前两个千年的早期文化繁荣做出了极好的描述，这也值得称为"古典"。

95. Ober（2015）在这一点上对古典希腊的论述尤其有力。

96. 对此，我在 Morris 1997 中有更多讨论。

97. 对于雅典的上级阶层，Davies 1971 and 1981 和 Ober 1989 保持经典的论述。

98. 关于雅典的民主制度，见 Ober 1989 和 Hansen 1991。Hansen and Nielsen 2004 对其他希腊城市的实践进行了百科全书式的概述。

99. Morris 2000, pp.140–41。Geof Kron（forthcoming）根据雅典公元前 322 年的人口普查数据，计算出财富不平等的总体基尼系数为 0.71；Ober 2015。

100. 关于收入：Scheidel 2010。关于居住情况：Morris 2004。相关讨论：Ober 2010, 2015。

101. 关于希腊的奴隶制：Bradley and Cartledge 2009, pp.22–213。关于希腊的

性别体系：Foxhall 2013。

102. Ober 2008, pp.254–55.

103. 我在 Morris 2009 中详细阐述了这个论点。

104. Jakob Gujer to Prince Ludwig Eugen of Württemberg (1765), cited from Blum 1976, p.295.

105. *Classic of Rites* 7, translated in Kim and Kim 2014, p.ix.

106. Hesiod, *Words and Days* 225–35; *Theogony* 79–93. 我把希腊文中的 *basileis*（巴赛勒斯）翻译成"lords"（领主），一些古典学者倾向于翻译成"chiefs"（首领），还有人翻译成"kings"（国王），所有这些词都是表示政治权力拥有者的（Drews 1983 对此仍保有很好的讨论）。

107. Translated in Cooper 1986, n. 9.

108. Oakley 2006 大力推行了这一理念。

109. Hesiod, *Works and Days* 313, 319.

110. Augustine, *Sermon* 345.1, cited from p.Brown 2012, p.345.

111. Blum 1976, p.114.

112. Gellner 1983, p.10.

113. Both examples cited from Crone 1989, p.105.

114. D. Brown 1991, p.1.

115. Wiser and Wiser 1963, pp.124, 127.

116. Kroeber 1948, p.248.

117. Redfield 1956, pp.31, 68, 70.

118. Freedman 1999, p.3.

119. Scott 1990, p.95.

120. Figes 2014, p.194; more generally, Field 1976.

121. 在 Hobsbawm 1959 中有可读性很强的阐释。

122. Court records of Ely, July 20, 1381, cited from Kirshner and Morrison 1986, pp.461–63.

123. Russian peasant in conversation with Bernard Pares, 1907, cited from Figes 2006, p.203.

124. Bagley 1999, pp.230–31; Shaughnessy 1999, pp.313–17.

125. 1 Samuel 16:1 (King James translation, 1604–11).

126. Micah 3:11–12 (King James translation).《希伯来圣经》中的《先知书》提出了比赫西奥德更为棘手的解释性问题。一派学者认为，在适当考虑到后来的编辑和明显的文字插入的情况下，我们多多少少可以接受文本中的作者角色（如 Dever 2001；Provan et al. 2003）；另一派学者则认为，这些文本大多是在希腊化时期创作的，而留存至今的各种书籍的作者实际上大多是虚构的（如 P.Davies 1996）。中间派学者们认为，这些文本大多是在公元前 586 年巴比伦人攻占耶路撒冷前后两代人之间的时期写成的，这是对早期以色列历史的大规模重新想象的一部分（如 Liverani 2005）。

127. Hesiod, *Works and Days* 38–39, 240–47.

128. II Kings 16:2.

129. Sallust, *Conspiracy of Catiline* (written 43–40 BC) 10.

130. Gunesekara 1994, p.83.

131. Chekhov, "Peasants" (1897), section VI.

132. Augustine, *Sermon* 37.4, cited from p.Brown 2012, p.349.

133. Brisch 2012 调查了世界各地早期神圣王权的情况。

134. Postgate 1994 和 Kemp 2005 对此有非常不错的讨论。

135. Jaspers 1953 [1949], p.1.

136. 在关于轴心时代的大量文献中，Eisenstadt 1986、Arnason et al. 2005、Armstrong 2006 和 Bellah 2011 尤其具有价值。

137. Momigliano 1975, p.9.

138. 我对于此观点及更深入的讨论，见 Morris 2010, pp.245–63, 320–30。

139. Ashoka, Major Rock Edict V, and Kandahar Bilingual Rock Inscription (Aramaic text), translated in Thapar 1973, pp.252, 260. On Ashoka and *dhamma*, see also Seneviratna 1994.

140. Generally, see Balazs 1964; and on the Song dynasty (AD 960–1279), probably the high point of state Confucianism, Kuhn 2009.

141. Shaw 1985; Rowe and Schofield 2000, part II; Barnes 2011; p.Brown 1995, 2012.

142. Matthew 19:24.

143. P.Brown 2012, p.xxiv.

144. Blum 1976, pp.47–48.

145. Elkins 1959. Lane 1971 简要说明了这个"黑鬼说法"的争论。

146. Ober 1989 在雅典人对政治和经济不平等的看法上有杰出的研究成果。关于奢华的房屋和坟墓，可见 Morris 1992, pp.103–55。关于"看不见的经济"：Cohen 1992。

147. Richard Rumbold (1685), cited from Hill 1984, p.37; Abiezer Cooper, *A Fiery Flying Roll* I (1649), cited from Hill 1984, p.43.

148. Cited from Elvin 1973, p.246.

149. 最著名的例外大概是柏拉图（*Republic* 449a–466d），但苏格拉底坚称柏拉图的《理想国》中的内容不过是理想化的安排，不可能实现'(471c–473e)。

150. Cited from Ebrey 1993, p.152.

151. Cicero, *Republic* 1.67 (paraphrasing Plato, *Republic* 562c–563e).

152. Aristophanes, *Thesmophoriazousai* (ca. 411 BC) and *Ekklesiazousai* (ca. 392 BC).

153. Donker van Heel 2014.

154. Cox 1990, p.15. Bornstein 1979 再现了其中一些最重要的文本。Warner 2011 讨论了有关法国传统的内容，Apetrei 2010 将这个故事追溯到了 18 世纪早期的英格兰。

155. Kelly 1984（p.74）对此有所讨论（挑战了这一观点）。

156. 许多人调查了厌女文学；Wilson and Makowski 1990 调查了 1—14 世纪的欧洲有关于此的情况，尤其引人注目。

157. Thomas and Znaniecki 1971 [1918], p.24.

158. Ibid., p.24.

159. Mitterauer and Sieder 1982 [1977], p.104.

160. Thompson 1993, pp.467–538，其中有来自 18 世纪英格兰的生动例子。

161. Shakespeare, *Henry VI Part 3* (ca. 1591), act I, scene iv, lines 140, 144–45; Paston Letters (January 1454), cited from Weir 1995, p.183. 关于玛格丽特的学术研究少得惊人；Erlanger 1970 也许仍是对其最好的研究。

162. Egan 2013 讨论了李清照的生平，并对她的诗展开了解释性辩论。

163. 这篇悼词实际上没有提到丈夫或妻子的名字，但有充分的理由证明他们就是罗马作家 Valerius Maximus 所提到的妻子 Turia 和丈夫 Quintus Lucretius Vespillo（*Memorable Deeds and Sayings* 6.7）。访问 www.stoa.org/diotima/anthology/wlgr/wlgr-publiclife168.shtml 可看悼词英译文。

164. Described in Treggiari 1991, pp.183–228.

165. William Shakespeare, *Troilus and Cressida* (ca. 1602), act 1, scene 3, lines 101–24.

166. 霍布斯在其 1642 年所著《论公民》的前言中使用了著名的短语"一切人反对一切人的战争"，并在其 1651 年所著《利维坦》第 14 章中使用了类似表述。

167. See sources mentioned in n. 66 to chapter 2, earlier, and Morris 2014, pp. 109–11, 145–47.

168. Hobbes, *Leviathan* (1651), chapter 13.

169. Gellner 1983, p.10.

170. I document this process in Morris 2014, pp.27–215.

171. Weber 1968, p.904.

172. Harris 2004; Elias 1982 [1939]; Spierenburg 2008, pp.1–164; Pinker 2011, pp.59–188.

173. Aulus Gellius, *Attic Nights* 1.26 (ca. AD 175). 这个故事应该是发生在公元 100 年前后。Saller 1994（pp.133–53）对希腊罗马等级制度中鞭子的象征，进行了出色研究。

第四章

1. 对此给出了一个优秀的非技术性介绍；Smil 1991 and 1994 提供了更多细节。

2. A.H.V. Smith 1997; Mokyr 1990, pp.21–22.

3. 关于英国工业革命的细节，Landes 1969 的论述非常经典，Floud and McCloskey 1994、Wrigley 2000、Allen 2009 和 Mokyr 2010 有所更新。

4. 计算过程来自 Morris 2013, pp.63–65。

5. Frieden 2006 对此有很好的研究。

6. Morris 2013, pp.218–37, and especially figures 6.5 and 6.6.

7. Marx and Engels 1977 [1848], p.224.

8. Ferguson 2003, p.59. Belich 2009 对他所说的"盎格鲁世界的崛起"进行了很好的描述。

9. 计算过程来自 Christian 2004, table 11.1。

10. Data from ibid., table 6.2; *Economist Pocket World in Figures 2013 Edition* (London: Profile, 2013), p.19; Morris 2013, tables 4.1, 4.2.

11. Malthus 1970 [1798], now to be read with Mayhew 2014.

12. Deaton 2013 就摆脱贫穷的"大逃亡"进行了精彩的叙述。

13. Adam Smith, *An Inquiry into the Nature and Causes of the Wealth of Nations* (1776), book 1, chapter 1.

14. Ibid., book 4, chapter 2.

15. Thompson 1963 and 1993（pp.352–403）有关于这一点的优秀研究。

16. 可怕的爱尔兰大饥荒暴发于 19 世纪 40 年代，数百万英国人因此饿死，饥荒发生的地区是全英国工厂最少的地方。

17. See the works listed under n. 3, earlier.

18. Allen 2007。

19. 经济学家托马斯·皮凯蒂在其畅销书《21 世纪资本论》（2014）中表示，由于基尼系数合并了资本和劳动力的收入份额，这掩盖了一个更重要的模式，即资本回报的增长速度超过了整体经济，直到世界大战的外生冲击迫使政治变革使这一趋势偏离。他认为，这种冲击的后遗症一直持续到20世纪70年代，那时不平等又开始加剧。在某种程度上，皮凯蒂的经验主义主张是基于他选择了十级收入的不平等衡量标准，而不是基尼系数，我将在之后重新讨论这个问题。

20. 根据皮凯蒂的计算（2014），直至1900年稍晚时候，全英收入最高的10%和1%的人所持有的英国税前财富份额持续上升，然后急剧下降。

21. Kuznets 1955; Lindert and Williamson 1983, p.102; Morrisson and Snyder 2000, p.76; Lindert and Williamson 2012.

22. 更具讽刺意味的是，在20世纪开采并出口了大量化石燃料的中东国家，在工业化和走向化石燃料社会的社会结构和价值观（包括废除奴隶制）方面是最慢的。

23. See http://data.un.org/Data.aspx?d=PopDiv&f=variableID%3A77; MacDorman and Matthews 2009; https://www.cia.gov/library/publications/the-world-factbook/rankorder/2091rank.html.

24. Ray 1998（pp.302–26）对此有精彩总结，而Becker 1991（pp.135–78）提供了更多理论分析。

25. Livi-Bacci 2000, pp.126–89; Caldwell 2006.

26. Goldin and Katz 2002是对避孕药如何影响女性职业选择的优秀研究。

27. 欧盟国家生育率：http://epp.eurostat.ec.europa.eu/statistics_explained/index.php/Fertility_statistics。全球生育率：http://data.un.org/Data. aspx?d=PopDiv&f=variableID:54。

28. Greenwood et al. 2005.

29. J. Patterson 1996, pp.32–34; 2005, pp.54–55. Seabright 2013b对男女收入差异进行了出色的分析。

30. 商业理论家Jeffrey Pfeffer在2013年发表的文章对持久性障碍有一些有趣的看法。

31. 像大多数研究这些趋势的历史学家和政治学家一样，我所使用的"自由的"和"非自由的"是基于其在19世纪的定义，前者指的是把个人自由放在最高优先级的政策，后者指的是把个人自由放在第二位（有时是很不受重视的第二位），把群体利益置于首位的政策。然而，这些标签可能引起混淆，很大程度上是因为21世纪的有些美国人倾向于用"自由主义"来描述那些在19世纪被称为"社会主义"的思想，而用"保守主义"来指代那些在19世纪被称为"自由主义"的亲商、小政府、个人主义价值观。会进一步混淆视听的是，皇室和贵族特权、教会、种族等级和性别不平等的捍卫者，这些19世纪的"保守派"现在可能会被贴上"反动分子"的标签。一些分析人士试图通过使用"以自我为中心"和"以社会为中心"，而不是"自由主义"和"非自由主义"，来回避这个术语上的困境。

32. Wawro 2014, p.4. Emphasis in original.

33. *Die Zeit*, February 6, 1913, cited from Wawro 2014, p.15.

34. Bruce 2013, p.1.

35. Chadwick 1990; Taylor 2007.

36. Cited from Horne 1965, p.337.

37. Bruce 2002（pp.63–64 and 205–8）讨论了这些数据。

38. Thomas Rainsborough, speeches at the Putney Debates, October 29, 1647, cited from Cochrane et al. 1987, pp.353, 351.

39. Pincus 2009; G. Wood 1993; Israel 2011, 2014.

40. Acemoglu and Robinson 2012 展开论述了这一观点。

41. Dunn 2006；关于当前的民主分配，见 http://pages.eiu.com/rs/eiu2/images/Democracy-Index-2012.pdf；http://www.freedomhouse.org。

42. 实际上，在1802年通过了《学徒健康和道德法》，1819年通过了《棉纺厂法》，但一系列主要的工厂法案直到1833年才开始实施。

43. Ryan 2012.

44. Brauer 1979.

45. 英国：Driver 1993（截至19世纪70年代，除了老人和病人，几乎没有人被限制居住，但该计划直到1930年才被废除，而后更名，持续至1948年）。美国：Banner 2005。Quotation from Howe 2007, p.422.

46. 经合组织：Chu et al. 2000, table 2; OECD 2011。美国：Atkinson 2010; Kenworthy and Smeeding 2013, figure 2.1.1. Piketty and Saez 2003; Atkinson et al. 2011; Alvaredo et al. 2013; and Piketty 2014。以上文本都弃用了基尼系数，采用十级收入数据，所提供的图表十分清楚地显示了20世纪40年代美国的不平等，以及80年代不平等的持续扩大。《金融时报》研究院指出了皮凯蒂数据中的错误，并质疑其研究方法（http://www.ft.com/intl/cms/s/0/c9ce1a54-e281-11e3-89fd-00144feabdc0.html#axzz32awKrUCI），但就像我之前（2014年下半年）说的，还不清楚这些对更广泛的论点有多大影响（http://www.economist.com/blogs/freeexchange/2014/05/thomas-pikettys-capital）。Frederick Solt 在2009年发表的文章中提供了自1960年以来世界上每个国家的转移前和转移后的系数，在线更新至2013年（http://myweb.uiowa.edu/fsolt/swiid/swiid.html）。2012年的基尼系数：http:// www.stats.oecd.org。

47. 大多数经济学家强调技术和全球化（如 Frieden 2006），但皮凯蒂在2014年建议，我们应将20世纪40—70年代视为资本回报率超过整体经济增长的长期趋势的暂时反常现象，这是由于赢得二战所需的政策造成的。Ferguson et al. 2010 讨论了20世纪70年代的转折点，而 Yergin and Stanislaw 2002 对20世纪80—90

年代的变化做了一个生动的叙述。

48. Piketty 2014, p.1.

49. Maddison 2010.

50. Milanovic 2011, 2012a, 2012b.

51. Iriye et al. 2012 记录了国际人权革命的情况。

52. Belkin et al. 2013.

53. See http://www.gallup.com/poll/163730/back-law-legalize-gay-marriage-states.aspx.

54. 例子来自 Pinker 2011, pp.148, 473。Singer 1975 仍是有关于此的必读书目，Sunstein and Nussbaum 2005 在此基础上有所更新。

55. I. B. Singer 1982 [1968], p.269. C. Patterson 2002 以强有力的分析发展了 Singer 的这一主题。

56. George H. W. Bush, "Address Accepting the Presidential Nomination at the Republican National Convention in New Orleans," August 18, 1988, available at http://www.presidency.ucsb.edu/ws/?pid=25955.

57. Statistics from Spierenburg 2008; Roth 2009.

58. 我试图在 Morris 2014 中记载这些断言。

59. See http://www.who.int/violence_injury_prevention/violence/en.

60. See http://www.cnn.com/2012/11/28/justice/new-york-murder-free-day/index.html.

61. Gilens and Page 2014; Clark 2014.

62. Goldstone 2009.

63. Morris 2010, pp.459–89.

64. 我认为 Shapin 1994 and 1996 提供了于此非常有用的信息。

65. John Locke, *Second Treatise of Government* (1690), chapter 8, section 95.

66. Pincus 2009.

67. Denis Diderot, "Encyclopedia [Philosophy]" (1751), translated at www.hti.umich.edu/d/did.

68. Voltaire and China: Spence 1990, pp.133–34.

69. Frederick II, letter to Christian Wolff (1740), cited from Upton 2001, p.307. 腓特烈还被认为说过："我的人民和我已经达成了一个让我们双方都满意的协议。他们想说什么就说什么，我想做什么就做什么。"但至今还没有人找到这句话的出处。

70. 众所周知的是，卢梭在《社会契约论》中对普遍意志的论述相当少，只在 4.5 节和 4.7 节中简短地提到过（见 Riley 2001）。"我们人民"出自美国宪法的序言（1787），"普遍意志"出自法国《人权和公民权宣言》第6条（1789）。

71. G. Wood 1992 对此有出色研究。

72. 关于19世纪政治价值观转变的记载有很多，其中 Hobsbawm 1975 是我最中意的。

73. Sen 1999a.

74. See, for example, poll data at http://www.pewglobal.org/files/2009/02/Global-middle-class-FINAL.pdf; http://www.latinobarometro.org/latOnline.jsp; and in Bratton and Houssou 2014.

75. Data from de Vasconcelos 2012, p.40.

76. Alexander Hamilton, "Views on the French Revolution" (1794), cited in G. Wood 2009, p.302.

77. Engels 1878, part III, chapter 2.

78. Orwell 1949. On the Kims, Martin 2004; Hitler, Kershaw 1998.

79. Nozick 1974, p.ix.

80. Particularly Mosca 1939 [1896]; Michels 1962 [1915]; and Pareto 1935 [1916].

81. 说到这里，关于古老的民主：Josiah Ober 的经典作品《民主雅典的精英与大众》(1989) 描述了公元前4世纪希腊的一场与此非常相似的斗争。

82. Cited from G. Wood 2009, pp.17, 34. 汉密尔顿所说的是亚伯拉罕·耶茨，他住在纽约的奥尔巴尼，是一位鞋匠、兼职律师和民粹主义政治家。

83. Schwartz 1987.

84. Quotations from G. Wood 2009, pp.75, 25–26. 第二部分引文出自 James Wilson 在纽约批准会议（1788年6—7月）上进行的讨论。

85. 这种策略与古雅典也有相似之处。古希腊历史学家 Josiah Ober 在1989年的出版物中描述了极其富有的雅典政治家阿波罗多罗斯和德摩斯梯尼如何谦卑地声称自己和其他"中等"（希腊语为 *metrios*）公民一样。

86. See http://www.jpost.com/Jewish-World/Jewish-Features/Worlds-50-most-influential-Jews.

87. 关于美国的情况：Shaw and Gaffey 2012；http://www.gallup.com/poll/161927/majority-wealth-evenly-distributed.aspx。关于最低工资：http://www.washingtonpost.com/politics/split-appears-in-gop-as-more-call-for-raising-federal-minimum-wage/2014/05/09/fce84490-d7ab-11e3-aae8-c2d44bd79758_story.html。关于中国：http://www.pewglobal.org/2013/09/19/environmental-concerns-on-the-rise-in-china/#china-inequality。关于欧洲：http://www.pewglobal.org/2013/05/13/chapter-1-dispirited-over-national-conditions/。关于印度：http://www.pewglobal.org/2014/03/31/chapter-1-indians-in-a-sour-mood/。

88. 这是一个古老的定义性辩论议题，曾被古希腊人激烈争论（Harvey 1965）。

89. 关于这个问题，已有大量的争论性文献。Stiglitz 2013 and Piketty 2014 提供了新的自由主义/社会主义观点；对于古典自由主义/自由主义者来说，Hayek 1944 和 Friedman 1962 仍是必不可少的研究。

90. Evans 2005, pp.460–62.

91. Quotations from Figes 2006, pp.769–70.

92. Goldman 1924, p.79.

93. Fitzpatrick et al. 1991; Zubok 2007.

94. John Stuart Mill, *On Liberty* (1859), chapter 1.

95. Nozick 1974, p.172.

96. Rousseau, *The Social Contract* (1762), book III, chapter 15.

97. William Beveridge, address at Oxford University, December 6, 1942 (cited from Boyer and Goldstein 1987, pp.503–15; quotations from pp.506, 514).

98. Scores from Solt 2009.

99. Coontz 2005 提供了一份可读性很强的有关化石燃料家庭及其家庭价值观的综述，主要针对美国地区的情况。

100. John Stuart Mill, *The Subjection of Women* (1869), chapter 1.

101. See http://www.bbc.com/news/world-middle-east-27726849?utm_.

102. See http://www.worldpublicopinion.org/pipa/pdf/mar08/WPO_Women_Mar09_rpt.pdf.

103. Cited from Suny 2010, p.278.

104. Nikita Khrushchev, Moscow, July 24, 1959, available at http://teachingamericanhistory.org/library/index.asp?document=176.

105. Stites 1978 and Fitzpatrick 1999（pp.139–63）对此有出色的描述。 Engel and Posadskaya-Vanderbeck 1997 提供了引人入胜的目击者故事。

106. Koonz 1987; Stephenson 2000.

107. Poll data at www.ropercenter.uconn.edu/data_access/ipoll/power-of-ipoll/changing-role-of-women.html，也参考了 Spitze and Huber 1980 中对截至 20 世纪 70 年代的缓慢变化的分析。

108. See https://web.archive.org/web/20080130023006/http://www.president.harvard.edu/speeches/2005/nber.html.

109. See http://www.nytimes.com/2006/02/22/education/22harvard.html?pagewanted=all&_r=0; http://www.washingtonpost.com/business/economy/larry-summers-withdraws-name-from-fed-consideration/2013/09/15/7565c888-1e44-11e3-94a2-6c66b668ea55_story.html.

110. Ghiglieri 1999.

111. 这里的"先天"是心理学家 Jonathan Haidt（2012, p.153）所定义的，指的是"在经验之前就有的"思想。

112. Discussed at length in Wrangham and Peterson 1996 and Ghiglieri 1999, and contested in Fry 2013.

113. Pinker 2011, pp.684–89.

114. Ceadel 1996, pp.141–65.

115. Bell 2009, pp.1–119.

116. Ceadel 1996, pp.166–221.

117. Generally, see Ceadel 1996, 2001; Cortright 2008.

118. Ceadel 1996, p.2, discussed more fully in Ceadel 1987, pp.4–5, and Walzer 1977.

119. See http://www.gallup.com/poll/157067/views-violence.aspx. 民意调查显示了有趣的地区差异，北美人对人际冲突的双方都不容忍（77%的人表示绝不接受，21%的人在有些情况下能接受），但对国家暴力的容忍度却异常高（50%的人表示绝不接受，47%的人在有些情况下能接受），而中东——北非地区最强烈地反对任何形式的暴力（对于人际冲突，85%的人表示绝不接受，9%的人在有些情况下能接受；对于国家暴力，79%的人表示绝不接受，13%的人在有些情况下能接受）。

120. See http://www.pewglobal.org/2011/11/17/the-american-western european-values-gap/. 2012年进行的单独民意调查也得出了类似的结果，69%的英国人和50%的美国人认为，他们的政府只有在首先获得联合国批准的情况下才能使用武力，可见：http://www.angusreidglobal.com/wp-content/uploads/2012/02/2012.02.01_ForPol_USA.pdf; http:// www.angusreidglobal.com/polls/44489/britons-want-unmandate-before-using-force-against-another-nation/。

121. "Postheroic" is the term used by Edward Luttwak 2001, pp.68–80.

122. See http://www.angusreidglobal.com/polls/27829/global_poll_finds_varied_views_on_nuclear_weapons/.

123. 我这样说是相比表格将价值体系作为名义数据处理，图4.11有效地将其转换为区间数据，通过假设"低"与"中"之间的距离，和"中"与"高"之间的距离相同，增加了一个额外的（我承认是任意的）抽象层次。因此，纵轴具有数字刻度的功能，意味着如果我们让"中"的数值为0，"高"的分数为+1，"低"的分数为−1，这就产生了每个能源获取水平的"价值分数"，觅食者得−0.5分，农夫得+0.875分[把农夫的暴力单元中的"有时为'中'"条目算作+0.5（介于"低"和"中"之间），总共+3.5/4=+0.875分]，而化石燃料使用者得−0.75分。

124. Henrich et al. 2010.

125. 如果我们简化至 EIRD，就更贴切了：我所教授的学生来自印度、新加坡、中国香港、中国大陆沿海地区、日本和韩国等地。EEIRD［第一个 E 当然是指东方（eastern）］和 WEIRD 是 EIRD 无法区分的子集。

126. 这是心理学家 Steven Pinker 在其著名作品《人性中的善良天使》（第 658 页，2011 年）中的出色表达。我都不记得 1996 年时我是怎么把这段话转述给学生们的。

127. See http://www.theguardian.com/world/2012/oct/09/taliban-pakistan-shoot-girl-malala-yousafzai;http://www.telegraph.co.uk/news/worldnews/asia/pakistan/10375633/Malala-Yousafzai-recounts-moment-she-was-shot-in-the-head-by-Taliban.html.

128. See http://www.newyorker.com/online/blogs/newsdesk/2012/10/the-girl-who-wanted-to-go-to-school.html. 时任巴基斯坦总理优素福·拉扎·吉拉尼在 2008 年也曾遇刺，而在马拉拉遇袭 6 个月前，他被巴基斯坦最高法院取消了其担任总理的资格。See http://www.theguardian.com/world/2012/jun/19/pakistan-yousuf-raza-gilani.

129. See http://www.nobelprize.org/nobel_prizes/peace/laureates/2014/press.html.

130. 我对塔利班价值观的了解依赖于 Bergen and Tiedemann 2013。

131. See http://www.bbc.com/news/world-africa-27998502.

132. See http://news.bbc.co.uk/1/hi/8172270.stm.

133. See http://www.bbc.com/news/world-africa-27373287. 这两起事件都发生在 2014 年 7 月，马拉拉与时任尼日利亚总统古德勒克·乔纳森会面，敦促他采取更有力的措施，解救被"博科圣地"绑架的女孩。See http://www.bbc.co.uk/news/world-africa-28292480.

134. Plato, *Apology* 24b.

第五章

1. E. O. Wilson 1975, p.562.
2. E. O. Wilson 1975, p.547.
3. 我在 Morris 2015 中更明确地阐释了这个主题。
4. Charles Darwin, *On the Origin of the Species by Means of Natural Selection* (London: John Murray, 1859), chapter 4.
5. 关于"生物进化是如何进行的"这一议题，有许多优秀的描述文本。我尤其推荐 Dawkins 1976、Coyne 2009、Dennett 1995 和 Vermeij 2010。
6. van Valen 1973; popularized by Ridley 1993.

7. Lewis Carroll, *Through the Looking-Glass, and What Alice Found There* (1871), chapter 2.

8. 我在我的《战争》一书中更为全面地阐述了这个观点。史前战争似乎一直以小规模的袭击为主,但从公元前 5000 年前后开始,中东地区的人们开始在他们的村庄周围建造城墙,以防止袭击者进入。作为回应,攻城者制造攻城锤,在城墙上堆起土堆,甚至挖地道,建造攻城塔。双方都发展得越来越快,消耗了大量的能量,但显然一无所获。到公元前 3000 年,攻击者有时能成功地洗劫敌人的定居点,有时不能,与公元前 5000 年之前的情况一样。然而,与"红皇后效应"的理论相反,中东与公元前 5000 年之前的情况不同,因为军事竞赛改变了社会。为了建造防御工事(公元前 3100 年,位于现伊拉克南部乌鲁克的地方有一堵约 10 千米长的城墙),为了维持可以进行长期围攻的军队,社会必须发展更复杂的内部结构。那些向这个方向突变的国家建立了真正的政府,提高了税收,动员了大量的人民;而那些没有这么做的社会就消亡了。

9. Diamond 1987; Harari 2014, p.79.

10. Boyd et al. 2001.

11. 我在此借用了 Dennett 1995(pp.107–13)的有关小概率消失的观点。

12. Roberts 2014 是对后冰期气候历史的出色概述。

13. 关于这一时期的具体时间(Muscheler 2008)和原因(Eisenman et al. 2009; Laviolette 2011; Bunch et al. 2012; Meltzer et al. 2014)尚存在争议,但北美冰川消融而导致的墨西哥湾流流速停滞似乎仍然是最可能的解释(Broecker 2006)。

14. Fagan 2004.

15. 另一个技术细节对这件事至关重要,但最好在注释中讨论,而不是打断正文。除非我们追溯到 60 多万年前,否则所有早期的间冰期都与漫长的夏天不同,它们要短得多。如果公元前 9600 年后的暖化遵循正常模式,那么世界将在公元前 5000 年之前进入一个新的冰期,从而切断人类创造农业和工业的任何可能性。这一现象没有发生的原因仍然存在争议,但地质学家 William Ruddiman 认为,原因和结果是交错的。他认为,全球变暖加上现代人类,在公元前 9600—前 6000 年产生了第一个农业系统,早期的农夫将大量的碳排放回大气中(因燃烧森林开垦田地和饲养家畜产生甲烷),从而产生了温室效应,使温度保持在足够高的水平,从而阻止了必须回到冰河时代的状况。如果 Ruddiman 的论点正确的话,全球变暖和现代人类共同作用的方式,就是农业出现的必要条件。

16. Mithen 2003. 对人口的估计所基于的出处是 Christian 2004, table 6.2。

17. Morris 2010, p.85.

18. 考古学家们已多次讲述了这个故事。 Barker 2006 给出了非常详尽的描述。

接下来几段的讨论总结了我在 Morris 2010（pp.81–134）中所写的论点。

19. Diamond 1997, pp.131–56.

20. 从专业定义上讲，栽培种（cultivated species）指的是那些没有人类干预其自然选择过程就不会进化的物种，而驯化物种指的是那些没有人类不断干预其繁殖就不可能存在的物种。

21. On the cultivation/domestication distinction, see particularly Fuller 2007. 在叙利亚的阿布胡赖拉也发现了一粒非自然的大黑麦种子，时间约为公元前 11000 年（Willcox et al. 2008），这可能意味着在新仙女木事件之前的温暖时期，种植仍在持续，但如果是这样的话，迷你冰期似乎阻止了这一进程。

22. Barker 2006（pp.200–204 and 364–70）对史前日本和波罗的海的情况进行了出色的简洁描述。

23. 我在以下文本中解释了我此处的观点：Morris 2010, pp.94–97, 102–3, and 177–90。宗教在早期文明中的作用是史前史相关争论中最激烈的问题之一，其他观点可见：Bellah 2011；Hodder 2010, 2014.

24. 我在以下文本中总结了我对公元前 1000 年巨大变化的观点：Morris 2010, pp.227–79；2014, pp.66–75 and 100–111。我也计划写一本新的书作为这些观点的延伸。

25. *Mahabharata*, Shanti Parvan 67.16.

26. Morris 2013, pp.66–84, 123–26, and 137–39.

27. Spence 1974 and 1980 和 Brockey 2007 对此有出色的描写；我在以下文本中阐释了自己的观点：Morris 2010, pp.468–81。

28. 在众多研究这个问题的图书中，我发现以下作品尤其有趣：Jones 1987；Landes 1998；Frank 1998；Pomeranz 2000；Allen 2009；Goldstone 2009；Parthasarathi 2011；Ferguson 2011；Acemoglu and Robinson 2012。

29. Morris 2010, pp.399–468.

30. Morris 2013, pp.87–88.

31. Pamuk 2007 提供了欧洲的工资数据，Pamuk and Shatzmiller 2014 表明中东也处于同样的模式中。我不清楚这一时期的中国是否有类似的工资序列，尽管文献资料表明 15 世纪也是中国农民的黄金时期（Morris 2010, pp.435–43）。

32. Morris 2010, pp.490–507.

33. 我在以下文本中讨论了其中的可能性与可替代性选择：Morris 2010, pp.571–77。

34. 我赶紧补充道，这并非我真正的高祖父母。就家族来说，那一代男性大多是荷兰熟练的体力劳动者，或者在斯塔福德郡的煤矿工作。从现有的文件来看，那时的妇女都忙于家务。

35. Morris 2010, pp.582–90. 这些对 GDP 的预测都是以名义汇率为依据，若以购买力平价计算，国际货币基金组织在 2014 年 10 月曾宣布，中国的 GDP 已经超过了美国（http://www.imf.org/external/pubs/ft/ weo/2014/02/）。

36. 这个争论可以采用非常不同的形式来表达，比如：Rostow 1960, Sen 1999b, and Acemoglu and Robinson 2012。

37. J. Mann 2008, p.1.

38. 政治学者 Francis Fukuyama 在 1992 年提出的"历史的终结"理论，预测了自由资本主义在全球的胜利，是对这一情况最著名的表述。

39. World Bank 1993; Campos and Root 1996; Schuman 2010. 李光耀在自己的回忆录（Lee 1998, 2000）中发表了有关于这一主题的富有吸引力的见解。

40. Kaplan 2014 是一个不错的例子。

41. 这是 Jacques 2009 的主要论点。

42. Root 2013, p.1.

43. Qing 2012; Kim and Kim 2014.

44. 当然，这种计算取决于一连串的进一步假设，不同的假设当然会产生不同的结果。如果我们假设能量获取（有别于整体社会发展指数），在 21 世纪继续以与 20 世纪相同的速度增长，西方将"只"达到每人每天 57.5 万千卡，东方将达到每人每天 22.1 万千卡。相反，如果我们假设 21 世纪能量获取的增长速度将比 20 世纪的快，其增速与 20 世纪相较于 19 世纪的增速相同，那么西方将达到每人每天 59.4 万千卡，而东方将达到每人每天 34.4 万千卡。然而，无论哪组线性假设似乎都会得出同样的结论：能量获取大幅增加。

45. Morris 2010, pp.590–98.

46. Kurzweil 2005, 2013.

47. See www.humanbrainproject.eu; www.wired.com/wiredscience/2013/05/neurologist-markram-human-brain-all/.

48. See http://www.nature.com/news/computer-modelling-brain-in-a-box-1.10066.

49. Miguel Nicolelis, February 18, 2013, available at www.technologyreview.com/view/511421/the-brain-is-not-computable/. 大鼠试验：www.nature.com/srep/2013/130228/srep/01319/full/srep01319.html。

50. See www.dailymail.co.uk/sciencetech/article-2095214/As-scientists discover-translate-brainwaves-words-Could-machine-read-innermost-thoughts.html。

51. See http://www.hpcwire.com/2014/01/15/supercomputer-models-human-brain-activity/。

52. 关于尼安德特人的价值观：Wynn and Coolidge 2012。

53. 关于二氧化碳水平：http://co2now.org。关于可能的后果：http://www.

sciencemag.org/site/special/climate2013/。关于稳定的气温，2002–12：www.nasa.gov/pdf/719139main_2012_GISTEMP_summary.pdf。关于科学共识：http://www.ipcc-wg2.gov/AR5/。

54. 如今的历史学家往往对"黑暗时代"这个词感到不舒服（早在1981年，当我开始研究公元前1200—前700年的希腊时，几乎每个人都把这段时期称为希腊的"黑暗时代"，但一代人之后，几乎每个人都把它称为"早期铁器时代"），但在我看来，"黑暗时代"恰如其分，如果某个时代的人口、生活水平、营养、健康、识字率、知识储备和技术技能都大幅下降，还混合了国家崩溃和暴力水平上升，那么这个时代就是"黑暗时代"。

55. Kristensen and Norris 2013, 2014.

56. 我在以下文本中阐述了我对迫在眉睫的威胁的看法：Morris 2010, pp.598–622；2014, pp.332–93。在最近的学术讨论中，我发现以下的文本很有帮助：National Intelligence Council 2012；Guillén and Ontiveros 2012；Brynjolfsson and McAfee 2014；Burrows 2014。Bracken 2012有关于其所称的"第二个核时代"的出色研究。

57. Einstein, interview with Alfred Werner, published in *Liberal Judaism* (April–May 1949), cited from Isaacson 2007, p.494.

58. 我从道金斯1976年作品（英文版）的第19、24页中借用了这个术语，他认为，把基因作为进化的基本单位，需要我们把动物的身体看作生存机器，是自然选择的结果，以最大限度地将基因的DNA传递给下一代。人类社会的运作方式大致相同。

59. 我有时会怀疑自己是典型的WEIRD人，并且很依赖极易获得的化石燃料，因为我在工业革命的摇篮——英国中部长大，而现在生活在硅谷的边缘地带，而硅谷承诺（或威胁）将成为后工业革命的摇篮。

60. Sandel 2009对已被提出的一些主要原则进行了非常有趣的调查。

第六章

1. Solon fragment 17.31–3; Aristotle *Politics* 1.9.

2. See *Oxford Classical Dictionary*, 4th ed. (2012), s. liturgy.

3. Ps. Xen., *The Constitution of the Athenians* (the "Old Oligarch"), 1.13.

4. Thucydides 6.39.

5. W. Burkert, *Homo Necans* (Berkeley: University of California Press, 1983).

6. See my *Money and the Early Greek Mind* (Cambridge, UK: Cambridge University Press, 2004).

第八章

1. Originally quoted by Richard Lee in *The !Kung San: Men, Women, and Work in a Foraging Society* (Cambridge, UK: Cambridge University Press, 1979), p.348. Quoted by Morris in chapter 1 in this volume.

2. The translation is that of the King James Bible.

3. Immanuel Kant in *The Groundwork of the Metaphysics of Morals*, translated by Mary Gregor (Cambridge, UK: Cambridge University Press, 1998),4:432 and 4:436. The numbers are those of the volume and page number of *The Prussian Academy Edition of the Works of Kant*, found in the margins of most translations.

4. Morris, chapter 1 in this volume.

5. *Nicomachean Ethics* 5.7 1134b18. I am quoting from the translation by W. D. Ross revised by J. O. Urmson in *The Complete Works of Aristotle* (Princeton, NJ: Princeton University Press, 1984), p.1790.

6. Morris, chapter 1 in this volume. The reference is to Frans De Waal, *Primates and Philosophers: How Morality Evolved*, edited by Stephen Macedo and Josiah Ober (Princeton, NJ: Princeton University Press, 2006).

7. Christine M. Korsgaard, "Morality and the Distinctiveness of Human Action," in Frans De Waal, *Primates and Philosophers: How Morality Evolved*, pp.98–119. For a fuller version of the argument, see me "Reflections on the Evolution of Morality," available at http://www.amherstlecture.org/korsgaard2010/index.html.

8. Morris, chapter 1 in this volume.

9. 德瓦尔针对的是那些认为动物不"道德"的人，后者认为动物野蛮无情。我现在的观点和我对德瓦尔的回应是，动物的行为谈不上善或恶。

10. Gilbert Harman. *The Nature of Morality: An Introduction to Ethics* (New York: Oxford University Press, 1977), chapter 1.

11. See Bernard Mandeville, *The Fable of the Bees: or, Private Vices, Public Benefits*, edited by F. B. Kaye (Indianapolis: Liberty Classics, 1988), especially the section "An Enquiry into the Origin of Moral Virtue," pp.41–57. 曼德维尔本人否认他的意思是美德是不真实的或者不值得拥有的。

12. 关于休谟的讨论，见 the *Enquiry Concerning the Principles of Morals* (in David Hume: *Enquiries Concerning Human Understanding and Concerning the Principles of Morals*, 3rd ed., edited by L. A. Selby-Bigge and p.H. Nidditch (Oxford, UK: Clarendon Press, 1975), p.214。关于哈奇森的讨论，见 *Inquiry Concerning the Original of Our Ideas of Beauty and Virtue*, in D. D. Raphael's *British Moralists 1650–1800* (Indianapolis: Hackett Publishing Company, 1991), volume I, p.291。

13. 文中所描述的观点是元伦理学或形而上学理论，现在被称为"建构主义"。为了让它不那么抽象，考虑康德的观点，即我们的行为受价值观影响，价值观包含正义、义务和允许。当我们考虑我们能否最大限度地行使正义（这是宇宙法则的体现）时，价值观就浮现了。当然，我们还需要进一步解释为什么这是对价值观的正确运用，这是康德道德哲学的成果。然而，一旦故事被讲出来，它就是一个关于价值观如何进入世界的故事，而不是一个关于如何理解既存价值观的故事。当价值评估者认可将某些格言作为法律时，价值就进入了这个世界。

14. See for example Simon Blackburn, *Ruling Passions: A Theory of Practical Reason* (Oxford, UK: Clarendon Press, 1998), pp.8–14. "表现主义"是一种元伦理学观点，认为规范性语言不是描述性的，而是对某些评估性心理状态的表达。

15. Harry Frankfurt, *Taking Ourselves Seriously and Getting It Right*, edited by Debra Satz (Stanford, CA: Stanford University Press, 2006), pp.18–19.

16. Hobbes, in the *Leviathan*, edited by Edwin Curley (Indianapolis: Hackett Publishing Company, 1994); Rousseau, in the *Discourse on the Origin of Inequality*, in *The Basic Political Writings of Jean-Jacques Rousseau*, translated by D. A. Cress (Indianapolis: Hackett Publishing Company, 1987); and Adam Smith, in *Theory of the Moral Sentiments*, edited by D. D. Raphael and A. L. Macfie (Indianapolis: Liberty Classics 1982)。所有人都试图从心理学和发展的角度来解释人类生活的这一特征是如何产生的。

17. See Christine M. Korsgaard, *Self-Constitution: Agency, Identity, and Integrity* (Oxford, UK: Oxford University Press, 2009).

18. 在发表这些言论时，我并没有忽视尊重自己和自尊之间的区别。前者要求承认你是拥有正当权利和利益的生物，后者是认为你凭借社会阶层、性别、种族，或某些方面的能力、成就或其他属性而优于其他人。但我脑海中的故事依赖于一个熟悉的观点，即这两种观点之间存在着一种复杂的发展联系，就像卢梭和霍布斯所描述的那样。这两个概念都涉及"值得"，将自我的价值与其兴趣和项目的价值联系起来。自尊自重的人认为自己有权被以某种方式对待，因为他们比别人优越；当我们知道我们应该平等地尊重所有的人时，我们就开始学习尊重了。正如康德生动地指出的那样，比较因素仍然存在，因为在道德进化的这个阶段，人们通过决定他们占据某种高于其他动物的等级来学会相互尊重。（See "Conjectures on the Beginning of Human History," in *Kant: Political Writings*, 2nd ed., trans. H. B. Nisbet, ed. Hans Reiss [Cambridge, UK: Cambridge University Press, 1991], pp. 225–26, 8:114 in the Prussian Academy edition pages found in most translations.）这就是为什么人们在对那些不尊重他们的人表示抗议时，常说这样的话："你把我当动物一样对待！"这也是为什么人们害怕人类以外的动物也值得尊重。他们认为，如果他们这样做，他们将失去自己获得尊重的权利。在我看来，事实恰恰相反：在我们学会尊重其他动物之前，尊重始终保留比较思维的污点。

19. John Rawls, *Political Liberalism* (New York: Columbia University Press, 1993), p.32.

20. Morris, chapter 1 in this volume.

21. 这与 Sharon Street 在她的几篇论文中有效提出的观点密切相关，即对我们如何评价某些事物的解释不应该使我们有时设法评价正确的事物看起来是偶然之举。See, for instance, "A Darwinian Dilemma for Realist Theories of Value," *Philosophical Studies* 127, no. 1 (January 2006), pp.109–66.

22. 在随后的文字（in n. 26）中，我将给出一些理由，来说明为什么我觉得这个名字不太准确。

23. See Friedrich Nietzsche, *On the Genealogy of Morals* (in *On the Geneaology of Morals and Ecce Homo*, trans. Walter Kaufmann and R. J. Hollingdale [New York: Random House, 1967]); and Sigmund Freud, *Civilization and Its Discontents*, trans. James Strachey (New York: W. W. Norton and Company, 1961).

24. Morris, chapter 2 in this volume.

25. 休谟讲了一个类似的故事，以解释为什么贞操被认为对女人很重要，对男人却不是。See David Hume, *A Treatise of Human Nature*, book 3, part 2, section 12.

26. 如果我们认为更古老的、更公开的和现代的、更内向的个体化自我的方式仅仅是不同的，而不认为其中一种是扭曲的，那么"扭曲"对于我心目中的解释形式来说就有点太粗糙了。有些价值观的差异是扭曲的，就像那些依赖于愚蠢的性别理想的价值观，而另一些则只是相同价值观通过不同的透镜折射后的不同形式。请注意，这仍然不同于我们所熟悉的情况，在这种情况下，相同的价值观会根据对事实的不同看法，指引我们采取不同的行动。伦理教科书中有一个熟悉的例子，在某个部落，当人们到了一定年纪就会被杀，因为他们相信你死时的样子会永存。我在文中所讨论的案例与此有一定的联系——一旦我们理解了观点，就会发现价值是可以理解的，但文中的案例告诉我们，理解这一观点并不代表我们就赞同这类价值。

27. Richard Lee, *The !Kung San*; Frank Marlowe, *The Hadza: Hunter-Gatherers of Tanzania* (Berkeley and Los Angeles: University of California Press: 2010).

28. As Morris himself notes in chapter 2 in this volume.

29. Morris, chapter 4 in this volume.

30. Ibid.

31. Morris, chapter 5 in this volume.

32. Morris, chapter 4 in this volume.

第十章

1. 我还要感谢历史学家 Peter Novick，我从他那里借用了本章的标题。我第一次看到这个标题是 Novick 在回应其所著的《那崇高的梦想》（Novick 1988,1991）的书评时用的。为了有机会借用它，我已经等了 20 多年。然而，在借用之后，我从罗布·滕皮奥那里得知，Novick 自己就是借来的书名，这是 Leszek Kolakowski 在 *Socialist Register*（Kolakowski 1974）给 E. P. Thompson 的公开信中说的。综上考虑，一个可以追溯到哲学家和历史学家之间关于社会主义天堂可能性的争论的标题在这里似乎特别合适。

2. Morris 2014.

3. D. Brown 1986（pp.39–87）回顾了人类学家试图定义（或否定）人类共性的尝试；Haidt 2012 从心理学的角度说了很多。

4. 以下诸多文本讲述了原因：Pinker 2002；de Waal 2009；Boehm 2012；Haidt 2012；等等。

5. 我对这个问题的思考很大程度上受到 Dennett 1992 的影响。

6. Korsgaard 2005, 2013.

7. Waley 1937, pp.7, 32. 现代最著名的例子是哲学家 Thomas Nagel 对"成为一只蝙蝠是什么样子"的思考（1974）。

8. Asquith 1984, p.138. Kennedy 1992 对拟人论展开了持续的批判。

9. de Waal 1986, p.221.

10. Milo 对暴力的看法，似乎更接近人类谱系尽头处的觅食者时代。（Morris 2014, p.296）

11. de Waal 1986, p.221.

12. 这种想法上的转变通常可追溯至 McBrearty and Brooks 2000。2012 年 7 月在直布罗陀 Gorham 洞穴发现的可能有 4 万年历史的尼安德特人艺术品，以及在印度尼西亚爪哇发现的一枚上有刻痕的 50 万年前的贝壳，都是最引人注目的例子（Rodríguez-Vidal et al. 2014; Joordens et al. 2014）。

13. Darwin 1871, p.255.

14. 我在以下文本中详细阐述了我对游牧生活的看法：Morris 2014, pp.94–164；也可见 Turchin et al. 2013。

15. Morris 2013.

16. Liu 2004, pp.73–116.

17. Thorp 2006, pp.125–71, 和 Li 2013, pp.66–89, 提供了对安阳城遗址的详细描述，Liu 2006 讨论了一些方法论的问题。

18. Davis 1991.

19. 我在以下文本中讨论了中国的案例：Morris 2013, pp.160–64。

20. Carrithers et al. 1985; B. Morris 1994; Sorabji 2006.

21. Morris 2013, pp.53–59; Malanima 2014.

22. See the classic debate in Fogel and Elton 1983.

23. 我认为，我在一些作品中（Morris 2010, 2014）通过在巨大的非个人力量和个人故事之间来回移动，以平衡抽象和本质，但我想没有哪两个历史学家能就"完美的平衡在哪里"这个问题达成一致。

24. 证明这一规则的例外情况是，拥有土地的雅典男性公民去世后没有留下男性继承人。在这种情况下，他的最近女性亲属将成为 *epiklêros*（大意是无实际继承权的女性继承人）。因此，她不拥有土地，而是成为将土地传递给死者的最近男性亲属的渠道，从而将房地产保留在父系内。如果 *epiklêros* 或死者的最近男性亲属已经结婚，他们在法律上被要求与现任配偶离婚并与他人结婚。

25. 这个词与 *Kyrios Yiorgos* 的第一个单词相同，后者是他人对乔治先生的称呼。

26. Isaeus 10.10.

27. Schaps 1979, p.61.

28. Lysias 31.21; Demosthenes 36.14, 41.8–9.

29. *IG* II^2 1672.64.

30. 参见 Schaps 1979, pp.52–58，尽管 Schaps 自己修改了这个解释。

31. Schaps 1979 仍是有关于此的最好讨论。

32. 部分奴隶甚至拥有属于自己的奴隶（如，*IG* II^2 1570.78–79）。

33. Garlan 1982, pp.60–69。

34. 对于一些富有的奴隶，如 Aeschines 1（delivered in 345 BC）提到的 Pittalakos，我们无法确认其身份，仅知道 Pittalakos 是一名公共奴隶（这一点也存在争议），但我们不知道他是否在金融行业工作。

35. 金融和雅典历史上的任何其他领域一样具有争议性。在银行业的规模和赢利能力方面，我一般支持 Edward Cohen（1992）的观点，但有所保留（Morris 1994）。

36. 阿尔基珀是前文提到的三个女人之一，据说她们可以接触到巨额钱财（Demosthenes 36.14）。

37. Cohen 1992; Trevett 1992.

38. Whitehead 1977 涉及有关于此的经典表述。

39. "打银子"实际上可能是一个更恰当的比喻，因为大量的外来居民签署了银矿租约，用自己的双手或奴隶的劳动来开采雅典的银矿（M. Crosby 1950; Hopper 1953,1968），其中部分人获利颇丰。

40. 在公元前 5 世纪 30 年代雅典人口最多的时期，有大约 35 万人居住在阿

313

提卡这个城邦中，其中只有 6 万名成年男性（Hansen 1986）。但我认为统治阶层占人口比例达到 1/3，是因为我将未成年男性公民也计算在内，他们只待长大就可属于统治阶层了。

41. 这是 Ober 2008 的中心论点。

42. Morris and Powell 2009.

43. Morris 2010, pp.245–63.

44. See, for example, Liverani 2005, E. Hall 1989, and Momigliano 1975.

45. 我在以下文本中发展了我对这个话题的想法：Morris 2010, pp.262–63, 320–30。

46. Naroll 1956, p.693; Carneiro 1967. More recent analyses, Bandy 2004; consistency, Bintliff 1999, p.528.

47. Tilly 1984, pp.46–50.

48. Boserup 1965. 人口统计学家 James Wood（1998）展示了各种过程是如何结合在一起形成他所谓的"马尔萨斯—博塞拉普棘轮"（Malthus-Boserup ratchet）的；地理学家 Ruth DeFries（2014）提出了一个很相似的概念，名为"大棘轮"（big ratchet）。

49. 关于多层次选择，我从以下文本中学到了很多：Richerson and Boyd 2005; Wilson and Wilson 2007; Okasha 2007; Turchin and Gavrilets 2009; Bowles and Gintis 2011。

50. See http://www.americanrhetoric.com/MovieSpeeches/moviespeechwallstreet.html.

51. 最好的证据来自一位约公元前 110 年埃及 Kerkeosiris 村的抄写员 Menches 的档案资料（Crawford 1971; Verhoogt 1997; http://tebtunis.berkeley.edu）。MacMullen 1974（pp.1-27）对罗马帝国的乡村生活进行了出色的概述。

52. Figes 1996, pp.89, 90; Maxim Gorky, *My Universities* (1923), cited from Figes 1996, p.86.

53. 我发现 Cartwright 1968 对这个问题的研究很有帮助。

54. Pinker 1997, p.326.

55. Betzig 1997 和 Ehrlich 2000 出色地概述了关于人性的观点。

56. 我在这里使用了经济学家的行话，因为它很好地抓住了中心问题。经济学家对个人偏好不做任何假设，每个人都与其他人不同。我喜欢看电视，但你可能喜欢去露营，而其他人可能喜欢喝稀有的葡萄酒。经济学家会说，我们每个人都有自己的效用函数。所有效用函数都同样有效，一旦我们认识到这一点，我们也必须看到效用函数的实际内容对经济学来说并不重要。效用基本上只是个人的满足。用一本被广为阅读的经济学教科书的话说，效用最大化"意味着人们选择了自己最喜欢的消费品组合"。(Samuelson and Nordhaus 2009, p.107.)

57. Wrangham and Peterson 1996, pp.220–30; Potts 2004; Furuichi 2009; Hohmann et al. 2010.

58. 灵长类动物学家在科普他们的研究成果方面做得很好。我特别推荐以下作品：Harcourt and Stewart 2007; de Waal 1982; Wrangham and Peterson 1996; Boesch 2009。

59. Boehm 1993, 1999.

60. Dawkins 1976.

61. 达尔文（1871）确定了基本原理，并提出性选择在进化中与自然选择一样重要。直到大约 15 亿年前，所有的繁殖都是无性繁殖。

62. E. O. Wilson 1975.

63. Seabright 2013a 在这方面的研究非常出色。

64. 当然，人们发明了无数关于配偶关系的变体。大多数社会都允许富人实行某种形式上或事实上的一夫多妻制，而配偶的含义因文化而异（Fox 1984; Betzig 1986; Scheidel 2009）。

65. 我之所以用这个复合名字，是因为关于智人的非洲伙伴应该被称为匠人还是直立人，存在一些争论。

66. Wrangham 2009.

67. 无耻的女人作为婊子的形象非常古老，至少可以追溯到公元前 7 世纪希腊的诗人 Semonides (fragment 7 West)（Cristiana Franco 在 2014 年的出版物中对此进行了详细讨论）。

68. Hupka and Ryan 1990; DeSteno et al. 2006.

69. 与其他许多方面一样，依靠锄头而非犁的农业耕种者似乎处于觅食者和农夫之间的位置（Goody 1976）。

70. 当然，在实际生活中，妻子的嫁妆数量、娘家势力、当事人的性格以及社会的宗教和法律制度都会对此产生影响。

71. Richerson and Boyd 2005, p.77.

72. 我的妻子不是学者，但我们都很欣慰的是，婚后我们发现彼此都对生儿育女没有什么兴趣。

73. Richerson and Boyd 2005, pp.169–87.

74. 对此的分析有许多，如：http://www.economist.com/news/21589074-boomers-need-think-harder-about-their-retirement-income-says-larry-fink-chairman-and-chief; http://www.reuters.com/article/2013/05/15/us-lifeexpectancy-idUSBRE94E16620130515;http://www.gapminder.org/videos/dont-panic-the-facts-about-population/#.VBsb90s718M;www.stimson.org/spotlight/whither-the-demographic-arc-of-

instability-/; p.Taylor 2014。

75. 我在以下文本中更充分地阐述了自己的观点：Morris 2014, pp.288–312。

76. Hill et al. 2001; M. Wilson 2013.

77. 人类觅食者与黑猩猩暴力的对比：Wrangham and Glowacki 2012。

78. Pinker 2011; Morris 2014, pp.112–287, 319–25, 332–40.

79. On the reaction, Goldstone 2009.

80. 历史学家 Niall Ferguson 在他的《文明》（2011, pp.96–140）一书中进行了引人入胜的讨论。

81. His pithy translation (Auden 1965) of Bertold Brecht's "Erst kommt das Fressen, dann kommt die Morale," in his *Threepenny Opera* (1928).

82. Herodotus 2.2. 普萨美提克一世于公元前 664—前 610 年在位。苏格兰国王詹姆斯四世在 1493 年也做过类似的实验：把两个孩子留给了一个哑巴女人，让他们三人独自居住在一个名为因奇基斯的无人岛上。16 世纪的编年史学家 Robert Lindsay（in Dalyell 1814, pp.249–50）说："当他们到了可以说话的年龄，据说他们可以讲纯正的希伯来语，但我不知道这情景是否经过演练。"

83. Rawls 1971, pp.11–22, 136–42.

84. Rawls 1971, p.102.

85. 事实上，实验表明，许多化石燃料使用者的价值判断方式与罗尔斯所说的不同（Frohlich et al. 1976）。一些批评家甚至"怀疑罗尔斯是否仅仅是试图找到论据来支持他所属的社会阶层的教授们的政治观点"（Gordon 2008）。

86. Plutarch, *Life of Alexander* 64. 普鲁塔克生活在这些事件发生的 4 个世纪之后，很有可能这个故事是虚构的，然而，普鲁塔克接触到了原始资料，但这些资料没有留存至今。如果这个故事是虚构的，那么它很可能是公元前 4 世纪晚期的故事，是将亚历山大提升为神一般的国王的运动的一部分。See the discussion in Hamilton 1969, *ad loc*.

87. Plutarch, *Life of Demetrius* 9–13.

88. Simon Price 在 1984 年的出版物中对公元前几个世纪的希腊人是否真的相信罗马皇帝是神，进行了精彩的反思。

89. 我在以下文本中进一步思考了这些发展的思想：Morris and Powell 2009, pp.443, 477–79。

90. 科斯嘉德似乎在暗示社会实证主义实际上只是扭曲观点的一个子集，她说扭曲论者相信"价值判断的能力……容易受到社会学力量的扭曲"。在我看来，扭曲主义认为意识形态是非常强大的，它会欺骗大众相信精英告诉他们的东西，而社会实证主义认为意识形态是非常脆弱的，它不会欺骗任何人去相信任何事情。扭曲观点认为大多数人是愚蠢的，社会实证主义认为大多数人是没有骨气的。

91. Gerring 2001, pp.71–86, has an excellent summary.

92. Asad 1979, pp.621–22.

93. 通常认为这句话出自林肯在 1858 年 9 月 2 日在伊利诺伊州克林顿的演讲，但没有人在林肯的讲稿中找到这句话（http://www.bartleby.com/73/609.html）。

94. 当然，这就是常识进化的原因。比起那些不能判断什么是有效的，以及不同策略的结果可能是什么的人，那些能够判断的人更有可能将自己的基因传递下去，而那些表现出同样健全的集体判断的社会，比那些无法做出的社会更有可能发展壮大。

95. Frieden 2006（pp.435–52）对非洲这些年的发展做出了出色的描述。

96. 对乌贾马的官方解释，见 Nyerere 1968；相关分析，见 Coulson 1982 and McHenry 1979。关于肯尼亚的经济，见 Bates 1989。

97. 关于肯尼亚和坦桑尼亚人民的收入：for 1961–86, Maddison 2010；for 2013, https://www.cia.gov/library/publications/the-world-factbook/fields/2012.html#lo。

98. Spufford 2010 提供了出色的描述。

99. 在我看来，对其谎言最动人的谴责是剧作家兼政治家 Vaclav Havel 的文章"The Power of the Powerless"（1978），而最犀利的是 Ben Lewis 的苏联笑话的合集 *Hammer and Tickle*（2008）。

100. 这种对意识形态的解释并不要求我们假设说谎者知道他们在撒谎。我怀疑，最有说服力的空想家是那些真心相信自己谎言的人。

101. Thucydides 1.22.

102. See http://www.bbc.com/news/world-asia-29177946.

103. 正如我在第四章注释中提到的，我非常依赖 Bergen and Tiedemann 2013 的观点。

104. 我便是其中一位，我在《战争》（2014）一书中解释了原因。我意识到，其他很多化石燃料使用者，包括许多道德哲学家，都不同意这一观点。

105. Haidt 2012, p.119.

106. See http://www.history.ac.uk/reviews/review/1091; http://www.theguardian.com/books/2014/apr/20/war-what-is-it-good-for-ian-morris;http://www.thetimes.co.uk/tto/arts/books/non-fiction/article4046770.ece.

107. 西福德没有给"资本主义"下定义，所以为了简单起见，我假设他用的是源自米尔顿·弗里德曼的被普遍采用的定义，即"通过在自由市场中运作的私人企业来组织大部分经济活动"（M. Friedman 2002 [1962], p.4）。

108. Particularly Seaford 2004.

109. 韦伯的观点分布在他的众多出版物中（如，Weber 1968, pp.305–6, 927–37, 1354–59）；Polanyi et al. 1957；Finley 1973。

110. Hopkins 1980, 1983.

111. Morris 2004; Scheidel 2010; Ober 2015.

112. Saller 2005; Morris et al. 2007.

113. Peter Acton 关于古雅典商行的规模与结构的研究（2014）很好地解释了 Finley（1973）所称的"经济不合理"（economically irrational）。

114. Data from Morris 2013.

115. A point also made in Malanima 2014.

116. As, in fact, Milton Friedman did (2002 [1962], p.5).

117. 这些和本段中的所有其他数字都是根据 Angus Maddison 2010 提供的数据计算的。法西斯统治下的意大利是个例外，1922—1939 年，意大利的年平均经济增长率仅为 1.4%。但话又说回来，在 1991—2008 年（Maddison 数据库中最近的年份）这段同样长的时间里，意大利的年平均经济增长率仅为 1.1%。

118. 即使是在 1958—1968 年的繁荣时期，苏联和美国的经济增长速度也大致相同（美国略高于 4.75%，苏联略低于此）。只有在 20 世纪 80 年代，美国经济的表现才决定性地超过了苏联（3.1% 对 1.6%），于是苏联人迅速收回了他们对政府仅剩的一点支持。

119. See http://www.forbes.com/sites/davidewalt/2013/02/13/thirty-amazing-facts-about-private-jets/. 这是登记使用飞机的总数。

120. T. Friedman 2008, pp.31, 73.

121. See http://www.economist.com/news/united-states/21603492-american-investors-are-taking-climate-change-more-seriously-nobodys-fuels.

122. See http://www.bostonglobe.com/opinion/editorials/2014/01/24/investors-see-green-clean-energy/F7sxg6y3Ljfsp2WwARNGZN/story.html.

123. North 1990 对这方面的逻辑论述非常出色，Frieden 2006 则在历史论述方面非常优秀。

124. For example, http://www.cnn.com/2014/10/03/opinion/mcgahey-climate-change/; http://newclimateeconomy.report. Rose and Tepperman 2014 讨论了一些可选项。

125. 我在以下文本中更详细地阐述了这个观点：Morris 2010, pp.608–13; 2014, pp.367–69。

126. Rothman et al. 2014.

127. Sun et al. 2012.

128. Benton 2005（Rothman et al.'s 2014 的研究取代了 Benton 对二叠纪大灭绝结束的解释）。

129. Kolbert 2014 提供了一个易于理解的描述。

130. See http://www.economist.com/news/special-report/21599522-robots-offer-

unique-insight-what-people-want-technology-makes-their for a fascinating discussion of what people currently want from robots.

131. Atwood 1985, 2003.

132. Wickham 2005, pp.33, 653. 公元439年，汪达尔人切断了该城与北非的粮食贸易。

133. 在这里，我修改了我此前的观点（Morris 2010, pp.92–94, 580, and 598–619），我认为在数万年的时间里，"夜幕降临"的场景实际上是无法想象的，而核武器的出现使这一切变得非常可能。

134. 可悲的是，我自己不是那种知道如何做的人，我把我的末日之后的希望寄托在有能力和可以快速学习的朋友上。

135. W. Miller 1960.

136. Harari 2014, p.414.

参考文献

说明：所有链接最后确认日期是 2014 年 10 月 10 日。

Abraham, Kathleen. 2004. *Business and Politics under the Persian Empire: The Financial Dealings of Marduk-nasir-apli of the House of Egibi*. Bethesda, MD: CDL Press.

Acemoglu, Daron, and James Robinson. 2012. *Why Nations Fail: The Origins of Power, Prosperity, and Poverty*. New York: Crown.

Acton, Peter. 2014. Poiesis: *Manufacturing in Classical Athens*. New York: Oxford University Press.

Akkermans, Peter, and Glenn Schwartz. 2003. *The Archaeology of Syria*. Cambridge, UK: Cambridge University Press.

Alexander, Richard. 1974. "The Evolution of Social Behavior." *Annual Review of Ecology and Systematics* 5, pp. 325–83.

———. 1987. *The Biology of Moral Systems*. Hawthorn, NY: de Gruyter.

Allen, Robert. 2001. "The Great Divergence in European Wages and Prices from the Middle Ages to the First World War." *Explorations in Economic History* 38, pp. 411–48.

———. 2007. "Engels' Pause: A Pessimist's Guide to the British Industrial Revolution." Oxford University Department of Economics Working Paper 315. Available at http://www.economics.ox.ac.uk/Department-of-Economics-Discussion-Paper-Series/engel-s-pause-a-pessimist-s-guide-to-the-british-industrial-revolution.

———. 2009. *The British Industrial Revolution in Global Perspective*. Cambridge, UK: Cambridge University Press.

Allen, Robert, et al. 2011. "Wages, Prices and Living Standards in China, 1738–1925: A Comparison with Europe, Japan and India." *Economic History Review* 64 (supplement), pp. 8–38.

Alvaredo, Facundo, et al. 2013. "The Top 1 Percent in International and Historical Perspective." *Journal of Economic Perspectives* 27, pp. 3–20.

Angelbeck, Bill, and Colin Greer. 2012. "Anarchism and the Archaeology of Anarchic Societies: Resistance to Centralization in the Coast Salish Region of the Pacific Northwest Coast." *Current Anthropology* 53, pp. 547–87.

Apetrei, Sarah. 2010. *Women, Feminism and Religion in Early Enlightenment England.* Cambridge, UK: Cambridge University Press.

Apor, Balász, et al., eds. 2004. *The Leader Cult in Communist Dictatorship: Stalin and the Eastern Bloc.* New York: Palgrave Macmillan.

Armelagos, George, and Kristin Harper. 2005. "Genomics at the Origins of Agriculture." *Evolutionary Anthropology* 14, pp. 68–77, 109–21.

Armstrong, Karen. 2006. *The Great Transformation: The Beginning of Our Religious Traditions.* New York: Knopf.

Arnason, Johann, et al., eds. 2005. *Axial Civilizations and World History.* Leiden: Brill.

Arnold, Jeanne. 1995. "Transportation Innovation and Social Complexity among Maritime Hunter-Gatherer Societies." *American Anthropologist* 97, pp. 733–47.

———. 2007. "Credit Where Credit Is Due: The History of the Chumash Oceangoing Plank Canoe." *American Antiquity* 72, pp. 196–209.

Asad, Talal. 1979. "Anthropology and the Analysis of Ideology." *Man* n.s. 14, pp. 607–27.

Asquith, P. 1984. "The Inevitability and Utility of Anthropomorphism in Description of Primate Behavior." In Rom Harré and Vernon Reynolds, eds., *The Meaning of Primate Signals*, pp. 138–76. Cambridge, UK: Cambridge University Press.

Atkinson, Anthony. 2010. "Income Inequality in Historical and Comparative Perspective." Available at www.gini-research.org/system/uploads/19/original/Atkinson_GINI_Mar2010_.pdf?1269619027.

Atkinson, Anthony, et al. 2011. "Top Incomes in the Long Run of History." *Journal of Economic Literature* 49, pp. 3–71.

Atwood, Margaret. 1985. *The Handmaid's Tale.* Toronto: McClelland and Stewart.

———. 2003. *Oryx and Crake.* Toronto: McClelland and Stewart.

Auden, W. H. 1965. "Grub First, Then Ethics." In W. H. Auden, *About the House*, p. 33. London: Faber and Faber.

Axelrod, Robert. 1984. *The Evolution of Cooperation*. New York: Basic Books.

Bagley, Robert. 1999. "Shang Archaeology." In Loewe and Shaughnessy 1999, pp. 124–231.

Balazs, Etienne. 1964. *Chinese Civilization and Bureaucracy*. New Haven, CT: Yale University Press.

Bandy, Matthew. 2004. "Fissioning, Scalar Stress, and Social Evolution in Early Village Societies." *American Anthropologist* 106, pp. 322–33.

Bang, Peter, and Walter Scheidel, eds. 2013. *The Oxford Handbook of the State in the Ancient Near East and Mediterranean*. Oxford, UK: Oxford University Press.

Banner, Stuart. 2005. *How the Indians Lost Their Land: Law and Power on the Frontier*. Cambridge, MA: Belknap Press.

Barber, Elizabeth. 1994. *Women's Work: The First 20,000 Years—Women, Cloth, and Society in Early Times*. New York: Norton.

Barker, Graeme. 2006. *The Agricultural Revolution in Prehistory: Why Did Foragers Become Farmers?* Oxford, UK: Oxford University Press.

Barnard, Alan, ed. 2004. *Hunter-Gatherers in History, Archaeology and Anthropology*. Oxford, UK: Berg.

Barnes, Timothy. 2011. *Constantine: Dynasty, Religion and Power in the Later Roman Empire*. Oxford, UK: Wiley-Blackwell.

Bates, Robert. 1989. *Beyond the Miracle of the Market: The Political Economy of Agrarian Development in Kenya*. Cambridge, UK: Cambridge University Press.

Beardson, Timothy. 2013. *Stumbling Giant: The Threats to China's Future*. New Haven, CT: Yale University Press.

Becker, Gary. 1991. *A Treatise on the Family*. Enlarged edition. Cambridge, MA: Harvard University Press.

Beckerman, Stephen, et al. 2009. "Life Histories, Blood Revenge, and Reproductive Success among the Waorani of Ecuador." *Proceedings of the National Academy of Sciences* 106, pp. 8134–39.

Beckwith, Christopher. 2009. *Empires of the Silk Road: A History of Central Eurasia from the Bronze Age to the Present*. Princeton, NJ: Princeton University Press.

Belich, James. 2009. *Replenishing the Earth: The Settler Revolution and the Rise of the Anglo-World, 1783–1939*. Oxford, UK: Oxford University Press.

Belkin, Aaron, et al. 2013. "Readiness and the DADT Repeal: Has the New Policy of Open Service Undermined the Military?" *Armed Forces & Society* 39, pp. 587–601.

Bell, David. 2009. *The First Total War: Napoleon's Europe and the Birth of Warfare as*

We Know It. Boston: Houghton Mifflin.

Bellah, Robert. 2011. *Religion in Human Evolution from the Palaeolithic to the Axial Age*. Cambridge, MA: Harvard University Press.

Bellù, Lorenzo Giovanni, and Paolo Liberati. 2006. "Inequality Analysis: The Gini Index." Rome: United Nations Food and Agriculture Organisation, EASYPol 40. Available at http://www.fao.org/docs/up/easypol/329/gini_index_040EN.pdf.

Benedictow, Ole. 2004. *The Black Death 1346–1353: The Complete History*. Rochester, NY: Boydell Press.

Benton, Michael. 2005. *When Life Nearly Died: The Greatest Mass Extinction of All Time*. London: Thames & Hudson.

Bergen, Peter, and Katherine Tiedemann, eds. 2013. *Talibanistan: Negotiating the Borders between Terror, Politics, and Religion*. New York: Oxford University Press.

Bettinger, Robert. 2009. *Hunter-Gatherer Foraging: Five Simple Models*. New York: Eliot Werner Publications.

Betzig, Laura. 1986. *Despotism and Differential Reproduction: A Darwinian View of History*. Chicago: Aldine.

———, ed. 1997. *Human Nature: A Critical Reader*. New York: Oxford University Press.

Binford, Lewis. 1978. *Nunamiut Ethnoarchaeology*. New York: Academic Press.

———. 1980. "Willow Smoke and Dogs' Tails: Hunter-Gatherer Settlement Systems and Archaeological Site Formation." *American Antiquity* 45, pp. 4–20.

———. 2001. *Constructing Frames of Reference: An Analytical Method for Archaeological Theory Building Using Ethnographic and Environmental Data Sets*. Berkeley: University of California Press.

Bintliff, John. 1999. "Settlement and Territory." In Graeme Barker, ed., *Companion Encyclopedia of Archaeology* I, pp. 505–44. London: Routledge.

Blackmore, Susan. 1999. *The Meme Machine*. Oxford, UK: Oxford University Press.

Bloch, Maurice. 1983. *Marxism and Anthropology*. Oxford, UK: Oxford University Press.

Blum, Jerome. 1976. *The End of the Old Order in Rural Europe*. Princeton, NJ: Princeton University Press.

Blumenthal, Ute-Renate. 1988. *The Investiture Controversy: Church and Monarchy from the Ninth to the Twelfth Century*. Philadelphia: University of Pennsylvania Press.

Bocquet-Appel, Jean-Pierre, and Ofer Bar-Yosef, eds. 2008. *The Neolithic Demographic Transition and Its Consequences*. Amsterdam: Springer.

Boehm, Christopher. 1993. "Egalitarian Society and Reverse Dominance Hierarchy."

Current Anthropology 34, pp. 227–54.

———. 1999. *Hierarchy in the Forest: The Evolution of Egalitarian Behavior.* Cambridge, MA: Harvard University Press.

———. 2012. *Moral Origins: The Evolution of Virtue, Altruism, and Shame.* New York: Basic Books.

Boone, J. 2002. "Subsistence Strategies and Early Human Population History: An Evolutionary Ecological Perspective." *World Archaeology* 34, pp. 6–25.

Borgerhoff Mulder, Monique, et al. 2009. "Intergenerational Wealth Transmission and the Dynamics of Inequality in Small-Scale Societies." *Science* 326, pp. 682–88. Online supporting materials available at https://scholarblogs.emory.edu/phooper/files/2014/08/BorgerhoffMulder2009Suppl.pdf.

Bornstein, Diane, ed. 1979. *The Feminist Controversy of the Renaissance.* New York: Scholars' Facsimiles and Reprints.

Boserup, Esther. 1965. *Conditions of Agricultural Growth.* Chicago: Aldine.

Bowles, Samuel, and Herbert Gintis. 2011. *A Cooperative Species: Human Reciprocity and Its Evolution.* Cambridge, UK: Cambridge University Press.

Bowman, Alan, and Andrew Wilson, eds. 2012. *Settlement, Urbanization, and Population.* Oxford, UK: Oxford University Press.

———. 2013a. *Quantifying the Roman Economy: Methods and Evidence.* Oxford, UK: Oxford University Press.

———. 2013b. *The Roman Agricultural Economy: Organization, Investment, and Production.* Oxford. UK: Oxford University Press.

Boyd, Peter, et al. 2001. "Was Agriculture Impossible during the Pleistocene but Mandatory during the Holocene?" *American Antiquity* 66, pp. 387–411.

Boyer, John, and Jan Goldstein, eds. 1987. *University of Chicago Readings in Western Civilization* IX: *Twentieth-Century Europe.* Chicago: University of Chicago Press.

Boyer, Pascal. 2001. *Religion Explained: The Evolutionary Origins of Religious Thought.* New York: Basic Books.

Bracken, Paul. 2012. *The Second Nuclear Age: Strategy, Danger, and the New Power Politics.* New York: Times Books.

Bradley, Keith, and Paul Cartledge, eds. 2009. *The Cambridge World History of Slavery* I: *The Ancient Mediterranean World.* Cambridge, UK: Cambridge University Press.

Bradley, Richard, and Mark Edmonds. 1993. *Interpreting the Axe Trade: Production and Exchange in Neolithic Britain.* Cambridge, UK: Cambridge University Press.

Bratton, Michael, and Richard Houessou. 2014. "Demand for Democracy Is Rising in Africa, but Most Political Leaders Fail to Deliver." Afrobarometer Research Paper 11. Available at http://www.afrobarometer.org/files/documents/ policy_brief/ ab_r5_policypaperno11.pdf.

Braudel, Fernand. 1981. *Civilization and Capitalism, 15th–18th Century* I: *The Structures of Everyday Life.* Trans. Sian Reynolds. New York: Harper & Row.

———. 1982. *Civilization and Capitalism, 15th–18th Century* II: *The Wheels of Commerce.* Trans. Siân Reynolds. New York: Harper & Row.

Brauer, Carl. 1979. *John F. Kennedy and the Second Reconstruction.* New York: Columbia University Press.

Briant, Pierre. 2002. *From Cyrus to Alexander: A History of the Persian Empire.* Winona Lake, IN: Eisenbrauns.

Brisch, Nicole, ed. 2012. *Religion and Power: Divine Kingship in the Ancient World and Beyond.* Chicago: Oriental Institute Seminar Series 4.

Broadberry, Stephen, and Bishnupriya Gupta. 2006. "The Early Modern Great Divergence: Wages, Prices, and Economic Development in Europe and Asia, 1500–1800." *Economic History Review* n.s. 59, pp. 2–31.

Brockey, Liam. 2007. *Journey to the East: The Jesuit Mission to China, 1579–1724.* Cambridge, MA: Harvard University Press.

Broecker, Wallace. 2006. "Was the Younger Dryas Triggered by a Flood?" *Science* 312, pp. 1146–48.

Brook, Timothy. 1998. *The Confusions of Pleasure: Commerce and Culture in Ming China.* Berkeley: University of California Press.

Brown, Donald. 1991. *Human Universals.* Philadelphia: Temple University Press.

Brown, Peter. 1995. *Authority and the Sacred: Aspects of the Christianisation of the Roman World.* Cambridge, UK: Cambridge University Press.

Brown, Peter. 2012. *Through the Eye of a Needle: Wealth, the Fall of Rome, and the Making of Christianity in the West, 350–550 AD.* Princeton, NJ: Princeton University Press.

Bruce, Steve. 2002. *God Is Dead: Secularization in the West.* Oxford, UK: Wiley-Blackwell.

———. 2013. *Secularization: In Defense of an Unfashionable Theory.* New York: Oxford University Press.

Brynjolfsson, Erik, and Andrew McAfee. 2014. *The Second Machine Age: Work, Progress, and Prosperity in a Time of Brilliant Technologies.* New York: Norton.

Bunch, T., et al. 2012. "Very High-Temperature Impact Melt Products as Evidence for

Cosmic Impacts and Airbursts 12,900 Years Ago." *Proceedings of the National Academy of Sciences* 109, pp. 1903–12.

Burrows, Mathew. 2014. *The Future, Declassified: Megatrends That Will Undo the World Unless We Take Action.* New York: Palgrave Macmillan.

Caldwell, John. 2006. *Demographic Transition Theory.* Amsterdam: Springer.

Campos, Jose Egardo, and Hilton Root. 1996. *The Key to the Asian Miracle: Making Shared Growth Credible.* Washington, DC: Brookings Institution Press.

Cannon, Aubrey. 2011. *Structured Worlds: The Archaeology of Hunter-Gatherer Thought and Action.* London: Equinox.

Carballo, David, ed. 2013. *Cooperation and Collective Action: Archaeological Perspectives.* Boulder: University of Colorado Press.

Carneiro, Robert. 1967. "On the Relationship between Size of Population and Complexity of Social Organization." *Southwestern Journal of Anthropology* 23, pp. 234–41.

———. 2003. *Evolutionism in Cultural Anthropology.* Boulder, CO: Westview Press.

Carrithers, Michael, et al. 1985. *The Category of the Person: Anthropology, Philosophy, History.* Cambridge, UK: Cambridge University Press.

Cartwright, R. L. 1968. "Some Remarks on Essentialism." *Journal of Philosophy* 65, pp. 615–26.

Cashdan, Elizabeth. 1980. "Egalitarianism among Hunters and Gatherers." *American Anthropologist* 82, pp. 116–20.

Cavalli-Sforza, Luigi, and Marcus Feldman. 1981. *Cultural Transmission and Evolution: A Quantitative Approach.* Princeton, NJ: Princeton University Press.

Ceadel, Martin. 1987. *Thinking about Peace and War.* Oxford, UK: Oxford University Press.

———. 1996. *The Origins of War Prevention: The British Peace Movement and International Relations, 1730–1854.* Oxford, UK: Oxford University Press.

———. 2001. *Semi-Detached Idealists: The British Peace Movement and International Relations, 1854–1945.* Oxford, UK: Oxford University Press.

Chadwick, Owen. 1990. *The Secularization of the European Mind in the Nineteenth Century.* Cambridge, UK: Cambridge University Press.

Chagnon, Napoleon. 1988. "Life Histories, Blood Revenge, and Warfare in a Tribal Society." *Science* 239, pp. 985–92.

Chaudhuri, K. N. 1990. *Asia before Europe: Economy and Civilisation of the Indian Ocean from the Rise of Islam to c. 1750.* Cambridge, UK: Cambridge University Press.

Chayanov, A. V. 1986 [1925]. *Theory of the Peasant Economy.* Trans. Daniel Thorner et al. Madison: University of Wisconsin Press.

Chekhov, Anton. 1897. "Peasants." Cited from http://www.online-literature.com/o_henry/1285/.

Childe, V. Gordon. 1936. *Man Makes Himself*. London: Watts and Co.

———. 1942. *What Happened in History*. London: Penguin.

Christian, David. 2004. *Maps of Time: An Introduction to Big History*. Berkeley: University of California Press.

Chu, Ke-young, et al. 2000. "Income Distribution and Tax and Government Spending in Developing Countries." IMF Working Paper WP/00/62. Available at http://www.imf.org/external/pubs/ft/wp/2000/wp0062.pdf.

Cipolla, Carlo. 1980. *Before the Industrial Revolution: European Society and Economy, 1000–1700*. 2nd ed. New York: Norton.

Clark, Gregory. 2007. *A Farewell to Alms: A Brief Economic History of the World*. Princeton, NJ: Princeton University Press.

———. 2014. *The Son Also Rises: Surnames and the History of Social Mobility*. Princeton, NJ: Princeton University Press.

Cochrane, Eric, et al., eds. 1987. *University of Chicago Readings in Western Civilization VI: Early Modern Europe: Crisis of Authority*. Chicago: University of Chicago Press.

Cohen, Edward. 1992. *Athenian Economy and Society: A Banking Perspective*. Princeton, NJ: Princeton University Press.

———. 2000. *The Athenian Nation*. Princeton, NJ: Princeton University Press.

Colledge, Susan, and James Connolly, eds. 2007. *The Origins and Spread of Domestic Plants in Southwest Asia and Europe*. Walnut Creek, CA: AltaMira.

Colli, Andrea. 2003. *The History of Family Business, 1850–2000*. Cambridge, UK: Cambridge University Press.

Coontz, Stephanie. 2005. *Marriage, a History: How Love Conquered Marriage*. New York: Penguin.

Cooper, Jerrold. 1986. *Sumerian and Akkadian Royal Inscriptions: Pre-Sargonic Inscriptions*. Winona Lake, IN: Eisenbrauns.

Cooperson, Michael. 2005. *Al-Ma'mun*. Oxford, UK: Oneworld.

Cortright, David. 2008. *Peace: A History of Movements and Ideas*. Cambridge, UK: Cambridge University Press.

Costin, Cathy. 1991. "Craft Specialization: Issues in Defining, Documenting, and Explaining the Organization of Production." *Advances in Archaeological Method and Theory* 3, pp. 1–56.

Costin, Cathy. 1996. "Exploring the Relationship between Gender and Craft in Complex Societies." In Rita Wright, ed., *Gender and Archaeology*, pp. 111–40. Philadelphia: University of Pennsylvania Press.

Coulson, Andrew. 1982. *Tanzania: A Political Economy.* Oxford, UK: Clarendon Press.

Cox, Virginia. 1990. *Moderata Fonte (Modesta Pozzo): The Worth of Women, Wherein Is Clearly Revealed Their Nobility and Their Superiority to Men.* Chicago: University of Chicago Press.

Coyne, Jerry. 2009. *Why Evolution Is True.* New York: Viking.

Crawford, Dorothy. 1971. *Kerkeosiris: An Egyptian Village in the Ptolemaic Period.* Cambridge, UK: Cambridge University Press.

Crone, Patricia. 1989. *Pre-Industrial Societies.* Oxford, UK: Blackwell.

Crosby, Alfred. 2006. *Children of the Sun: A History of Humanity's Unappeasable Appetite for Energy.* New York: Norton.

Crosby, Margaret. 1950. "The Leases of the Laurion Mines." *Hesperia* 19, pp. 189–312.

Cummings, Vicki. 2013. *The Anthropology of Hunter-Gatherers: Key Themes for Archaeologists.* London: Bloomsbury.

Dalton, George. 1971. *Economic Anthropology and Development.* New York: Basic Books.

Dalyell, John, ed. 1814. *The Cronicles of Scotland, by Robert Lindsay of Pitscottie, Published from Several Old Manuscripts* I. Edinburgh: George Ramsay.

Darnton, Robert. 1984. *The Great Cat Massacre and Other Episodes in French Cultural History.* New York: Basic Books.

Darwin, Charles. 1871. *The Descent of Man and Selection in Relation to Sex.* Vol. 1. London: John Murray. Available at http://www.gutenberg.org.

Davies, John K. 1971. *Athenian Propertied Families, 600–300 BC.* Oxford, UK: Clarendon Press.

———. 1981. *Wealth and the Power of Wealth in Classical Athens.* New York: Arno Press.

Davies, Philip, ed. 1996. *The Prophets: A Sheffield Reader.* Sheffield, UK: Sheffield Academic Press.

Davis, Jack. 1991. "Contributions to a Mediterranean Rural Archaeology: Historical Case Studies from the Ottoman Cyclades." *Journal of Mediterranean Archaeology* 4, pp. 131–216.

Dawkins, Richard. 1976. *The Selfish Gene.* Oxford, UK: Oxford University Press.

———. 1982. *The Extended Phenotype: The Gene as the Unit of Selection.* San

Francisco: Freeman.

Dawson, Raymond, trans. 1993. *Confucius: The Analects*. Harmondsworth, UK: Penguin.

Deaton, Angus. 2013. *The Great Escape: Health, Wealth, and the Origins of Inequality*. Princeton, NJ: Princeton University Press.

de Bary, Theodore, and Irene Bloom, eds. 1999. *The Sources of Chinese Tradition* I. 2nd ed. New York: Columbia University Press.

DeFries, Ruth. 2014. *The Big Ratchet: How Humanity Thrives in the Face of Natural Crisis*. New York: Basic Books.

del Carmen Rodríguez Martínez, Maria, et al. 2005. "Oldest Writing in the New World." *Science* 313, pp. 1610–14.

Demattè, Paola. 2010. "The Origins of Chinese Writing: The Neolithic Evidence." *Cambridge Archaeological Journal* 20, pp. 211–28.

Dennett, Daniel. 1992. *Consciousness Explained*. New York: Back Bay Books.

———. 1995. *Darwin's Dangerous Idea*. New York: Simon & Schuster.

DeSteno, David, et al. 2006. "Jealousy and the Threatened Self: Getting to the Heart of the Green-Eyed Monster." *Journal of Personality and Social Psychology* 91, pp. 626–41.

de Vasconcelos, Alvaro, ed. 2012. *Global Trends 2030—Citizens in an Interconnected and Polycentric World*. Paris: European Union Institute for Security Studies. Available at http://www.iss.europa.eu/uploads/media/ESPAS_report_01.pdf.

de Waal, Frans. 1982. *Chimpanzee Politics: Power and Sex among Apes*. Baltimore: Johns Hopkins University.

———. 1986. "Deception in the Natural Communication of Chimpanzees." In Robert Mitchell and Nicholas Thompson, eds., *Deception: Perspectives on Human and Nonhuman Deceit*, pp. 221–44. Buffalo: State University of New York Press.

de Waal, Frans, et al. 2006. *Primates and Philosophers: How Morality Evolved*. Princeton, NJ: Princeton University Press.

———, eds. 2014. *Evolved Morality: The Biology and Philosophy of Human Consciousness*. Leiden: Brill.

Dever, William. 2001. *What Did the Biblical Writers Know and When Did They Know It? What Archaeology Can Tell Us about the Reality of Ancient Israel*. Grand Rapids, MI: Eerdmans.

Diamond, Jared. 1987. "The Worst Mistake in the History of the Human Race." *Discover Magazine* (May), pp. 64–66. Available at http://discovermagazine.com/1987/may/

02-the-worst-mistake-in-the-history-of-the-human-race.

———. 1997. *Guns, Germs, and Steel: The Fates of Human Societies.* New York: Norton.

———. 2012. *The World before Yesterday: What Can We Learn from Traditional Societies?* New York: Viking.

Donker van Heel, Koenraad. 2014. *Mrs. Tsenhor: A Female Entrepreneur in Ancient Egypt.* Cairo: American University in Cairo Press.

Drews, Robert. 1983. *Basileus.* New Haven, CT: Yale University Press.

Driver, Felix. 1993. *Power and Pauperism: The Workhouse System, 1834–1884.* Cambridge, UK: Cambridge University Press.

Droysen, Johann Gustav. 1897 [1868]. *Outline of the Principles of History (Grundriss der Historik).* Trans. E. Benjamin Andrews. Boston: Ginn & Company.

Dunn, John. 2006. *Democracy: A History.* Washington, DC: Atlantic Monthly Press.

Durham, William. 1991. *Coevolution: Genes, Culture, and Human Diversity.* Stanford, CA: Stanford University Press.

Earle, Timothy. 1997. *How Chiefs Come to Power: The Political Economy in Prehistory.* Stanford, CA: Stanford University Press.

———. 2002. *Bronze Age Economics.* Boulder, CO: Westview.

Ebrey, Patricia Buckley. 1993. *The Inner Quarters: Marriage and the Lives of Chinese Women in the Sung Period.* Berkeley: University of California Press.

Edwards, Anthony. 2004. *Hesiod's Ascra.* Berkeley: University of California Press.

Egan, Ronald. 2013. *The Burden of Female Talent: The Poet Li Qingzhao and Her History in China.* Cambridge, MA: Harvard University Press.

Ehrlich, Paul. 2000. *Human Natures: Genes, Cultures, and the Human Prospect.* Washington, DC: Island Press.

Eisenman, Ian, et al. 2009. "Rain Driven by Receding Ice Sheets as a Cause of Past Climate Change." *Paleoceanography* 24. Available at http://onlinelibrary.wiley.com/doi/10.1029/2009PA001778/full.

Eisenstadt, Shmuel. 1963. *The Political System of Empires.* Glencoe, IL: Free Press.

———, ed. 1986. *The Origins and Diversity of the Axial Age.* Albany: State University of New York Press.

Elias, Norbert. 1982 [1939]. *The Civilizing Process.* Trans. Edmund Jephcott. Oxford, UK: Blackwell.

Elkins, Stanley. 1959. *Slavery: A Problem in American Institutional and Intellectual Life.* New York: Universal Press.

Elvin, Mark. 1973. *The Pattern of the Chinese Past*. Stanford, CA: Stanford University Press.

Endicott, Karen. 1999. "Gender Relations in Hunter-Gatherer Societies." In Lee and Daly 1999a, pp. 411–18.

Engel, Barbara, and Anastasia Posadskaya-Vanderbeck, eds. 1997. *A Revolution of Their Own: Voices of Women in Soviet History*. Boulder, CO: Westview Press.

Engels, Friedrich. 1946 [1878]. *Anti-Dühring: Herr Eugen Dühring's Revolution in Science*. London: Progress Publishers. Available at http://www.marxists.org/archive/marx/works/1877/anti-duhring/ index.htm.

———. 1972 [1884]. *The Origin of the Family, Private Property and the State*. London: Lawrence & Wishart.

Erlanger, Philippe. 1970. *Margaret of Anjou: Queen of England*. London: Elek.

Evans, Richard. 2005. *The Third Reich in Power*. London: Allen Lane.

Fabian, Johannes. 1983. *Time and the Other: How Anthropology Constructs Its Object*. New York: Columbia University Press.

Fagan. Brian. 2004. *The Long Summer: How Climate Changed Civilization*. New York: Basic Books.

———. 2008. *The Great Warming: Climate Change and the Rise and Fall of Civilizations*. New York: Bloomsbury Press.

Ferguson, Niall. 1997. "Introduction." In Niall Ferguson, ed., *Virtual History: Alternatives and Counterfactuals*, pp. 1–90. New York: Basic Books.

———. 2003. *Empire*. New York: Basic Books.

———. 2006. *The War of the World: Twentieth-Century Conflict and the Decline of the West*. London: Penguin Press.

———. 2011. *Civilization: The West and the Rest*. London: Allen Lane.

Ferguson, Niall, et al., eds. 2010. *The Shock of the Global: The 1970s in Perspective*. Cambridge, MA: Harvard University Press.

Fernández-Armesto, Felipe. 2006. *Pathfinders: A Global History of Exploration*. New York: Norton.

Field, Daniel. 1976. *Rebels in the Name of the Tsar*. Boston: Houghton Mifflin.

Figes, Orlando. 2006. *A People's Tragedy: A History of the Russian Revolution*. London: Jonathan Cape.

———. 2014. *Revolutionary Russia, 1891–1991: A History*. New York: Metropolitan Books.

Finley, Moses. 1959. "Was Greek Civilization Based on Slave Labour?" *Historia* 8,

pp. 145–64.

———. 1973. *The Ancient Economy*. 1st ed. Berkeley: University of California Press.

———. 1980. *Ancient Slavery and Modern Ideology*. London: Chatto & Windus.

Fitzpatrick, Sheila. 1999. *Everyday Stalinism. Ordinary Life in Extraordinary Times: Soviet Russia in the 1930s*. New York: Oxford University Press.

Fitzpatrick, Sheila, et al., eds. 1991. *Russia in the Era of the NEP*. Bloomington: Indiana University Press.

Flannery, Kent, and Joyce Marcus. 2012. *The Creation of Inequality: How Our Prehistoric Ancestors Set the Stage for Monarchy, Slavery, and Empire*. Cambridge, MA: Harvard University Press.

Flohr, Miko. 2013. *The World of the Roman* Fullo: *Work, Economy, and Society in Roman Italy*. Oxford, UK: Oxford University Press.

Floud, Roderick, and Donald McCloskey, eds. 1994. *The Economic History of Britain since 1700*. 2 vols. Cambridge, UK: Cambridge University Press.

Fochesato, Mattia, and Samuel Bowles. 2014. "Nordic Exceptionalism? Social Democratic Egalitarianism in World-Historic Perspective." *Journal of Public Economics* 117.

Fogel, Robert, and Geoffrey Elton. 1983. *Which Path to the Past?* New Haven, CT: Yale University Press.

Force, Pierre. 2009. "Voltaire and the Necessity of Modern History." *Modern Intellectual History* 6, pp. 457–84.

Fox, Robin. 1984. *Kinship and Marriage: An Anthropological Perspective*. Cambridge, UK: Cambridge University Press.

Foxhall, Lin. 2013. *Studying Gender in Classical Antiquity*. Cambridge, UK: Cambridge University Press.

Francis, E.K.L. 1945. "The Personality Type of the Peasant According to Hesiod's Works and Days: A Culture Case Study." *Rural Sociology* 10, pp. 275–95.

Francis, Mark. 2007. *Herbert Spencer and the Invention of Modern Life*. Ithaca, NY: Cornell University Press.

Franco, Cristiana. 2014. *Shameless: The Canine and the Feminine in Ancient Greece*. Berkeley: University of California Press.

Frank, Andre Gunder. 1998. *ReOrient: Global Economy in the Asian Age*. Berkeley: University of California Press.

Freedman, Paul. 1999. *Images of the Medieval Peasant*. Stanford, CA: Stanford University Press.

Fried, Morton. 1967. *The Evolution of Political Society*. New York: Random House.

Frieden, Jeffry. 2006. *Global Capitalism: Its Fall and Rise in the Twentieth Century*. New York: Norton.

Friedman, Milton. 2002 [1962]. *Capitalism and Freedom*. Chicago: University of Chicago Press.

Friedman, Thomas. 2008. *Hot, Flat, and Crowded: Why We Need a Green Revolution*. New York: Farrar, Straus & Giroux.

Friedmann, F. G. 1967 [1953]. "The World of 'La Miseria.' " In Jack Potter et al., eds., *Peasant Society: A Reader*, pp. 324–36. Boston: Little, Brown.

Frohlich, Norman, et al. 1976. "Choices of Principles of Distributive Justice in Experimental Groups." *American Journal of Political Science* 31, pp. 606–36.

Fry, Douglas, ed. 2013. *War, Peace and Human Nature: The Convergence of Evolutionary and Cultural Views*. Oxford, UK: Oxford University Press.

Fukuyama, Francis. 1992. *The End of History and the Last Man*. New York: Free Press.

Fuller, Dorian. 2007. "Contrasting Patterns in Crop Domestication and Domestication Rates." *Annals of Botany* 2007, pp. 1–22.

Furuichi, Takeshi. 2009. "Factors Underlying Party Size Differences between Chimpanzees and Bonobos." *Primates* 50, pp. 197–209.

Galinsky, Karl. 2012. *Augustus: Introduction to the Life of an Emperor*. Cambridge, UK: Cambridge University Press.

Gardner, Peter. 1991. "Foragers' Pursuit of Individual Autonomy." *Current Anthropology* 32, pp. 543–58.

Garlan, Yvon. 1982. *Slavery in Ancient Greece*. Trans. Janet Lloyd. Ithaca, NY: Cornell University Press.

Garnsey, Peter, ed. 1980. *Non-Slave Labour in the Greco-Roman World*. In *Proceedings of the Cambridge Philological Society*, supp. vol. 6. Cambridge, UK: Cambridge University Press.

———. 1988. *Famine and Food Supply in the Graeco-Roman World*. Cambridge, UK: Cambridge University Press.

Garnsey, Peter, and Richard Saller. 1987. *The Roman Empire: Economy, Society and Culture*. London: Duckworth.

Gat, Azar. 2006. *War in Human Civilization*. Oxford, UK: Oxford University Press.

Geertz, Clifford. 1973. *The Interpretation of Cultures*. New York: HarperCollins.

Gellner, Ernest. 1983. *Nations and Nationalism*. Oxford, UK: Blackwell.

———. 1988. *Plough, Sword and Book: The Structure of Human History*. Oxford, UK:

Blackwell.

Gerring, John. 2001. *Social Science Methodology: A Criterial Framework*. Cambridge, UK: Cambridge University Press.

Ghiglieri, Michael. 1999. *The Dark Side of Man: Tracing the Origins of Male Violence*. New York: Basic Books.

Gilbert, Martin. 1966–88. *Winston S. Churchill*. 8 vols. in 13 parts. London: Heinemann.

Gilens, Martin, and Benjamin Page. 2014. "Testing Theories of American Politics: Elites, Interest Groups, and Average Citizens." *Perspectives on Politics* 12, pp. 564–81.

Gittings, John. 2005. *The Changing Face of China: From Mao to Market*. Oxford, UK: Oxford University Press.

Goitein, Shlomo. 1967–88. *A Mediterranean Society: The Jewish Communities of the Arab World as Portrayed in the Documents of the Cairo Geniza*. 5 vols. Berkeley: University of California Press.

Goldin, Claudia, and Lawrence Katz. 2002. "The Power of the Pill: Oral Contraceptives and Women's Career and Marriage Choices." *Journal of Political Economy* 110, pp. 730–70.

Goldman, Emma. 1924. *My Further Disillusionment in Russia*. Garden City, NY: Doubleday, Page & Co.

Goldstone, Jack. 2002. "Efflorescences and Economic Growth in World History." *Journal of World History* 13, pp. 323–89.

———. 2009. *Why Europe? The Rise of the West in World History, 1500–1850*. Boston: McGraw-Hill.

Goody, Jack. 1962. *Death, Property and the Ancestors: A Study of the Mortuary Customs of the Lo Dagaa of West Africa*. Stanford, CA: Stanford University Press.

———. 1973. "Bridewealth and Dowry in Africa and Eurasia." In Jack Goody and S. J. Tambiah, *Bridewealth and Dowry*, pp. 1–58. Cambridge, UK: Cambridge University Press.

Goody, Jack. 1976. *Production and Reproduction: A Comparative Study of the Domestic Domain*. Cambridge, UK: Cambridge University Press.

———. 1977. *The Domestication of the Savage Mind*. Cambridge, UK: Cambridge University Press.

———. 1986. *The Logic of Writing and the Organization of Society*. Cambridge, UK: Cambridge University Press.

———. 1987. *The Interface between the Written and the Oral*. Cambridge, UK: Cambridge

University Press.

Gordon, David. 2008. "Going Off the Rawls." *The American Conservative*, July 28. Available at http://www.theamericanconservative.com/articles/going-off-the-rawls/.

Greenwood, Jeremy, et al. 2005. "Engines of Liberation." *Review of Economic Studies* 72, pp. 109–33.

Greif, Avner. 2006. *Institutions and the Path to the Modern Economy: Lessons from Medieval Trade*. Cambridge, UK: Cambridge University Press.

Grosman, Leore, et al. 2008. "A 12,000-Year-Old Shaman Burial from the Southern Levant (Israel)." *Proceedings of the National Academy of Sciences* 105, pp. 17665–69.

Guillén, Mauro, and Emilio Ontiveros. 2012. *Global Turning Points: Understanding the Challenges for Business in the 21st Century*. Cambridge, UK: Cambridge University Press.

Gunesekara, Tamara. 1994. *Hierarchy and Egalitarianism: Caste, Class and Power in Sinhalese Peasant Society*. London: Athlone.

Gurven, Michael, and Hillard Kaplan. 2007. "Longevity among Hunter-Gatherers: A Cross-Cultural Examination." *Population and Development Review* 33, pp. 321–65.

Habu, Junko. 2004. *Ancient Jomon of Japan*. Cambridge, UK: Cambridge University Press.

Haidt, Jonathan. 2012. *The Righteous Mind: Why Good People Are Divided by Politics and Religion*. New York: Random House.

Hall, Edith. 1989. *Inventing the Barbarian*. Oxford, UK: Oxford University Press.

Hall, John. 1985. *Powers and Liberties: The Causes and Consequences of the Rise of the West*. Oxford: Blackwell.

Halverson, John. 1992. "Goody and the Implosion of the Literacy Thesis." *Man* 27, pp. 301–17.

Hamilton, J. R. 1969. *Plutarch's "Alexander": A Commentary*. Oxford, UK: Clarendon Press.

Hamilton, William. 1964. "Genetic Evolution of Social Behavior." *Journal of Theoretical Biology* 7, pp. 1–52.

Hancock, James. 2012. *Plant Evolution and the Origin of Crop Species*. 3rd ed. Wallingford, UK: CABI.

Hansen, Mogens. 1986. *Demography and Democracy*. Copenhagen: Systime.

———. 1991. *The Athenian Democracy in the Age of Demosthenes*. Oxford, UK: Blackwell.

———, ed. 2000. *A Comparative Study of Thirty City-State Cultures.* Copenhagen: Kongelike Danske Videnskabernes Selskab, Historisk-filosofiske Skrifter 21.

Hansen, Mogens, and Thomas Nielsen. 2004. *An Inventory of Archaic and Classical Poleis.* Oxford, UK: Oxford University Press.

Harari, Yuval Noah. 2014. *Sapiens: A Brief History of Humankind.* London: Harvill Secker.

Harcourt, Alexander, and Kelly Stewart. 2007. *Gorilla Society: Conflict, Compromise, and Cooperation between the Sexes.* Chicago: University of Chicago Press.

Harris, William. 1989. *Ancient Literacy.* Cambridge, MA: Harvard University Press.

———. 2008. *Restraining Rage: The Ideology of Anger Control in Classical Antiquity.* Cambridge, MA: Harvard University Press.

———. 2010. *The Monetary Systems of the Greeks and Romans.* Oxford, UK: Oxford University Press.

Hartog, Françis. 1988. *The Mirror of Herodotus: The Representation of the Other in the Writing of History.* Trans. Janet Lloyd. Berkeley: University of California Press.

Harvey, F. David. 1965. "Two Kinds of Equality." *Classica et Medievalia* 26, pp. 101–46.

Havel, Vaclav. 1978. "The Power of the Powerless." Originally published in samizdat form and circulated secretly in Czechoslovakia. Available at http:// vaclavhavel.cz/ showtrans.php?cat=eseje&val=2_aj_eseje.html&typ=HTML.

Hayden, Brian. 1995. "Pathways to Power: Principles for Creating Socioeconomic Inequities." In T. D. Price and Gary Feinman, eds., *Foundations of Social Inequality*, pp. 15–85. New York: Plenum.

Hayek, Friedrich. 1944. *The Road to Serfdom.* Chicago: University of Chicago Press.

Heizer, Frank, ed. 1978. *Handbook of North American Indians* VIII: *California.* Washington, DC: Smithsonian Institution Press.

Henrich, Joseph. 2012. "Hunter-Gatherer Cooperation." *Nature* 481, pp. 449–50.

Henrich, Joseph, et al. 2010. "The Weirdest People in the World?" *Behavioral and Brain Sciences* 33, pp. 61–135.

Herman, Gabriel. 2014. "Towards a Biological Re-Interpretation of Culture." *GSTF International Journal of Law and Social Sciences* 3, pp. 52–66.

Hill, Christopher. 1984. *The Experience of Defeat: Milton and Some Contemporaries.* New York: Penguin.

Hill, Kim, et al. 2001. "Mortality Rates among Wild Chimpanzees." *Journal of Human Evolution* 40, pp. 437–50.

Hobsbawm, Eric. 1959. *Primitive Rebels*. New York: Norton.

Hobsbawm, Eric. 1962. *The Age of Revolution, 1789–1848*. New York: Vintage.

———. 1975. *The Age of Capital, 1848–1875*. New York: Vintage.

Hodder, Ian. 2006. *The Leopard's Tale: Revealing the Mysteries of Çatalhöyük*. London: Thames and Hudson.

———, ed. 2010. *Religion in the Emergence of Civilization: Çatalhöyük as a Case Study*. Cambridge, UK: Cambridge University Press.

———, ed. 2014. *Religion at Work in a Neolithic Society: Vital Matters*. Cambridge, UK: Cambridge University Press.

Hoebel, E. Adamson. 1954. *The Law of Primitive Man: A Study in Comparative Legal Dynamics*. Cambridge, MA: Harvard University Press.

Hofstede, Geert. 2001. *Culture's Consequences*. 2nd ed. Thousand Oaks, CA: Sage Publications.

Hohmann, Gottfried, et al. 2010. "Plant Foods Consumed by *Pan*: Exploring the Variation of Nutritional Energy across Africa." *American Journal of Physical Anthropology* 141, pp. 476–85.

Höpfl, H. M. 1978. "From Savage to Scotsman: Conjectural History in the Scottish Enlightenment." *Journal of British Studies* 17, pp. 19–48.

Hopkins, Keith. 1978. "Economic Growth and Towns in Classical Antiquity." In P. Abrams and E. A, Wrigley, eds., *Towns in History*, pp. 35–79. Cambridge, UK: Cambridge University Press.

———. 1980. "Taxes and Trade in the Roman Empire." *Journal of Roman Studies* 70, pp. 101–25.

———. 1983. "Introduction." In Peter Garnsey et al., eds., *Trade in the Ancient Economy*, pp. ix–xxv. Cambridge, UK: Cambridge University Press.

Hopper, R. J. 1953. "The Attic Silver Mines in the Fourth Century BC." *Annual of the British School at Athens* 48, pp. 200–254.

———. 1968. "The Laurion Mines: A Reconsideration." *Annual of the British School at Athens* 63, pp. 293–326.

Horne, Alistair. 1965. *The Fall of Paris: The Siege and the Commune 1870–71*. New York: Penguin.

Howe, Daniel Walker. 2007. *What Hath God Wrought: The Transformation of America, 1815–1848*. New York: Oxford University Press.

Hupka, R. B., and J. M. Ryan. 1990. "The Cultural Contribution to Jealousy: Cross-Cultural Aggression in Sexual Jealousy Situations." *Behavior Science Research* 24,

pp. 51–71.

Inglehart, Ronald, and Christian Welzel. 2005. *Modernization, Cultural Change, and Democracy: The Human Development Sequence.* Cambridge, UK: Cambridge University Press.

Ingold, Timothy. 1999. "On the Social Relations of the Hunter-Gatherer Band." In Lee and Daly 1999a, pp. 399–410.

Iriye, Akira, et al., eds. 2012. *The Human Rights Revolution: An International History.* New York: Oxford University Press.

Isaacson, Walter. 2007. *Einstein: His Life and Universe.* New York: Simon and Schuster.

Israel, Jonathan. 2011. *A Revolution of the Mind: Radical Enlightenment and the Intellectual Origins of Modern Democracy.* Princeton, NJ: Princeton University Press.

———. 2014. *Revolutionary Ideas: An Intellectual History of the French Revolution from* The Rights of Man *to Robespierre.* Princeton, NJ: Princeton University Press.

Jacques, Martin. 2009. *When China Rules the World: The Rise of the Middle Kingdom and the End of the Western World.* London: Allen Lane.

Janko, Richard. 1982. *Homer, Hesiod and the Hymns.* Cambridge, UK: Cambridge University Press.

Jaspers, Karl. 1953 [1949]. *The Origin and Goal of History.* New Haven, CT: Yale University Press.

Johnson, Allen, and Timothy Earle. 1987. *The Evolution of Human Societies: From Foraging Group to Agrarian State.* Stanford, CA: Stanford University Press.

Jones, Eric. 1987. *The European Miracle: Environments, Ecologies and Geopolitics in the History of Europe and Asia.* 2nd ed. Cambridge, UK: Cambridge University Press.

Joordens, Josephine, et al. 2014. "Homo Erectus at Trinil on Java Used Shells for Tool Production and Engraving." *Nature* (2014). doi: 10.1038/nature13962.

Kamei, Nobutaka. 2005. "Play among Baka Children in Cameroon." In Barry Hewlett and Michael Lamb, eds., *Hunter-Gatherer Childhoods: Evolutionary, Developmental & Cultural Perspectives,* pp. 343–64. New Brunswick, NJ: Transaction Publishers.

Kaplan, Robert. 2014. *Asia's Cauldron: The South China Sea and the End of a Stable Pacific.* New York: Random House.

Karakasidou, Anastasia. 1997. *Fields of Wheat, Hills of Blood: Passages to Nationhood in Greek Macedonia, 1870–1990.* Chicago: University of Chicago Press.

Kay, Philip. 2014. *Rome's Economic Revolution.* Cambridge, UK: Cambridge University Press.

Keeley, Lawrence. 1996. *War before Civilization: The Myth of the Peaceful Savage.*

New York: Oxford University Press.

Kelly, Joan. 1984. *Women, History, and Theory: The Essays of Joan Kelly*. Chicago: University of Chicago Press.

Kelly, Robert. 2013. *The Lifeways of Hunter-Gatherers: The Foraging Spectrum*. 2nd ed. Cambridge, UK: Cambridge University Press.

Kemp, Barry. 2005. *Ancient Egypt: Anatomy of a Civilization*. 2nd ed. Cambridge, UK: Cambridge University Press.

Kennedy, John S. 1992. *The New Anthropomorphism*. Cambridge, UK: Cambridge University Press.

Kent, Susan. 1996. *Cultural Diversity amongst Twentieth-Century Foragers: An African Perspective*. Cambridge, UK: Cambridge University Press.

Kenworthy, Lane, and Timothy Smeeding. 2013. "Growing Inequalities and Their Impact in the United States." GINI Country Report. Available at http://gini-research. org/system/uploads/443/original/US.pdf ?1370077377.

Kershaw, Ian. 1998. *Hitler, 1889–1936: Hubris*. New York: Norton.

Khazanov, Anatoly. 1984. *Nomads and the Outside World*. Cambridge, UK: Cambridge University Press.

Kim, Young-oak, and Jung-kyu Kim. 2014. *The Great Equal Society: Confucianism, China and the 21st Century*. Singapore: World Scientific Publishing.

Kirch, Patrick. 2000. *On the Road of the Winds: An Archaeological History of the Pacific Islands before European Contact*. Berkeley: University of California Press.

Kirshner, Julius, and Karl Morrison, eds. 1986. *University of Chicago Readings in Western Civilization* IV: *Medieval Europe*. Chicago: University of Chicago Press.

Klein, Richard. 2009. *The Human Career*. 3rd ed. Chicago: University of Chicago Press.

Knauft, Bruce. 1985. *Good Company and Violence: Sorcery and Social Action in a Lowland New Guinea Community*. Berkeley: University of California Press.

———. 1987. "Reconsidering Violence in Simple Human Societies: Homicide among the Gebusi of New Guinea." *Current Anthropology* 28, pp. 487–500.

Kolakowski, Leszek. 1974. "My Correct Views on Everything." *The Socialist Register* 11, pp. 1–20. Available at http://socialistregister.com/index.php/srv/article/view/5323#.VDR8sN4718M.

Kolbert, Elizabeth. 2014. *The Sixth Extinction: An Unnatural History*. New York: Henry Holt.

Koonz, Claudia. 1987. *Mothers in the Fatherland: Women, the Family and Nazi Politics*. New York: St Martin's Press.

Korsgaard, Christine. 2005. "Fellow Creatures: Kantian Ethics and Our Duties to Animals." In Grethe Peterson, ed., *The Tanner Lectures on Human Values* XXV, pp. 79–110. Salt Lake City: University of Utah Press. Available at http://tannerlectures.utah.edu/_documents/a-to-z/k/korsgaard_2005.pdf.

———. 2013. "Kantian Ethics, Animals, and the Law." *Oxford Journal of Legal Studies* 33, pp. 1–20.

Kristensen, Hans, and Robert Norris. 2012. "Russian Nuclear Forces, 2012." *Bulletin of the Atomic Scientists* 68, pp. 87–98.

———. 2013. "US Nuclear Forces, 2013." *Bulletin of the Atomic Scientists* 69, pp. 77–86.

Kroeber, A. L. 1948. *Anthropology*. New York: Harcourt, Brace and Co.

Kron, Geof. Forthcoming. "Growth and Decline; Forms of Growth; Estimating Growth in the Greek World." In Elio Lo Cascio et al., eds., *The Oxford Handbook of Economies in the Classical World*. Oxford, UK: Oxford University Press.

Kuhn, Dieter. 2009. *The Age of Confucian Rule: The Song Transformation of China*. Cambridge, MA: Harvard University Press.

Kuhn, Steven, and Mary Stiner. 2001. "The Antiquity of Hunter-Gatherers." In Panter-Brick et al. 2001, pp. 99–142.

Kurzweil, Ray. 2005. *The Singularity Is Near: When Humans Transcend Biology*. New York: Viking.

———. 2013. *How to Create a Mind: The Secret of Human Thought Revealed*. New York: Viking.

Kuznets, Simon. 1955. "Economic Growth and Income Inequality." *American Economic Review* 45, pp. 1–28.

Lamberton, Robert. 1988. *Hesiod*. New Haven, CT: Yale University Press.

Landes, David. 1969. *The Unbound Prometheus: Technological Change 1750 to the Present*. Cambridge, MA: Harvard University Press.

———. 1998. *The Wealth and Poverty of Nations: Why Some Are So Rich and Some Are So Poor*. New York: Norton.

Landgraber, Kevin, et al. 2012. "Generation Times in Wild Chimpanzees and Gorillas Suggest Earlier Divergence Times in Great Ape and Human Evolution." *Proceedings of the National Academy of Sciences* 109, pp. 15716–21.

Lane, Ann, ed. 1971. *The Debate over Slavery: Stanley Elkins and His Critics*. Urbana: University of Illinois Press.

Lankov, Andrei. 2014. *The Real North Korea: Life and Politics in the Failed Stalinist*

Utopia. New York: Oxford University Press.

Larsen, Clark. 1995. "Biological Changes in Human Populations with Agriculture." *Annual Review of Anthropology* 24, pp. 185–213.

———. 2006. "The Agricultural Revolution as Environmental Catastrophe." *Quaternary International* 150, pp. 12–20.

Larsen, Mogens Trolle. 1967. *Old Assyrian Caravan Procedures*. Istanbul: Nederlands historisch-archaeologisch Institut in het Nabiye Oesten.

———. 1977. "Partnerships in the Old Assyrian Trade." *Iraq* 39, pp. 119–45.

Laviolette, P. 2011. "Evidence for a Solar Flare Cause of the Pleistocene Mass Extinctions." *Radiocarbon* 53, pp. 303–23.

LeBlanc, Steve. 2013. "Warfare and Human Nature." In T. K. Hansen and R. D. Shackleton, eds., *The Evolution of Violence*, pp. 73–97.

———. 2014. "Forager Warfare and Our Evolutionary Past." In M. W. Allen and T. L. Jones, eds., *Re-Examining a Pacified Past: Violence and Warfare among Hunter-Gatherers*, pp. 26–46. Walnut Creek, CA: Left Coast Press.

LeBlanc, Steve, and Katherine Register. 2003. *Constant Battles: Why We Fight*. New York: St. Martin's Press.

Lee Kuan Yew. 1998. *The Singapore Story: Memoirs of Lee Kuan Yew*. Upper Saddle River, NJ: Prentice-Hall.

———. 2000. *From Third World to First: The Singapore Story, 1965–2000*. New York: Harper.

Lee, Richard. 1979. *The !Kung San: Men, Women and Work in a Foraging Society*. Cambridge, UK: Cambridge University Press.

Lee, Richard. 1982. "Politics, Sexual and Non-Sexual, in an Egalitarian Society." In Eleanor Leacock and Richard Lee, eds., *Politics and History in Band Societies*, pp. 37–59. Cambridge, UK: Cambridge University Press.

Lee, Richard, and Richard Daly, eds. 1999a. *The Cambridge Encyclopedia of Hunters and Gatherers*. Cambridge, UK: Cambridge University Press.

———, eds. 1999b. "Introduction: Foragers and Others." In Lee and Daly 1999a, pp. 1–19.

———. 2004. "Preface to the Paperback Edition." In Richard Lee and Richard Daly, eds., *The Cambridge Encyclopedia of Hunters and Gatherers*, pp. xiii–xvi. Cambridge, UK: Cambridge University Press.

Lee, Richard, and Irven DeVore. 1968. "Problems in the Study of Hunters and Gatherers." In Richard Lee and Irven DeVore, eds., *Man the Hunter*, pp. 3–12. Chicago: Aldine.

Lerner, Gerda. 1986. *The Creation of Patriarchy*. New York: Oxford University Press.
Le Roy Ladurie, Emmanuel. 1976. *The Peasants of Languedoc*. Trans. John Day. Urbana: University of Illinois Press.
———. 1978. *Montaillou: The Promised Land of Error*. Trans. Barbara Bray. New York: Braziller.
Leslie, D. D., and K.J.H. Gardiner. 1996. *The Roman Empire in Chinese Sources*. Rome: Bardi.
Lewis, Ben. 2008. *Hammer and Tickle*. London: Orion.
Lewis, David. 1973. *Counterfactuals*. Oxford, UK: Oxford University Press.
Lewis, Mark. 2007. *The Early Chinese Empires: Qin and Han*. Cambridge, MA: Harvard University Press.
Lewis-Williams, David, and David Pearce. 2005. *Inside the Neolithic Mind: Consciousness, Cosmos and the Realm of the Gods*. London: Thames and Hudson.
Li, Feng. 2013. *Early China: A Social and Cultural History*. Cambridge, UK: Cambridge University Press.
Lindert, Peter, and Jeffrey Williamson. 1983. "Reinterpreting Britain's Social Tables, 1688–1913." *Explorations in Economic History* 20, pp. 94–109.
———. 2012. "American Incomes 1774–1860." Cambridge, MA: National Bureau of Economic Research Working Paper 18396. Available at http://www.nber.org/papers/w18396.
Liu, Li. 2004. *The Chinese Neolithic*. Cambridge, UK: Cambridge University Press.
———. 2006. "Urbanization in Early China: Erlitou and Its Hinterland." In Glenn Storey, ed., *Urbanism in the Preindustrial World*, pp. 161–89. Tuscaloosa: University of Alabama Press.
Liverani, Mario. 2005. *Israel's History and the History of Israel*. London: Equinox.
Livi-Bacci, Massimo. 2001. *A Concise History of World Population*. 3rd ed. Trans. Carl Ipsen. Oxford, UK: Blackwell.
Loewe, Michael, and Edward Shaughnessy, eds. 1999. *The Cambridge History of Ancient China*. Cambridge, UK: Cambridge University Press.
Luttwak, Edward. 2001. *Strategy: The Logic of War and Peace*. Rev. ed. Cambridge, MA: Belknap Press.
MacDorman, Marian, and T. J. Mathews. 2009. "The Challenge of Infant Mortality: Have We Reached a Plateau?" *Public Health Reports* 124, pp. 670–81. Available at http://www.ncbi.nlm.nih.gov/pmc/articles/PMC2728659/.
Macintosh, Randall. 1998. "Global Attitude Measurement: An Assessment of the World

Values Survey's Postmaterialist Scale." *American Sociological Review* 63, pp. 452–64.

MacMullen, Ramsay. 1974. *Roman Social Relations 50 BC to AD 284*. New Haven, CT: Yale University Press.

Maddison, Angus. 2010. *Statistics on World Population, GDP, and Per Capita GDP, 1–2008 AD*. Available at www.ggdc.net/maddison/Maddison.htm.

Malanima, Paolo. 2014. "Energy in History." In Mauro Agnoletti and Simone Neri Serneri, eds., *The Basic Environmental History*, pp. 1–29. Amsterdam: Springer.

Malthus, Thomas. 1970 [1798]. *An Essay on the Principle of Population*. Ed. Anthony Flew. Harmondsworth, UK: Penguin.

Mann, James. 2008. *The China Fantasy*. New York: Penguin.

Mann, Michael. 1986. *The Sources of Social Power* I: *From the Beginning to A.D. 1760*. Cambridge, UK: Cambridge University Press.

Marlowe, Frank. 2010. *The Hadza: Hunter-Gatherers of Tanzania*. Berkeley: University of California Press.

Martin, Bradley. 2004. *Under the Loving Care of the Fatherly Leader: North Korea and the Kim Dynasty*. New York: Thomas Dunne.

Mayhew, Robert. 2014. *Malthus: The Life and Legacies of an Untimely Prophet*. Cambridge, MA: Belknap Press.

Maynard Smith, John, and Eörs Szathmáry. 1998. *The Major Transitions in Evolution*. Oxford, UK: Oxford University Press.

Mayor, Adrienne. 2000. *The First Fossil Hunters: Paleontology in Greek and Roman Times*. Princeton: Princeton University Press.

Mayr, Ernst. 1982. *The Growth of Biological Thought: Diversity, Evolution, and Inheritance*. Cambridge, MA: Harvard University Press.

———. 1989. *Toward a New Philosophy of Biology*. Cambridge, MA: Harvard University Press.

McBrearty, Sally, and Alison Brooks. 2000. "The Revolution That Wasn't: New Interpretations of the Origin of Modern Human Behavior." *Journal of Human Evolution* 39, pp. 453–563.

McHenry, Dean. 1979. *Tanzania's Ujamaa Villages: The Implementation of a Rural Development Strategy*. Berkeley: University of California Press.

McLellan, David, ed. 1977. *Karl Marx: Selected Writings*. Oxford, UK: Oxford University Press.

Meltzer, D., et al. 2014. "Chronological Evidence Fails to Support Claim of an Isochronous Widespread Layer of Cosmic Impact Indicators Dated to 12,800 Years Ago." *Proceedings of the National Academy of Sciences* 111, pp. E2162–71.

Michels, Robert. 1962 [1915]. *Political Parties: A Sociological Study of the Oligarchical Tendencies of Modern Democracy.* Glencoe, IL: Free Press.

Milanovic, Branko. 2006. "An Estimate of Average Income and Inequality in Byzantium around Year 1000." *Review of Income and Wealth* 52, pp. 449–70.

———. 2011. "A Short History of Global Inequality: The Past Two Centuries." *Explorations in Economic History* 48, pp. 494–506.

———. 2012a. "Global Income Inequality by the Numbers: In History and Now." Washington, DC: World Bank Policy Research Paper 6259. Available at http://elibrary.worldbank.org/doi/pdf/10.1596/1813–9450–6259.

———. 2012b. *The Haves and the Have-Nots: A Brief and Idiosyncratic History of Global Inequality.* New York: Basic Books.

Milanovic, Branko, et al. 2007. *Measuring Ancient Inequality.* Working Paper 13550. Cambridge, MA: National Bureau of Economic Research.

Miller, Maureen, ed. 2005. *Power and the Holy in the Age of the Investiture Conflict.* New York: Bedford/St. Martin's.

Miller, Walter, Jr. 1960. *A Canticle for Leibowitz.* New York: J. B. Lippincott & Co.

Millett, Paul. 1984. "Hesiod and His World." *Proceedings of the Cambridge Philological Society* 210, pp. 84–115.

Milner, G. R. 2005. "Nineteenth-Century Arrow Wounds and Perceptions of Prehistoric Warfare." *American Antiquity* 70, pp. 144–56.

Minkov, Michael. 2012. *Cross-Cultural Analysis: The Science and Art of Comparing World's Modern Societies and Their Cultures.* Thousand Oaks, CA: Sage Publications.

Mithen, Steven. 2003. *After the Ice: A Global Human History 20,000–5000 BC.* Cambridge, MA: Harvard University Press.

Mitterauer, Michael, and Reinhard Sieder. 1982 [1977]. *The European Family.* Trans. Karla Oosterveen and Manfred Hörzinger. Oxford, UK: Blackwell.

Mokyr, Joel. 2010. *The Enlightened Economy: An Economic History of Britain.* New Haven, CT: Yale University Press.

Momigliano, Arnaldo. 1975. *Alien Wisdom: The Limits of Hellenization.* Cambridge, UK: Cambridge University Press.

Moore, Andrew, et al. 2000. *Village on the Euphrates: From Foraging to Farming at Abu Hureyra.* New York: Oxford University Press.

Moore, Barrington. 1967. *Social Origins of Dictatorship and Democracy: Lord and*

Peasant in the Making of the Modern World. 1st ed. Boston: Beacon Press.

Morgan, Lewis Henry. 1877. *Ancient Society*. New York: Henry Holt.

Morris, Brian. 1994. *Anthropology of the Self: The Individual in Cultural Perspective*. Boulder, CO: Pluto Press.

Morris, Ian. 1992. *Death-Ritual and Social Structure in Classical Antiquity*. Cambridge, UK: Cambridge University Press.

———. 1994. "The Athenian Economy Twenty Years after *The Ancient Economy*." *Classical Philology* 89, pp. 351–66.

———. 1997. "An Archaeology of Equalities? The Greek City-States." In Deborah Nichols and Thomas Charlton, eds., *The Archaeology of City-States: Cross-Cultural Approaches*, pp. 91–105. Washington, DC: Smithsonian Institution.

———. 2000. *Archaeology as Cultural History: Words and Things in Iron Age Greece*. Oxford, UK: Blackwell.

———. 2002. "Hard Surfaces." In Paul Cartledge et al., eds., *Money, Labour and Land: Approaches to the Economics of Ancient Greece*, pp. 8–43. London: Routledge.

———. 2004. "Economic Growth in Ancient Greece." *Journal of Institutional and Theoretical Economics* 160, pp. 709–742.

———. 2005. "The Athenian Empire (478–404 BC)." Princeton-Stanford Working Papers in Classics, no. 120508. Available at http://www.princeton.edu/~pswpc/papers/authorMZ/morris/morris.html.

———. 2006. "The Collapse and Regeneration of Complex Society in Greece, 1500–500 BC." In Glenn Schwartz and J. J. Nichols, eds., *After Collapse: The Regeneration of Complex Societies*, pp. 72–84. Tucson: University of Arizona Press.

———. 2009. "The Greater Athenian State." In Ian Morris and Walter Scheidel, eds., *The Dynamics of Ancient Empires*, pp. 99–177. New York: Oxford University Press.

———. 2010. *Why the West Rules—For Now: The Patterns of History, and What They Reveal about the Future*. New York: Farrar, Straus & Giroux.

———. 2013. *The Measure of Civilization: How Social Development Decides the Fate of Nations*. Princeton, NJ: Princeton University Press.

———. 2014. *War! What Is It Good For? Violence and the Progress of Civilization, from Primates to Robots*. New York: Farrar, Straus & Giroux.

———. 2015. "The Hundred-Thousand-Year Question: History as a Subfield of Biology." *Journal of World History* 26.

Morris, Ian, et al. 2007. "Introduction." In Walter Scheidel et al., eds., *The Cambridge Economic History of Greco-Roman Antiquity*, pp. 1–12. Cambridge, UK: Cambridge

University Press.

Morris, Ian, and Barry Powell. 2009. *The Greeks: History, Culture, and Society*. Upper Saddle River, NJ: Pearson.

Morris, Ian, and Walter Scheidel, eds. 2009. *The Dynamics of Ancient Empires*. New York: Oxford University Press.

Morrisson, Christian, and Wayne Snyder. 2000. "The Income Inequality of France in Historical Perspective." *European Review of Economic History* 4, pp. 59–83.

Mosca, Gaetano. 1939 [1896]. *The Ruling Class*. Trans. Hannah Kahn. New York: McGraw-Hill..

Muscheler, Raimund. 2008. "Tree Rings and Ice Cores Reveal ^{14}C Calibration Uncertainties during the Younger Dryas." *Nature Geoscience* 1, pp. 263–67.

Myers, Fred. 1986. *Pintupi Country, Pintupi Self*. Washington, DC: Smithsonian Institution Press.

Nadel, George. 1964. "Philosophy of History before Historicism." *History and Theory* 3, pp. 291–315.

Nagel, Thomas. 1974. "What Is It Like to Be a Bat?" *Philosophical Review* 83, pp. 435–50.

Naroll, Raoul. 1956. "A Preliminary Index of Social Development." *American Anthropologist* 58, pp. 687–715.

National Intelligence Council. 2012. *Global Trends 2030: Alternative Worlds*. Washington, DC: Office of the Director of National Intelligence. Available at http://www.dni.gov/index.php/about/organization/global-trends-2030.

North, Douglass. 1990. *Institutions, Institutional Change and Economic Performance*. Cambridge, UK: Cambridge University Press.

Novick, Peter. 1988. *That Noble Dream: The "Objectivity Question" and the American Historical Profession*. Cambridge, UK: Cambridge University Press.

———. 1991. "My Correct Views on Everything." *American Historical Review* 96, pp. 699–703.

Nozick, Robert. 1974. *Anarchy, State, and Utopia*. New York: Basic Books.

Nyerere, Julius. 1968. *Ujamaa: Essays on Socialism*. Oxford, UK: Oxford University Press.

Oakley, Francis. 2006. *Kingship*. Oxford, UK: Blackwell.

Ober, Josiah. 1989. *Mass and Elite in Democratic Athens: Rhetoric, Ideology, and the Power of the People*. Princeton, NJ: Princeton University Press.

———. 2008. *Democracy and Knowledge: Innovation and Learning in Classical*

Athens. Princeton, NJ: Princeton University Press.

———. 2010. "Wealthy Hellas." *Transactions of the American Philological Association* 140, pp. 241–86.

———. 2012. "Democracy's Dignity." *American Political Science Review* 106, pp. 827–46.

———. 2013. "Democracy's Wisdom." *American Political Science Review* 107, pp. 104–22.

———. 2015. *The Rise and Fall of Classical Greece*. Princeton, NJ: Princeton University Press.

O'Brien, Karen. 2005. *Narratives of Enlightenment: Cosmopolitan History from Voltaire to Gibbon*. Cambridge, UK: Cambridge University Press.

Okasha, Samir. 2007. *Evolution and the Levels of Selection*. New York: Oxford University Press.

Olson, Richard. 2013. "The Human Sciences." In Roy Porter, ed., *The Cambridge History of Science* IV: *The Eighteenth Century*, pp. 436–62. Cambridge, UK: Cambridge University Press.

Organisation for Economic Cooperation and Development (OECD). 2011. "An Overview of Growing Income Inequalities in OECD Countries: Main Findings." Available at http://www.oecd.org/els/soc/49499779.pdf.

Orwell, George. 1949. *Nineteen Eighty-Four*. London: Secker & Warburg.

Otterbein, Keith. 2004. *How War Began*. College Station: Texas A&M University Press.

Padilla Peralta, Dan-el. 2014. "Divine Institutions: Religious Practice, Economic Development, and Social Transformation in Mid-Republican Rome." Unpublished PhD dissertation, Stanford University.

Pamuk, Sevket. 2007. "The Black Death and the Origins of the 'Great Divergence' across Europe, 1300–1600." *European Review of Economic History* 11, pp. 289–317.

Pamuk, Sevket, and Maureen Shatzmiller. 2014. "Plagues, Wages, and Economic Change in the Islamic Middle East, 700–1500." *Journal of Economic History* 74, pp. 196–229.

Panter-Brick, Catherine, et al. 2001a. "Lines of Enquiry." In Panter-Brick et al. 2001b, pp. 1–11.

———, eds. 2001b. *Hunter-Gatherers: An Interdisciplinary Perspective*. Cambridge, UK: Cambridge University Press.

Pareto, Vilfredo. 1935 [1916]. *The Mind and Society*. 4 vols. New York: Dover.

Parker Pearson, Michael. 2012. *Stonehenge—A New Understanding: Solving the Mysteries of Prehistory's Greatest Monument.* New York: Simon & Schuster.

Parsons, Talcott. 1937. *The Structure of Social Action.* New York: McGraw-Hill.

———. 1951. *The Social System.* Glencoe, IL: The Free Press.

Parthasarathi, Prasannan. 2011. *Why Europe Grew Rich and Asia Did Not: Global Economic Divergence, 1600–1850.* Cambridge, UK: Cambridge University Press.

Patterson, Charles. 2002. *Eternal Treblinka: Our Treatment of Animals and the Holocaust.* New York: Lantern Books.

Patterson, Cynthia. 1998. *The Family in Greek History.* Cambridge, MA: Harvard University Press.

Patterson, James. 1996. *Grand Expectations: The United States, 1945–1974.* New York: Oxford University Press.

———. 2005. *Restless Giant: The United States from Watergate to Bush v. Gore.* New York: Oxford University Press.

Patterson, Orlando. 1982. *Slavery and Social Death.* Cambridge, MA: Harvard University Press.

Peterson, Nicholas. 1993. "Demand Sharing: Reciprocity and the Pressure for Generosity among Foragers." *American Anthropologist* 95, pp. 860–74.

Pfeffer, Jeffrey. 2013. "You're Still the Same: Why Theories of Power Hold over Time and across Contexts." *Academy of Management Perspectives* 27, pp. 269–80.

Piketty, Thomas. 2014. *Capital in the Twenty-First Century.* Trans. Arthur Goldhammer. Cambridge, MA: Harvard University Press.

Piketty, Thomas, and Emmanuel Saez. 2003. "Income Inequality in the United States, 1913–1998." *Quarterly Journal of Economics* 118, pp. 1–39.

Pincus, Steve. 2009. *1688: The First Modern Revolution.* New Haven, CT: Yale University Press.

Pinker, Steven. 1997. *How the Mind Works.* New York: Norton.

———. 2002. *The Blank Slate: The Modern Denial of Human Nature.* New York: Viking.

———. 2011. *The Better Angels of Our Nature: Why Violence Has Declined.* New York: Viking.

Plokhy, Serhii. 2014. *The Last Empire: The Final Days of the Soviet Union.* London: Oneworld.

Polanyi, Karl. 1944. *The Great Transformation.* Boston: Beacon.

Polanyi, Karl, et al., eds. 1957. *Trade and Market in the Early Empires.* Glencoe, IL: Free

Press.

Pomeranz, Kenneth. 2000. *The Great Divergence: China, Europe, and the Making of the Modern World Economy*. Princeton, NJ: Princeton University Press.

Popper, Karl. 1957. *The Poverty of Historicism*. London: Routledge and Kegan Paul.

———. 1963. *Conjectures and Refutations*. London: Routledge and Kegan Paul.

Postgate, Nicholas. 1992. *Early Mesopotamia: Society and Economy at the Dawn of History*. London: Routledge.

Potter, Jack, et al., eds. 1967. *Peasant Society: A Reader*. Boston: Little, Brown.

Potts, R. 2004. "Paleoenvironmental Basis of Cognitive Evolution in Great Apes." *American Journal of Primatology* 62, pp. 209–28.

Powell, Barry. 2012. *Writing: Theory and History of the Technology of Civilization*. Oxford, UK: Wiley-Blackwell.

Powell, M. A., ed. 1987. *Labor in the Ancient Near East*. New Haven, CT: American Oriental Society Series 68.

Price, Simon. 1984. *Rituals and Power: The Roman Imperial Cult in Asia Minor*. Cambridge, UK: Cambridge University Press.

Provan, Iain, et al. 2003. *A Biblical History of Israel*. Louisville, KY: Westminster John Knox Press.

Puett, Michael. 2002. *To Become a God: Cosmology, Sacrifice, and Self-Divinization in Early China*. Cambridge, MA: Harvard University Press.

Qing, Jiang. 2012. *A Confucian Constitutional Order: How China's Ancient Past Can Shape Its Political Future*. Princeton, NJ: Princeton University Press.

Radcliffe-Brown, Arthur. 1936. *A Natural Science of Society*. Glencoe, IL: The Free Press.

Rashid, Ahmed. 2010. *Taliban: Militant Islam, Oil, and Fundamentalism in Central Asia*. 2nd ed. New Haven, CT: Yale University Press.

Rawls, John. 1971. *A Theory of Justice*. 1st ed. Cambridge, MA: Belknap Press.

Ray, Debraj. 1998. *Development Economics*. Princeton, NJ: Princeton University Press.

Redfield, Robert. 1956. *Peasant Society and Culture*. Chicago: University of Chicago Press.

Renfrew, Colin. 1994. "The Archaeology of Identity." In G. B. Peterson, ed., *The Tanner Lectures on Human Values* XV, pp. 283–348. Salt Lake City: University of Utah Press.

———. 2008. "Neuroscience, Evolution, and the Sapient Paradox: The Factuality of Value and of the Sacred." *Transactions of the Royal Society B* 363, pp. 2041–47.

Richerson, Peter, et al. 2001. "Was Agriculture Impossible during the Pleistocene but

Mandatory during the Holocene?" *American Antiquity* 66, pp. 387–411.

Richerson, Peter, and Robert Boyd. 2005. *Not by Genes Alone: How Culture Transformed Human Evolution.* Chicago: University of Chicago Press.

Ridley, Matthew. 1993. *The Red Queen: Sex and the Evolution of Human Nature.* New York: Penguin.

Riehl, Simone, et al. 2013. "Emergence of Agriculture in the Foothills of the Zagros Mountains of Iran." *Science* 341, pp. 65–67.

Riley, Patrick. 2001. "Rousseau's General Will." In Patrick Riley, ed., *The Cambridge Companion to Rousseau*, pp. 124–53. Cambridge, UK: Cambridge University Press.

Roberts, Neil. 2014. *The Holocene: An Environmental History.* 3rd ed. Oxford, UK: Wiley-Blackwell.

Rodriguez-Vidal, Joaquín, et al. 2014. "A Rock Engraving Made by Neanderthals in Gibraltar." *Proceedings of the National Academy of Sciences* 112, pp.13301–6. Available at http://www.pnas.org/content/111/37/13301.full.

Root, Hilton. 2013. *Dynamics among Nations: The Evolution of Legitimacy and Development in Modern States.* Cambridge, MA: MIT Press.

Rose, Gideon, and Jonathan Tepperman, eds. 2014. "Power to the People: What Will Fuel the Future?" *Foreign Affairs* 93, no. 3, pp. 2–37.

Rosen, Ralph. 1997. "Homer and Hesiod." In Ian Morris and Barry Powell, eds., *A New Companion to Homer*, pp. 463–88. Leiden: Brill.

Rostow, Walt. 1960. *The Stages of Economic Growth: A Non-Communist Manifesto.* 1st ed. Cambridge, UK: Cambridge University Press.

Roth, Randolph. 2009. *American Homicide.* Cambridge, MA: Harvard University Press.

Rothman, Daniel, et al. 2014. "Methanogenic Burst in the End-Permian Carbon Cycle." *Proceedings of the National Academy of Sciences* 111, pp. 5462–67.

Rowe, Christopher, and Malcolm Schofield, eds. 2000. *The Cambridge History of Greek and Roman Political Thought.* Cambridge, UK: Cambridge University Press.

Rowley-Conwy, Peter. 2001. "Time, Change and the Archaeology of Hunter-Gatherers." In Panter-Brick et al. 2001b, pp. 39–71.

Ruddiman, William. 2005. *Plows, Plagues, and Petroleum: How Humans Took Control of Climate.* Princeton, NJ: Princeton University Press.

Russell, Ben. 2014. *The Economics of the Roman Stone Trade.* Oxford, UK: Oxford University Press.

Ryan, Alan. 2012. *The Making of Modern Liberalism.* Princeton, NJ: Princeton University Press.

Sahlins, Marshall. 1972. *Stone Age Economics*. Chicago: Aldine.

Saller, Richard. 1994. *Patriarchy, Property and Death in the Roman Family*. Cambridge, UK: Cambridge University Press.

———. 2005. "Framing the Debate over Growth in the Ancient Economy." In J. G. Manning and Ian Morris, eds., *The Ancient Economy: Evidence and Models*, pp. 223–38. Stanford, CA: Stanford University Press.

———. 2007. "Household and Gender." In Walter Scheidel et al., eds., *The Cambridge Economic History of the Greco-Roman World*, pp. 87–112. Cambridge, UK: Cambridge University Press.

Samuelson, Paul, and William Nordhaus. 2009. *Economics*. 19th ed. New York: McGraw-Hill.

Sandel, Michael. 2009. *Justice: What's the Right Thing to Do?* New York: Farrar, Straus & Giroux.

Sassaman, Kenneth, and Donald Hardy, eds. 2011. *Hunter-Gatherer Archaeology as Historical Process*. Tucson: University of Arizona Press.

Saturno, William, et al. 2006. "Early Maya Writing at San Bartolo, Guatemala." *Science* 311, pp. 1281–83.

Schaps, David. 1979. *The Economic Rights of Women in Ancient Greece*. Edinburgh: Edinburgh University Press.

Scheidel, Walter. 2009. "Sex and Empire: A Darwinian Perspective." In Morris and Scheidel 2009, pp. 255–324.

———. 2010. "Real Wages in Early Economies: Evidence for Living Standards from 1800 BCE to 1300 CE." *Journal of the Economic and Social History of the Orient* 53, pp. 425–62.

———, ed. 2012. *The Cambridge Companion to the Roman Economy*. Cambridge, UK: Cambridge University Press.

Scheidel, Walter, and Steven Friesen. 2009. "The Size of the Economy and the Distribution of Income in the Roman Empire." *Journal of Roman Studies* 99, pp. 61–91.

Schmandt-Besserat, Denise. 1992. *Before Writing*. Austin: University of Texas Press.

Schrire, Carmel, ed. 1984. *Past and Present in Hunter-Gatherer Societies*. San Francisco: Academic Press.

Schuman, Michael. 2010. *The Miracle: The Epic Story of East Asia's Quest for Wealth*. New York: Harper Business.

Schwartz, Barry. 1987. *George Washington: The Making of an American Symbol*. New York: Free Press.

Scott, James. 1990. *Domination and the Arts of Resistance: Hidden Transcripts.* New Haven, CT: Yale University Press.

Seabright, Paul. 2010. *The Company of Strangers: A Natural History of Economic Life.* Rev. ed. Princeton, NJ: Princeton University Press.

———. 2013a. "The Birth of Hierarchy." In Sterelny et al. 2013, pp. 109–16.

———. 2013b. *The War of the Sexes: How Conflict and Cooperation Have Shaped Men and Women from Prehistory to the Present.* Princeton, NJ: Princeton University Press.

Seaford, Richard. 2004. *Money and the Early Greek Mind: Homer, Philosophy, Tragedy.* Cambridge, UK: Cambridge University Press.

Segerstråle, Ullica. 2000. *Defenders of the Truth: The Sociobiology Debate.* Oxford, UK: Oxford University Press.

Sen, Amartya. 1999a. "Democracy as a Universal Value." *Journal of Democracy* 10, pp. 3–16. Available at http://www.journalofdemocracy.org/article/ democracy-universal-value.

———. 1999b. *Development as Freedom.* Oxford, UK: Oxford University Press.

Seneviratna, Anuradha, ed. 1994. *King Ashoka and Buddhism.* Kandy, Sri Lanka: Buddhist Publication Society.

Service, Elman. 1971. *Primitive Social Organization: An Evolutionary Perspective.* 2nd ed. New York: Random House.

———. 1975. *Origins of the State and Civilization.* New York: Norton.

Shanin, Teodor, ed. 1971. *Peasants and Peasant Societies.* Harmondsworth, UK: Penguin.

Shapin, Steve. 1994. *A Social History of Truth: Credibility and Science in Seventeenth-Century England.* Chicago: University of Chicago Press.

———. 1996. *The Scientific Revolution.* Chicago: University of Chicago Press.

Shapiro, Judith. 2001. *Mao's War against Nature: Politics and the Environment in Revolutionary China.* Cambridge, UK: Cambridge University Press.

Shaughnessy, Edward. 1999. "Western Zhou History." In Loewe and Shaughnessy 1999, pp. 292–351.

Shaw, Brent. 1985. "The Divine Economy: Stoicism as Ideology." *Latomus* 44, pp. 16–54.

Shaw, Greg, and Laura Gaffey. 2012. "American Public Opinion on Economic Inequality, Taxes, and Mobility: 1990–2011." *Public Opinion Quarterly* 76, pp. 576–96.

Shennan, Stephen, et al. 2013. "Regional Population Collapse Followed Initial Agriculture Booms in Mid-Holocene Europe." *Nature Communications* 4, article no. 3486, doi:10.1038/ncomms3486. Available at http://www.nature.com/ncomms/2013/131001/ncomms3486/full/ncomms3486.html.

Sherratt, Andrew. 1997. *Economy and Society in Prehistoric Europe*. Edinburgh: Edinburgh University Press.

Shostak, Marjorie. 1981. *Nisa: The Life and Words of a !Kung Woman*. New York: Random House.

Silberbauer, George. 1982. "Political Process in G/Wi Bands." In Eleanor Leacock and Richard Lee, eds., *Politics and History in Band Societies*, pp. 23–35. Cambridge, UK: Cambridge University Press.

Silver, Brian, and Kathleen Dowley. 2000. "Measuring Political Culture in Multi-Ethnic Societies: Reaggregating the World Values Survey." *Comparative Political Studies* 31, pp. 517–50.

Singer, Isaac Bashevis. 1982. "The Letter Writer." In Isaac Bashevis Singer, *The Collected Stories*, pp. 250–76. New York: Farrar, Straus & Giroux. First published in *The New Yorker*, January 31, 1968.

Singer, Peter. 1975. *Animal Liberation*. New York: HarperCollins.

Slingerland, Edward. 2008. *What Science Offers the Humanities: Integrating Body and Culture*. Cambridge, UK: Cambridge University Press.

Smartt, Joseph, and Norman Simmonds. 1995. *Evolution of Crop Plants*. 2nd ed. Oxford, UK: Wiley-Blackwell.

Smil, Vaclav. 1991. *General Energetics: Energy in the Biosphere and Civilization*. New York: Wiley.

———. 1994. *Energy in World History*. Boulder, CO: Westview Press.

Smith, A.H.V. 1997. "Provenance of Coals from Roman Sites in England and Wales." *Britannia* 28, pp. 297–324.

Smith, Eric Alden, et al. 2010. "Intergenerational Wealth Transmission and Inequality in Premodern Societies." *Current Anthropology* 51, pp. 1–126.

Snyder, Timothy. 2010. *Bloodlands: Europe between Hitler and Stalin*. New York: Basic Books.

Solt, Frederick. 2009. "Standardizing the World Income Inequality Database." *Social Science Quarterly* 90, pp. 231–42.

Sorabji, Richard. 2006. *Self: Ancient and Modern Insights about Individuality, Life, and Death*. Chicago: University of Chicago Press.

Spence, Jonathan. 1974. *Emperor of China: Self-Portrait of K'ang-hsi*. New York: Vintage.

———. 1980. *To Change China: Western Advisers in China.* New York: Penguin.

———. 1990. *The Search for Modern China.* New York: Norton.

Spencer, Herbert. 1857. "Progress: Its Law and Cause." *Westminster Review* 67, pp. 445–85.

Sperber, Daniel. 1996. *Explaining Culture: A Naturalistic Approach.* Oxford, UK: Blackwell.

Spierenburg, Pieter. 2008. *A History of Murder: Personal Violence in Europe from the Middle Ages to the Present.* Cambridge, UK: Polity.

Spitze, Glenna, and Joan Huber. 1980. "Changing Attitudes toward Women's Nonfamily Roles 1938 to 1978." *Work and Occupations* 7, pp. 317–35.

Spufford, Francis. 2010. *Red Plenty! Industry! Progress! Abundance! Inside the Soviet Fifties' Dream.* London: Faber and Faber.

Starr, S. Frederick. 2013. *Lost Enlightenment: Central Asia's Golden Age from the Arab Conquest to Tamerlane.* Princeton, NJ: Princeton University Press.

Stephenson, Jill. 2000. *Women in Nazi Germany.* London: Routledge.

Sterelny, Kim. 2013. "Life in Interesting Times: Cooperation and Collective Action in the Holocene." In Sterelny et al. 2013, pp. 89–107.

Sterelny, Kim, et al., eds. 2013. *Cooperation and Its Evolution.* Cambridge, MA: MIT Press.

Steward, Julian. 1938. *Basin-Plateau Aboriginal Sociopolitical Groups.* Washington, DC: Bureau of American Ethnology.

———. 1955. *Theory of Culture Change: The Methodology of Multilinear Evolution.* Urbana: University of Illinois Press.

———. 1977. "The Foundations of Basin-Plateau Shoshonean Society." In Julian Steward and Robert Murphy, eds., *Evolution and Ecology*, pp. 366–406. Urbana: University of Illinois Press.

Stiglitz, Joseph. 2013. *The Price of Inequality: How Today's Divided Society Endangers Our Future.* New York: Norton.

Stites, Richard. 1978. *The Women's Liberation Movement in Russia: Feminism, Nihilism, and Bolshevism, 1860–1930.* Princeton, NJ: Princeton University Press.

Stolper, Matthew. 1985. *Entrepreneurs and Empire: The Murash Archive, the Murashû Firm, and Persian Rule in Babylonia.* Leiden: E. J. Brill.

Stone, Lawrence. 1964. "The Educational Revolution in England, 1560–1640." *Past and Present* 28, pp. 41–80.

———. 1969. "Literacy and Education in England 1640–1900." *Past and Present* 42,

pp. 69–139.

Sunstein, Cass, and Martha Nussbaum, eds. 2005. *Animal Rights: Current Debates and New Directions*. New York: Oxford University Press.

Sun, Yadong, et al. 2012. "Lethally Hot Temperatures during the Early Triassic Greenhouse." *Science* 338, pp. 366–70.

Suny, Ronald. 2010. *The Soviet Experiment: Russia, the USSR, and the Successor States*. 2nd ed. New York: Oxford University Press.

Suttles, Wayne, ed. 1990. *Handbook of North American Indians* VII: *Northwest Coast*. Washington, DC: Smithsonian Institution Press.

Taagepera, Rein. 1978. "Size and Duration of Empires: Growth-Decline Curve, 3000–600 BC." *Social Science Research* 7, pp. 180–96.

———. 1979. "Size and Duration of Empires: Growth-Decline Curve, 600 BC–600 AD." *Social Science Research* 8, pp. 115–38.

Taylor, Charles. 2007. *A Secular Age*. Cambridge, MA: Harvard University Press.

Taylor, Paul. 2014. *The Next America*. New York: Pew Research Center.

Temin, Peter. 2012. *The Roman Market Economy*. New York: Oxford University Press.

Thapar, Romila. 1973. *Asoka and the Decline of the Mauryas*. 2nd ed. Delhi: Oxford University Press.

Thomas, Rosalind. 2002. *Herodotus in Context: Ethnography, Science and the Art of Persuasion*. Cambridge, UK: Cambridge University Press.

Thomas, William, and Florian Znaniecki. 1971 [1918]. "A Polish Peasant Family." In Shanin 1971, pp. 23–29.

Thompson, E. P. 1963. *The Making of the English Working Class*. London: Gollancz.

———. 1993. *Customs in Common: Studies in Traditional Popular Culture*. New York: Free Press.

Thorp, Robert. 2006. *China in the Early Bronze Age*. Philadelphia: University of Pennsylvania Press.

———. 1984. *Big Structures, Large Processes, Huge Comparisons*. New York: Sage-Russell.

Tilly, Charles. 1992. *Coercion, Capital and European States: AD 990–1990*. Oxford, UK: Blackwell.

Torrence, Robin. 2001. "Hunter-Gatherer Technology." In Panter-Brick 2001, pp. 73–98.

Treggiari, Susan. 1979. "Lower Class Women in the Roman Economy." *Florilegium* 1, pp. 65–86.

———. 1991. *Roman Marriage: Iusti Coniuges from the Time of Cicero to the Time of Ulpian*. Oxford, UK: Oxford University Press.

Trevett, Jeremy. 1992. *Apollodorus Son of Pasion*. Oxford, UK: Oxford University Press.

Trigger, Bruce. 1998. *Sociocultural Evolution*. Oxford, UK: Blackwell.

———. 2003. *Understanding Early Civilizations*. Cambridge, UK: Cambridge University Press.

Trinkaus, Eric. 2012. "Neandertals, Early Modern Humans, and Rodeo Riders." *Journal of Archaeological Science* 39, pp. 3691–93.

Trinkaus, Eric, et al. 2014. *The People of Sunghir: Burials, Bodies, and Behavior in the Earlier Upper Paleolithic*. Oxford, UK: Oxford University Press.

Tron, Heinz. 2013. *Bestattungen des frühen und mittleren Jungpaläolithikums*. Berlin: GRIN Verlag.

Turchin, Peter. 2003. *Historical Dynamics: Why States Rise and Fall*. Princeton, NJ: Princeton University Press.

Turchin, Peter, and Sergei Gavrilets. 2009. "Evolution of Complex Hierarchical Societies." *Social History and Evolution* 8, pp. 167–98.

Turchin, Peter, et al. 2012. "A Historical Database of Sociocultural Evolution." *Cliodynamics* 3, pp. 271–93. Available at http://escholarship.org/uc/item/2v8119hf#page-1.

———. 2013. "War, Space, and the Evolution of Old World Complex Societies." *Proceedings of the National Academy of Sciences* 110, pp. 16384–89.

Twitchett, Denis, and Michael Loewe, eds. 1986. *The Cambridge History of China I: The Ch'in and Han Empires, 221 B.C.–A.D. 220*. Cambridge, UK: Cambridge University Press.

Upton, Anthony. 2001. *Europe, 1600–1789*. London: Arnold.

van Valen, Leigh. 1973. "A New Evolutionary Law." *Evolutionary Theory* 1, pp. 1–30.

Verhoogt, Arthur. 1997. *Menches, Komogrammateus of Kerkeosiris: The Doings of a Village Scribe in the Late Ptolemaic Period (120–110 BC)*. Leiden: E. J. Brill.

Vermeij, Geerat. 2010. *The Evolutionary World: How Adaptation Explains Everything from Seashells to Civilization*. New York: Thomas Dunne Books.

Vucinich, Wayne, ed. 1968. *The Peasant in Nineteenth-Century Russia*. Stanford, CA: Stanford University Press.

Waley, Arthur. 1937. *Three Ways of Thought in Ancient China*. Stanford, CA: Stanford University Press.

Walzer, Michael. 1977. *Just and Unjust Wars: A Moral Argument with Historical*

Illustrations. New York: Basic Books.

Warner, Lyndan. 2011. *The Ideas of Man and Woman in Renaissance France: Print, Rhetoric, and Law*. Farnham, UK: Ashgate.

Watson, James, ed. 1980. *African and Asian Systems of Slavery*. Oxford, UK: Blackwell.

Wawro, Geoffrey. 2014. *A Mad Catastrophe: The Outbreak of World War I and the Collapse of the Habsburg Empire*. New York: Basic Books.

Weber, Eugen. 1976. *Peasants into Frenchmen: The Modernization of Rural France, 1870–1914*. Stanford, CA: Stanford University Press.

Weber, Max. 1949. *The Theory of Economic and Social Organization*. Glencoe, IL: Free Press.

———. 1968 [1922]. *Economy and Society*. 2 vols. Ed. Guenther Roth and Claus Wittich. Berkeley: University of California Press.

Weir, Alison. 1995. *Lancaster and York: The Wars of the Roses*. London: Jonathan Cape.

Wenzel, George, et al., eds. 2000. *The Social Economy of Sharing: Resource Allocation and Modern Hunter-Gatherers*. Osaka: National Museum of Ethnology.

West, Martin. 1978. *Hesiod's Works and Days*. Oxford, UK: Clarendon Press.

White, Leslie. 1943. "Energy and the Evolution of Culture." *American Anthropologist* 45, pp. 335–56.

———. 1949. *The Science of Culture*. New York: Grove Press.

White, Matthew. 2011. *The Great Big Book of Horrible Things: The Definitive Chronicle of History's 100 Worst Atrocities*. New York: Norton.

Whitehead, David. 1977. *The Ideology of the Athenian Metic*. Supp. vol. 4. Cambridge, UK: Cambridge Philological Society.

Whiten, Andrew. 2011. "The Scope of Culture in Chimpanzees, Humans, and Ancestral Apes." *Philosophical Transactions of the Royal Society B* 366, pp. 997–1007.

Whiten, Andrew, et al. 2011. "Culture Evolves." *Philosophical Transactions of the Royal Society B* 366, pp. 938–48.

Wickham, Chris. 2005. *Framing the Early Middle Ages: Europe and the Mediterranean 400–800*. Oxford, UK: Oxford University Press.

———. 2009. *The Inheritance of Rome: Illuminating the Dark Ages, 400–1000*. New York: Penguin.

Wilkinson, Richard, and Kate Pickett. 2010. *The Spirit Level: Why Greater Equality Makes Societies Stronger*. London: Bloomsbury Press.

Willcox, George. 2013. "The Roots of Cultivation in Southwestern Asia." *Science* 341, pp. 39–40.

Willcox, George, et al. 2008. "Early Holocene Cultivation before Domestication in Northern Syria." *Vegetation History and Archaeobotany* 17, pp. 313–25.

Wilmsen, Edwin. 1989. *Land Filled with Flies: A Political Economy of the Kalahari*. Chicago: University of Chicago Press.

Wilson, David Sloan. 1998. "Hunting, Sharing, and Multilevel Selection: The Tolerated-Theft Model Revisited." *Current Anthropology* 39, pp. 73–97.

———. 2003. *Darwin's Cathedral: Evolution, Religion, and the Nature of Society*. Chicago: University of Chicago Press.

Wilson, David Sloan, and Edward O. Wilson. 2007. "Rethinking the Theoretical Foundations of Sociobiology." *Quarterly Review of Biology* 82, pp. 327–48.

Wilson, Edward O. 1975. *Sociobiology: The New Synthesis*. Cambridge, MA: Harvard University Press.

———. 1994. *Naturalist*. Washington, DC: Island Press.

Wilson, Katharina, and Elizabeth Makowski, eds. 1990. *Wykked Wives and the Woes of Marriage: Misogamous Literature from Juvenal to Chaucer*. Albany: State University of New York Press.

Wilson, Michael. 2013. "Chimpanzees, Warfare, and the Invention of Peace." In Douglas Fry, ed., *War, Peace and Human Nature*, pp. 361–88. Oxford, UK: Oxford University Press.

Winterhalder, Bruce, and Eric Alden Smith, eds. 1981. *Hunter-Gatherer Foraging Strategies: Ethnographic and Archeological Analyses*. Chicago: University of Chicago Press.

Wiser, William, and Charlotte Viall Wiser. 1963. *Behind Mud Walls*. Berkeley: University of California Press.

Wobst, Martin. 1974. "Boundary Conditions for Palaeolithic Social Systems: A Simulation Approach." *American Antiquity* 39, pp. 147–78.

Wolf, Eric. 1966. *Peasants*. Englewood Cliffs, NJ: Prentice-Hall.

———. 1982. *Europe and the People without History*. Berkeley: University of California Press.

Wood, Gordon. 1992. *The Radicalism of the American Revolution*. New York: Vintage.

———. 2009. *Empire of Liberty: A History of the Early Republic, 1789–1815*. New York: Oxford University Press.

Wood, James. 1998. "A Theory of Preindustrial Population Dynamics." *Current Anthropology* 39, pp. 99–135.

Woodburn, James. 1980. "Hunters and Gatherers Today and Reconstruction of the Past."

In Ernest Gellner, ed., *Soviet and Western Anthropology*, pp. 95–117. London: Duckworth.

———. 1982. "Egalitarian Societies." *Man* 17, pp. 31–51.

World Bank. 1993. *The East Asian Miracle: Economic Growth and Public Policy*. New York: Oxford University Press.

Wrangham, Richard. 2009. *Catching Fire: How Cooking Made Us Human*. New York: Basic Books.

Wrangham, Richard, and Luke Glowacki. 2012. "Intergroup Aggression in Chimpanzees and War in Nomadic Hunter-Gatherers." *Human Nature* 53, pp. 5–29.

Wrangham, Richard, and Dale Peterson. 1996. *Demonic Males: Apes and the Origins of Human Violence*. Boston: Houghton Mifflin.

Wright, Gavin. 1978. *The Political Economy of the Cotton South*. New York: Norton.

Wright, Robert. 2000. *Nonzero: The Logic of Human Destiny*. New York: Pantheon.

Wrigley, E. A. 2000. *Continuity, Chance and Change: The Character of the Industrial Revolution in England*. Cambridge, UK: Cambridge University Press.

Wynn, Thomas, and Frederick Coolidge. 2012. *How to Think Like a Neanderthal*. Oxford, UK: Oxford University Press.

Yergin, Daniel, and Joseph Stanislaw. 2002. *The Commanding Heights: The Battle for the World Economy*. Rev. ed. New York: Free Press.

Zimmerman, William. 2014. *Ruling Russia: Authoritarianism from the Revolution to Putin*. Princeton, NJ: Princeton University Press.

Zohary, Daniel, et al. 2013. *Domestication of Plants in the Old World*. 4th ed. New York: Oxford University Press.

Zubok, Vladislav. 2007. *A Failed Empire: The Soviet Union in the Cold War from Stalin to Gorbachev*. Chapel Hill: University of North Carolina Press.